David Brehme I Petra Fuchs I Swantje Köbsell I
Carla Wesselmann (Hrsg.)
Disability Studies im deutschsprachigen Raum

AF222139

David Brehme | Petra Fuchs |
Swantje Köbsell | Carla Wesselmann (Hrsg.)

Disability Studies im deutschsprachigen Raum

Zwischen Emanzipation und Vereinnahmung

BELTZ JUVENTA

Die Veröffentlichung wurde gefördert aus dem Open-Access-Publikationsfonds der Humboldt-Universität zu Berlin.
Wir danken der Professional School of Education (PSE) der Humboldt-Universität zu Berlin für die Förderung der Barrierefreiheit dieses Bandes.

Dieses Buch ist erhältlich als:
ISBN 978-3-7799-6059-1 Print
ISBN 978-3-7799-5357-9 E-Book (PDF)

1. Auflage 2020

© 2020 Beltz Juventa
in der Verlagsgruppe Beltz · Weinheim Basel
Werderstraße 10, 69469 Weinheim

Herstellung: Ulrike Poppel
Satz: Helmut Rohde, Euskirchen
Druck und Bindung: Beltz Grafische Betriebe, Bad Langensalza
Printed in Germany

Weitere Informationen zu unseren Autor_innen und Titeln finden Sie unter: www.beltz.de

Inhalt

Einleitung: Zwischen Emanzipation und Vereinnahmung

Disability Studies im deutschsprachigen Raum

David Brehme, Petra Fuchs, Swantje Köbsell &
Carla Wesselmann

„Nichts über uns – ohne uns!" lautet das Credo der internationalen Behindertenbewegungen. Weltweit streiten sie seit Ende der 1960er Jahre für die Befreiung aus fremdbestimmten und bevormundenden Lebensverhältnissen und für die volle gesellschaftliche Teilhabe behinderter Menschen. Aus den Aktivitäten und Paradigmen dieser bürger- und menschenrechtlich orientierten Emanzipationsbewegungen gingen im angelsächsischen Raum bereits in den 1970er Jahren die Disability Studies hervor, die eine neue wissenschaftliche Sichtweise auf Behinderung entwickelten. Auch im deutschsprachigen Raum gab es vergleichbare Entwicklungen, die aber erst seit den frühen 2000er Jahren als Disability Studies benannt werden. Die Disability Studies verstehen Behinderung nicht als naturgegebenes, überhistorisches Phänomen – sondern als eine gesellschaftlich negativ bewertete Differenz, die sozial konstruiert wird und daher stets in ihrem jeweiligen historischen, sozialen und kulturellen Kontext analysiert, gedeutet und verstehbar gemacht werden muss. Die traditionell dominierende medizinisch- (heil- und sonder-)pädagogische Perspektive, nach der Behinderung als schicksalhaftes, persönliches Unglück gilt, das individuell zu bewältigen ist, wird mit diesem Ansatz radikal in Frage gestellt und kategorisch zurückgewiesen.

Kennzeichnend für die Disability Studies ist ihre Inter- und Transdisziplinarität: Ihr Gegenstand ist die (De-)Konstruktion von Normalität und Behinderung aus dem Blickwinkel verschiedener Wissenschaftsdisziplinen. Zentral sind dabei (1) das Erfahrungswissen von Forscher*innen und außerakademischen Akteur*innen mit Beeinträchtigungen, (2) die machtkritische Analyse von Wissensordnungen, die sich u. a. in Diskursen, Dokumenten, Gesetzen und Politiken manifestieren und (3) die Analyse der Praktiken des Behinderns, z. B. Diskriminierung, Exklusion und paternalistische Fürsorge. Ausgehend von der Konzeptualisierung von Behinderung als gesellschaftlicher Konstruktion erfolgt die Analyse dieses Phänomens mittels verschiedener theoretischer Zugänge und

Modelle. In den deutschsprachigen Disability Studies haben sich primär das soziale, das kulturelle sowie das menschenrechtliche Modell von Behinderung als heuristische Instrumente etabliert. Gemeinsam ist ihnen die begriffliche Differenzierung zwischen Beeinträchtigung (impairment) als Bezeichnung für eine individuelle, verkörperte Differenz und Behinderung (disability) als Kategorie gesellschaftlicher Benachteiligung. Erst diese Unterscheidung ermöglicht die Analyse behindernder Praktiken und Umgangsweisen, die Behinderung als sozialen Gegenstand herstellen.

Vor diesem Hintergrund entstand im deutschsprachigen Raum in den letzten zwei Dekaden ein innovatives, quer zu anderen Wissenschaftsdisziplinen liegendes Forschungsfeld, dessen akademische Verankerung jedoch weiterhin in den Anfängen steht. So wurden in diesem Zeitraum zwar einige Institute und Professuren eingerichtet, durch die die deutschsprachigen Disability Studies heute an Universitäten und Hochschulen vertreten sind. Gleichwohl gibt es bis heute im deutschsprachigen Raum keine eigenständigen Studiengänge oder akademischen Abschlüsse in den Disability Studies. Dessen ungeachtet steigt die Zahl der deutschsprachigen wissenschaftlichen Veröffentlichungen, Promotionsprojekte und Tagungen in den Disability Studies kontinuierlich an. Die Bremer Sommeruniversität hat als erste große Tagung der deutschsprachigen Disability Studies den 2003 noch in den Anfängen stehenden Diskussionsprozess entscheidend vorangebracht. Erst 15 Jahre später fand wieder eine große deutschsprachige Disability Studies Konferenz mit dem Ziel statt, die gesamte Disability Studies-Community aus Österreich, der Schweiz und Deutschland zusammenzubringen. Unter dem Titel „Zwischen Emanzipation und Vereinnahmung" organisierte ein Team behinderter und nicht behinderter Wissenschaftler*innen (David Brehme, Petra Fuchs, Swantje Köbsell, Rebecca Maskos, Carla Wesselmann und Michael Zander) die Disability Studies Konferenz 2018 (DisKo18). Sie fand vom 19.–21. Oktober 2018 an der Humboldt-Universität zu Berlin und der Alice Salomon Hochschule statt. Im Mittelpunkt der Konferenz standen die Fragen: Wo stehen die deutschsprachigen Disability Studies heute? Wie behaupten sie sich im Spannungsfeld zwischen Emanzipation und Vereinnahmung? Welche Themen und Fragestellungen greifen aktuelle Forschungsarbeiten auf und welche theoretischen, methodologischen und methodischen Zugänge wurden seit 2003 entwickelt und für die Etablierung eines neuen wissenschaftlichen Denkens über Behinderung produktiv gemacht? Wo bestehen Forschungsbedarfe und wo zeigen sich Potentiale zur Weiterentwicklung der deutschsprachigen Disability Studies und zu ihrer weiteren Verankerung im Wissenschaftsbetrieb?

Die große Resonanz auf die Disability Studies Konferenz 2018 mit über 200 Teilnehmer*innen, 6 Keynotes bzw. Paneldiskussionen und 45 Vorträgen (und doppelt so vielen Einreichungen!) kann als Zeichen des wachsenden Interesses und der zunehmenden Bedeutung der deutschsprachigen Disability Studies gewertet werden. Die Konferenz dokumentierte deutlich die Weiterentwicklungen des Forschungsfeldes: Wie im internationalen Kontext lässt sich auch für die deutschsprachigen Disability Studies eine stetige Erweiterung der untersuchten Themen und Forschungsfragen konstatieren. Das Feld differenziert sich ebenso fortlaufend; zu nennen sind hier unter anderem Disability Studies in Education (DSE), Disability History, Literary und Cultural Disability Studies, Critical Disability Studies sowie Deaf-, Blindness- und Mad Studies. Neben dieser emanzipatorischen Expansion und zunehmenden Anerkennung des Wissenschaftsansatzes ist aber auch eine steigende Tendenz der Vereinnahmung der Disability Studies zu beobachten, z. B. in Diskursen um Inklusion, Teilhabe und Partizipation, in denen unter dem Label der Disability Studies oftmals lediglich konventionelle Behinderungsforschung betrieben wird.

Vorstellung des Tagungsbandes

Dieser aus der DisKo18 hervorgegangene Band versammelt insgesamt 42 Autor*innen aus unterschiedlichen Disziplinen wie der Soziologie, den Erziehungswissenschaften, Sozialer Arbeit, Geschichts-, Rechts- oder Literaturwissenschaften. Ihre Beiträge zeichnen ein heterogenes Bild der aktuellen Diskurse in den deutschsprachigen Disability Studies: Sie umfassen unterschiedliche disziplinäre Ausgangspunkte, theoretische, methodologische Perspektiven, Begrifflichkeiten und Schwerpunktsetzungen wie auch kontrastierende stilistische Herangehensweisen. Die Disability Studies zeigen hier eine Vielstimmigkeit, die sich nicht auf ein Modell oder eine Perspektive engführen lässt. Nicht zuletzt repräsentieren die Texte zwei Generationen von Disability Studies-Forscher*innen mit divergierenden Schwerpunktsetzungen: Während die Mitbegründer*innen der deutschsprachigen Disability Studies vor allem Entwicklungsbedarfe im Bereich theoretischer Fundierung und methodologischer Vertiefung ausloten, stellen Nachwuchswissenschaftler*innen mit der Präsentation von Ergebnissen aus laufenden Forschungsarbeiten neue gedankliche Verbindungen her und beleben etablierte Diskurse.

Dabei muss betont werden, dass die hier im Band erscheinenden Beiträge nicht auf Basis vorüberlegter thematischer Präferenzen der Herausgeber*innen eingeworben wurden, sondern von den Beitragenden der DisKo18 auf einen offen formulierten Call for Papers hin eingereicht wurden. Für den vorliegenden Band wurde versucht, der Vielstimmigkeit und Gegensätzlichkeit der Beiträge gerecht zu werden und sie nach disziplinären Zugängen, methodischen und theoretischen Schnittmengen und thematischen Spannungsfeldern zu choreografieren, aber auch Widersprüche und Leerstellen in der Forschung aufzugreifen. Mit dem vorliegenden Band soll ein Impuls für die notwendige

Weiterentwicklung der deutschsprachigen Disability Studies gegeben und die fortgesetzte Schärfung dieses Wissenschaftsansatzes anregt werden.

Vorstellung der Buchkapitel

Der Band gliedert sich – nach einem einleitenden Text zur Geschichte der deutschsprachigen Disability Studies – in drei inhaltliche Schwerpunkte: Nachdem zunächst theoretische Zugänge innerhalb der Disability Studies vorgestellt werden, schließen sich je ein Teil zu methodologischen und methodischen Überlegungen und zu interdisziplinären Begegnungen im Kontext der Disability Studies an.

Eingangs gehen unter der Überschrift „Wie war das damals eigentlich?" *Swantje Köbsell, Gisela Hermes, Petra Kuppers, Volker Schönwiese und Peter Wehrli* der Frage nach, wie die Disability Studies Deutsch sprechen lernten, auf welchem Weg bzw. in welchen Schritten sie im deutschsprachigen Raum „ankamen" und sich entwickelten. In dieser Verschriftlichung des Eröffnungspanels der Disability Studies Konferenz 2018 wird aus verschiedenen nationalen Perspektiven ergründet, welche Bedeutungen die Behindertenbewegungen für die Entwicklung der deutschsprachigen Disability Studies hatten, welche Themen dabei eine impulsgebende Rolle spielten und wie sich die Beteiligten die Zukunft der deutschsprachigen Disability Studies vorstellen.

Theoretische Zugänge in den Disability Studies

Im nachfolgenden Abschnitt stellen sieben Beiträge verschiedene theoretische Zugänge innerhalb der Disability Studies vor. Die Autor*innen eröffnen einen jeweils anderen Blick auf die theoretischen Grundlagen der Disability Studies und tragen so dazu bei, die deutschsprachigen Disability Studies auf eine breitere und tiefere theoretische Basis zu stellen. Dabei laden sie zu einer gedankenexperimentellen Auseinandersetzung mit unterschiedlichen theoretischen Verortungen und ihrem jeweiligen Erkenntnispotential ein.

Zur Bestimmung des Verhältnisses von Mad Studies und Disability Studies skizziert zunächst *Mai-Anh Boger* verschiedene Verständnisse von Andersheit. Bezugnehmend auf ihre Theorie der trilemmatischen Inklusion zeigt sie, dass Behinderung – aber eben auch jede andere Form der Diskriminierung – aus den drei Positionen der Normalität, des Empowerments, der Dekonstruktion bzw. aus deren Verbindungslinien verstanden werden kann. Die jeweils eigene persönliche und akademische Verortung in diesem trilemmatischen Dreieck bestimmt dann sowohl aktivistische wie auch akademische Ziele und Blickrichtungen. Boger zeigt, dass aus diesen unterschiedlichen Verständnissen von

Andersheit auch unterschiedliche Konfigurationen des Verhältnisses von Disability Studies und Mad Studies folgen.

Im darauffolgenden Beitrag „Jenseits der Modelle: Theoretische Ansätze in den Disability Studies" gibt *Anne Waldschmidt* einen Überblick über die in den internationalen wie deutschsprachigen Disability Studies am stärksten rezipierten Modelle von Behinderung. Grundlegend für ihre Überlegungen ist eine Unterscheidung von Theorien und Modellen. Daran anschließend untersucht sie individuelles, relationales, soziales, kulturelles, menschenrechtliches, sowie das Randgruppenmodell von Behinderung auf ihre jeweiligen theoretischen Vorannahmen und Anschlussstellen und zeigt dabei den zentralen Stellenwert von Theoriearbeit für die kritische Forschung zu Behinderung auf.

Das u. a. von Anne Waldschmidt analysierte soziale Modell bereichert *Barbara Neukirchinger* in ihrem Kapitel um neue Anregungen. Die Kritik am britischen sozialen Modell von Behinderung aufgreifend, geht sie der Frage nach, ob die Kritische Theorie der Frankfurter Schule hier neue Impulse liefern kann. Mit ihrem Beitrag plädiert die Autorin dafür, an die ursprünglich marxistische Stoßrichtung des sozialen Modells von Behinderung (wieder) anzuknüpfen und die materialistische Gesellschaftsanalyse der Kritischen Theorie für die Kritik an den gesamtgesellschaftlichen Verhältnissen, die Behinderung hervorbringen, produktiv zu machen.

Im folgenden Beitrag stellen (sich) *Jürgen Homann und Lars Bruhn* eine(r) der Kernfragen der Disability Studies: Darf jede*r Disability Studies betreiben oder nur Wissenschaftler*innen mit eigenen Behinderungserfahrungen? In ihrer kritischen Auseinandersetzung mit dem Konzept der Selbstbetroffenheit zeigen die Autoren die damit verbundenen Risiken der Essenzialisierung, Partikularisierung und Vereinnahmung auf. Sie analysieren, welche Bedeutung der Betroffenenperspektive als (fachliches) Qualifikationsmerkmal in der Behindertenrechtskonvention und in den Disability Studies zugesprochen wird.

Sodann unternehmen zwei Beiträge erste Schritte, um das Konzept der Verletzlichkeit für die deutschsprachigen Disability Studies fruchtbar zu machen. *Marianne Hirschberg und Gesche Valentin* beziehen sich in ihrem Beitrag auf den in den anglophonen Disability Studies herausgearbeiteten Tatbestand, dass nichtbehinderte Menschen dies nur zeitweilig sind. Mit dieser Konzeptualisierung von Verletzlichkeit als anthropologischer Grundgröße zeigen sie auf, dass das Aufeinander-Angewiesen-Sein als Normalfall zu denken ist. Gleichzeitig verstehen sie ihre Perspektive als Gegenentwurf zu ableistischen Normalitätskonstruktionen und einer Sicht auf Leistungsfähigkeit, wie sie u. a. in der Internationalen Klassifikation von Funktionsfähigkeit, Behinderung und Gesundheit aufscheint.

Der Text von *Mareice Kaiser und Lisa Pfahl* weist hier zahlreiche Anknüpfungspunkte auf. Aus einer ableismuskritischen Perspektive skizzieren die Autorinnen eine neue Form relationaler Subjektivität. Sie zeigen im Kontext der

Kleinkindentwicklung auf, welch enges, individualistisches Verständnis von Fähigkeiten der medizinisch-therapeutische Komplex entwirft. Die „Radical Softness" Bewegung in ihr Argument einwebend, plädieren Kaiser und Pfahl stattdessen für ein Verständnis von Befähigung, welches über ökonomisch verwertbare Fähigkeiten hinausgeht. Befähigung ist dann in ihrem Kern durch menschliche Verletzlichkeit bestimmt und impliziert ein relationales Verständnis von Selbstbestimmung und Fähigkeiten.

Den Abschnitt zu theoretischen Zugängen in den Disability Studies schließt *Eliah Lüthi* mit einem Text, in dem er an die Überlegungen von Mai-Anh Boger zu Beginn des Abschnittes anknüpft. Mittels einer fokussierten, machtkritischen Auseinandersetzung mit psychiatrischen Zusammenhängen skizziert Lüthi Verbindungslinien zwischen Mad Studies und Disability Studies. Mit dem Konzept der ‚PsychGewalt' entwickelt der Autor erste Parameter für ein emanzipatives Analysemodell, mit dem er die allgegenwärtige, doch nur schwer zu fassende Gewalt von (sozial)psych(iatrischen) Zusammenhängen verstehbar und ihren Sinn be-greifbar machen möchte. ‚PsychGewalt' basiert auf vorausgegangenen diskursanalytischen, autoethnographischen und theoretischen Analysen und ist eng mit der Bewegung Psychiatrie-Betroffener und den Mad Studies verbunden.

Methodologische und methodische Überlegungen in den Disability Studies

Im zweiten Abschnitt des Bandes gehen sechs Beiträge ganz unterschiedlichen methodologischen und methodischen Fragestellungen nach. Die dabei jeweils skizzierten Zugänge stehen relativ unverbunden nebeneinander. Gemeinsam ist ihnen, dass sie wichtige Hinweise geben, welche (methodischen) Fallstricke in Forschungsvorhaben innerhalb der Disability Studies gespannt sein können – und wie sich diese umgehen lassen.

Als erster formuliert *Volker Schönwiese* unter den Schlagworten „partizipativ und emanzipatorisch" Ansprüche an eine Forschung aus der Perspektive der Disability Studies. Der Autor stellt verschiedene Ansätze partizipativer Forschung vor und plädiert für deren verstärkten Einsatz im deutschsprachigen Raum. Darüber hinaus verweist er auf das Spannungsfeld zwischen Emanzipation und Vereinnahmung, in welchem die Disability Studies und die aus ihr entstehende Forschung agieren müssen: Hierzu gehören die zunehmende Wettbewerbsorientierung der Hochschulen, die politische und institutionelle Vereinnahmung von Partizipation und Inklusion sowie die Vermarktlichung der Behindertenhilfe.

Im darauffolgenden Beitrag „Emanzipation ohne Vereinnahmung – Menschenrechtsbasierte Forschung in den Disability Studies" vertiefen *Theresia Degener und Malin Butschkau* Überlegungen zum menschenrechtlichen Modell von Behinderung. Um diesen Ansatz für die Disability Studies fruchtbar zu machen, stellen sie das menschenrechtliche Modell und das Konzept inklusiver Gleichheit als Denkfiguren vor. Zum anderen zeigen die Autorinnen am Beispiel des aktuellen Forschungsprojekts Initiative Kompetenzzentren Selbstbestimmt Leben (IKSL), das beim Bochumer Zentrum für Disability Studies (BODYS) angesiedelt ist, wie menschenrechtsbasierte, partizipative Forschung innerhalb der Disability Studies konzipiert und durchgeführt werden kann. Dabei treten auch die Herausforderungen und Barrieren, die in solch einem Forschungsvorgehen liegen können, zutage.

Matthias Otten zeigt sodann in seinen methodologischen Grenzerkundungen zu rekonstruktiver Forschung im Kontext von Flucht und Behinderung, wie schwierig es ist, geflüchtete Menschen mit Beeinträchtigungen nachhaltig in den Forschungsprozess zu integrieren. Als besonders herausfordernd sieht er die vielfältigen, in dieser Gruppe wirkmächtigen institutionellen Zuschreibungen. Für eine emanzipatorisch-partizipatorisch ausgerichtete Forschung mit dieser Gruppe behinderter Menschen regt er an, diese Zuschreibungen bzw. die daraus resultierenden viktimisierenden Konstruktionen aufzulösen und die Handlungsfähigkeit der Menschen, deren Leben sowohl durch Flucht- als auch Behinderungserfahrungen geprägt ist, in der Forschung zu fokussieren.

Die Dispositivanalyse von (Nicht-)Behinderung bildet den theoretischen Hintergrund des von *Anne Waldschmidt, Sarah Karim und Simon Ledder* vorgestellten Forschungsprojektes. Unter Bezugnahme auf Arbeiten von Bourdieu, Foucault und Goffmann unterscheiden sie dabei die Analyseebenen des *Doing, Making* und *Being Dis/ability*, um die Verwobenheit von (Nicht-)Behinderung zu untersuchen. In ihrem skizzierten Forschungsvorhaben soll mittels einer Verbindung von Gruppendiskussionen, Einzelinterviews und ethnografischen Beobachtungen in Werkstätten für behinderte Menschen und Inklusionsbetrieben am Beispiel der Teilhabe am Arbeitsmarkt untersucht werden, wie (Nicht-)Behinderung als Dispositiv rekonstruiert werden kann.

Den Abschnitt zu methodologischen und methodischen Überlegungen schließen *Natalie Geese und Miklas Schulz*. Sie stellen in ihrem Beitrag zunächst den aus den USA stammenden Forschungsansatz der Autoethnographie vor. Am Beispiel der Arbeiten dreier blinder Forscher zeigen sie, was dieser Ansatz für eine kritische Blindheitsforschung zu leisten vermag: Indem eigene Blindheitserfahrungen zentral gesetzt werden, ist es z. B. möglich, die spezifischen Selbst- und Weltverhältnisse blinder Menschen zu thematisieren, ohne diese zu essenzialisieren.

Disability Studies als interdisziplinäre Begegnung

Im dritten und letzten Teil des Bandes werden in 14 Beiträgen aktuelle Ergebnisse verschiedener Forschungsprojekte aus den deutschsprachigen Disability Studies vorgestellt. Die Autor*innen zeigen, was mit der Einnahme einer Disability Studies-Perspektive jeweils herausgearbeitet werden kann. Der Abschnitt beginnt mit geisteswissenschaftlichen Beiträgen aus den Geschichts-, Literatur- und Religionswissenschaften. Es folgen Texte, die Disability Studies-Fragestellungen aus Sicht der Soziologie, der Sozialen Arbeit, der Geschlechterforschung und den Erziehungswissenschaften untersuchen. Abgeschlossen wird der Abschnitt durch zwei Beiträge aus den Deaf Studies.

Angela Wegscheiders Text „ ‚Dienst an den Ärmsten der Armen'. Geschichte und Gegenwart institutioneller Versorgung in Oberösterreich" ist als Beitrag zur Disability History einzuordnen. Am Beispiel katholischer Einrichtungen für beeinträchtigte Menschen wird für die Zeitspanne vom 19. Jahrhundert bis heute die Entwicklung sowohl der rechtlichen und sozialen Hintergründe wie auch der ideellen Grundlagen von religiöser Machtpraktik und Herrschaft sowie Säkularisierung rekonstruiert und die seit den 1990er Jahren laufenden Prozesse von Professionalisierung und Bürokratisierung im Feld der Behindertenhilfe dargestellt.

In seinem Beitrag zur Geschichte der Selbstbestimmt-Leben-Bewegung in Österreich markiert *Volker Schönwiese* die Zeit nach dem Ersten Weltkrieg als historischen Ursprung der heutigen österreichischen Behindertenbewegung. Er geht knapp auf die Genese der „Krüppelarbeitsgemeinschaft/Vereinigung der Körperbehinderten Österreichs" bis zu ihrer Gleichschaltung im Zuge des „Anschlusses" Österreichs (1938) ein, beschreibt die Entwicklung der Selbsthilfeverbände nach 1945 und skizziert abschließend die Entwicklung und Aktivitäten der Neuen Behindertenbewegung von 1970 bis zur Verabschiedung der UN-Behindertenrechtskonvention (2006).

Gesine Wegner führt in ihrem Kapitel in das im deutschsprachigen Raum noch kaum sichtbare Forschungsfeld der Literary Disability Studies ein. Mit einem Überblick zu literatur- und kulturwissenschaftlichen Arbeiten aus dem anglophonen Raum zeigt sie, wie die literaturwissenschaftlichen Disability Studies durch ihre Untersuchungen von Behinderungsnarrativen repräsentativen und epistemologischen Fragestellungen nachgehen. Dabei wird deutlich, wie die autobiografischen und fiktionalen Erzählungen der vielschichtigen Prozesse des ‚Behindert-Werdens' zum Erkenntnisgewinn beitragen und jenseits der Modelle von Behinderung verdeutlichen können, welche weiteren Werkzeuge zur Dekonstruktion von Behinderungsprozessen genutzt werden sollten.

Auch *Matthias Luserke-Jaqui* konstatiert, dass deutschsprachige Auseinandersetzungen mit Behinderung in der Literaturwissenschaft ein Desiderat darstellen. In seinem Beitrag „Ein Krüppelstück von Krüppeln für Krüppel. Behinderung als kulturelles Deutungsmuster in Literatur und Literaturwissenschaft?" fokussiert er deutschsprachige Literatur. Am Beispiel des Theaterstücks *Ein Fest für Boris* von Thomas Bernhard geht er der Frage nach, inwieweit unsere binären Vorstellungen von gesund/krank oder vom nicht-behinderten/behinderten Körper durch das Medium der literarischen Fiktion verfestigt oder aber gerade subversiv in Frage gestellt werden können. Der Autor prüft damit die These, nach der Literatur und Literaturwissenschaft eine Ästhetik der Binarität als kulturelles Deutungsmuster verfestigt haben, die es aufzubrechen gilt.

Mit der von ihr festgestellten „doppelten Leerstelle" bezüglich der Disability Studies in der Religionswissenschaft befasst sich *Ramona Jelinek-Menke*. Sie zeigt in ihrem Beitrag sowohl aktuelle Bezüge zwischen Theologie, Religionswissenschaft und Disability Studies wie auch Wechselwirkungen zwischen Behinderung und Religion/en und dem (möglichen) Beitrag der Religionswissenschaft zu den Disability Studies auf. Sie kritisiert theologische Zugänge zu Behinderung, die das Ziel verfolgen, ein vermeintlich objektiviertes theologisches Verständnis von Behinderung zu erreichen. Im Gegensatz dazu positioniert Jelinek-Menke religionswissenschaftliche Auseinandersetzungen mit Behinderung, die das Potential haben, theologische Konstruktionen von Behinderung in ihren jeweiligen kulturellen, lokalen und zeithistorischen Kontexten zu analysieren.

Stephanie Czedik nutzt einen arbeitssoziologischen Zugang, um aus einer Disability Studies Perspektive die gesellschaftliche Funktion der Werkstätten für behinderte Menschen (WfbM) zu hinterfragen. Trotz steigender Zahlen der in WfbM Beschäftigten werden diese ihrem gesetzlichen Auftrag der Rehabilitation, d. h. der Realisierung des Übergangs der dort Beschäftigten in den ersten Arbeitsmarkt, kaum gerecht. Darüber hinaus kann Czedik durch erste Ergebnisse ihrer ethnografischen Studie belegen, dass WfbM durch die Übernahme digitaler Technologien und Arbeitsweisen aus dem ersten Arbeitsmarkt zunehmend durch betriebswirtschaftliche Trends geprägt werden – und kaum durch ihren rehabilitativen Auftrag.

Wie Behinderung in dyadischen Nähebeziehungen im Privatbereich aus Sicht der Disability Studies konzeptualisiert werden kann, fragt *Birgit Behrisch* in ihrem Artikel. Sie eröffnet dazu juristische, medizinische und paarsoziologische Perspektiven und zeigt, dass diese wichtige Anhaltspunkte im Hinblick auf Teilhabe, Diskriminierung und die sozialen Dynamiken von Behinderung und Fragen der Mitbetroffenheit bieten. Behrisch plädiert dafür, den individualisierenden Perspektiven intervenierender Disziplinen neue Theorieentwürfe aus den Disability Studies entgegenzusetzen, die dyadische Beziehungen stärker relational und körpertheoretisch entwerfen.

Um Nähebeziehungen, hier im Kontext öffentlicher, sozialpädagogischer Erziehung, geht es auch *Rahel More*. In ihrem Beitrag untersucht sie am Beispiel von Eltern mit Lernschwierigkeiten die Konstruktion ‚normaler' Elternschaft durch sozialpädagogische Fachkräfte. Sie zeigt, wie die Praxis Sozialer Arbeit Normalitätskonstruktionen generiert, die auf gesellschaftliche Erwartungen an Funktionsfähigkeit und Selbstständigkeit von Eltern mit Lernschwierigkeiten rekurrieren. Dabei rekonstruiert sie ein Spannungsfeld zwischen Normalität als Ziel sozialpädagogischer Arbeit einerseits und sozialpädagogischer Unterstützung von Elternschaft als Abweichung andererseits. More demonstriert so, wie sozialpädagogische Fachkräfte in Normalisierungs- und Normierungsprozesse verstrickt sind, in denen Behinderung immer wieder neu hergestellt wird.

Kai Heneka arbeitet in seinem Beitrag an der Schnittstelle der Konstruktionen von Behinderung und Männlichkeit. Er stellt die Ergebnisse einer lebensweltorientierten Studie zu Repräsentation von Männlichkeit bei Männern mit Lernschwierigkeiten vor. Seine intersektional angelegte Studie hat ihre theoretischen Bezugspunkte sowohl in den Disability Studies wie auch in der kritischen Männlichkeitsforschung und kann so die Herausforderungen wie auch Chancen der biografischen Konstruktion von Männlichkeit vor dem Hintergrund der Lernschwierigkeit und der damit einhergehenden negativen Zuschreibungen aufzeigen.

Die folgenden drei Beiträge stammen aus den Disability Studies in Education mit dem Fokus auf Schul- bzw. Hochschulbildung. *Katrin Reisenauer* und *Sabine Gerhartz-Reitner* eröffnen den Dreiklang mit ihrer Arbeit an der Schnittstelle von Inklusionspädagogik und Disability Studies zum Thema pädagogische Diagnostik. Sie zeigen, dass pädagogische Diagnostik zwar Chancen für Schulen und Schüler*innen eröffnet, aber gleichzeitig zu Stigmatisierung und exkludierenden Praktiken führt. Die Autorinnen stellen ein partizipatives Forschungsprojekt zur Selbsteinschätzung von Lernbedürfnissen von Schüler*innen vor. An diesem Beispiel zeigen sie, dass eine Disability Studies-Perspektive die Hinterfragung von Normalitätsvorstellungen bei Lehrpersonen und ein Empowerment von Schüler*innen mit Beeinträchtigungen ermöglicht. So werden Räume eröffnet, um Schüler*innen nicht als fremdbestimmte Objekte pädagogischer Praxis, sondern als selbstbestimmte, lernende Subjekte zu verstehen.

*Raphael Zahnd und Kolleg*innen* bringen Perspektiven inklusiver Bildung und Disability Studies im Kontext universitärer Lehrer*innenbildung zusammen. Sie zeigen, wie sehr der Dekategorisierungsgedanke der Inklusionspädagogik im Kontrast zu aktuellen bildungspolitischen Entwicklungen in Österreich steht und selbst in progressiven Hochschulbildungsgängen zu großen Spannungen führt. Am Beispiel eines Seminars an der Universität Wien illustrieren sie, wie inklusive Pädagogik ohne Etikettierungen praktisch umgesetzt werden kann. Damit rufen die Autor*innen dazu auf, Spielräume in der Lehrer*innenbildung und in bildungspolitischen Debatten zu nutzen, um wirkliche Veränderungen ermöglichen.

Ergebnisse aus ihrer biografieanalytischen Studie zu Inklusions- und Exklusionsmechanismen in Bildungsbiografien behinderter Menschen bilden den Hintergrund des Beitrages von *Theresa Straub*. Sie zeigt anhand von Interviewausschnitten, wie die befragten Studierenden Selbstbestimmung bzw. deren Einschränkung im universitären Raum wahrnehmen. Vor dem Hintergrund des menschenrechtsbasierten Ansatzes rückt sie Zugänge, Möglichkeiten und Grenzen der Teilhabe an Bildung in den Fokus. Straub zeigt, dass die Beteiligung behinderter Studierender (und Lehrender) als Expert*innen ihrer Lebenssituation der einzige Weg ist, universitäre Strukturen inklusiver zu gestalten.

Den Abschluss des Bandes bilden zwei Beiträge aus den Deaf Studies. Kern des Artikels von *Fabian Rombach* ist die Infragestellung des Kollektivsingulars einer sogenannten Gehörlosengemeinschaft. Er zeigt auf, wie die soziale Formation ‚Gebärdensprachgemeinschaft' in den Deaf Studies zunehmend als analytischer Ausgangspunkt genutzt wird, um mit dem Konzept der Deaf Ethnicity die Gemeinschaft der sogenannten ‚visual people' als eigene Ethnie zu begründen. Rombach kann anhand erster Ergebnisse aus seiner biografie- und zugehörigkeitstheoretischen Fallstudie zeigen, wie Menschen, die als hörbehindert gelten, sich in einem Kosmos multipler Zugehörigkeiten bewegen. Damit wird von ihm auch das Zwei-Welten-Konstrukt – der Hörenden und Nichthörenden – dekonstruiert.

Thomas Vollhaber kritisiert in seinem Beitrag ebenfalls die ethnisierende Ausrichtung der Deaf Studies, die nach seiner Einschätzung nicht-taube Akademiker*innen exkludieren. Seine Position zur Bedeutung der Selbstbetroffenheit bildet Teil eines kontroversen Diskurses zur Akademisierung der Deaf Studies. Vor diesen Hintergrund stellt der Autor Bezüge zu den Modellen der Disability Studies her und fragt, welche neuen Räume sich erschließen lassen, wenn der in den Deaf Studies bislang ignorierte taube Körper in den Blick genommen wird. Mit Beispielen aus Literatur, Film und Kunst wird von ihm abschließend erörtert, welches Potential diese körperorientierte Wende für die Deaf Studies haben könnte.

Zusammenschau & Desiderata

Die Beiträge des vorliegenden Bandes zeigen die große Vielfalt der in den deutschsprachigen Disability Studies vertretenen Positionen und Zugänge, von denen hier lediglich ein kleiner Ausschnitt präsentiert werden kann. Schon in dieser Auswahl wird deutlich, dass die verschiedenen Ausgangspositionen unterschiedliche, oft scheinbar nicht miteinander vereinbare Konsequenzen auf theoretischer, methodologischer oder/und politischer Ebene haben, wie es z. B. für eine Forschung der Fall ist, die den Anspruch hat, gleichzeitig rekonstruktiv wie auch partizipativ zu sein. Dieser polyphone Klang der Disability Studies ist jedoch nach Auffassung der Herausgeber*innen nicht negativ zu sehen: Er fordert vielmehr dazu heraus, immer wieder neu zu klären, ob und inwiefern eine Forschungsfrage, -methode oder -perspektive als ‚genuine Disability Studies' verstanden werden kann. Die damit verbundenen Tendenzen zur Absicherung innerhalb der Disziplin und nach außen z. B. hinsichtlich der Frage, wer eigentlich für wen und worüber sprechen darf, bergen allerdings auch das Risiko von ‚Grabenkämpfen' innerhalb des sich ausdifferenzierenden Feldes der Disability Studies – an Stelle der dringend notwendigen weiteren Bildung von Allianzen. In diesem Konfliktfeld ist auch der Untertitel der Disability Studies Konferenz 2018 „zwischen Emanzipation und Vereinnahmung" zu verorten: Die Disability Studies sind gefordert, sich als eigenständiges Wissenschaftsfeld zu profilieren, das nicht nur „Betroffenenforschung" betreibt. Vielmehr geht es darum, gleichzeitig ein erkenntnis- und wissenschaftstheoretisches Forschungsprofil zu entwickeln, an dem deutlich wird, ob es sich bei einem Forschungsvorhaben um Disability Studies oder traditionelle Behinderungsforschung im ‚fortschrittlichen Mäntelchen' handelt.

Die Vielfältigkeit der hier versammelten Beiträge ist (auch) Ausdruck einer seit 20 Jahren andauernden Suchbewegung, die immer wieder die Frage aufwirft, was die Disability Studies im Kern ausmachen könnte. Daraus folgen auch Anfragen an die Disability Studies als Disziplin: Handelt es sich um eine nur scheinbare Homogenität und gibt es DIE Disability Studies als monolithische Entität überhaupt? Oder muss es so viele Disability Studies geben, wie es Akteur*innen gibt? Diese Fragen müssen auch immer vor dem Hintergrund akademischer Zugehörigkeitskonstruktionen verstanden werden, innerhalb derer sich alle Akteur*innen positionieren müssen. Letztlich verweisen diese Fragen auch auf die schwierigen strukturellen Bedingungen der Disability Studies im deutschsprachigen Raum. Von grundlegender Bedeutung ist die noch ausstehende Anerkennung als eigenständige wissenschaftliche Disziplin mit eigenen Ressourcen. Daneben zeichnet sich die Disability Studies Community durch eine geringe Anzahl von wissenschaftlichen Akteur*innen aus, die (wie alle anderen Wissenschaftler*innen auch) der Prekarität des neoliberalen Wissenschaftsbetriebs unterworfen sind. Dies wirkt sich vor allem negativ auf Wissenschaftler*innen mit Beeinträchtigungen aus und wird noch verstärkt durch die Interdisziplinarität der Disability Studies: Die Akteur*innen vereint die kritische Perspektive auf Behinderung als soziales und kulturelles Phänomen – untersucht wird Behinderung allerdings aus der Perspektive unterschiedlicher Bezugsdisziplinen. Der akademische Karriereverlauf ist so nicht nur von den Ressourcen anderer Disziplinen abhängig, sondern vor allem von deren Bereitschaft, das Thema Behinderung als Teil ihres Themenkanons zu akzeptieren.

Dazu kommt aus Sicht der Herausgeber*innen eine Spezifität der Situation der deutschsprachigen Disability Studies: die starke Dominanz der Sonderwissenschaften bei der Untersuchung von Themen rund um Behinderung. Die Delegation des Themas Behinderung v. a. an die Sonderpädagogik – anstelle einer transdisziplinären Auseinandersetzung – bedeutet im Umkehrschluss die Randständigkeit von Behinderung in allen anderen Disziplinen. Angesichts dieser Bedingungen der Wissensproduktion in der deutschsprachigen Disability Studies erscheinen die in diesem Band versammelten Beiträge zur Weiterentwicklung der deutschsprachigen Disability Studies umso beachtlicher.

Dieser Band plädiert eindringlich für eine weitere Expansion und Diversifi-zierung der Forschung in den Disability Studies und spricht sich zugleich dafür aus, Ambiguität(en) auszuhalten – also die Unabgeschlossenheit der theoreti-schen Debatten in den Disability Studies als Chance zu sehen und sie nicht als bereits abschließend geklärt zu betrachten. Es braucht Multiperspektivität, um die Komplexität des Phänomens Behinderung in seinen jeweiligen historischen, gesellschaftlichen, kulturellen und politischen Kontexten zu durchdringen und vermeintlich etablierte Wahrheiten in Frage zu stellen.

I Theoretische Zugänge in den Disability Studies

Wie war das damals eigentlich?

Wie die Disability Studies Deutsch sprechen lernten

Swantje Köbsell, Gisela Hermes, Petra Kuppers,
Volker Schönwiese & Peter Wehrli

Einleitend soll die Entwicklung der deutschsprachigen Disability Studies aus dem Blickwinkel von Menschen, die diese miterlebt und beeinflusst haben, dargestellt werden.

Der nachfolgende Text basiert auf dem Transkript des gleichnamigen Eröffnungspanels der Disability Studies Konferenz 2018[1]. Diese Diskussion wurde nach einer kurzen Vorstellung der Panelteilnehmer*innen von Swantje Köbsell entlang folgender fünf Themenblöcke moderiert:

(1) Bedeutung der Behindertenbewegung für die Disability Studies
(2) Bedeutung des „Jahres der Behinderten" (1981) für die Disability Studies
(3) Frauen in der Behindertenbewegung
(4) Entstehung der Disability Studies aus der Behindertenbewegung
(5) Institutionalisierung und Zukunft der Disability Studies im deutschsprachigen Raum

Die Panelteilnehmer*innen:

- *Für Deutschland: Gisela Hermes*, Diplompädagogin und Professorin für Rehabilitation und Gesundheit an der HAWK in Hildesheim. Gisela Hermes ist Mitautorin des „Klassikers" „Geschlecht: Behindert, besonderes Merkmal: Frau"; Gründerin des Bildungs- und Forschungsinstituts zum selbstbestimmten Leben behinderter Menschen *(bifos)*, Mitorganisatorin der Sommeruni 2003 „Disability Studies in Deutschland – Behinderung neu denken" sowie Autorin zahlreicher Texte rund um die Themen Behinderung und Disability Studies.
- *Für den Blick von außen: Petra Kuppers*, Professorin für Englisch und Women's Studies an der University of Michigan in Ann Arbor, wo ihre Lehre

---

1 Video des Panels: www.youtube.com/watch?v=9-Ofnk5updk.

vor allem Performance Studies und Disability Studies fokussiert. In Deutschland geboren, lebt sie seit 2001 mit kurzen Unterbrechungen in den USA und verfolgt von dort die Entwicklung der Disability Studies in Deutschland. Petra Kuppers bezeichnet sich selbst als disability culture activist; sie verfasst sowohl Gedichte wie auch wissenschaftliche Texte.

- *Für Österreich: Volker Schönwiese.* Er studierte Psychologie und Pädagogik an der Universität Innsbruck, an der er von 1983–2013 als Dozent und später als Professor mit den Themenschwerpunkten Inklusive Pädagogik und Disability Studies am Institut für Erziehungswissenschaft tätig war. Gleichzeitig ist er seit den 1970ern Aktivist der Behindertenbewegung in Österreich. Volker Schönwiese ist Mitbegründer des Netzwerks Disability Studies Austria (DiStA) sowie Begründer der digitalen Bibliothek bidok.at und Autor zahlreicher Texte zu den Themen Behinderung und Disability Studies.
- *Für die Schweiz: Peter Wehrli.* Er ist Psychologe und Aktivist der Schweizer Behindertenbewegung; 1996 gründete er das Zentrum für selbstbestimmtes Leben in Zürich, dessen Geschäftsführer er bis 2018 war. Peter Wehrli ist Autor von Texten zu den Themen Behinderung und Selbstbestimmung.

1. Welche Bedeutung hatten die Themen der Behindertenbewegung/en für die Entwicklung der Disability Studies?

Peter Wehrli: Als ich Ende der 1980er Jahre aus Israel in die Schweiz zurückkam, ging dort die Bewegung des „Clubs Behinderter und ihrer Freunde" (CeBeef), von der ich schon im Ausland gehört hatte, gerade zu Ende. Ich konnte nicht mehr beitreten. Der CeBeef hatte die Zeitschrift *PULS* herausgebracht, die mich auch in Israel erreicht und damals sehr begeistert hatte. Da war ein anderer Ton, da war eine Frische drin. Zurück in der Schweiz beeindruckten mich die Vertreter*innen der deutschen Behindertenbewegung sehr. Sie überzeugten mich davon, dass wir in der Schweiz auch eine solche Bewegung brauchten. Ich erinnere mich an eine Tagung 1994 oder 1995 über den behindertengerechten internationalen Verkehr. Thema war unter anderem die neue Nachtzugverbindung Zürich-Wien, die einmal mehr nicht behindertengerecht geplant war. Wir zerbrachen uns die Köpfe, mit welchen Verbesserungen man diese Züge doch noch rollstuhlgängig machen könnte. Dann fragte der Gastredner aus Bremen: „Wer von euch hat Zugmechanik studiert und könnte so eine technische Lösung finden?" Das hatte niemand von uns. „Warum kümmert ihr euch dann um die mechanischen Probleme? Unsere Aufgabe ist es, dafür zu sorgen, dass die Techniker die Lösungen bringen, die uns nützen. Wir müssen keine Techniker sein! Wir müssen politisch sein und die politischen Forderungen einbringen." Das war für mich damals ein echtes Aha-Erlebnis: Es ist unsere Aufgabe als Menschen mit Behinderungen, unsere Bedürfnisse in die Politik einzubringen. Für die technischen Lösungen gibt es Spezialisten. Aber wir müssen die politischen Forderungen durchsetzen. Aus dieser Erkenntnis heraus gründete ich dann eine Organisation, die sich darauf spezialisierte, Forderungen von Menschen mit Behinderungen in die Politik einzubringen. Das verstanden wir als unsere Hauptaufgabe.

Volker Schönwiese: Die Themen, die zu Beginn der emanzipatorischen Behindertenbewegung in den 1970er Jahren wichtig waren, sind es auch heute noch: Wie kann Institutionalisierung behinderter Menschen vermieden werden? Wie können politisch Bedingungen geschaffen werden, die ermöglichen, dass Menschen mit Behinderungen über ihr Leben selbst entscheiden können, dabei unterstützt werden und unter akzeptablen Alternativen wählen können? Die in den 1970er Jahren gestellten Forderungen nach gemeindenahen Unterstützungsdiensten entstanden unter dem existentiellen Druck, dass viele von uns Aktivist*innen in Gefahr waren, in völlig entmündigende Einrichtungen und Pflegestrukturen überwiesen zu werden. „Heime braucht es keine" war ein wichtiger Leitspruch. Diese Widerstandsstimmung drückte sich nicht nur darin aus, sich zu organisieren, zu demonstrieren und zu verhandeln, es ging auch darum, schreibend Widerstand zu leisten. Schreibend an die Öffentlichkeit zu gehen, erforderte nicht nur anzuklagen, sondern auch für die Grundargumentation ‚wir sind nicht behindert, wir werden behindert' Erklärungen zu suchen und Analysen zu liefern – in welcher Form auch immer. Es gab damit schon sehr früh einen fließenden Übergang zu den Disability Studies. Diesen Begriff verwendeten wir allerdings erst relativ spät, und es ist auch nicht in Stein gemeißelt, dass dies der einzig richtige Begriff ist, mit dem wir wichtige Themen beschreiben, Erklärungen suchen und Diskussionen führen können. Seit Beginn der Bewegung gab es schon sehr unterschiedliche Ausdrucksformen des Widerstands, von Aktionen bis Kabarett, von Filmen bis zu wissenschaftlichen Analysen. Diese Vielfalt an Ausdrucksmitteln und Ausdrucksniveaus entsprach der Stimmung damals, als Gruppe zwar klein und bedeutungslos, aber frei bis vogelfrei zu sein.

Petra Kuppers: Meine Geschichte, mein Zugang zu den Disability Studies, ist ein bisschen anders. Ich komme vom Land, vom Niederrhein. Als ich aufgewachsen bin, habe ich keine anderen behinderten Menschen gesehen außer Kriegsversehrten und Leuten, die zur Sonderschule gingen. Da gab es persönliche Begegnungen mit einer jungen Frau, die ein „Hinkebein" und starke Schmerzen hatte, mit einem jungen Mann, der anders dachte, aber wenig soziale Gemeinsamkeiten. Von der Behindertenbewegung habe ich erst viel später erfahren, denn eigentlich ging das für mich erst richtig los, als ich nach England gezogen bin und dort in die ‚disability arts'-Bewegung eintrat. Den Hintergrund meiner Arbeit bildete eine neue Kunstrichtung, die in Deutschland entstanden war und eine ganz andere Art und Weise beinhaltete, den Menschen und die Kunst zu sehen: Ich verbinde dies mit dem Begriff der Sozialen Skulptur, der auf Joseph Beuys zurückgeht.

Mit Sozialer Skulptur ist gemeint, dass wir, einfach indem wir anders auftreten und uns anders benehmen, die Atmosphäre des kulturellen Zusammenseins ändern. Dass wir radikal ändern, was ‚normal' ist. Wenn wir hier zusammen atmen und zusammen sind, verändern wir die Welt. Das ist für mich der Anfang der Disability Studies: eine soziale Skulptur, die Raum und Menschlichkeit neu fühlt und füllt.

Gisela Hermes: Ohne die bundesdeutsche Behindertenbewegung hätten die Disability Studies kaum ihren Weg nach Deutschland gefunden. Die Behindertenbewegung war die gedankliche Basis für diesen Forschungsansatz. Ihr lag von Beginn an ein Behinderungsverständnis zugrunde, das später als soziales Modell von Behinderung eingeführt wurde: Eine andere Sichtweise auf Behinderung, die diese in gesellschaftlicher Ausgrenzung und in mangelhaften gesellschaftlichen Strukturen verortet. Allerdings hat die deutsche Behindertenbewegung diese Perspektive nicht als soziales Modell von Behinderung benannt, und unsere Schriften der 1980er und 1990er Jahre haben wir nicht ‚Disability Studies' genannt. Das kam erst später. Aber im Grunde kam mit der bundesweiten Behindertenbewegung, die Anfang der 80er Jahre entstand, ein erster Schwung in die Bundesrepublik Deutschland und es wurde ein Umdenken in Bezug auf Behinderung bzw. hinsichtlich der Sichtweise auf Behinderung eingefordert, das eng mit den Ansätzen der heutigen Disability Studies übereinstimmt. Diese Übereinstimmung grundlegender Ideen zeigt sich insbesondere an den Aktionen der Behindertenbewegung. Durch Aktivitäten wird ja oft deutlich, welche dahinterliegenden Gedanken oder Konzepte verfolgt werden. So wurde auf politischer Ebene eingefordert, dass behinderte Menschen als Bürger*innen mit gleichen Rechten gesehen werden und sie selbst über ihr Leben bestimmen können. Ich erinnere mich an einen der Sprüche, der in den 1980er Jahren aufkam: „Nichts über uns ohne uns!". Das war und ist ein zentraler Slogan der Behindertenbewegung.

Die damaligen Themen ähnelten den heutigen sehr stark. Es ging um institutionelle Ausgrenzung, Teilhabe an Bildung und an Arbeit, um die Situation behinderter Frauen. Ich erinnere mich daran, dass das Thema Psychiatrie auf dem Krüppel-Tribunal 1981 auch eine wichtige Rolle gespielt hat und das Thema Selbstbestimmung über allem stand. Behinderte Menschen forderten ein, nicht mehr länger Objekte von Fürsorge zu sein, sondern wirklich selbst über ihr Leben bestimmen zu können. Es haben sich seitdem u. a. durch die Aktivitäten der Behindertenbewegung einige Dinge verbessert, und trotzdem sind die grundlegenden Themen nach wie vor die gleichen geblieben, weil die Situation behinderter Menschen noch lange nicht zufriedenstellend ist.

2. 1981 war von der UN als „Jahr der Behinderten" ausgerufen worden, wodurch das Thema Behinderung erstmalig größere Aufmerksamkeit erfuhr. Auch diverse

Veröffentlichungen aus der Behindertenbewegung entstanden um das Jahr 1981 herum: Welche Bedeutung hatte dieses Jahr für die Behindertenbewegungen?

Peter Wehrli: Zu jener Zeit lebte ich in Israel. Ich kann daher nicht sagen, was in der Schweiz passiert ist. Ich habe nur von verschiedenen Leuten gehört, dass in diesem Jahr die Bewegung geboren wurde. Das UNO-Jahr der Behinderten hat also auch in der Schweiz Wichtiges ausgelöst. Hauptthema war, soviel ich erkennen kann, die ganze Thematik der Zugänglichkeit des öffentlichen Raumes. Vor allem darüber wurde 1982/83 sehr viel berichtet. Die Gründung des CeBeeF war eine weitere Folge. Da haben die Behinderten Mut gefasst und sich keck zu äußern gewagt. Leider war davon ein paar Jahre später in der Politik nicht mehr viel zu spüren.

Volker Schönwiese: Das Jahr der Behinderten oder das ‚Jahr der Behinderer‘, wie wir gesagt haben, war in Österreich ein entscheidender Anlass, überregional Kontakte herzustellen und uns im Protest zu koordinieren. Wir haben die Eröffnungsveranstaltung der Bundesregierung zu diesem ‚Jahr der Behinderer‘ in der Hofburg, einem zentralen Punkt in Wien, gestört, indem wir mit Rollstühlen den Eingang blockiert haben, weshalb Bundeskanzler Kreisky und andere Offizielle eine halbe Stunde lang mit ihren großen Autos um den Häuserblock fahren mussten. Es war unglaublich, wie aggressiv die offiziellen Gäste, z. B. Vertreter*innen der Sozialversicherungen und der Länder, sowie Politiker*innen auf uns, die wir mit den Rollstühlen den Eingang der Hofburg blockierten, reagierten. Es war schon eindrucksvoll, so viel Zorn darüber zu erleben, dass wir sie behindern, zu der Feier zu kommen. Diese Aktion war eine Initialzündung für Kooperationen, die wir vorher zwar schon hatten, aber danach in neuer Form systematisch fortgesetzt haben.

Gisela Hermes: Das Jahr 1981 war für mich der Einstieg in die Behindertenbewegung oder überhaupt in diese Themen. Ich erinnere mich, dass es in der Bundesrepublik Deutschland im Vorfeld ganz starke Auseinandersetzungen innerhalb der sich gerade bildenden Behindertenbewegung gab. Klar war, dass behinderte Menschen etwas gegen das ‚Jahr der Behinderer‘, wie wir es ebenfalls nannten, unternehmen wollten. Sehr viele Menschen waren nicht damit einverstanden, dass die Bundesregierung vorhatte, die Aussonderungspraktiken als gelungene Unterstützung zu feiern. Es gab mehrere Treffen, auf denen diskutiert wurde, was man dagegen tun könne. Dabei zeigten sich zwei große Richtungen: Es gab zum einen den Krüppelstandpunkt. Im Jahr 1978 hatte sich um Franz Christoph und Horst Frehe herum in Norddeutschland (Bremen/ Hamburg) eine kleine Initiative gebildet, die Krüppelinitiative, die auch die *Krüppelzeitung* herausgegeben hat und diese Gruppe vertrat eine sehr radikale Sichtweise. Die Zusammenarbeit mit nichtbehinderten Menschen wurde grundsätzlich abgelehnt, weil nichtbehinderte Menschen als die Unterdrücker*innen behinderter Menschen gesehen wurden, die radikal mit der Frage konfrontiert werden sollten, auf welche Art und Weise sie selbst an Ausgrenzung beteiligt sind.

Es gab aber auf der anderen Seite viele gemischte Initiativen – z. B. die Clubs Behinderter und ihrer Freunde, den Club 68 – also Clubs, in denen sich behinderte und nichtbehinderte Menschen zusammengeschlossen hatten, die ihren Protest gegen die bundesdeutsche Aussonderungspolitik und -praxis auch gemeinsam zeigen wollten. Trotz dieser unterschiedlichen Ausgangslagen wurden gemeinsam mehrere spektakuläre Aktionen durchgeführt. So wurde beispielsweise die Eröffnungsfeier des ‚Jahres der Behinderer‘, die im Januar 1981 in Dortmund stattfand, gestört. Der damalige Bundespräsident Carstens wollte die Festivitäten zum Jahr der Behinderten in Dortmund feierlich und mit viel Presse eröffnen, aber das wurde verhindert. Es hatten sich mehrere behinderte Menschen u. a. mit ihren Elektrorollstühlen auf der Rednertribüne angekettet, diese ließen sich verständlicherweise nicht leicht wegtragen, und sie hatten große Transparente mit Forderungen im Hintergrund aufgespannt. Der Bundespräsident musste seine Rede wegen der besetzten Bühne in einen anderen Raum verlegen. Das war ein großer Sieg, der allen beteiligten behinderten Menschen einen starken Auftrieb im Selbstbewusstsein gegeben hat. Außerdem wurde der Auftritt des Bundespräsidenten auf der jährlich im Herbst stattfindenden Rehamesse[2] gestört. Franz Christoph, Vertreter des radikalen Krüppelstandpunktes, bewies der Welt mit seiner damaligen Aktion, dass der Widerstand behinderter Menschen nicht ernst genommen wurde: Er hat den Bundespräsidenten zwei Mal mit seiner Krücke geschlagen mit den Worten „Hast du nichts gelernt aus Dortmund?“. Es gab jedoch kein Strafverfahren gegen Franz Christoph. Er hat für diese Aktion lediglich Hausverbot bekommen.

Zum Abschluss des Jahres gab es dann eine große, von behinderten Menschen selbst organisierte Veranstaltung: das Krüppeltribunal in Dortmund. Dieses war von der Idee her angelehnt an die Menschenrechtstribunale von Amnesty International, die sog. Russeltribunale. Angeklagt wurden hier ‚Menschenrechtsverletzungen im Sozialstaat‘. Die Präsentation der unterschiedlichen Anklagepunkte wurde von verschiedenen örtlichen Initiativen vorbereitet und es handelte sich inhaltlich um die gleichen Themen, die ich vorhin bereits benannt habe. Hunderte behinderte Menschen kamen zum Krüppeltribunal und es war eine sehr beeindruckende Veranstaltung. In vielen anschließenden Gesprächen habe ich erfahren, dass dieses Tribunal ein unglaubliches Empowerment für die Anwesenden bedeutet hat, weil es sich stark anfühlte, gemein-

---

2 Die REHA – inzwischen REHACARE – ist eine internationale Fachmesse für Rehabilitation und Pflege, die seit 40 Jahren im Herbst in Düsseldorf stattfindet. Die Verkaufsmesse, bei der neueste Entwicklungen im Bereich der Hilfs- und Pflegemittel ausgestellt werden, wird von inhaltlichen Veranstaltungen begleitet.

sam mit so vielen Gleichgesinnten die bundesdeutschen Missstände anzuklagen. Diese Solidarität und diese Stärke hatten behinderte Menschen bis dahin nie in dieser Form erleben können und vermutlich war dieses Erleben von gemeinschaftlicher Power ein Anstoß für die bundesweite Organisierung behinderter Menschen. Also für mich und für viele andere behinderte Menschen hatten die Aktionen zum ‚Jahr der Behinderer‘ eine große, nachhaltige Bedeutung.

Petra Kuppers: 1981 war ich ein Schulkind und ich habe damals leider nichts von der Behindertenbewegung mitgekriegt. Ich habe damals herausgefunden, dass ich, um an die Choreograph*innenschule zu gehen und in die Tanzausbildung zu kommen, ein ärztliches Attest benötigte, das besagte, dass ich vier gesunde Gliedmaßen habe. Und das bekam ich einfach nicht. Um das Jahr 1981/82 herum musste ich mir dann überlegen, was ich stattdessen beruflich machen möchte. Wie die meisten behinderten Künstler*innen musste ich improvisieren, mir außerhalb der regulären Zugänge andere Räume suchen, andere Mitspieler*innen und Begleitungen. Später habe ich dann viele Leute kennengelernt, die sich in den 1980er Jahren mit dem Internationalen Jahr der Behinderten auseinandergesetzt haben – aber es war nicht Teil meiner Lebenswelt. Ich habe mich mit der Kunstszene vernetzt, und Behinderung hatte da schon Platz, im experimentellen Bereich, und in den Räumen des Feminismus und der neuen kritischen Körperkultur.

3. Das folgende Thema betrifft vor allem behinderte Frauen. In Deutschland wurde das Thema ‚Behinderung und weibliches Geschlecht‘ auf dem Krüppeltribunal erstmalig vor einem größeren Publikum thematisiert. 1985 gaben behinderte Frauen das Buch ‚Geschlecht: behindert. Besonderes Merkmal: Frau‘ heraus, dessen Titel die darin beschriebene Problematik treffend auf den Punkt brachte. In dem Buch gab es, wie auch kurz darauf in der Fotoausstellung der Bremer Krüppelfrauengruppe, Bilder, die mit gängigen Abbildungen behinderter Menschen brachen: Da zeigten sich behinderte Frauen nicht als bemitleidenswert oder auf medizinische Kategorien reduziert, sondern selbstbewusst, frech und auch durchaus sexy.

Welche Auswirkungen hatten die Thematik ‚Behinderte Frauen‘, dieses Buch und die neue Art der Darstellung für die Disability Studies?

Gisela Hermes: Das Thema ‚Frauen mit Behinderung‘ kam in der bundesdeutschen Behindertenbewegung eigentlich nicht vor und deshalb schlossen sich behinderte Frauen zusammen, um sich mit ihrer Lebenssituation zu befassen. Wir Aktivistinnen hatten innerhalb der Bewegung harte Auseinandersetzungen um das Thema, denn uns wurde vorgeworfen, wir würden die Bewegung spalten. Ich weiß nicht, wie die Diskussionen in Österreich und in der Schweiz waren, aber in Deutschland fühlten sich die behinderten Männer damals von uns bedroht, beziehungsweise glaubten sie, dass die gesamte Behindertenbewegung durch unsere Initiative geschwächt würde.

Wir haben zu der Zeit etwas ganz Neues gewagt, denn wir setzten uns als behinderte Frauen insbesondere mit dem Thema des normabweichenden Körpers, also mit der Körperlichkeit, auseinander. Wir hinterfragten die vorherrschenden Schönheits- und Körperideale und stellten diesen selbstbewusst eigene Ideen von Attraktivität entgegen. Uns war wichtig – das verdeutlichten wir auch durch die Foto-Ausstellungen in Marburg und später in Bremen – unsere Beeinträchtigungen nicht länger zu verstecken, so wie wir das als behinderte Mädchen und Frauen gelernt hatten, sondern offensiv und selbstbewusst mit dem Anders-Sein umzugehen. Die gemeinsame Auseinandersetzung mit den Schönheitsidealen und unseren Körpern führte zu einer positiveren Sicht auf uns selbst: Wir entwickelten die Idee, unsere Behinderung als einen Teil von Vielfalt in der Welt zu sehen und nicht mehr als zu versteckende Abweichung, und wir fanden uns mit unseren ,anderen' Körpern schön und begehrenswert. Diese frühen Krüppelfrauen-Initiativen haben mit bewirkt, dass auch die Frage des Körpers in der Behindertenbewegung diskutiert wurde, also die Frage, welche Rolle der Körper in Zusammenhang mit Behinderung und der gesellschaftlichen Bewertung von Behinderung einnimmt. Die Auseinandersetzung mit diesem Thema hatte sicherlich auch einen Einfluss auf die Disability Studies. Insgesamt hat die Beschäftigung mit verschiedenen Aspekten der Situation behinderter Frauen die Disability Studies beeinflusst. Wir haben damals ja viele Themen aufgegriffen, die für behinderte Frauen eine zentrale Bedeutung haben, wie beispielsweise das Thema Abtreibung. In den 1980er Jahren zeigte sich in dieser Frage ein großer Unterschied zwischen behinderten und nichtbehinderten Frauen: Während es für eine nichtbehinderte Frau sehr schwierig war, in der Bundesrepublik einen Schwangerschaftsabbruch durchführen zu lassen – viele Frauen fuhren nach Holland, weil sie keine andere Möglichkeit sahen –, wurde einer behinderten Frau sofort ein Abbruch angeboten, wenn sie schwanger war, unabhängig davon, ob sie das Kind haben wollte oder nicht. Also: Behinderte Frauen sollten keinen Nachwuchs bekommen, nichtbehinderte Frauen schon. Es gab viele weitere Unterschiede zwischen behinderten und nichtbehinderten Frauen, beispielsweise hatten behinderte Frauen viele Schwierigkeiten, Anerkennung als Mutter oder überhaupt Unterstützung für ihre Mutterschaft zu finden. Beim Thema Ausbildung und Arbeit zeigte sich damals und zeigt sich anhand aktueller Beschäftigungszahlen auch heute noch, dass Frauen, die eine Beeinträchtigung haben, wie auch Migrantinnen und alleinerziehende Mütter, die geringste Beschäftigungsrate haben bzw. am wenigsten verdienen und stark armutsgefährdet sind. Diese Themen haben wir in die Öffentlichkeit gebracht. Ein weiteres, stark tabuisiertes Thema war das Thema der Vergewaltigung. Spätere Studien bestätigten unsere Hypothese, dass Frauen mit Beeinträchtigungen in unserer Gesellschaft am stärksten von sexualisierter Gewalt betroffen sind. In unserem Buch ‚Geschlecht: behindert. Besonderes Merkmal: Frau‘ haben wir erstmalig auf dieses Thema aufmerksam gemacht. Viele der Themen, die in dem Buch beschrieben sind, finden wir heute in der einen oder anderen Form auch in den Disability Studies. Eine Nachfrage beim Verlag ergab, dass das Buch auch heute noch bestellt und so aufgelegt wird, wie es im Jahr 1985 erschienen ist, weil sich die Situation behinderter Frauen im Grunde nicht maßgeblich verändert hat. Nach meiner Einschätzung war der Einfluss des Buches auf die Themen der Disability Studies in Deutschland enorm hoch.

Swantje Köbsell: Der Vollständigkeit halber muss gesagt werden, dass das Thema Behinderung und Geschlecht nicht nur in Deutschland eine Rolle gespielt hat. Wichtig in diesem Kontext waren auch die beiden Schweizerinnen Ursula Eggli und Aiha Zemp, die leider beide schon verstorben sind. Ursula Eggli hat viel über ihre Situation als behinderte Frau geschrieben, und Aiha Zemp hat sich sehr intensiv mit dem Thema der sexualisierten Gewalt gegen behinderte Menschen befasst. Sie hat zu diesem Thema ihre Dissertation verfasst und hat mit ihrer Untersuchung zu diesem Thema in den deutschsprachigen Disability Studies Geschichte geschrieben. Welche Rolle hat das Thema ‚Behinderung und Geschlecht‘ in den Behindertenbewegungen der Schweiz und in Österreich gespielt?

Volker Schönwiese: In der Behindertenbewegung der 1970er und 1980er Jahre in Österreich stand das Thema Geschlecht nicht im Vordergrund. Wir hatten Kontakte zur Frauenbewegung, das war aber ein reines Nebeneinander. Aber es waren immer Frauen und Männer von der Anzahl relativ gleich verteilt in der Behindertenbewegung aktiv. Es waren zum Beispiel über die Grünen Abgeordnete von uns im Parlament, zuerst Manfred Srb und dann Theresa Haidlmayr. Im aktuellen Projekt zur Geschichte der Behindertenbewegung wurden gleich viele Frauen und Männer als Zeitzeug*innen interviewt. Geschlecht, Geschlechterdifferenz oder sexualisierte Gewalt waren jedoch keine Schwerpunkte bei uns in den Diskussionen und Aktionen. Wir haben mehr über das Recht auf Sexualität und Partnerschaft diskutiert und die Forderung nach Sexualberatung und Sexualassistenz in unsere Forderungskataloge aufgenommen. Insgesamt ging es immer mehr um Assistenz, Kritik an totaler Institutionalisierung und Eugenik, um Barrierefreiheit, Wohnen, Arbeit und Bildung usw. Eine kritische Diskussion über Geschlechterdifferenz war zu Beginn der Bewegung bei uns kein Thema.

Peter Wehrli: Aus meiner Sicht ist die Bewegung ohne Frauen nicht denkbar. Ich erinnere mich gut an ein Gespräch mit Ottmar Miles-Paul, wo wir beide feststellten, dass in Deutschland wie in der Schweiz die Frauen die Bewegung tragen. Die Männer hatten, so wie ich, die große Klappe. Doch die Arbeit wurde größtenteils durch die Frauen gemacht. So, wie das in der Gesellschaft ja auch der Fall ist.

Ich denke, am Anfang war die Bewegung sehr körperlos. Wir taten so, als würden unsere Körper keine Rolle spielen. Wir waren nie müde, nie schwach. Wir behaupteten alles zu können, was die Nichtbehinderten können. Das war ein politisches Statement, als Entgegnung zur Tatsache, dass man uns ja nichts zutraute. Es brauchte dann jedoch die Frauen, die irgendwann sagten „ja, aber ich habe auch Grenzen und diese müssen genauso respektiert werden, wie meine Rechte. Ich habe auch ein Recht auf Grenzen." Das zumindest haben mir die Frauen in unserer Bewegung beigebracht. Ich bin wirklich überzeugt, dass die Bewegung weder in Deutschland noch in der Schweiz ohne den Aufstand der Frauen denkbar gewesen wäre.

Als eindrückliches Beispiel möchte ich hier eine Geschichte erzählen, die bei uns ablief. Es ist die Diskussion über die Pränataldiagnostik. In den Behindertenorganisationen war man überall gegen diese diagnostischen Techniken mit der Begründung, dass sie vor allem dazu dienen würden, behindertes Leben zu verhindern – also eine vorgeburtliche Form der Euthanasie. In unserem Zentrum waren immer die Frauen in der Mehrheit. Ihr Standpunkt wich vom Standpunkt der offiziellen Behindertenorganisationen ab:

> „Ich lasse mir doch vom Staat nicht vorschreiben, dass ich ein behindertes Kind auf die Welt bringen muss, weil Behinderte befürchten, dass Pränataldiagnostik und die Möglichkeit abzutreiben, zur Ausmerzung von behinderten Kindern führen könnte. Ob ich das Kind in meinem Bauch – ob unbehindert oder wahrscheinlich behindert – zur Welt bringen will, muss und kann nur ich selber entscheiden. Ausschlaggebend ist dabei, welche Unterstützung mein Kind und ich erwarten dürfen, wenn das vielleicht behinderte Kind dann auf der Welt ist. So lange wie unsere Gesellschaft dann erwartet, dass die Mutter ihr ganzes Leben diesem Kind opfert, und statt massiver Unterstützung eher noch dafür bestraft wird, dass ihr Kind behindert ist, kann frau doch jede Mutter verstehen, die sich, schweren Herzens, für eine Abtreibung entscheidet. Es geht nicht um Behindertenrechte gegen Frauenrechte, sondern um die Frage, wie wir als Gesellschaft Familien mit behinderten Kindern empfangen, unterstützen oder eben diskriminieren."

Petra Kuppers: In den späten 1980ern war ich eine Studentin. Ich habe an der Kölner Universität am ersten Seminar über Pina Bausch teilgenommen. Pina Bausch war eine Choreografin, und ihre Arbeit hat auch letztlich den Behindertentanz beeinflusst, in vielen verschiedenen Ländern. Pina Bausch hat auf die kulturelle Seite des Körpers aufmerksam gemacht, auf die körperlichen Spielarten und vergeschlechtlichten Machtstrukturen. Ich sah ihren Einfluss in Deutschland bei Menschen wie Raimund Hoghe (zuerst Pina Bauschs Dramaturg, jetzt berühmter Choreograph) und Gerda König, aber auch bei Menschen wie Celeste Dandeker (eine der Gründer*innen von CandoCo[3]) und Emily Claid in England. Diese Art und Weise, sich mit Geschlecht, verletzlichen Körpern und Tanz auseinanderzusetzen, war radikal, und diese Tanz-Theorie hat meiner Arbeit in der Behindertenkultur den Weg bereitet. Ich erinnere mich an eine Szene, in der Pina Bauschs Tänzer*innen in einer Reihe vorne an die Bühne gingen und ihre Narben zeigten: die materiellen Spuren der Körperlichkeit und des Lebens. Diese Art des Tanzes spricht: Wir können auch schwach sein, wir haben einen Körper, der Körper steht unter Druck. Das Bild der Narben hat mich dann dazu gebracht, mich anders mit Geschlecht, Schwachheit, Körperlichkeit und Kraft auseinanderzusetzen.

4. Seit den frühen 1980ern gab es einen regen Austausch zwischen der deutschen und der US-amerikanischen Behindertenbewegung, über den auch einige Texte geschrieben wurden. Allerdings fällt auf, dass darin nie die Disability Studies erwähnt werden.

Wie ist zu erklären, dass die US-amerikanischen Disability Studies trotz dieses intensiven Austauschs nicht wahrgenommen wurden?

Gisela Hermes: Ich gehörte selbst mit zu denen, die Kontakte in die USA hatten. In der bifos-Schriftenreihe haben wir u. a. das Buch „Traumland USA!?" herausgegeben, ohne darin die Disability Studies zu erwähnen. Wir hätten dem Begriff bei unseren USA-Aufenthalten sicherlich begegnen können, aber es gibt verschiedene Gründe, warum wir die Disability Studies als Forschungsansatz nicht wahrgenommen haben. Zum einen waren wir ja nicht sehr viele Aktivist*innen, die überhaupt Kontakte ins Ausland hatten. Der Begriff einer bundesdeutschen ‚Behindertenbewegung' hört sich erst einmal großartig an, aber wir waren keine Massenbewegung und es gab überall vor Ort zahlenmäßig nur recht wenige Aktivist*innen. Das zeichnet ja sehr viele politische Bewegungen aus: wenige Menschen, die viel Arbeit am Hals haben. Dieser ‚Personalmangel' könnte ein Grund dafür gewesen sein, nicht so oft oder genauer über den Tellerrand zu schauen. Ein anderer möglicher Grund kann sein, dass es zwar Kontakte zu US-amerikanischen politischen Aktivist*innen, aber kaum in den Wissenschaftsbereich hinein gab. In der bundesdeutschen Behindertenbewegung hatten nur sehr wenige behinderte Menschen einen Zugang zu akademischer Bildung. Durch unser stark selektives Bildungssystem wurde verhindert, dass behinderte Menschen überhaupt eine Zugangsberechtigung zu Hochschulen erwerben konnten. Aus diesem Grund gab es innerhalb der Bewegung kaum Beschäftigung mit akademischen Fragen, sondern wir bewegten uns eher auf der aktivistischen Ebene. Und auf dieser Ebene fand dann in der Regel auch

---

3   CandoCo Dance Company ist eine britische Tanzgruppe, in der seit 1991 Tänzer*innen mit und ohne Beeinträchtigungen gemeinsam auftreten.

der internationale Austausch statt. Das könnte unsere Nichtwahrnehmung der Disability Studies in den 1980er/90er Jahren erklären. Im Laufe der Zeit hat sich die Situation dann jedoch verändert. Ich erinnere mich daran, dass es ab Mitte der 80er, 90er Jahre immer mehr behinderte Menschen geschafft haben, auf irgendwelchen krummen Bildungswegen an die Hochschule zu kommen und ab da entstanden auch vermehrt Publikationen aus unseren Reihen, die sich auf wissenschaftlicher Ebene mit Themen aus dem Spektrum der Disability Studies und aus der Perspektive behinderter Menschen befasst haben, zum Beispiel in Form von Abschlussarbeiten.

5. In Österreich gab es, vor allem in der Person Volker Schönwieses, von Beginn der Bewegung an die Verbindung von Aktivismus und akademischem Bereich.

Gab es da nicht irgendwann die Idee, so etwas wie Disability Studies zu entwickeln?

Volker Schönwiese: Die ganz basalen Fragen: „Muss ich ins Altenpflegeheim?" oder „Wie können wir persönliche Assistenz organisieren?" waren so dominant, dass akademische Analysen nicht im Vordergrund standen. Für einzelne Personen war die Universität natürlich schon der entscheidende Einstieg. Für mich war z. B. zu Anfang der 70er Jahre das Buch von Goffman über Stigma und „beschädigte Identität" ein entscheidender Anstoß, auch das Buch von Wolfgang Jantzen über „Sozialisation und Behinderung", das Anfang der 70er Jahre erschienen war. Aber es waren ganz wenige Personen unter uns, die solche Bücher gelesen hatten. Praktisch wichtig war für uns dagegen die Verbindung mit Vorgehensweisen der Aktionsforschung. Uns waren natürlich der Frankfurter Hochschulkurs „Bewältigung der Umwelt" bekannt und seine Hintergründe, z. B. das Vorbild des Aktionismus von behinderten Aktivist*innen in Kalifornien. Das hat uns dabei geholfen, z. B. Aktionen gegen Barrieren und gegen totale Institutionen zu analysieren. Es ist nie nur einfach darum gegangen, zu protestieren, die Aktionen waren immer mit praktischen Analysen der eigenen Situation und der allgemeinen sozialen Situation von behinderten Personen verbunden. Auch wenn dies nicht so theoretisch reflektiert war, es waren immer alle Mitglieder der Gruppen in unterschiedlicher Form an den zu bearbeitenden Phänomenen sehr intensiv und nah dran. Das muss als eine Form von praktischen Studien in der Nähe von Disability Studies gesehen werden. Die internationalen Kontakte waren bei uns in Österreich über Deutschland hinaus außerordentlich gering. Wir haben uns Wissen über internationale Entwicklungen meist sekundär über Berichte und Literatur geholt. Unmittelbar beeinflusst hat uns sicherlich die Anti-Psychiatrie-Bewegung in Italien, die uns mehr bewegt hat als ein Blick nach Großbritannien. Dazu muss gesagt werden, dass die ersten Behinderteninitiativen immer auch Kooperationsprojekte mit bestimmten Expert*innen/Unterstützer*innen waren. Sie haben explizit und implizit Wissen über Institutionenkritik eingebracht, Wissen, das die behinderten Aktivist*innen oft aufgrund von Bildungsmangel nicht hatten. Die meisten behinderten Frauen und Männer waren ja über Jahrzehnte dem Terror der Institutionalisierung und Nicht-Bildung ausgesetzt. Die verbündeten Expert*innen/Unterstützer*innen hatten in dieser Situation eine wichtige unterstützende und praktisch bildende Rolle.

Peter Wehrli: Für mich waren die Disability Studies zu Beginn Grund für große Hoffnungen, dass wir von universitären Kreisen Unterstützung finden würden in allerlei für uns relevanten Fragen, auf welche wir gerne belegbare Antworten bekommen hätten. Aber was wir, aus meiner Sicht, erhielten, war für uns vollkommen nutzlos. Wir hätten zum Beispiel gern erforscht gehabt, was ein durchschnittlicher Platz in einer Institution kostet. Bei genauer Betrachtung eine sehr schwierige Frage. Für uns wäre sie politisch hoch relevant gewesen, weil das die Summe ergäbe, die für ein selbstbestimmtes Leben ebenfalls zur Verfügung stehen müsste. Es hat uns Jahre gekostet, diese Frage selber zu erforschen. Ich hätte auch gerne von einer Universität gehört, welchen Einfluss eine Kindheit im Spital oder im Heim auf das Leben von Erwachsenen hat. Sehr viele Menschen mit Behinderungen sind, wie ich selber, im Spital und im Kinderheim aufgewachsen. Wir leben mit den Erfahrungen und dem, was das mit uns gemacht hat, alleine. Ich warte schon lange darauf, dass jemand das mal untersucht. Was ist da daraus geworden? Welche Schäden sind nicht durch die Behinderung, sondern durch die Behandlung der Gesellschaft, zurückgeblieben? Solche Forschungsthemen hätte ich von Disability Studies erwartet. Die sind aber nie gekommen. Was ich in der Schweiz gesehen habe, waren theoretische Abhandlungen darüber, ob die Konzepte, die wir Behinderten selber prägten, wirklich wissenschaftlich haltbar sind oder nicht. Das hat uns nun wirklich nicht interessiert.

*6. Mit einer gewissen Zeitverschiebung zwischen den deutschsprachigen Ländern entwickelten sich die Disability Studies dann doch: Für Deutschland gaben die Begleittagungen zu den beiden Ausstellungen „Der imperfekte Mensch" in Berlin und in Dresden 2001/2002, an denen Vertreter*innen der anglophonen Disability Studies teilnahmen, den Anstoß. In der Folge wurde 2002 die AG Disability Studies in Deutschland gegründet; 2005 gründete sich die schweizerische Gesellschaft für Disability Studies, die es jedoch seit 2011 nicht mehr gibt. Und 2009 wurde DiStA (Disability Studies Austria) gegründet. Die Sommeruni 2003 in Bremen „Behinderung neu denken" bot Aktivist*innen und Wissenschaftler*innen die Gelegenheit, zwei Wochen lang auszuloten, welches Potential die Disability Studies für den deutschsprachigen Raum haben. Zusätzlich zu den inhaltlichen gab es zahlreiche kulturelle Veranstaltungen, unter anderem auch Veranstaltungen mit Petra Kuppers.*

Petra Kuppers: In den 1990ern hatte ich mehr Kontakte mit der Antipsychiatrie-Szene, weil die eben auch sehr viel über Theater und Kunst arbeitete.

Innerhalb der internationalen Behindertenkunst-Szene hatten wir immer guten Kontakt, nicht über die Schiene der Disability Studies, sondern innerhalb des Theater- und Kunstbereiches. Mein erstes Buch über „disability and performance" erschien 2003, und hatte auch Kapitel über deutsche Tänzer*innen und Choreograph*innen wie Gerda König und DIN A13[4]. Die 2003er Sommeruniversität war eine wunderbare Gelegenheit, mich mit Genoss*innen in Deutschland zu treffen, und mehr davon mitzubekommen, was in Deutschland so passiert. In Bremen habe ich eine Woche lang ein Behinderungskultur/'disability culture'-Seminar geleitet. In diesem Seminar haben wir ebenfalls mit der sozialen Skulptur begonnen, um zu schauen, wo wir sind und wie wir die Regeln des Raums ändern können, so dass mehr von uns sich wohl und zufrieden fühlen können.

7. Die Entwicklung der Disability Studies im deutschsprachigen Raum ist in den letzten Jahren deutlich vorangeschritten. Es hat einige Institutsgründungen gegeben, doch gibt es nur wenige Professuren, die die Disability Studies im Titel tragen. Darüber hinaus gibt es im Wissenschaftsbereich eine unklare Anzahl von Menschen, die die Disability Studies im Rahmen ihrer Lehre thematisieren. Die Anzahl der Veröffentlichungen aus den deutschsprachigen Disability Studies wächst stetig, auch sich daraus entwickelnde Stränge wie die Disability History, die Mad und Deaf Studies gewinnen an Bedeutung. Gleichzeitig sind Vereinnahmungstendenzen zu beobachten – es wird im deutschsprachigen Behinderungsdiskurs kaum von Disability Studies gesprochen, sondern von Inklusionspädagogik, inklusiver Forschung, Teilhabeforschung.

Vor diesem Hintergrund stellt sich die Frage, welche Rolle die Disability Studies zukünftig haben können bzw. welche Rolle sie zukünftig haben sollten.

Volker Schönwiese: Die Disability Studies haben eine hohe Bedeutsamkeit, jetzt und auch für die Zukunft. Ob sie genau mit diesem Wort alleine auskommen werden, ob es reicht, das Etikett Disability Studies zu verwenden, das weiß ich nicht. Es geht um die Analyse eines großen Sets an Phänomenen, denen wir täglich in Mikroszenen begegnen, in institutionalisierten Zusammenhängen, in großen Makro-Zusammenhängen, in Zeit-Räumen, individuell und historisch organisiert. Dies zu beschreiben und zu analysieren ist unverzichtbar. Wir werden weiterhin selbst an den zentralen Themen dranbleiben müssen, weil sie niemand für uns in der Konsequenz und in dem Interessenzusammenhang so bearbeiten wird, wie wir das für uns und unsere gesellschaftliche Praxis benötigen. Wir werden leicht zu Objekten eines Wissenschaftsmarktes oder eines Marktes der Dienstleister*innen, wenn wir nicht dagegen arbeiten. Disability

---

4   DIN A 13 Dance Company, 1995 von Gerda König gegründete Tanzgruppe, in der Tänzer*innen mit und ohne Beeinträchtigungen gemeinsam auftreten.

Studies verstehe ich als Abgrenzung gegenüber Vereinnahmungstendenzen. Wenn wir diese Distanz nicht wahren, werden wir in einen Abhängigkeitsstatus zurückfallen, individualisiert alleine gelassen oder gespalten werden. Es gibt auch zukünftig die Notwendigkeit, sich mit ‚unseren' Inhalten auseinanderzusetzen, die wir mit den Disability Studies verbinden, auch wenn uns dieser Begriff vielleicht genommen werden wird, so wie uns die Ideen zu Integration, Inklusion, Partizipation in der Tendenz schon genommen wurden. Neue Begriffe werden am Markt der Begriffe derzeit hervorgehoben, wie Teilhabe, die dann so de-konstruiert werden, dass zum Schluss eigentlich niemand mehr weiß, was damit gemeint ist. Gerade der Teilhabebegriff kann leicht zum Opfer von Kommerzialisierung oder politischer Vereinnahmung werden. Unsere Analyse-Gegenstände kommen uns – wie auch unsere Lebensrealität – somit nicht abhanden, ganz egal wie die Worte sich ändern. Wir bleiben da und wir bleiben an unseren Themen dran.

Peter Wehrli: Ich wünsche mir vor allem Vernetzung, denn Behinderung betrifft alle Felder der Wissenschaft. Geschichte, Technik, Architektur, alle Zweige der Wissenschaft haben einen Aspekt von Behinderung. Wenn die Disability Studies, also die universitäre Form der Behindertenarbeit, es schaffen, diese verschiedenen Bereiche zu vernetzen, sodass wir wissen, was in welchen Gebieten vorhanden ist und was sich tut, haben wir einerseits schon viel gewonnen. So muss sich im Gebiet der Geschichtsforschung jemand, der Geschichte gelernt hat, mit der Disability-Geschichte befassen. Das bringt mich zum zweiten Punkt: Ich denke, es muss Wissenschaftlichkeit hergestellt werden. Damit meine ich, wenn man über Behindertengeschichte schreiben will, dann sollte er oder sie wissen, wie man geschichtlich forscht. Es ist nicht genug, ‚nett' über Behinderte zu schreiben. Es ist nicht genug, schöne Anekdoten über Behinderte zu sammeln. Es ist eine Frage der wissenschaftlichen Methodik, die angewandt werden muss. Ich wäre sehr froh, wenn nicht das passieren würde, was in der Schweiz passiert ist: Dort durfte eine Historikerin keine Doktorarbeit über das Thema Behinderung im Mittelalter schreiben, weil der Professor der Meinung war, das interessiere ‚keine Sau'. Solche Forschung interessiert uns! Aber sie muss von Menschen gemacht werden, die Geschichte und geschichtliche Methodik kennen. Dasselbe gilt für Architektur und jedes andere Fachgebiet. Ich würde also Wissenschaftlichkeit verlangen und eine ganz starke Vernetzung.

Gisela Hermes: Da schon viele Wünsche für die Zukunft geäußert wurden, möchte ich stattdessen eine Vision zu der Frage entwickeln: „Wo könnten die Disability Studies stehen, vielleicht noch nicht in 10, aber vielleicht in 15 Jahren?" Wir wissen ja, wie lange Veränderungsprozesse dauern, dass alles nicht so schnell geht, wie man es gerne möchte. Also: Auf der Disability-Studies-Tagung 2018 wurde ein Netzwerk für den deutschsprachigen Raum gegründet und das hat große Auswirkungen. Es folgt eine Zeitschrift für Disability Studies im deutschsprachigen Raum, in der regelmäßig neue Forschungsergebnisse vorgestellt und aktuelle Diskussionen geführt werden. Im Wissenschaftsbetrieb sind immer mehr behinderte Forscherinnen und Forscher zu finden. Daran wird ja momentan bereits durch Projekte und Förderungen gearbeitet[5]. Die Disability Studies konnten sich im wissenschaftlichen Betrieb Anerkennung verschaffen, sie werden beachtet und konnten viele Themen vorantreiben. Eines dieser Themen, das im Jahr 2018 hochaktuell war, ist die Diskussion um den Lebenswert. Derzeit wird ja darüber diskutiert, ob der sogenannte Präna-Test zur Früherkennung des Down-Syndroms als Krankenkassenleistung anerkannt und der Lebenswert von beeinträchtigten Menschen dadurch möglicherweise in Frage gestellt wird. Die Disability Studies setzen bei solchen Diskussionen und gesellschaftlichen Entwicklungen einen starken Gegenpunkt und diskutieren über Körper, über Beeinträchtigung, auch über die Konstruktion von Beeinträchtigung und Behinderung und in zehn bis fünfzehn Jahren sind sie eine starke, anerkannte, nicht zu ignorierende Disziplin in der akademischen Welt.

Petra Kuppers: Zunächst: Ich werde wohl auch in 10 Jahren nicht in Deutschland sein. Ich komme vermutlich auch in 10 Jahren immer noch nicht in meinem wissenschaftlichen Fachbereich in Köln rein (im vierten Stock ohne Aufzug, und in 10 Jahren kann ich mich wahrscheinlich nicht mehr auf dem Hinterteil die Stufen hochstemmen, so wie ich das in meinen Studentinnen-Jahren gemacht habe). Aber meinen Fachbereich im intellektuellen Leben wird es noch geben, insbesondere da die Disability Studies uns Methoden geben, um den/die Anderen zu treffen. Ich denke, dass sich in 10 Jahren die Inhalte sehr geändert haben werden. So nehme ich an, dass wir sehr viel über Klimawandel sprechen werden, und wir werden sehr viel mehr über Flüchtlinge, Armut, Rassismus und Prekariat sprechen. Wir werden uns immer noch sehr viel mit Institutionen auseinandersetzen, aber viele von diesen Institutionen werden Lager sein, nicht Wohnheime und Gefängnisse. Wir werden mit Aktivist*innen und Künstler*innen arbeiten und uns in der Forschung fragen, wie wir denn als eine Gesellschaft miteinander leben können. Andersheit aller möglichen Arten wird uns umgeben – neue Vernetzungen, neues Klima, neue Möglichkeiten der Menschenverachtung. Wir werden viele neue (und alte) Methoden brauchen, um in diesem neuen Leben ethisch und verantwortlich Disability Studies umzusetzen.

---

5   Z. B. das Projekt ProMi-Promotion Inklusive durch das behinderte Promovend*innen gefördert werden oder die Kampagne Inklusive Forschung, die verbesserte Bedingungen für inklusive Forschungsprojekte fordert.

Literatur

Daniels, Susanne von/Degener, Theresia/Jürgens, Andreas/Krick, Frajo/Mand, Peter/Mayer, Anneliese/Rothenberg, Birgit/Steiner, Gusti/Tolmein, Oliver (Hrsg.) (1983): Krüppel-Tribunal. Menschenrechtsverletzungen im Sozialstaat. Köln: Pahl-Rugenstein.

Eggli, Ursula (1981): Herz im Korsett: Tagebuch einer Behinderten. Bern: Zytglogge.

Ewinkel, Carola/Hermes, Gisela/Boll, Silke/Degener, Theresia (1985): Geschlecht: Behindert – Besonderes Merkmal: Frau. Ein Buch von behinderten Frauen. München: AG SPAK.

Forster, Rudolf/Schönwiese, Volker (Hrsg.) (1982): Behindertenalltag. Wien: Verlag Jugend und Volk.

Gerber, Ernst P./Piaggio, Lorenzo (Hrsg.) (1984): Behinderten-Emanzipation. Körperbehinderte in der Offensive. Basel: Z-Verlag.

Goffman, Erving (1967/1975): Stigma. Über die Techniken beschädigter Identität. Frankfurt a. M.: Suhrkamp.

Hermes, Gisela (Hrsg.) (1994): Traumland USA? Zwischen Antidiskriminierung und sozialer Armut. Kassel: bifos.

Hermes, Gisela/Köbsell, Swantje (Hrsg.) (2003): Disability Studies in Deutschland – Behinderung neu denken! Dokumentation der Sommeruni 2003. Kassel: bifos.

Jantzen, Wolfgang (1974/2018): Sozialisation und Behinderung: Studien zu sozialwissenschaftlichen Grundfragen der Behindertenpädagogik. Gießen: Focus/Gießen: Psychosozial-Verlag.

Kuppers, Petra (2014): Studying Disability Arts and Culture: An Introduction. Basingstoke/New York: Palgrave Macmillan.

Kuppers, Petra (2017): Theatre and Disability. Basingstoke/New York: Palgrave Macmillan.

Lutz, Petra/Macho, Thomas/Staupe, Gisela/Zirden, Heike (Hrsg.) (2003): Der (im-)perfekte Mensch. Metamorphosen von Normalität und Abweichung. Köln: Böhlau Verlag.

Stiftung Deutsches Hygiene-Museum/Deutsche Behindertenhilfe/Aktion Mensch e.V. (Hrsg.) (2001): Der im-perfekte Mensch – Vom Recht auf Unvollkommenheit. Ostfildern-Ruit: Hatje Cantz Verlag.

Zemp, Aiha/Pircher, Erika (1996): Weil das alles weh tut mit Gewalt. Sexuelle Ausbeutung von Mädchen und Frauen mit Behinderung. Wien: Bundesministerium für Frauen. Schriftenreihe des Frauenministeriums.

Mad Studies und/in/als Disability Studies

Eine Verhältnisbestimmung

Mai-Anh Boger

Da sowohl Disability Studies als auch Mad Studies keine Disziplinen im strengen Sinne des Wortes, sondern transdisziplinäre Geflechte, sog. „In/Disziplinen" (Kessé & Hornscheidt 2017) sind, lässt sich das Verhältnis zwischen beiden weder theoriegeschichtlich noch genealogisch klären. Um die Frage zu beantworten, ob Mad Studies Teil der Disability Studies sind oder aber ihre Schwestern, muss man daher im Sinne einer Arbeit am Begriff erkunden, was (seelische) Be_Hinderung ist. Es hängt also unmittelbar an dem Begriff von ‚Behinderung', den jemand hat, in welchem Verhältnis diese beiden kritischen Wissenschaftsperspektiven zueinander stehen oder stehen könnten. Im Folgenden möchte ich daher dazu einladen, nicht entlang von Theorielinien, sondern entlang der *Selbsterfahrung des be_hindert Werdens* zu sortieren, welche Verhältnisse zwischen Mad Studies und Disability Studies denkbar wären. Dazu würde ich (mal wieder) kurz in meinem Dreieck springen (vgl. Abb. 1).

Abbildung 1: Beispiele für Selbstverständnisse als (nicht-)behindert im Trilemma

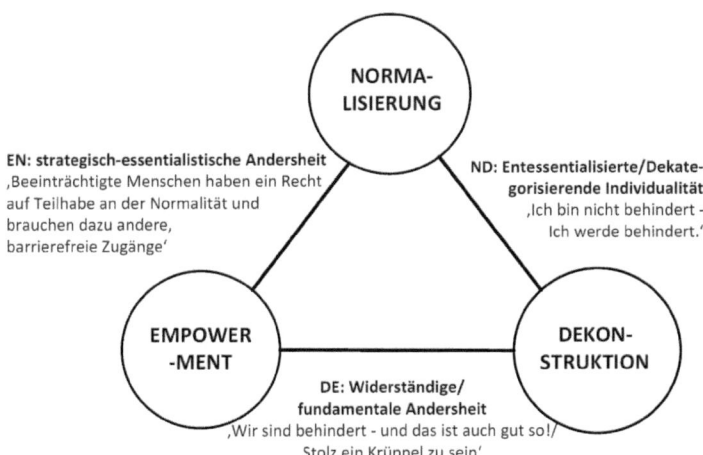

Die Theorie der trilemmatischen Inklusion (vgl. Boger 2019a-d), die in dieser Dreiecksgraphik kulminiert, dient dazu, den ontologischen Status von Andersheit* auszumachen und sodann zu analysieren, in welche Sackgasse man damit gerät. In einer alltagsprachlichen Formulierung könnte man sagen, es geht dabei darum, welche ‚Klangfarbe' eine Andersheit* hat: Geht es um eine (gegen den eigenen Willen) zugeschriebene Andersheit, eine konstruierte Differenz oder aber um das intime Gefühl, sich selbst als ‚irgendwie anders' zu erfahren, sich zu fühlen wie ein*e Aussätzige*r? Geht es um ein Empfinden von Andersheit* ob des Ausschlusses aus einer Normalität* oder ganz im Gegenteil um eine Andersheit*, die sich gerade nicht aus einer Vorstellung von Normalität* heraus bestimmt? Diese Klangfarben der Andersheit* – oder eben fachsprachlich formuliert: ihr ontologischer Status – widersprechen einander teilweise, weswegen hier an dem Wörtchen anders* (ebenso wie an dem Gegenbegriff normal*) stets ein Sternchen hängt, um an diesen schwankenden ontologischen Status zu erinnern.

Dabei geht es stets auch um die Frage, was ein widerständiger Umgang mit dieser ontologisch schwankenden Andersheit* aus Betroffenenperspektive wäre. Geht es darum, sich keine Andersheit* zuschreiben zu lassen? Oder besteht die widerständige Geste gerade darin, sich seine Andersheit* nicht nehmen zu lassen? Diese Antworten widersprechen einander; sie stehen in einem Spannungsverhältnis, das einen Widerstreit darüber konzertiert, was denn nun widerständiges Handeln vom be_hinderten Standpunkt aus sei. In einem Trilemma können nämlich immer nur zwei Sätze gleichzeitig wahr sein: Hat man sich für eine Kombination zweier Ecken (also für eine Seite des obigen Dreiecks) entschieden, ist die dritte Ecke (also der gegenüberliegende Punkt) notwendigerweise ausgeschlossen. Die drei Ecken beschreiben dabei drei verschiedene Verständnisse von widerständigem Begehren: das politische Begehren nach Empowerment (E), nach Normalisierung (N) und nach Dekonstruktion (D). Dieses unauflösbare Spannungsverhältnis zwischen den drei in ihrer Widerständigkeit zu diskutierenden Stimmen wurde in der Buchreihe zur Theorie der trilemmatischen Inklusion auf den Ebenen des Subjektiven, des Politischen und der Theoriebildung untersucht. Dazu wurde mit der Methode der Kartographierung nach Deleuze & Guattari (1977; Boger 2019a) gearbeitet: Es wurde also eine Karte für eine Diskurslandschaft gezeichnet. Man begibt sich dazu auf Wanderschaft, man muss – wie Deleuze & Guattari sagen – nomadisch werden, um alle Stimmen der zu kartographierenden Region hören zu können.

Die Kunst besteht im Folgenden darin, diese dissonanten Stimmen auf sich wirken zu lassen und auch sich selbst zu verorten. So gibt es für jede*n von uns widerständige Formen, mit denen man sich leicht identifizieren kann, aber eben auch solche, die einem regelrecht aufstoßen. Es ist daher Teil der wissenschaftlichen Methode der Kartographierung zu dieser Affektarbeit einzuladen, insofern diese Affekte einem auf leichtfüßigste Weise signalisieren, wo man selbst in diesem Widerstreit positioniert ist. Die Leser*innen sind daher dazu eingeladen, an den Rand zu schreiben, worüber sie lachen oder nicht, womit sie sich identifizieren oder nicht, was ihnen als plausibel erscheint und was nicht, um aus diesen Randnotizen sodann auslesen zu können, an welchen Orten sie sich selbst bewegen. Springen wir nun also einmal durch die Landschaft, indem wir an den Punkten Empowerment, Normalisierung und Dekonstruktion vorbeiwandern und dabei die jeweiligen Begriffe von Ver_rücktsein und Be_Hinderung in ihrer je spezifischen Klangfarbe verhandeln:

1. Mad Empowerment: Wer Mad Studies betreiben will, damit die Betroffenen für sich selbst sprechen, muss festlegen, wer (nicht) betroffen ist (E)

Der Anspruch des Empowerments geht damit einher, dass Betroffene für sich selbst sprechen und in Form solidarischer Kollektive eine Gegenstimme erklingen lassen, die auf die Emanzipation der jeweiligen unterdrückten Gruppe zielt und dem herrschenden Unrecht etwas entgegensetzt. Versteht man den fraglichen Gegenstand ‚Madness‘, also zu Deutsch: Irresein oder Ver_rücktheit, als eine spezifische Erfahrung der Deprivilegierung und Diskriminierung der eigenen Daseins- und Verhaltensweisen, wäre es möglich, im engeren Sinne von einer ‚Betroffenengruppe‘ zu sprechen. Man erhielte dann die übliche Dichotomie ‚Betroffene‘ vs. ‚Nicht-Betroffene‘ (bzw. ‚Andere*‘ vs. ‚Normale*‘ bzw. ‚Veranderte*‘ vs. ‚Normalisierte*‘) und könnte sodann auf dieselbe Weise ein Selbstvertretungsrecht beanspruchen und sinnhaft von ‚Innenperspektive‘ und ‚Außenperspektive‘ sprechen, wie dies zum Beispiel auch in der Körperbehindertenbewegung geschieht. Alsbald muss man jedoch feststellen, dass dies zu einer essentialistischen Festschreibung des Begriffs Irresein bzw. der Kategorie ‚von Psychoableismus Betroffene‘ (zur Begriffsdiskussion und zur Einführung vgl. Lüthi 2016; Oppenländer 2015) führen würde. Ohne festzulegen, wer denn nun betroffen ist, lässt sich schließlich die begehrte Selbstvertretung der Betroffenen nicht haben.

Ironischerweise hat das in dieser politischen Bewegung zur Folge, dass man die betroffenen Personen pathologisieren muss bzw. ihre Pathologisierung wiederholen muss, damit sie Teil der Betroffenengruppe werden, die hier in Selbstvertretung aus der Innenperspektive heraus Wissenschaft betreiben soll/ kann. Brisant wird dies insbesondere dann, wenn Betroffene, die kein Problem mit Pathologisierung haben, auf solche treffen, die sehr ungemütlich darauf reagieren. Bereits jetzt gilt es also, eine Entscheidung zu treffen: Verbindet man die Annahme einer wie auch immer bestimmbaren Betroffenengruppe, die für den Empowermentansatz notwendig ist, mit einem dekonstruktiven Einsatzpunkt, landet man nämlich in einer anderen Sackgasse, als wenn man die normalistischen Kategorien der Pathologisierung für sich übernimmt. In obiger Graphik wählen wir nun zunächst die Abzweigung, die den Punkt Empowerment (E) mit dem Punkt Dekonstruktion (D) verbindet – also die untere Linie (DE). Sodann wandern wir zurück und wählen die Abzweigung, die den Empowermentpunkt (E) mit dem Normalisierungspunkt (N) verbindet – also die linke Seite des obigen Dreiecks (EN). Im Vergleich wird sodann deutlich, dass es tatsächlich zwei verschiedene Verständnisse oder ‚Vektoren' von Empowerment gibt, und dass diese auch in ihrer sprachlichen Klangfarbe weit auseinanderliegen.

2. Dekonstruktive Iteration als Empowerment einer unbestimmbar bleibenden Gruppe (DE)

Auf der DE-Linie des Dreiecks, die also Dekonstruktion (D) und Empowerment (E) verbindet, geht es um ein Wechselspiel aus Annahme und Verschiebung der Kategorie, die das eigene Betroffensein beschreibt. Das bedeutet also mit der Kategorisierung als Andere* zu arbeiten, dies aber so zu tun, dass man dabei die Deutungshoheit wiedergewinnt, indem man sich von dem Blick der Normalen* dermaßen entkoppelt, dass man zu einem selbstbestimmteren Selbstbild gelangt. Das vielleicht berühmteste Beispiel hierfür aus der deutschsprachigen Behindertenbewegung ist die Selbstbezeichnung ‚Krüppelbewegung'. Wer sich selbst als Krüppel(_frau) bezeichnet, bewegt sich einerseits *innerhalb* der Kategorie Behinderung: Er* nimmt die Adressierung als behindert, also anders* an, was es ermöglicht, einen Empowermentprozess einzuleiten, bei dem behinderte Menschen sich selbst organisieren und für sich selbst sprechen (der Empowerment-Aspekt). Gleichzeitig wird diese Kategorie jedoch verschoben (der dekonstruktive Aspekt), indem man die Erfahrung von Behinderung auf eine Weise zur Sprache bringt, die nicht identisch mit der Repräsentation von Behinderung im öffentlichen Diskurs ist. Durch Sprachspiele, bissige Witze und irritierende Formulierungen und Performances wird hier auf der DE-Linie ein Gegenentwurf zum normalen* Verständnis von Behinderung/Irresein entfaltet.

Der Normalisierungspunkt ist auf dieser Linie also ausgeschlossen, da es explizit darum geht, sich vom Blick der Normalos*, ihren Institutionen, Anstaltslogiken und hegemonialen Erzählungen, ihren Bezeichnungen und Fremdwahrnehmungen zu emanzipieren, um stattdessen aus der Betroffenengruppe selbst heraus alternative Bilder des eigenen Behindert-/Irre-Seins zu entwerfen. Die pathologisierenden Bezeichnungen des herrschenden Systems (mitsamt seinen Anstalten, Krankenkassen, etc.) werden dabei in der Verschiebung verworfen (D), wozu man jedoch im Auftakt die Adressierung und Gruppierung durch den normalen* Blick (andernorts auch als ‚ableist gaze' bezeichnet; s. z. B. Garland-Thomson 1997) annehmen muss (E). Es kommt also nicht zu einer schlichten Übernahme der hegemonialen Bezeichnungen und dichotomen Bilder. Stattdessen wird die eigene biographische Erfahrung zum Ausgang genommen, um jenes wieder sprechbar zu machen, das von der herrschenden Ordnung zum Schweigen gebracht wurde.

Dies bedeutet die Macht- und Herrschaftsverhältnisse sichtbar zu machen, die einen ver_rücken. Das ist etwas *fundamental anderes* als zu behaupten, man sei ‚ganz normal', denn man zeigt sich dabei in der eigenen Vulnerabilität und seinem Unverstandensein von den nicht-betroffenen Normalos*. In genau diesem Sinne wird die Pathologisierung nicht komplett aufgehoben, sondern dekonstruktiv iteriert: Das ‚Pathos', das in ‚Pathologisierung' steckt, wird nicht geleugnet: Da ist immer noch ein Pathos – ein mitunter sehr starkes Leiden sogar – aber dieses zu bestimmen und in Worte zu fassen, wird in die eigenen Hände und Füße genommen (zur Begründung, warum sich die realen Leidenserfahrungen nicht gänzlich wegdekonstruieren, sondern nur mit Verweis auf gesellschaftliche Dynamiken dekonstruktiv verschieben lassen s. z. B. Zander 2015, S. 37). Daher bleibt diese Linie also tatsächlich mit einer Selbstbezeichnung und Selbstwahrnehmung als ver_rückt verbunden.

Freilich kann man darauf mit einem Mimimi-Eiertanz reagieren, indem man bekundet, dass man zu den Betroffenen gehöre, weil die Gesellschaft einen in diese Kategorie gezwängt hat, dass man aber jetzt unbedingt an dieser Kategorie festhalten und Disability/Mad Studies betreiben wolle, sich selbst also weiterhin als be_hindert/ver_rückt bezeichnen, weil man im Stile eines Stockholm-Syndroms so gerne an den Worten festhält, die einem mit Gewalt angetan wurden. Sich so zu verhalten ist ironischerweise tatsächlich völlig verrückt, ziemlich meschugge und exakt dem Freud'schen Verständnis von Neurose entsprechend. Ein herzliches Willkommen an meine Mitmimosen! Wir vertauschen die Vokabeln – irre, verrückt, leidend, kaputt; such dir eine aus; das ist ok; du musst auch nicht alle davon mögen. Auf der DE-Linie aber gibt es nur Verschiebungsoptionen und niemals die Möglichkeit, sich für normal* zu halten, denn sie lebt davon, dass wir uns als unterdrückte Gruppe kollektivieren, die Zwangskollektivierung durch die Diskriminierungsform, von der wir gemeinsam betroffen sind, annehmen und sie produktiv wenden. Führen wir es einmal vor, damit der Affekt dieser unteren Dreieckslinie spürbar wird. Spricht man in dieser Klangfarbe von Andersheit*, klingt das ungefähr so:

Mimetisches Sprechen im Stil der DE-Linie

„Willkommen bei den zerstörten Seelen dieser Erde. Unser Empowerment beginnt genau dann, wenn wir mit dem Schwachsinn aufhören können so zu tun als müsste man uns in Watte packen und sensibel mit uns umgehen. Wenn wir nämlich jene sind, welche die Traumata in sich tragen, über die in der Welt der Nicht-

Betroffenen geschwiegen wird, weil sie den Abend ruinieren – Krieg, Inzest, sexuelle Gewalt, Kindesmisshandlung etc. – dann haben wir längst bewiesen, wer sich hier schont: die Privilegierten. Sie schonen sich, indem sie uns wegsperren und alles überhören und unsichtbar machen wollen, was wir in uns tragen. Mad Empowerment ist daher das Gegenteil einer Plüschgruppe. Wir scheißen auf Wohlbefinden – denn es geht uns sowieso beschissen. Unsere Stimmung war vorher schon ruiniert: Das Problem sind die halbgebildeten Sackratten dieser Gesellschaft, die das ständig ändern wollen und ‚Heilung‘ nennen. Wir wollen keine gute Laune, wir wollen Gerechtigkeit! Wir wollen uns nicht wohlfühlen und nicht geschont werden und wir brauchen im Übrigen auch kein Selbstvertrauen; wir bräuchten einen Feuerdrachen, einen Spartacus, einen Aufstand der Unterdrückten. Die einzige ‚Black Girl Magic‘, die mich interessiert, ist die der Amazonen-Kriegerinnen. Vor allem aber sei gesagt, dass wir auf das Wohlbefinden der Nicht-Betroffenen scheißen, denn deren Fokus auf ein falsches Verständnis von Gewaltlosigkeit war es schließlich, der uns zum Schweigen brachte: weil wir ungemütlich sind, unfreundlich, dreist und latent aggressiv, hysterisch, nicht sachlich genug und eh schon wieder halb am Schreien.“

Es wird also pluralisch gesprochen: Eine Betroffenengruppe wird darin repräsentiert und das auf andere* Weise als im hegemonialen Diskurs, sodass es zu einer Verschiebung der herrschenden Vorstellung kommt. So wurde in obigem Passus vor allem die Zuschreibung von Fragilität und Schwäche von den Betroffenen auf die Normalos* zurückgeworfen. Wie jeder repräsentationale Sprechakt ist auch dieser brüchig. Er wird sich für einige Mitbetroffene stimmig anfühlen und andere regelrecht erzürnen. Daher bleibt die Bestimmung des Wesens dieser Andersheit* auf der DE-Linie stets offen: Sie bleibt umkämpft, da sie lediglich die internen Debatten energetisiert. Geltung aber erhalten solche Sprechakte seltenst, denn es fehlt ihnen an Durchsetzungsmacht im herrschenden Diskurs – ob nun in obiger oder in einer ganz anderen Variation.

Wie schön, dass wir so viele beherbergen, die auf sozial inadäquate Art gegen diese iterierte Bestimmung des Betroffenseins anpöbeln können! Genau deren Widerrede – mitsamt des Mangels an Affektregulation, die sich darin zeigt – wird unsere internen Debatten immer wieder neu zu Verschiebungen zwingen. Mein obiger Aufschlag war ein stark traumatheoretischer. Man hört ihm auch an, dass er von einer Frau of Color verfasst wurde. Andere unter uns* hätten die Pointe der Gegennarration auch andernorts gefunden – und das ist ok; denn auf dieser Linie geht es zunächst nur darum, überhaupt ins Sprechen zu kommen über jenes, das in den Anstalten und der Öffentlichkeit der Normalen* niemanden interessiert.

3. Empowerment als Einfordern des Rechts auf Teilhabe an unver_rückter Normalität (EN)

Dann gibt es aber eben auch jene, die vom Pöbeln Abstand halten und sich sehr gesittet dafür entschieden haben, die andere Abzweigung zu nehmen: Vom Empowermentpunkt (E) ausgehend nach schräg oben in Richtung Normalisierung (N). Vernehmen wir zunächst den sprachlichen Kontrast der EN-Linie zur im Absatz vorher dargestellten DE-Linie. Die Gestalt dieser Andersheit* flüstert dir zu:

Mimetisches Sprechen im Stil der EN-Linie

„ ‚Hast du auch diese Stimme in dir, die sagt, es wäre Zeit einzusehen, dass man sich wirklich mal selbstkritisch in die Mangel nehmen sollte und sich zusammenreißen? Willkommen auf der Verbindungslinie derer, die um ihre Defizite wissen und nach Hilfe dabei suchen, wieder einen Weg in die Normalität* zu finden.‘
Die Klangfarbe der eigenen Andersheit* ist hier von einer Dialektik der Unterwerfung und Entunterwerfung geprägt: ‚Ich sehe ja ein, dass ich in Therapie gehen und an mir selbst arbeiten muss‘, sagt diese Stimme in ihrer unterwerfenden Seite. Und dann wieder – in ihrer entunterwerfenden Seite: ‚ABER nicht unter diesen Bedingungen, nicht so, nicht in diesen Anstalten, nicht in einem Apparat, der mich nur anpassen will, ohne auch nur zu versuchen, mich zu verstehen!‘‘

Vielen Hardliner*innen der oben skizzierten DE-Linie ist es ein Dorn im Auge, dass es mitten in der psychiatriekritischen Bewegung Leute gibt, die sich freiwillig selbst einweisen, die sich sogar wünschen, dass man ihnen Psychopharmaka verschreibt, und die auch daran glauben, dass sie ‚krank‘ sind. Auf der EN-Linie aber wird nicht die Pathologisierung (und die hegemoniale Konstruktion der Betroffenengruppe, die durch diese diskursiv erschaffen wird) abgewiesen, sondern es geht lediglich um das Recht auf eine humane, gewaltlose und möglichst selbstbestimmte Behandlung/Hilfe beim Durchleben der eigenen Krisen und beim Durcharbeiten der eigenen psychischen Konflikte. Gefordert wird hier nicht eine Kritik der Pathologisierung oder das Entfalten einer Gegennarration, um Irresein anders zu bestimmen, sondern die Kritik richtet sich sehr konkret an die dehumanisierenden Verwahranstalten und die Entmündigung Hilfe suchender Menschen. Das Grundkonzept, dass diese Menschen Hilfe brauchen, weil etwas mit ihnen nicht stimmt, weil sie also anders* sind, wird dabei jedoch nicht angegangen. Wieder mimetisch gesprochen klingt das so:

„Ich bin irre, ja, aber das gibt euch nicht das Recht, mir Gewalt anzutun und mich zu entwerten. Freilich kann ich manche Dinge nicht (aushalten) und funktioniere nicht immer so wie normale* Menschen es tun, aber ich arbeite daran und habe verdient, dass man mir auf würdige Weise dabei hilft.‘

Die Beschreibung der eigenen Andersheit* ist hier auf der EN-Linie auf allen Ebenen hörbar/fühlbar different zur vorherigen Version auf der DE-Linie: Das Verständnis von Empowerment geht hier davon aus, dass es dabei darum ginge, sich das Recht zu geben, eine selbstbestimmte und würdige Teilhabe an der Welt der Normalen* zu erstreiten, während es auf der DE-Linie um ein Empowerment ging, das auf eine Befreiung von der abstrusen Idee zielt, Normalität* wäre ein erstrebenswertes Lebensziel. Auch der sprachliche Duktus und die leitenden Affekte sind verschieden: Während auf der DE-Linie daran erinnert wird, dass der Begriff ,madness' auch in der Spur der Konnotation ,irre wütend (auf jemanden, etwas oder das System) sein' verstanden werden muss, ist hier auf der EN-Linie der leitende Affekt jener der Trauer über das Ausgeschlossen- und Unverstanden-Sein. Will man nämlich bei den Normalen* mitspielen, schmerzt es, wenn diese einen stattdessen isolieren (EN). Scheißt man hingegen darauf, was normale* Menschen in ihrer Borniertheit für ein gelingendes bürgerliches Leben halten, wird es einen auch nicht weiter kratzen, wenn diese Abstand von einem halten (DE).

Der dekonstruktive Einsatzpunkt ist auf der EN-Linie also ausgeschlossen, weil das Subjekt hier die Pathologisierung in ihrer herrschenden Form annimmt und auch die Zuschreibung von Andersheit* sowie des Problematischen/Defizitären daran akzeptiert. Auch eine sehr freundliche, oberflächlich ressourcenorientierte Umformulierung für die auf dieser Linie als Tatsache akzeptierte eigene Verhaltensproblematik ändert daran nichts: Die Pathologisierung sowie die diskursiv konstruierte Dichotomie ,Normale* vs. Andere*' bzw. ,Betroffene vs. Nicht-Betroffene' wird dabei also sogar verhärtet statt sie dekonstruktiv in Bewegung zu setzen. Dies wird in Kauf genommen zugunsten eines strategischen Essentialismus (vgl. Spivak 2008), der es ermöglicht, aus dieser Betroffenengruppe heraus Rechte zu erstreiten. Mitunter ist dies die einzige vernünftige Option, wenn man rechtlich zu etwas kommen will: Hätte man zum Beispiel den Begriff ,Behinderung' just in dem Moment dekonstruiert, in dem es galt, für eine ,Behindertenrechtskonvention' (UN-BRK) zu kämpfen, hätte man diesen historischen Sieg verhindert. Wären wir nicht anders* und nicht besonders* vulnerabel im Vergleich zu den normalisierten* Subjekten, bräuchten wir schließlich keine UN-Konvention zu unserem besonderen* Schutz. Die Essenz dieser vulnerablen Andersheit* wird daher auf der EN-Linie festgehalten und verhärtet, statt sie anti-essentialistisch aufzulösen (wie es auf der ND-Linie geschieht; ausgeführt in Absatz 5).

4. Normalität als erkämpfte, verworfene, ersehnte, verlorene, begehrte, unterdrückerische Realität (N)

Bleiben wir für einen Moment am obersten Punkt in der Graphik stehen und betrachten die Welt von diesem, also vom normalen* Standpunkt aus: *„Liebe Grüße an euch Irre da unten! Ich bin geheilt.“* – sagt diese Stimme. Tatsächlich habe ich mich schon oft gefragt, was man eigentlich als ‚Ex-Behinderte‘ in den Disability Studies tut oder tun könnte. Bei mir ist das dunkelste Kapitel meines Lebens ziemlich sicher abgeschlossen; doch hängt es eben am Begriff von Be_Hinderung bzw. von Irresein, ob diese Spur tatsächlich verblassen kann oder ob da stets etwas bleibt. An diesem Punkt im Trilemma kann man sich also nur befinden, wenn da etwas in einem ist, das sich sinnhaft als ‚völlig normal*‘ verstehen und darstellen kann. Das ist, als würde man sagen:

Mimetisches Sprechen im Stil des Punktes N
„Ich habe einen Job, ein geregeltes Einkommen, eine bürgerliche Wohnung, in der ich selbstbestimmt leben kann und ein Hobby noch dazu. Wie ‚anders*‘ soll ich denn da (noch) sein? Meine Ische und ich kamen neulich auf die grandiose Idee, samstags zu IKEA zu gehen. Ich glaube, das ist das Verrückteste, was ich in den letzten Monaten getan habe – vielleicht zusammen mit dem Kaufen der Weihnachtsgeschenke auf den letzten Drücker. Wir sind uns einig, dass man diese Wahnsinnsaktion nur als tiefe Sehnsucht nach umfassender kultureller Teilhabe verstehen kann. Wie könnte man integrierter in einen Kulturraum sein, denn als Teil der Zombiehorde, die zu spät und latent gestresst ihren Beitrag zum kollektiven Konsumrausch eines ehemals christlichen Festes leistet? Wie Sie sehen, bin ich ganz normal*. Mein Leben ist bei Weitem nicht so aufregend wie gewisse andere Menschen es sich vorstellen.“

An diesem Punkt geht es also nicht mehr um die Klangfarbe der Andersheit*, sondern um jene der Normalität*, insofern die Frage, ob man sich als anders* verstehe, mit Nein beantwortet wird. Diese Stimme in sich zu erkunden, ist vor allem deshalb wichtig, da sie uns davon abhält, unsere Privilegierungen zu verleugnen. Sie nimmt das allzu Gewöhnliche an uns in den Blick: die Weisen, in denen wir mitschwimmen wie alle anderen Menschen auch, als Teil der grauen Massen, als irgendeine Existenz unter den Millionen dieser Erde, die schließlich alle mal leicht verstört sind oder rumkriseln.

Wie sich diese Normalität* anfühlt, hängt stark davon ab, ob sie hart erkämpft ist oder ob man sich in ihr zwangsverhaftet fühlt. So wird sich ein Mensch, der sich jahrelang danach gesehnt hat, wieder in einer geregelten Normalität* anzukommen, anders zu dieser Normalitätskonstruktion verhalten als jemand, der dazu genötigt wurde, sich zu normalisieren. Daher wird ‚Normalität‘ in allen Behindertenbewegungen stets ein Doppelgesicht bewahren: Für die einen ist sie oppressiv, jener dunkle Ort, von dem die Zuschreibung von

Andersheit* ausgeht. Für die anderen ist sie hart erkämpftes Ergebnis eines jahrelangen Streits um das Recht auf selbstbestimmtes Leben außerhalb von Anstalten. Wer nur eine Facette des Normalitätsbegriffs sehen kann, versteht daher auch nur eine Seite der Forderungen von Behindertenbewegungen: Daher darf man nie so tun, als wäre jede Normalität* und jeder Begriff von Normalität* oppressiv oder auch nur per se problematisch, denn dies würde bedeuten, den Skandal zu verleugnen, dass immer noch erschreckend viele Menschen systematisch von Normalitäten* ausgeschlossen werden. Aus diesem Grund schwankt auch der ontologische Status der Normalität* in den Erzählungen von der Erfahrung, behindert zu werden: Mal erscheint sie uns als dekonstruierbare diskursive Konstruktion, die sich leicht ver_rücken lässt, und dann wieder als bitterlich-reale Wand, von der sich nicht einmal ein Steinchen verschieben lässt.

Abbildung 2: Beispiele für Selbstverständnisse als (nicht-)ver_rückt im Trilemma

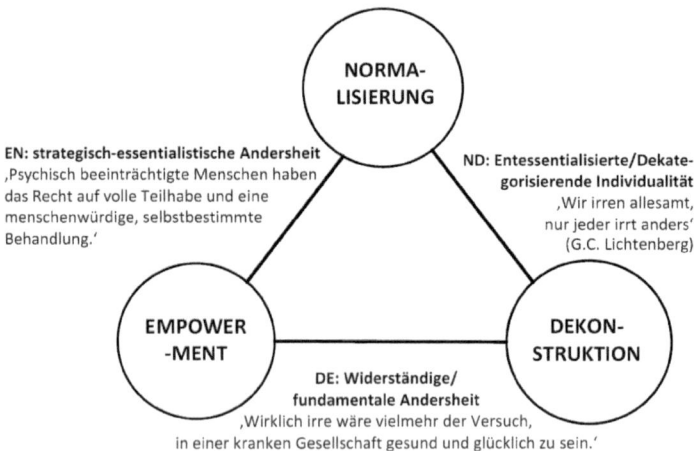

5. Not-Not-Disability Studies (ND)

Als Linton die Unterscheidung zwischen ‚Disability Studies' und ‚Not Disability Studies' aufmachte (1998), wurde eine dritte Option vergessen: ‚Not-Not-Disability Studies'. Diese erscheint, nachdem man das Normale* in sich erkundet hat und führt zu einer dekonstruktiven Verschiebung des Bildes von Normalität* von innen heraus. Wir sind in der Graphik jetzt also auf der rechtsseitigen Linie des Dreiecks, die Normalität (N) und Dekonstruktion (D) verbindet. Auf dieser Linie geht es darum, sich als selbstverständlichen Teil einer Normalität* zu verstehen, die so unendlich vielfältig ist, dass das Wort ‚Normalität' im Grunde genommen seine Bedeutung verliert. Auch hier wird also darum gekämpft, sich in eine Normalität einzuschreiben, aber – im Gegensatz zur EN-

Linie – nicht als Andere*, sondern ganz im Gegenteil unter Verweigerung der Zuschreibung von Andersheit*. Der Unterschied zwischen den beiden Linien, die sich mit dem Normalitätspol verbinden, besteht also darin, dass auf der EN-Linie eine Teilhabe der Anderen* an einer Normalität* erkämpft wird, während auf der ND-Linie die Wirkmacht von Normalitätsvorstellungen, von denen die Zuschreibung von Andersheit* ausgeht, zerstört werden soll, sodass alle ganz selbstverständlich in ihrer Individualität und ohne die Kategorisierung als anders* teilhaben. Das potentiell Subversive besteht also darin, die Adressierung als Behinderte zu verweigern. Im akademischen Feld betrifft dies ebenjene Frage, ob man noch irgendeine Chance hat, nicht ständig auf die eigene Behinderung verwiesen und essentialistisch auf diese fixiert zu werden, wenn man mit dem ‚Disability Studies'-Label arbeitet. Das paradoxe Label ‚Not-Not-Disability-Studies' richtet sich an jene, die sich manchmal fragen, ob sie denn auch ganz normale* Wissenschaftler*innen sein dürften. Das klingt affektlogisch dann ungefähr so:

Mimetisches Sprechen im Stil der ND-Linie
„Ich erinnere mich, wie ich neulich morgens aufstand und meine Emails las: Ob ich einen Vortrag zu Disability Studies halten könnte? Sie hätten gerne Betroffene dabei, die aus der Eigenperspektive sprechen. Nichts über uns ohne uns und so… Ich schaute in den Spiegel und fragte ihn: ‚Yo, bist du behindert?'. Der Spiegel sagte an diesem Tage aus Prinzip ‚Nö'. Ich bin es eigentlich leid, in diese Rolle gesteckt zu werden, habe keine Lust, dort hin zu fahren und die Behinderte zu machen – auch wenn das gewiss liebe Leute sind und sie aus den richtigen politischen Gründen darauf achten, dass Selbstvertreter*innen da sind. Da ich wusste, dass diese Verweigerung der Zuschreibung von Andersheit ebenso brüchig ist wie die Annahme ihrer, sagte ich zu. Am betreffenden Tag hatte ich immer noch keine Lust auf die Behindertenrolle und sprach also 90 Minuten über Rassismus und Sexismus. Nach dem Vortrag kam eine Zuhörende zu mir und sagte: ‚Das fand ich ja super! Das war genau die intersektionale Irritation, die das Publikum gebraucht hat, um sich Behinderte nicht immer als weiße Männer vorzustellen!'. Es gibt keinen Ausweg… Ich würde ja nächstes Mal ausprobieren, was passiert, wenn ich 90 Minuten über Kartoffelsalat rede, aber dann halten sie mich wirklich für verrückt. No Exit…"

Die Verweigerung der Zuschreibung von Andersheit* wird so lange eine widerständige Geste sein, wie die herrschenden Dichotomien intakt sind. Diese dichotomen Bilder zu erschüttern, welche die Welt in die jeweiligen Normalen* (Heteros, cis-Männer, weiß, deutsch, christlich, nicht-behindert, etc.) und die jeweiligen Anderen* (queer, weiblich, Schwarz/of Color, migrantisch, behindert, krank etc.) unterteilen, bleibt daher eine notwendige, wenn auch paradoxe Klangfarbe der Nicht-Andersheit* jener, denen Andersheit* zugeschrieben wird. Es ist jene Stimme in uns, die gerne auch mal ein Individuum wäre – nicht, weil wir unpolitisch werden wollten, sondern weil es in einer diskriminierenden Welt ein Privileg ist, als Individuum wahrgenommen zu werden. Dieses Privileg zu erstreiten, bedeutet Vorstellungen von Normalität* dergestalt zu dekonstruieren, dass man sie von innen heraus zersprengt, indem man für sich beansprucht, Teil dieser unendlich vielfältigen Normalität* des Verschiedenen zu sein, die sich nicht in dichotomen Kategorien fassen lässt. Doch auch auf dieser Linie ist der dritte Punkt ausgeschlossen: Wer so konsequent an einer anti-dichotomen Dekonstruktion von Normalität* hängt, kann nicht mehr im Sinne der Empowermentpolitiken von einer Betroffenengruppe sprechen, er kann nicht mehr festlegen, wer hier überhaupt zur diskriminierten Gruppe zählt und wer nicht, wer also überhaupt auf sinnhafte Weise von sich selbst als Selbstvertreter*in sprechen kann. Wer sich konsequent weigert, in der dichotomen Logik von Normalen* und Anderen* zu sprechen, da er nicht an diese Kategorien glaubt, der kann zum Beispiel auch nicht im Sinne des Anspruchs an Behindertenselbstorganisation den Nicht-Behinderten das Stimmrecht entziehen. Man muss daher stets aufpassen, wer aus welcher Motivation heraus das Denken in Dichotomien kritisiert, denn allzu häufig dient dies nur einer schöngeistigen Verschleierung der Machtverhältnisse, die nur den jeweiligen Normalen* nutzt, die sodann angeblich nicht einmal mehr als solche bezeichnet werden dürfen.

Die zwei Linien, die sich mit dem Dekonstruktionspunkt verbinden, unterscheiden sich also darin, was genau hier dekonstruktiv verschoben werden soll: In Absatz 2 – auf der DE-Linie – geht es um eine Dekonstruktion des Selbstbildes einer Betroffenengruppe, *ohne* dass dabei die Kategorie der Andersheit* ganz fallen gelassen wurde. In Absatz 5 – auf der ND-Linie – wird hingegen ebenjene dichotome Unterscheidung zwischen Normalen* und Anderen* bzw. zwischen Betroffenen und Nicht-Betroffenen angegangen. Auf der ND-Linie geht es also darum, die Zuschreibung von Andersheit* zu verweigern, wohingegen es bei der DE-Linie darum geht, die Deutungshoheit über die Andersheit* zu gewinnen, die man aber nicht als solche bestreitet oder abweist.

6. Zum Verhältnis ‚Mad Studies – Disability Studies'

Alles hier Gesagte – sämtliche Klangfarben von Andersheit* – lässt sich leicht auf andere Behinderungsformen übertragen; das trilemmatische Problem gilt sogar für alle Formen von Diskriminierung (vgl. Boger 2019a-d). Das Verhältnis von Disability Studies zu Mad Studies hängt also daran, wie man die Frage beantwortet, ob *ihr** aus den Disability Studies da drüben auf eine andere Weise ‚anders' seid als *wir** es sind. Da *wir alle** – egal ob aus den Disability Studies oder den Mad Studies oder auch den Blindness Studies oder Deaf Studies – uns aber noch nicht einmal mit uns selbst darüber einig werden, ob diese Andersheit* denn nun eine zugeschriebene oder eine real empfundene, eine zurückeroberte, eine stolze Andersheit im Disability Pride-Style oder nur eine lästige, hoffentlich vorübergehende Bezeichnungsnotwendigkeit ist, lohnt sich die Frage als abstrakte im Grunde genommen gar nicht. Vielmehr gilt es, von der abstrakten Frage wegzukommen – hin zu konkreten Begegnungen.

Auf der ND-Linie bei den Kategorienverweigerer*innen ist es am schnellsten abgehakt: Spreche ich nämlich zum Beispiel mit einem Individuum, das nicht ständig in die Behindertenrolle gedrängt und in die Disability Studies-Ecke geschoben werden will (ND), dann werde ich mich mit ihr einfach unter Philosoph*innen oder unter Sozialwissenschaftler*innen unterhalten, ohne dabei überhaupt mit dem Kategoriensalat anzufangen. Die Frage nach dem Verhältnis Disability Studies – Mad Studies stellt sich in dieser Begegnung gar nicht erst.

Was die EN-Linie betrifft, liegt die Entscheidung über das Verhältnis von Mad Studies und Disability Studies sowieso nicht bei uns, denn sozialrechtlich sind wir verwoben, ebenso wie es in der UN-BRK auch um den ganzen Fächer an Behinderungsformen geht. Unterwirft man sich diesen Diskursen, um in ihnen mitdiskutieren zu können, ist die Frage nach unserem Verhältnis also schon beantwortet: Behinderung ist der Oberbegriff und seelische Behinderung die Unterkategorie und homolog dazu sind die Disability Studies das Mutterschiff und die Mad Studies ihr irrer Ableger. Die begriffliche Bestimmung als (positiv-rechtliche) Unterkategorie auf der EN-Linie führt zu einer Verhältnisbestimmung der Mad Studies als Teildisziplin.

Nur auf der DE-Linie, dort, wo wir in lebendiger Verhandlung darüber bleiben, wie wir selbst unser Anderssein*/unsere Behinderung*/unser Irresein* abseits hegemonialer und positivrechtlicher Kategorisierungen verstehen, dort bleibt es spannend.

Abbildung 3: Das Verhältnis von Disability Studies und Mad Studies im Trilemma

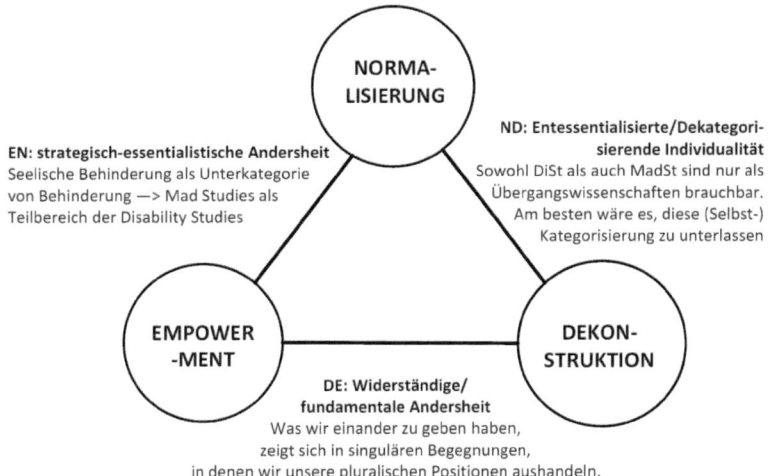

7. Sich gegenseitig ver_rücken und ent_hindern (wieder bei DE)

In den USA hört man aus den Widerstandsbewegungen Schwarzer Frauen in letzter Zeit häufiger den Begriff ‚radical honesty‘. Dieses Konzept fokussiert die subversive Wirkung radikal ehrlicher, ungeschönter Erzählungen vom minoritären Standpunkt aus. So führt zum Beispiel Charlene Carruthers (in: Kai 2018) aus, dass radikale Ehrlichkeit zugleich das schlichteste und das wirkmächtigste Mittel sei, um Machtverhältnisse und ihre fatalen Konsequenzen aufzudecken. Bianca Williams (2017) ergänzt, dass das Konzept zudem einen Gegenentwurf zu der abstrusen Idee liefere, strategische Allianzen seien rein rational begründet, denn in radikaler Ehrlichkeit legen wir stets auch offen, was uns zu unseren Begegnungen motiviert – und Motivation hat immer etwas mit unseren Gefühlen zu tun.

Diese radikale Offenheit im Umgang miteinander hilft auch dabei, ver_rückte und ver_rückende Allianzen zu stiften. So lautet zum Beispiel die radikal ehrliche Antwort auf die Frage, warum ich so gerne Zeit mit tauben Menschen verbracht und mich viel mit Gehörlosenkultur befasst habe: Ich musste mich nicht fragen, ob sie die Stimmen auch hören. Das war wie Urlaub. Auf der Suche nach einer nicht-psychiatrischen Lösung für mein Problem durchforstete ich die Literatur nach nicht-pathologisierenden Antworten auf die Frage, was es eigentlich bedeutet, ‚innere Stimmen zu hören‘ – und fand die differenziertesten und vor allem kreativsten Antworten darauf in den Deaf Studies. Ich fühlte mich dort sicher, aber nicht, weil mir irgendjemand einen ‚safe space‘ versprochen hatte, sondern weil ich wusste, dass dort alle das Gefühl kennen, das viele Normalos* nicht verstehen und daher häufig entwerten, auf welche Weisen wir die Welt um uns herum wahrnehmen. Man muss eben nicht von derselben Sache betroffen sein, um auf dieselbe Weise betroffen zu sein. Das Befreiende an solchen Allianzen besteht zudem in einer tiefgreifenden Störung der etablierten Dichotomie von ‚normalen Helfer*innen‘ und ‚behinderten Hilfesuchenden‘.

Ich erinnere mich zum Beispiel, wie ich als Jugendliche einmal mitten in einem psychotischen Schub in einen Bus einstieg. Ein angeblich ‚geistig behinderter‘ junger Mann sah mich, ging auf mich zu und nahm mich unkommentiert in den Arm. Er hielt mich dann so zwei Stationen lang fest, was seine Mutter (ich glaube jedenfalls, es war seine Mutter?) anscheinend nicht so adäquat fand wie wir beide. Er erklärte ihr sodann ganz geduldig, dass ich offensichtlich Angst habe, weil die Geister mich verfolgen, und dass eine Umarmung dagegen helfe. Diese diagnostische Präzision hatte ich bis dato noch bei keinem Psychiater erlebt. Ich weiß jedenfalls, wen ich in dieser Szene für geistig verhindert halte... Die Unfähigkeit vieler normaler* Menschen, sich vorzustellen, wie anders* die (zwischen-)menschliche Wahrnehmung sein kann, führt bis heute dazu, dass übersehen, überhört und semiotisch übergangen und überfühlt wird, *was wir einander zu geben haben.* Ich aber, die ich ständig irre, weiß eines sicher: Wenn wir uns verbünden, kann uns niemand mehr darin behindern, unseren Eigensinn frei zu entfalten und in seiner Schönheit und Kraft erstrahlen zu lassen.

Literatur

Boger, Mai-Anh (2019a): Die Methode der sozialwissenschaftlichen Kartographierung. Eine Einladung zum Mitfühlen – Mitdiskutieren – Mitdenken. Münster: edition assemblage. Online verfügbar unter www.edition-assemblage.de/buecher/trilemma-methodenteil/ (Abfrage: 31.03.2019).

Boger, Mai-Anh (2019b): Subjekte der Inklusion. Die Theorie der trilemmatischen Inklusion zum Mitfühlen. Münster: edition assemblage.

Boger, Mai-Anh (2019c): Politiken der Inklusion. Die Theorie der trilemmatischen Inklusion zum Mitdiskutieren. Münster: edition assemblage.

Boger, Mai-Anh (2019d): Theorien der Inklusion. Die Theorie der trilemmatischen Inklusion zum Mitdenken. Münster: edition assemblage.

Deleuze, Gilles/Guattari, Félix (1977): Rhizom. Berlin: Merve-Verlag.

Garland-Thomson, Rosemarie (1997): Extraordinary bodies. Figuring physical disability in American culture and literature. New York: Columbia University Press.

Kai, Maiysha (2018): Unapologetic: Activist and Author Charlene Carruthers Says Radical Movements Require Radical Honesty. In: The Glow up, 29.08.2018. theglowup.theroot. com/unapologetic-activist-and-author-charlene-carruthers-s-1828670627 (Abfrage: 05.05. 2019).

Kessé, Emily/Hornscheidt, Lann (2017): Der Schauplatz der Disziplinarität: Was macht Inter-, Trans- und Postdisziplinarität mit Gender Studies (und was ist gar nicht fragbar so). In: Buikema, Rosemarie/Thiele, Kathrin (Hrsg.): Doing Gender in Medien-, Kunst- und Kulturwissenschaften. Eine Einführung. Berlin, Münster: LIT, S. 79–98.

Linton, Simi (1998): Claiming disability. Knowledge and identity. New York NY u. a.: New York University Press.

Lüthi, Eliah Hannes (2016): Relocating Mad_Trans Re_presentations Within an Intersectional Framework. In: Intersectionalities: A Global Journal of Social Work Analysis, Research, Polity, and Practice 5, H. 3, S. 130–150.

Oppenländer, Lio (2015): Verzweifeln in der dritten Person. Depression als Psychopathologisierung und internalisierte Diskriminierung interdepenDenken. In: AK Forschungshandeln (Hrsg.): InterdepenDenken! Wie Positionierung und Intersektionalität forschend gestalten? 1. Auflage. Berlin: w_orten & meer, S. 27–48.

Spivak, Gayatri Chakravorty (2008): Righting wrongs. Unrecht richten. 1. Auflage. Zürich: Diaphanes.

Williams, Bianca C. (2017): Black Feminist Politic of Teaching & Organizing with Emotion. Hg. v. Humanities Futures. Duke University. humanitiesfutures.org/media/radical-honesty-subjective-truths-black-feminist-politic-teaching-organizing-emotion (Abfrage: 05.05.2019).

Zander, Michael (2015): Chronische Krankheit aus der Perspektive der Disability Studies. In: sozialmagazin, H. 7–8, S. 32–39.

Jenseits der Modelle

Theoretische Ansätze in den Disability Studies

Anne Waldschmidt

1. Vorbemerkung

In der Einleitung des *Disability Studies Reader*, eines von Lennard J. Davis herausgegebenen Grundlagenwerks der US-amerikanischen Disability Studies, heißt es: „Wenn es um Behinderung geht, sind ‚normale' Menschen sehr bereit, sich freiwillig zu engagieren, Anekdoten zu präsentieren oder sich an Filmepisoden zu erinnern, die sie für Tatsachen halten. Behinderung scheint so offensichtlich: ein fehlendes Glied, Blindheit, Taubheit. Was könnte einfacher zu verstehen sein?" (Davis 2006, xvi; Übersetzung AW). Niemand – so Davis weiter – würde es wagen, auf diese Weise mit der Philosophie Heideggers oder der Kunst der Renaissance umzugehen. Dagegen gilt Behinderung als leicht nachzuvollziehen und gedanklich anspruchslos.

Zwar hat Davis seine provokative Anmerkung mit Blick auf den *common sense*, das Alltagsverständnis von Behinderung formuliert; jedoch lässt sich auch eine kritische Anfrage an den akademischen Diskurs und somit an die Disability Studies herauslesen: Wird Behinderung als wissenschaftlicher Gegenstand und analytische Kategorie eigentlich ernst genug genommen? Fast zwei Jahrzehnte nach der Entstehung der deutschsprachigen Disability Studies zu Beginn der 2000er Jahre fallen, wenn man den Diskurs sichtet, die häufig anzutreffenden Verweise auf Modelle von Behinderung auf. Bezugnahmen auf Theorieansätze erfolgen dagegen eher spärlich oder fehlen gänzlich. Die ‚Modelldebatte' hat sicherlich maßgeblich zur Profilierung des Forschungsfeldes beigetragen; angesichts der anhaltenden Theorievergessenheit erscheint es aber nunmehr dringlich, diese bereits 2005 formulierte Aufforderung stärker zu beachten: „Die Modellbildung ist hilfreich zur Entwicklung einer eigenen Perspektive, sie kann aber Theoriebildung nicht ersetzen; und vor allem letztere ist es, die auch in Deutschland in Angriff genommen werden sollte." (Waldschmidt 2005, S. 28)

In diesem Sinne werde ich im Folgenden den zentralen Stellenwert von Theoriearbeit für die kritischen Studien zu Behinderung herausarbeiten[1]. Im ersten Schritt wird die Frage behandelt, warum Modelle keine Theorien sind; an dieser Stelle ist ein methodologischer Exkurs notwendig. Im zweiten Teil werden verschiedene Modelle von Behinderung vorgestellt und es wird erläutert, auf welchen theoretischen Vorannahmen sie beruhen und welche Anschlüsse sie ermöglichen. Dabei kann die Darstellung nur skizzenhaft sein. Zudem ist sie von meiner eigenen Fachlichkeit geprägt, die sich auf die Fächer Soziologie, Politikwissenschaft und Geschichte erstreckt; dieser disziplinäre Fokus passt allerdings in fachlicher Hinsicht (vgl. Albrecht 2003, S. 32).

## 2.	Warum ist ein Modell (noch) keine Theorie?

Warum sind Modelle vornehmlich „konzeptionelle Startpunkte" (Waldschmidt 2005, S. 28) und können Theoriearbeit nicht ersetzen? Inwiefern unterscheiden sich Modell und Theorie? Und welche Gemeinsamkeiten gibt es? Um die Unterschiede und Verbindungen zwischen den beiden Begriffen zu verdeutlichen, werde ich zunächst ‚Modell' und ‚Theorie' definieren und anschließend ihren Zusammenhang klären.

Umgangssprachlich kann das Wort Modell die verkleinerte Nachbildung eines Gegenstands oder das Entwicklungsstadium eines technischen Geräts ebenso bedeuten wie ein Jemand, der sich malen oder fotografieren lässt, oder ein Ding bzw. eine Person, das oder die als Vorbild taugt. Im wissenschaftlichen Sinne bezeichnet Modell im Wesentlichen eine „symbolische, graphische Darstellung der Struktur, der Verhaltensweisen von Sachverhalten, Systemen unter bestimmten Gesichtspunkten" (Fuchs-Heinritz et al. 1995, S. 446). In anderen Worten, es handelt sich um eine gedankliche Konstruktion, mithin um ein wissenschaftliches Erkenntnismittel. Die Modellkonstruktion basiert üblicherweise auf vereinfachenden Annahmen, die bestimmte Aspekte eines Untersuchungsgegenstands isolieren und damit der Analyse leichter zugänglich machen. Mit Hilfe von Modellbildung soll in der Wissenschaft Realität komplexitätsreduzierend abgebildet werden. Indem Modelle sowohl abstrahieren als auch generalisieren, besitzen sie zugleich einen hypothetischen, häufig auch heuristischen Charakter.

1	Um den Aufsatz nicht mit Literaturhinweisen zu überfrachten, verzichte ich im Folgenden auf viele Einzelnachweise. Der Text ist im Rahmen des DFG-Projekts „Dispositive von ‚dis/ability' im gesellschaftlichen Wandel" (Fördernr. 405662445) entstanden. Ich danke Sarah Karim, Nadja Körner, Frieder Kurbjeweit und Simon Ledder für inhaltliche Anregungen.

Eine Theorie ist dagegen komplexer. Dabei handelt es sich um ein „System von [wissenschaftlich begründeten] Begriffen, Definitionen und Aussagen [.], das dazu dienen soll, die Erkenntnisse über einen Bereich von Sachverhalten zu ordnen, Tatbestände zu erklären und vorherzusagen" (Fuchs-Heinritz et al. 1995, S. 676). Eine Theorie abstrahiert vom Einzelfall und bezweckt, je nach methodologischem Standort, die Erklärung bestimmter Tatsachen und der zugrunde liegenden Gesetze oder auch das Verstehen empirisch auffindbarer Phänomene durch das Erfassen der beobachteten Sinnzusammenhänge und Bedeutungen. Mit den Begriffen Erklären und Verstehen sind zwei unterschiedliche Herangehensweisen angesprochen: Die eine Theorie (z. B. der Historische Materialismus) zielt auf das Aufdecken von Gesetzmäßigkeiten, geht also nomothetisch vor; die andere Theorie (z. B. der symbolische Interaktionismus) will eher konkrete, zeitlich und räumlich einzigartige Sachverhalte untersuchen und arbeitet somit idiographisch; wiederum andere Ansätze (z. B. die Kulturtheorie von Pierre Bourdieu) versuchen, beide Herangehensweisen zu verbinden.

Jede Theorie, ob von niedriger, mittlerer oder umfassender Reichweite, verfolgt den Anspruch, über Zusammenhänge und Beziehungen innerhalb eines Gegenstandsbereichs entweder allgemeingültige oder intersubjektiv nachprüfbare Aussagen zu formulieren, aus denen weitere Hypothesen bzw. Aussagen abgeleitet und empirisch überprüft werden können. Um Wirklichkeit zu erklären und zu verstehen, d. h. verursachende Vorgänge bzw. Bedingungen bestimmen oder Zusammenhänge zwischen beobachteten Sachverhalten beschreiben zu können, kann wissenschaftliche Praxis nicht auf Theoriebildung verzichten, und zwar auch dann nicht, wenn ‚lediglich' empirisch vorgegangen wird, denn sowohl Forschungsfragen und Hypothesen als auch Forschungsmethoden müssen theoretisch begründet sein.

Theorien stellen somit umfassende Gedankenkonstruktionen dar; sie können – müssen aber nicht – zu Modellen als Werkzeuge der gedanklichen Präzision und Konkretisierung greifen, um die Gültigkeit ihrer Annahmen zu überprüfen. Modelle entstehen auf der Basis von Theorien und dienen gleichzeitig diesen als Hilfsmittel zur Weiterentwicklung. Theorien sollen neue Erkenntnisse über die ‚Wirklichkeit' generieren. Zusätzlich ist zu berücksichtigen, dass jede Theorie und damit auch das mit ihnen verbundene Modell auf erkenntnistheoretische Grundannahmen, d. h. auf Wissenschaftstheorie zurückgeführt werden kann. Ob Positivismus, kritischer Rationalismus, Konstruktivismus, Phänomenologie etc. – jede Wissenschaftstheorie formuliert Aussagen über die Möglichkeiten des Erkennens und die Beziehungen zwischen forschendem ‚Subjekt' und beforschtem ‚Objekt' und ist dabei immer auch standortgebunden.

Auf der Basis dieser Überlegungen möchte ich im nächsten Schritt zeigen, dass die unterschiedlichen Behinderungsmodelle theoretisch verschieden begründet sind. Letztlich hantiert man, wenn man sich auf ein bestimmtes Modell bezieht, auch mit dessen theoretischen Annahmen. Dies geschieht auch dann, wenn man sich dieser Annahmen nicht bewusst ist. Dieser Beitrag will dazu anregen, explizit Theoriearbeit zu betreiben, um zum einen den Modellen als Erkenntnis generierende Werkzeuge gerecht zu werden und zum anderen eine angemessene Theoretisierung der komplexen Differenzkategorie ‚Behinderung' zu erreichen.

Angesichts einer Vielzahl von Behinderungsmodellen geht es im Folgenden nicht um Vollständigkeit[2]. In meiner Auswahl orientiere ich mich vielmehr an der Einführung in die Disability Studies von Dan Goodley (2017) und betrachte als maßgebliche Varianten das individuelle Modell sowie drei ältere gesellschaftsorientierte Ansätze, das relationale Modell, das Minderheitenmodell und das soziale Modell. Als neuere Varianten werden das kulturelle Modell und das menschenrechtliche Modell von Behinderung behandelt. Diese sechs Ansätze werden – grob chronologisch – referiert und theoretisch verortet. Außerdem werden die jeweiligen Stärken und Schwächen diskutiert.

3. Das individuelle Modell von Behinderung

Das individuelle (oder auch: medizinische) Modell von Behinderung wurde im Unterschied zu den anderen Ansätzen nie ausdrücklich formuliert und ist letztlich eine Rekonstruktion, welche die kritischen Diskurse zu Behinderung als Kontrastfolie nutzen. Die Bezeichnung ‚individuelles Modell' entspricht der englischen Übersetzung und hat sich auch hierzulande eingebürgert, deshalb werde ich im Folgenden den Ausdruck benutzen. Jedoch müsste der Ansatz eigentlich individualisierendes oder individualistisches Modell heißen (vgl. Waldschmidt 2005, S. 16), da er die Differenzkategorie Behinderung einseitig von der einzelnen Person aus denkt und die gesellschaftlichen Bedingungen des Behindert*werdens* weitgehend ausblendet.

Zeitlich hat sich der Ansatz parallel zur Entstehung des Rehabilitationsansatzes im 20. Jahrhundert entwickelt. Der Behinderungsbegriff der Weltgesundheitsorganisation von 1980, demzufolge eine Behinderung ursächlich aus einer Schädigung resultiert, gilt als prominenter Ausdruck des individuellen Modells. Die individualisierende Sichtweise auf Behinderung findet sich auch heute noch in zahlreichen lebensweltlichen, institutionellen und wissenschaftlichen Praktiken; sie liefert den Ausgangspunkt für die Versorgungs- und Unterstützungssysteme für behinderte Menschen. Im Wesentlichen handelt es sich

---

2   Beispielsweise werde ich weder auf das affirmative Modell (vgl. Swain/French 2000) noch auf das religiöse oder ökonomische Modell (vgl. Retief/Letšosa 2018) eingehen.

um einen Ansatz, der Behinderung mit den klinisch relevanten, medizinisch, psychologisch oder pädagogisch diagnostizierbaren Beeinträchtigungen des Individuums gleichsetzt: Die betroffene Person *wird* nicht behindert, vielmehr *ist* sie behindert. Das ‚Behindertsein‘ gilt als schicksalhaftes, persönliches ‚Unglück‘, das unverschuldet eintritt und professioneller Unterstützung bedarf. Entsprechend zielen die Rehabilitationsmaßnahmen auf die (Wieder-)Eingliederung der betroffenen Individuen.

Die Stärke des individuellen Modells liegt sicherlich darin, konkrete, auf die Bedürfnisse des Einzelnen eingehende Therapien, Förderungen, Behandlungen und Interventionen begründen zu können. Damit verbunden ist jedoch eine Fokussierung auf individuelle Auffälligkeit oder Abweichung, Störung oder Beeinträchtigung. Das individuelle Modell erweist sich dann als schwach, wenn es darum geht, die Vielschichtigkeit der Behinderungskategorie, ihre Historizität, Kulturalität und gesellschaftliche Bedingtheit zu erfassen.

Der individualisierende Ansatz stellt den Ausgangspunkt für die klinisch und interventionistisch orientierten ‚Behinderungswissenschaften‘ dar, die sich – und zwar vor allem dann, wenn sie Empirie betreiben – vorzugsweise am naturwissenschaftlichen Laboransatz und an der Wissenschaftstheorie des Positivismus orientieren. Wie Mark Priestley (1998, S. 82) gezeigt hat, können jedoch auch sozialwissenschaftliche Arbeiten im individualistischen Paradigma verwurzelt sein; entsprechend lässt sich das individuelle Modell auch in der Soziologie finden.

Bis heute gehören beispielsweise die Analyse des Gesundheitssystems des amerikanischen Soziologen Talcott Parsons und das damit verbundene Konzept der Krankenrolle zum Lehrkanon der Medizin. Parsons (1958) liefert die Anregung, Behinderung strukturfunktionalistisch und rollentheoretisch zu denken, indem er vorschlägt, sowohl akute als auch chronische Krankheit und Behinderung als ‚Störung‘ oder ‚Abweichung‘ zu verstehen, die das reibungslose Funktionieren des Gesellschaftssystems gefährden und insofern kontrolliert werden müssen. Aus seiner Sicht stellt Behinderung ein Unvermögen dar, die gewöhnlichen, von den Gesellschaftsmitgliedern erwarteten sozialen Rollen zu erfüllen. Kranken und behinderten Individuen unterstellt Parsons außerdem eine unbewusste Motivation, von dem sekundären ‚Krankheitsgewinn‘ (d. h. der Entpflichtung von Aufgaben) profitieren zu wollen. Folglich hält er es für gerechtfertigt, sozialen Druck auf (chronisch) kranke und behinderte Personen auszuüben, um ihre Teilnahme an Rehabilitationsmaßnahmen und die individuelle Anpassung zu erreichen. Dabei geht Parsons davon aus, dass es auch im Interesse der Betroffenen ist, wenn ihnen ermöglicht wird, weitestgehend ‚normale‘ Rollen (z. B. im Arbeitsleben) auszufüllen.

Nicht nur strukturtheoretische, sondern auch handlungstheoretische Ansätze können von dem individualistischen Modell geprägt sein. Erving Goffman (2010), ein kanadischer Soziologe, versteht Behinderung ebenfalls als Abweichung, und zwar genauer als ein stigmatisierendes Merkmal, das sich der Aufmerksamkeit eines Anderen aufdrängt und bei ihm oder ihr eine negative Reaktion hervorruft, so dass es in der Folge zur Abwertung und Ausgrenzung der stigmatisierten Person in sogenannten gemischt-sozialen Interaktionen kommt. Ähnlich wie Parsons argumentiert auch Goffman letztlich naturalistisch und essentialisierend, wenn es um die Phänomene geht, die zur Zuschreibung eines Stigmas führen. Dass es Beeinträchtigungen (impairments) gibt und es sich dabei um ‚natürliche' Tatsachen handelt, wird als Vorannahme implizit vorausgesetzt. Goffman stellt auch nicht in Frage, dass eine Beeinträchtigung soziale Distanz hervorruft. Er interessiert sich lediglich für die Folgewirkungen in sozialen Interaktionen, nicht aber dafür, wie es dazu kommt, dass bestimmte Körper als ‚behindert' und damit als negativ abweichend kategorisiert werden.

Für die Disability Studies sind die Ansätze von Parsons und Goffman insofern wichtig, als die Kritik daran zur Begründung des sozialen Modells geführt hat. Außerdem lassen sich beide Werke auch ‚gegen den Strich' lesen, um sie für die Theorieentwicklung in den Disability Studies zu nutzen. Goffmans Theorien zu Identität, Körper, Normalität wie auch seine Konzepte der ‚totalen Institution' und des ‚Doing' werden in den kritischen Studien zu Behinderung immer wieder benutzt. Selbst Parsons' problematische Rollentheorie lässt sich, kritisch gewendet, für Theoretisierungen des Rehabilitationssystems und der sozialen Position behinderter Menschen heranziehen.

4. Das relationale Modell von Behinderung

Der zweite hier behandelte Ansatz, das sogenannte relationale Modell von Behinderung, hat sich unabhängig von den Disability Studies und zeitlich etwas früher im skandinavischen Raum etabliert. Diese Perspektive versteht Behinderung als eine Interaktion zwischen Beeinträchtigung und Umweltbedingungen und ist ab den 1960er Jahren vornehmlich von nichtbehinderten Expertinnen und Experten in den Ländern Dänemark, Finnland, Island, Norwegen und Schweden entwickelt worden (vgl. Goodley 2017, S. 16 f.). Aktuelle Vertreter sind beispielsweise Berth Danermark, Anders Gustavsson, Mårten Söder und Jan Tøssebro. Ihre Arbeiten haben der europäischen ‚disability research', d. h. der sozialwissenschaftlichen Forschung zu Behinderung, wichtige Impulse geliefert, gehören jedoch nicht zu den Disability Studies im engeren Sinne, weil sie die Behinderungskategorie nicht grundsätzlich in Frage stellen (vgl. Gustavsson 2004, S. 62–67). Dagegen verortet sich z. B. Rannveig Traustadóttir sowohl im relationalen Ansatz als auch in den Disability Studies, die sie mit den Gender Studies verknüpft.

Goodley (2017, S. 17) fasst das Profil des relationalen Modells so zusammen: „A relational model conceptualises disability as emerging out of interactivity between impairment and disabling modes of socio-economic organisation." Neben der Grundannahme, dass es sich bei Behinderung um eine fehlende Passung zwischen Individuum und Umwelt handelt, betont der Ansatz, dass soziale Dienstleistungen und professionelle Unterstützung eine positive Wirkung auf die Lebensbedingungen und Erfahrungen behinderter Menschen haben. Generell wird das Ziel verfolgt, die Teilhabe behinderter Menschen in der Gemeinschaft und insbesondere in lokalen Räumen zu fördern. Mit seiner integrativen Orientierung bietet das relationale Modell durchaus Anknüpfungspunkte für die Disability Studies, steht jedoch in engerer Verbindung mit dem sogenannten Normalisierungsprinzip. Dieses Reformkonzept hat der Enthospitalisierungsbewegung und Psychiatriereform in den 1970er Jahren und der damit verbundenen Neuorganisation der Einrichtungen insbesondere für Menschen mit kognitiven Behinderungen entscheidende Impulse geliefert.

Trotz unbestrittener Verdienste ist jedoch das Normalisierungsprinzip in den Disability Studies auf Kritik gestoßen. So hat etwa Michael Oliver (2009, S. 87–105), der Nestor der britischen Disability Studies, moniert, dass das Reformkonzept die eigentliche Ursache von Behinderung, nämlich die kapitalistische Produktionsweise und die Ausbeutungsverhältnisse nicht thematisiert. Außerdem sei es zu expertenorientiert, nicht wirklich an den Erfahrungen der Betroffenen interessiert und ignoriere die Kontroll- und Disziplinierungsfunktionen von Sozialpolitik; letztendlich trage es zur Überwindung von Behinderung nicht bei. Olivers Analyse ergänzend muss das Normalisierungsprinzip als theoretisch unterbelichtet charakterisiert werden; auf Theoriearbeit zu den zentralen Begriffen ‚Normalität' und ‚Normalisierung' ist weitgehend verzichtet worden.

Die theoretische Fundierung des relationalen Modells (vgl. Gustavsson 2004) ist davon geprägt, dass der Ansatz vor allem das professionelle Unterstützungssystem und wohlfahrtsstaatliche Arrangements fokussiert. Entsprechend sind vorzugsweise die Sozialpolitikforschung, international vergleichende Wohlfahrtsstaatstheorie oder organisationssoziologische Ansätze von Bedeutung. In den vergleichbaren deutschsprachigen Debatten wird z. B. der systemtheoretische Ansatz von Niklas Luhmann häufig aufgegriffen, wobei insbesondere dessen Inklusionstheorie und Organisationssoziologie zur Geltung kommen.

In wissenschaftstheoretischer Hinsicht spielt im relationalen Modell die Perspektive des kritischen Realismus eine Rolle; insbesondere Danermark gilt als wichtiger Vertreter (vgl. Gustavsson 2004, S. 63 f.). Dabei wird davon ausgegangen, dass Beeinträchtigungen real existieren, es sie somit als Tatbestände, unabhängig von Deutung, Zuschreibung und Kategorisierung wirklich ‚gibt'. Diese Denkrichtung wird auch in den Disability Studies benutzt; der britische Soziologe Nick Watson (2012) verortet sich entsprechend.

5.   Das Randgruppenmodell von Behinderung

Während sich das relationale Modell kaum auf die Behindertenbewegung bezieht, ist diese für das Minderheiten- oder Randgruppenmodell zentral (vgl. Goodley 2017, S. 13). Dieser Ansatz entstand in den 1970er Jahren im Rahmen der US-amerikanischen Disability Studies. Explizit formuliert wurde er von Harlan Hahn (1985), einem Behindertenaktivisten und Politikwissenschaftler. Irving K. Zola, ebenfalls aktiv in der Behindertenbewegung, Medizinsoziologe und Gründungsvater der Disability Studies, gilt als weiterer, wichtiger Vertreter.

Der Randgruppenansatz basiert auf der These, dass es sich bei behinderten Menschen um eine soziale Minderheit handelt, die von Benachteiligung betroffen ist, wobei die Diskriminierungen unterschiedliche Formen, etwa physische Barrieren, rechtliche Nachteile, institutionelle Segregation, kulturelle Ignoranz, Vorurteile und Herabwürdigungen in Alltagsbegegnungen etc., annehmen können. Entsprechend des bewegungspolitischen Entstehungszusammenhangs legt der Randgruppenansatz den Schwerpunkt auf die Veränderung der gesellschaftlichen und politischen Bedingungen. Konkret geht es um den Kampf für gleiche Rechte, gegen Diskriminierung und Aussonderung, für die kulturelle Anerkennung und Repräsentation. Dabei wird unter dem Slogan „Nothing about us without us" großer Wert auf die Selbstvertretung gelegt.

Was sind die Stärken dieses Ansatzes? In den USA gilt das Randgruppenmodell als die entscheidende Inspirationsquelle für den Kampf um politisch-rechtliche Gleichstellung und kulturelle Anerkennung. Die Forderungen nach persönlicher Autonomie und kultureller Repräsentation, rechtlicher Gleichheit und politischer Selbstvertretung haben zudem die Behindertenbewegungen weltweit und die globale Behindertenpolitik insgesamt nachhaltig beeinflusst. Ganz im Sinne des Modells haben die Anliegen behinderter Menschen mittlerweile den Rang von Bürgerrechts- und Menschenrechtspolitik erhalten; in der Folge ist es u. a. zur Entwicklung des noch zu diskutierenden menschenrechtlichen Modells gekommen. Gleichwohl wirkt das Randgruppenmodell auf der theoretischen Ebene wenig ausgearbeitet. Vor allem unterscheidet es – ähnlich wie das relationale Modell – nicht genau genug zwischen Beeinträchtigung und Behinderung.

Das Randgruppenmodell lässt sich auf einen ganzen Strauß von Theorieansätzen zurückführen: Neben Stigmatheorie, politikwissenschaftlichen und politisch-ökonomischen Ansätzen werden die soziologische Randgruppentheorie, der Etikettierungsansatz, sowie die Vorurteils- und Diskriminierungsforschung herangezogen. Zusätzlich wird das Repertoire der Geisteswissenschaften genutzt, da es auch darum geht, kulturell bedingte Diskriminierungen und symbolische Vorstellungen von Behinderung zu verändern; insofern hat der Ansatz Vorarbeiten für das weiter unten betrachtete kulturelle Model geliefert. Goodley (2017, S. 13) fasst die theoretischen Anschlüsse des Randgruppenmodells so zusammen: „The minority model combined neo-Marxist critiques of capitalism with theories of race and racialisation, and adopted an eclectic understanding of the socio-cultural formations of disability."

Was die neomarxistische Kapitalismuskritik betrifft, bin ich skeptisch, denn ich nehme die Arbeiten von z. B. Hahn und Zola eher als reformistisch wahr. Gary Albrecht (2003, S. 42–44), ein Medizinsoziologe und ebenfalls Vertreter der US-amerikanischen Disability Studies, ordnet seine eigenen Arbeiten dem politökonomischen Ansatz zu, bezeichnet sich jedoch nicht als Neomarxisten. Vielmehr beschreibt er das theoretische Programm des US-amerikanischen Diskurses so: „I will show how pragmatism combined with the early development of American sociology, including survey research and the social area studies and interactionism of the Chicago School, to provide a framework and method for addressing disability issues." (Albrecht 2003, S. 24)

Diese Skizze bestätigt Goodleys Charakterisierung des Randgruppenansatzes insofern, als sie tatsächlich den Eindruck von Eklektizismus entstehen lässt. Kritisiert wird mit diesem Begriff die Praxis, theoretische ‚Versatzstücke' beliebig zu kombinieren. Problematisch ist dies vor allem dann, wenn die Ansätze in wissenschaftstheoretischer Hinsicht nicht zusammenpassen. Sind die Theorien aber kompatibel, ist ihre Verknüpfung durchaus eine kreative Leistung. An einem konkreten Beispiel lässt sich letzteres nachvollziehen: So lieferte Zola mit seiner Analyse der Medizin als gesellschaftliche Kontrollinstanz einen grundlegenden Beitrag zur kritischen Medizinsoziologie; gleichzeitig war er vom symbolischen Interaktionismus und der ethnographischen Herangehensweise der sogenannten Chicagoer Schule stark beeinflusst (vgl. ebd., S. 38).

6. Das soziale Modell von Behinderung

Zeitlich parallel zur US-amerikanischen Debatte entstand in Großbritannien ein weiterer gesellschaftsorientierter Ansatz, das soziale Modell von Behinderung (vgl. Goodley 2017, S. 11–13). In vielen Darstellungen der Disability Studies wird dieser Ansatz heute mit dem Randgruppenmodell vermischt. Zwar ähneln sich die beiden Ansätze in ihrer Verwurzelung in der Behindertenbewegung und der gesellschaftskritischen Ausrichtung; bei genauerem Hinsehen erweist sich jedoch das soziale Modell als klarer konturiert.

Anders als die bisher diskutierten Ansätze kann man seinen Ursprung genau datieren: Erstmalig wurde es 1976 in einem Positionspapier der britischen Behindertenbewegung formuliert, deren zentraler Akteur die „Union of Physically Impaired Against Segregation" (UPIAS) war. Der Grundgedanke, dass nicht ‚impairment', sondern die Gesellschaft behindert, wurde anschließend von Vic Finkelstein, Paul Hunt, Michael Oliver, Colin Barnes und anderen zum sozialen Behinderungsmodell weiterentwickelt. Insbesondere Oliver, ein Sozial-wissenschaftler, Behindertenaktivist und erster britischer Professor der Disability Studies, hat hier eine zentrale Rolle gespielt.

Letztlich sind es drei Annahmen (vgl. Oliver 2009, S. 41–57), die den Kern des sozialen Modells ausmachen: Erstens wird Behinderung als eine Form sozialer Ungleichheit begriffen; die mit der industriell-kapitalistischen Produktionsweise einhergehenden ausbeuterischen Arbeitsverhältnisse werden als Hauptursache für die Exklusion und Aussonderung behinderter Menschen angesehen. Zweitens postuliert der Ansatz, dass Behinderung (disability) von der Beeinträchtigung (impairment) systematisch zu unterscheiden sei. Während es sich bei letzterer um eine klinisch relevante Auffälligkeit oder funktionale Einschränkung einer Person handle, sei Behinderung das Produkt sozialer Organisation und entstehe aufgrund einer Vielzahl an Barrieren, welche verhindern, dass Menschen mit Beeinträchtigungen am Leben in der Gemeinschaft gleichberechtigt teilnehmen können. Drittens wird die Erwartung formuliert, dass sich nicht der einzelne, sondern die Gesellschaft in ihren Strukturen und Praktiken ändern müsse. Behinderte Menschen seien mündige Bürgerinnen und Bürger und die Behindertenpolitik müsse ihre Erfahrungen und Interessen berücksichtigen.

Die Stärke des sozialen Modells von Behinderung ist es, gleichermaßen anschlussfähig an akademische Diskurse wie auch an Interessenvertretung und persönliche Lebenspraxis zu sein. Es bietet einen Ausgangspunkt sowohl für Identitätspolitik und politische Programmatik als auch für die kritische Forschung zu Behinderung. Zur erfolgreichen ‚Karriere‘ hat außerdem sein klares Profil beigetragen. In den letzten Jahrzehnten hat sich das soziale Modell als robust erwiesen; jedoch weist es auch die Schattenseite von Dogmatik auf. Die gängigen Kritikpunkte werden von Goodley (2017, S. 14) so zusammengefasst: Der Fokus auf die sozio-politischen Bedingungen des Behindertwerdens könne bei behinderten Menschen zum Gefühl der Machtlosigkeit führen; die geforderte Selbstvertretung impliziere ein hohes Maß an Kompetenzen; und die Auswirkungen von Beeinträchtigung auf die Lebenswirklichkeit von behinderten Menschen würden vernachlässigt. Diese Einwände sind nachvollziehbar, zielen aber aus meiner Sicht nicht wirklich in das Zentrum des Ansatzes. In theoretischer Hinsicht ist vor allem die körpersoziologische Kritik (vgl. Hughes/Paterson 1997) von Belang, denn offensichtlich basiert das soziale Modell auf einer zu einfachen Dichotomie von ‚impairment‘ (Beeinträchtigung) und ‚disability‘ (Behinderung). Während ‚disability‘ gesellschaftlicher Verantwortung zugerechnet wird, gilt im sozialen Modell die Ebene von ‚impairment‘ als nicht weiter problematisierbar.

Im Unterschied zu den anderen Ansätzen lässt sich das soziale Modell ziemlich eindeutig einer prominenten Gesellschaftstheorie zuordnen. Der Ansatz beruhte ursprünglich auf einer neo-marxistischen und strukturtheoretischen Argumentation, welche die Produktionsweise des modernen Kapitalismus und die Profitorientierung dafür verantwortlich macht, dass Menschen mit Beeinträchtigungen Unterdrückung und Ausgrenzung erfahren, da ihre Arbeitskraft als ökonomisch nicht (mehr) verwertbar gilt. Diese theoretische Perspektive war vor allem unter den (zumeist männlichen und selbst behinderten) Gründungsvätern der britischen Disability Studies verbreitet; mittlerweile ist sie jedoch ins Hintertreffen geraten. Während Oliver (2009) auf dem materialistischen Standpunkt beharrt, qualifiziert Goodley (2017, S. 11) das soziale Modell lediglich als „a social barriers concern", auch wenn er gleichzeitig konzediert: „The social model approach is classic counter-hegemony […]."

Entsprechend der theoretischen Herkunft werden mit dem sozialen Modell vor allem die gesellschaftlichen Strukturen und die Rolle von Institutionen und Organisationen in den Blick genommen; von interaktionistischen oder sozialpsychologischen Ansätzen hält der britische Diskurs eher Abstand. Allerdings zeigt ein näherer Blick auf die Gründungsgeneration, dass Differenzierungen hier angebracht sind. So können z. B. Colin Barnes und Michael Oliver als Neomarxisten eingeordnet werden; dagegen griff Paul Hunt zusätzlich die Stigmatheorie von Goffman auf und Vic Finkelstein wurde aufgrund seiner Erfahrungen als politisch Verfolgter, der seine Heimat Südafrika verlassen musste, auch von der Rassismuskritik geprägt.

Die aktuellen britischen Disability Studies sind in theoretischer Hinsicht pluralistischer aufgestellt, so dass sich ein einheitliches Bild nicht mehr zeichnen lässt. Sowohl Carol Thomas, Tom Shakespeare und Mark Priestley als auch Bill Hughes, Nick Watson und Dan Goodley arbeiten weiter mit dem sozialen Modell von Behinderung, bereichern aber gleichzeitig die Debatte mit Rückgriffen auf andere Theorieansätze wie z. B. den symbolischen Interaktionismus und die soziologische Handlungstheorie, die kritische Psychologie und Sozialpsychologie, den Poststrukturalismus, die Sozialphänomenologie und den bereits erwähnten kritischen Realismus.

7. Das kulturelle Modell von Behinderung

Die Kritik am sozialen Behinderungsmodell kann als Ausgangspunkt des kulturellen Modells verstanden werden; eine weitere Grundlage bilden die verschiedenen Arbeiten in den US-amerikanischen Disability Studies, die sich – zunächst mit Bezug auf den Randgruppenansatz – seit den 1980er Jahren mit der Bedeutung von Kultur für das Phänomen Behinderung auseinandergesetzt haben. Über die Praktiken ‚Disability Culture' und ‚Disability Arts' sowie ‚Deaf Culture' ist der Ansatz weiter mit der Behindertenbewegung verknüpft; wie der Randgruppenansatz und das soziale Modell versteht er sich als gesellschaftskritisch. Im Grunde handelt es sich bei der Perspektive auch um eine gesellschaftsorientierte Modellvariante, schließlich sind kulturelle Handlungen und Artefakte immer schon in gesellschaftliche Zusammenhänge eingebettet. Dennoch erscheint es sinnvoll, Kultur als ein eigenes Feld zu behandeln; damit wird es den Disability Studies möglich, nicht nur das Verhältnis zwischen Individuum und Gesellschaft zu problematisieren, sondern auch hergebrachte Vorstellungen von ‚Natur' und ‚Kultur' in Frage zu stellen. Aus diesem Grund macht es Sinn, von einem breiten Kulturbegriff auszugehen, der sowohl auf kulturanthropologische als auch kultursoziologische Arbeiten zurückgreift (vgl. Waldschmidt 2018, S. 71 f.).

Wegweisende Beiträge für das kulturelle Modell haben in den USA, zum Teil geleitet von eigener Behinderungserfahrung, z. B. Paul K. Longmore, Lennard J. Davis, Rosemarie Garland-Thomson und Tobin Siebers sowie David T. Mitchell, Sharon L. Snyder, Margrit Shildrick und Robert McRuer erarbeitet. Zu nennen sind an dieser Stelle außerdem das Werk des französischen Kulturanthropologen Henri-Jacques Stiker, die Beiträge von Patrick Devlieger, der in Leuven (Belgien) ebenfalls Anthropologie lehrt, und für den britischen Diskurs die Arbeiten von David Bolt, der sich mit der Kulturalität von (eigener) Blindheit auseinandersetzt. Mittlerweile hat sich die Nutzung kulturwissenschaftlicher Theorien und Methoden unter der Bezeichnung Cultural Disability Studies in vielen Ländern und Sprachräumen etabliert (vgl. Waldschmidt/Berressem/Ingwersen 2017).

Was die Grundannahmen des kulturellen Modells betrifft (vgl. Goodley 2017, S. 13–16; Waldschmidt 2018, S. 24–27), stellt sich im Vergleich mit dem sozialen Modell die Situation umgekehrt dar: Während der gesellschaftsorientierte Ansatz britischer Prägung eher Komplexität vermissen lässt, weist das kulturelle Modell Schwächen in der Konzeptionalisierung auf. Bei dem Versuch, sozusagen induktiv die Grundannahmen herauszufiltern (vgl. Schneider/Waldschmidt 2012; Waldschmidt 2005, 2018), lassen sich im Wesentlichen vier Denklinien erkennen: Erstens geht der Ansatz davon aus, dass es sich bei Behinderung nicht allein um eine Form gesellschaftlicher Benachteiligung handelt, sondern auch um eine kulturell und historisch spezifische Problematisierungsweise von Auffälligkeit und Abweichung. Diskurse wie auch Alltagspraktiken stellen sowohl Beeinträchtigung wie auch Behinderung und Normalität als Tatbestände her, indem sie davon sprechen und im Handeln die Differenzkategorie Behinderung immer wieder neu erzeugen. Zweitens geht es um ein vertieftes Verständnis der damit verbundenen Kategorisierungsprozesse, d. h. um die kritische Analyse ausgrenzender Wissensordnungen und der durch sie hergestellten Realität. Drittens wird die analytische Perspektive umgedreht und zugleich erweitert: Nicht behinderte Menschen als Randgruppe, sondern die Mehrheitsgesellschaft wird zum eigentlichen Untersuchungsgegenstand; entsprechend soll Behinderung als analytische Kategorie verstanden werden. Viertens wird der Anspruch verfolgt, Gesellschaft und Kultur im Allgemeinen zu hinterfragen. Dabei geht man davon aus, dass Anerkennung und Teilhabe erst dann erreicht sind, wenn behinderte Menschen nicht als Minderheit, sondern als ‚integraler‘ Bestandteil begriffen werden.

Das kulturelle Modell zeigt seine Stärken dann, wenn es um ein kritisch-reflexives Denken des spannungsreichen Wechselverhältnisses von (Un-)Fähigkeit, Beeinträchtigung und (Nicht-)Behinderung geht. Um eben dieses Wechselverhältnis zu markieren, wird oft auch der Ausdruck ‚dis/ability‘ benutzt (vgl. Waldschmidt 2018, S. 74). Die kulturwissenschaftlichen Disability Studies leisten außerdem wichtige Beiträge zu den Gender Studies, Queer Studies, Postcolonial Studies etc., welche die impliziten Normen und Werte des gesellschaftlichen und kulturellen ‚mainstreams‘ ebenfalls in Frage stellen. Gleichzeitig ist mit dem Modell die Aufforderung verbunden, Zweifel an den eigenen impliziten und expliziten Annahmen, methodischen Ansätzen und Ergebnissen walten zu lassen. Für die Selbstreflexion ist der kulturwissenschaftliche Ansatz ein wirksames Werkzeug, da er postuliert, immer beide Seiten einer Medaille zu betrachten.

Welche Schwachpunkte sind mit dem kulturellen Modell von Behinderung verbunden? Erstens gibt es die Tendenz, den Ansatz verkürzt anzuwenden, d. h. sich nur auf ‚Kultur‘ im engeren Sinne zu konzentrieren und somit Analysen der bildenden Kunst, des Theaters, des Films oder der Literatur auf Kosten von Untersuchungen des Alltagslebens zu privilegieren. Zweitens konzentrieren sich Studien, die mit dem kulturellen Modell von Behinderung arbeiten, häufig auf Symbole, Bedeutungen und Diskurse, Einstellungen und Werte, Traditionen und Verhaltensweisen und analysieren noch zu wenig auch (materielle) Dinge, Objekte, Maschinen, Technologien und Institutionen als konkrete Objektivationen von Kultur. Drittens kommt es vor, dass die Bedeutung von Kultur überschätzt wird. Um ihren Stellenwert erfassen zu können, sollten die Cultural Disability Studies andere gesellschaftliche Bereiche wie Wirtschaft und Politik stärker berücksichtigen. Schließlich ist viertens mit dem Modell die Tendenz verbunden, die aus Macht, Herrschaft, Gewalt und sozialer Ungleichheit resultierenden Probleme einer Gesellschaft zu ignorieren oder zu vernachlässigen (vgl. Waldschmidt 2018, S. 78).

Ähnlich wie die anderen Modelle ist der Ansatz grundsätzlich offen für viele Theorieansätze, gleichzeitig gibt es auch hier eine größere Affinität zu bestimmten Perspektiven. Zumeist arbeiten kulturwissenschaftliche Studien zu Behinderung mit dem Poststrukturalismus und dem Dekonstruktionismus, beziehen sich also vorzugsweise auf Michel Foucault, Jacques Derrida, Gilles Deleuze, Félix Guattari und Judith Butler. Für das kulturelle Modell bedeutsam sind außerdem die Cultural Studies, die in Großbritannien von Stuart Hall stark geprägt wurden. Hall kombinierte neomarxistische Positionen mit Foucaults Poststrukturalismus, der Ideologietheorie von Louis Althusser, griff auf Antonio Gramsci und dessen Konzept von Hegemonie zurück und war ein früher Vertreter der Postcolonial Studies.

Vor allem das Werk Foucaults ist ein zentraler Bezugspunkt der kulturwissenschaftlichen Disability Studies. Beispielsweise hat der französische Philosoph herausgearbeitet, dass der Wahnsinn kein objektives Faktum darstellt, sondern nur in seinem Verhältnis zur Vernunft verstanden werden kann (Foucault 1969). In diesem Sinne gehen auch die Cultural Disability Studies vor, um die Historizität und Kulturalität, Relativität und Kontingenz von (Nicht-)Behinderung zu erfassen. Dabei liefern die Studien Foucaults eine Fülle von Einsichten in gesellschaftliche Normierungs-, Regierungs- und Subjektivierungspraktiken, die, indem sie Anderssein herstellen, zugleich immer auch Normalität produzieren. Einen Meilenstein der Rezeption stellt der von der kanadischen Philosophin Shelley Tremain herausgegebene Sammelband *Foucault and the Government of Disability* dar. 2005 erstmalig und 2015 in erweiterter Auflage veröffentlicht, bietet er einen Überblick über die Disability Studies Foucault'scher Prägung. Auch Davis, Mitchell, Snyder, Shildrick und McRuer schließen an Foucault an und nutzen zusätzlich neuere, dekonstruktivistische Ansätze wie etwa die Arbeiten von Judith Butler. Dagegen greift Garland-Thomson auf Goffman zurück und die Körpertheorie von Siebers ist im kritischen Realismus verortet. In den aktuellen kulturwissenschaftlichen Disability Studies ist folglich das benutzte theoretische Spektrum sehr breit und lässt zuweilen ebenfalls den Eindruck des Eklektizismus entstehen.

8. Das menschenrechtliche Modell von Behinderung

Die bereits vielfältige Modelldiskussion in den Disability Studies ist in jüngerer Zeit um einen weiteren Ansatz bereichert worden. Anfangs der 2000er Jahre, parallel zur Erarbeitung der Behindertenrechtskonvention der Vereinten Nationen (UN-BRK), entwickelten Gerard Quinn und Theresia Degener (2002), beide mit einem rechtswissenschaftlichen Hintergrund, erste Überlegungen zu einem menschenrechtlichen Modell von Behinderung. Der Ansatz beinhaltet wesentliche Ideen und Prinzipien der internationalen Behindertenbewegung, insofern gründet er sowohl auf dem Randgruppen- als auch auf dem sozialen Modell. Beispielsweise unterstützt er die Herausbildung kollektiver Identitäten, etwa von gehörlosen Menschen, Frauen oder Migranten und Migrantinnen mit Behinderungen. Mit dem kulturellen Modell hat die menschenrechtliche Perspektive gemeinsam, dass sie Behinderung als einen Aspekt menschlicher Vielfalt auffasst.

Das Modell lässt sich von den Grundannahmen internationaler Menschenrechtspolitik leiten und orientiert sich im Wesentlichen an der Konzeption der UN-BRK und deren zentralen Prinzipien. Wie Degener (2015) betont, basiert das Abkommen auf der Idee, dass es universale Menschenrechte gibt, die jedem Mitglied der ‚Menschheitsfamilie' und somit auch behinderten Menschen von vorneherein zustehen. Diese fundamentalen Rechte können weder durch Leistung oder Status erworben noch aufgrund persönlicher oder zugeschriebener Eigenschaften oder Merkmale aberkannt werden. Der allgemeine Katalog der Menschenrechte müsse allerdings für Menschen mit Behinderungen spezifiziert und konkretisiert werden, da nur so gewährleistet werde, dass eine Inanspruchnahme der Rechte in der Praxis auch stattfinden kann. Degener streicht heraus, dass das menschenrechtliche Modell über die Politik der Antidiskriminierung hinausgeht, weil es mit den Menschenrechten einen umfassenderen rechtstheoretischen Rahmen hat. Außerdem hebt sie hervor, dass der Ansatz einen konzeptionellen Rahmen für die Behindertenpolitik auf globaler, europäischer und nationaler Ebene bietet, etwa wenn es darum geht, inklusive Bildung zu verwirklichen, Barrierefreiheit zu gewährleisten, Umweltschutz durchzusetzen und Armut zu bekämpfen.

Das Modell ist Ausdruck des „klaren menschenrechtlichen Paradigmenwechsel[s] in der Behindertenpolitik", der durch die „in vielerlei Hinsicht innovativ[e]" Behindertenrechtskonvention in Gang gesetzt worden ist (Degener 2015, S. 57). Dies ist sicherlich seine Stärke und Schwäche zugleich. Der Fokus auf die Konvention und deren Umsetzung bewirkt nämlich eine auf konkrete Politikgestaltung beschränkte Orientierung; damit ist der Ansatz in der Gefahr, zu einem affirmativen ‚UN-BRK-Modell' zu werden. Die weitgehend inhaltliche Kongruenz von Behindertenrechtskonvention und menschenrechtlichem Modell verhindert im Endeffekt, dass das Modell zu leisten vermag, was einen heuristischen Ansatz eigentlich ausmacht, nämlich die distanziert-abwägende Betrachtung der Stärken und Schwächen der Menschenrechtspolitik für und mit Menschen mit Behinderungen. Dagegen ermöglichen es der Randgruppenansatz, das soziale Modell und das kulturelle Modell mit ihrer gesellschaftskritischen Ausrichtung, die Menschenrechte und deren universalistischen Anspruch kritisch zu hinterfragen. Wie Behinderung und Normalität müssen auch Menschenrechte als historische, soziale und kulturelle Konstruktionen begriffen und entsprechend analysiert werden.

Aufgrund seines Pragmatismus ist das menschenrechtliche Modell bislang noch kaum theoretisch fundiert. Um dem Theoriedefizit abzuhelfen, wären vor allem Menschenrechts-, Gleichheits- und Gerechtigkeitstheorien heranzuziehen. Außerdem müssten postkoloniale Theorien mehr Beachtung finden, um die westlich-individualistische Prägung der Menschenrechte theoretisch aufzuarbeiten und diese Erkenntnisse gewinnbringend nutzen zu können. Rechtswissenschaft und international vergleichende Politikwissenschaft gelten als Leitwissenschaften des menschenrechtlichen Modells; gleichzeitig sind soziologische Ansätze ebenfalls von Bedeutung. Beispielsweise lässt sich die allgemeine Soziologie der Bürgerschaft (citizenship) mit Bezug auf die Menschenrechte und die Relevanz von Behinderung neu rezipieren (vgl. Waldschmidt/Sépulchre 2019). Auch die Anerkennungstheorie von Nancy Fraser, die an den feministischen Diskurs und die Kritische Theorie der Frankfurter Schule anschließt, ist für das menschenrechtliche Modell relevant. Insgesamt gibt es an dieser Stelle noch viel Spielraum für eine angemessene Theoretisierung im Rahmen der Disability Studies.

9. Schlussbemerkung

Den Stand der Modelldiskussion in den Disability Studies kann man so zusammenfassen: Die Kritik am individuellen Modell gilt im Diskurs als Konsens, um „die entscheidende Grenzlinie" zu markieren „zwischen den traditionellen Rehabilitationswissenschaften und dem neuen, anderen Ansatz, Behinderung zu denken" (Waldschmidt 2005, S. 15). Dagegen hat das relationale Modell bislang kaum Beachtung gefunden. Unter den Ansätzen, welche die Disability Studies als eigene Konzepte entwickelt haben, ist der Randgruppenansatz mittlerweile in den Hintergrund getreten; die aktuelle Debatte bezieht sich überwiegend auf das soziale Modell, den kulturellen Ansatz und das menschenrechtliche Modell. Was die Theorieentwicklung betrifft, sind – zumindest auf den ersten Blick – weder das individuelle noch das relationale, das menschenrechtliche oder das Randgruppenmodell sehr ambitioniert. Das kulturelle Modell wiederum versteht sich dezidiert als theorieorientiert. Als ein Vertreter des sozialen Modells fordert zwar Oliver (2009, S. 49) ausdrücklich zur Theoriearbeit auf; allerdings verhallt dieser Aufruf häufig ungehört.

Dieser eher kursorische Überblick über die Modell- und Theoriediskussionen der Disability Studies hinterlässt insgesamt einen zwiespältigen Eindruck: Einerseits trifft man auf Theorielosigkeit und Pragmatismus; andererseits gibt es Bemühungen um systematische Theorieentwicklung; dazwischen stehen oft allzu unbekümmerte Verknüpfungen von theoretischen Ansätzen, die als eklektizistisch charakterisiert werden müssen. Grundsätzlich gilt: Jede Wissenschaft benötigt, will sie ernsthaft zu neuen Erkenntnissen beitragen, nicht nur Heuristiken, sondern auch differenzierte Theorieansätze, die mit Gewinn in empirischen Studien angewandt werden können. Umgekehrt braucht jede empirische Untersuchung einen theoretischen Rahmen als Ausgangspunkt, will sie nicht in den eigenen Daten steckenbleiben, bloße Faktenhuberei betreiben oder Vorannahmen nur bestätigen.

Aus strategischen Gründen, d. h. um im akademischen Feld ernst genommen zu werden und die Nische einer ‚Betroffenenwissenschaft' zu verlassen, ist für die Disability Studies Theoriearbeit unerlässlich. Unabhängig davon ist sie aber auch notwendig, um den eigenen, vielschichtigen und widersprüchlichen Gegenstand, die Differenzkategorie Behinderung und deren Faktizität ‚begreifen' zu können und ein überzeugendes Kontrastprogramm zu den hergebrachten ,Behinderungswissenschaften' zu entwickeln. Darüber hinaus sind gerade auch die Disability Studies dazu aufgerufen, sich im Sinne kritischer Wissenschaft verstärkt der Theoriearbeit zu widmen, um z. B. die Standortgebundenheit des akademischen Wissens und die Machtförmigkeit der wissenschaftlichen Diskurse konsequent immer wieder zu hinterfragen. Dem jeder Wissenschaft eingeschriebenen Dilemma zwischen Objektivität und Parteilichkeit entkommen die Disability Studies nicht dadurch, dass sie auf Theoretisierung verzichten; vielmehr geht es darum, Theorien als „politische Interventionen" zu verstehen: „Nicht in dem Sinn, dass [... so] den Leuten [gesagt wird], was sie tun oder denken sollen, aber als Aufklärung der eigenen Lage und als Aufruf zu ihrer Veränderung." (Gamahl 2013, S. 4)

Literatur

Albrecht, Gary L. (2002): American Pragmatism, Sociology and the Development of Disability Studies. In: Barnes, Colin/Oliver, Michael/Barton, Len (Hrsg.): Disability Studies Today. Polity Press: Cambridge, S. 18–37. Wiederveröffentlichung im Internet: Heilpädagogik online 2003, H. 3, S. 22–50, www.heilpaedagogik-online.com/heilpaedagogik_online_0303.pdf (Abfrage: 26.07.19).

Davis, Lennard J. (2006): Introduction. In: Davis, Lennard J. (Hrsg.): The Disability Studies Reader. 2. Auflage. New York, London: Routledge, S. xv–xviii.

Degener, Theresia (2015): Die UN-Behindertenrechtskonvention – ein neues Verständnis von Behinderung. In: Degener, Theresia/Diehl, Elke (Hrsg.): Handbuch Behindertenrechtskonvention. Teilhabe als Menschenrecht – Inklusion als gesellschaftliche Aufgabe. Bonn: Bundeszentrale für politische Bildung, S. 55–74.

Foucault, Michel (1969): Wahnsinn und Gesellschaft. Eine Geschichte des Wahns im Zeitalter der Vernunft. Frankfurt a. M.: Suhrkamp.

Fuchs-Heinritz, Werner/Lautmann, Rüdiger/Rammstedt, Otthein/Wienold, Hanns (Hrsg.) (1995): Lexikon zur Soziologie. 3. Auflage. Opladen: Westdeutscher Verlag.

Gamahl, Simon (2013): Ist Foucaults ,dispositif' ein Akteur-Netzwerk? In: Forschungsstelle für Sozial- und Wirtschaftsgeschichte (Hrsg.): foucaultblog. Universität Zürich, 01. April 2013, www.fsw.uzh.ch/foucaultblog/essays/9/ist-foucaults-dispositif-ein-akteur-netzwerk (Abfrage: 15.06.2019).

Goffman, Erving (2010): Stigma. Über Techniken der Bewältigung beschädigter Identität. Aus dem Amerikanischen von Frigga Haug. Frankfurt a. M.: Suhrkamp (zuerst auf Deutsch: 1967).

Goodley, Dan (2017): Disability Studies. An Interdisciplinary Introduction. 2. Auflage. Los Angeles, New York: SAGE.

Gustavsson, Anders (2004): The Role of Theory in Disability Research – Springboard or Strait-Jacket? In: Scandinavian Journal of Disability Research 6, H. 1, S. 55–70.

Hahn, Harlan (1985): Toward a Politics of Disability: Definitions, Disciplines, and Policies. In: Social Science Journal 22, S. 87–105. Wiederveröffentlichung im Internet, www.independentliving.org/docs4/hahn2.html (Abfrage: 25.07.2019).

Hughes, Bill/Paterson, Kevin (1997): The Social Model of Disability and the Disappearing Body: Towards a Sociology of Impairment. In: Disability & Society 12, H. 3, S. 325–340.

Oliver, Michael (2009): Understanding Disability. From Theory to Practice. 2. Auflage. Basingstoke, London: Palgrave.

Parsons, Talcott (1958): Struktur und Funktion der modernen Medizin. Eine soziologische Analyse. In: König, René/Tönnesmann, Margret (Hrsg.): Probleme der Medizinsoziologie. Sonderheft 3 der Kölner Zeitschrift für Soziologie und Sozialpsychologie. Opladen: Westdeutscher Verlag, S. 10–57.

Priestley, Mark (1998): Constructions and Creations: Idealism, Materialism and Disability Theory. In: Disability & Society 13, H. 1, 75–94.

Quinn, Gerard/Degener, Theresia (2002): Human Rights and Disability: The Current Use and Future Potential of United Nations Human Rights Instruments in the Context of Disability. New York, Genf: United Nations.

Retief, Marno/Letšosa, Rantoa (2018): Models of disability: A Brief Overview. In: HTS Teologiese Studies/Theological Studies 74, H. 1, a4738, doi.org/10.4102/hts.v74i1.4738 (Abfrage: 31.05.2019).

Schneider, Werner/Waldschmidt, Anne (2012): Disability Studies. (Nicht-)Behinderung anders denken. In: Moebius, Stephan (Hrsg.): Kultur. Von den Cultural Studies bis zu den Visual Studies. Eine Einführung. Bielefeld: transcript, S. 128–150.

Swain, John/French, Sally (2000): Towards an Affirmation Model of Disability. In: Disability & Society 15, H. 4, S. 569–582.

Tremain, Shelley (Hrsg.) (2015): Foucault and the Government of Disability. Enlarged and revised edition. Ann Arbor: University of Michigan Press.

Waldschmidt, Anne (2005): Disability Studies: Individuelles, soziales und/oder kulturelles Modell von Behinderung? In: Psychologie & Gesellschaftskritik 29, H. 1, S. 9–31.

Waldschmidt, Anne (2018): Disability – Culture – Society: Strengths and Weaknesses of a Cultural Model of Dis/ability. In: ALTER: European Journal of Disability Research 12, H. 2, S. 67–80.

Waldschmidt, Anne/Berressem, Hanjo/Ingwersen, Moritz (Hrsg.) (2017): Culture – Theory – Disability. Encounters between Disability Studies and Cultural Studies. Bielefeld: transcript.

Waldschmidt, Anne/Sépulchre, Marie (2019): Citizenship: Reflections on a Relevant but Ambivalent Concept for Persons with Disabilities. In: Disability & Society 34, H. 3, S. 421–448.

Watson, Nick (2012). Researching Disablement. In: Watson, Nick/Roulstone, Alan/Thomas, Carol (Hrsg.): Routledge Handbook of Disability Studies. London/New York: Routledge, S. 93–105.

Kritische Theorie als Perspektive für das britische soziale Modell von Behinderung

Barbara Neukirchinger

1. Einleitung

Das aus der britischen Behindertenbewegung in den 1980er Jahren hervorgegangene soziale Modell von Behinderung kann mittlerweile auf eine beeindruckende, aber auch umstrittene Geschichte zurückblicken. War es einst impulsgebend für die politische Ausrichtung der Behindertenbewegung in Großbritannien und darüber hinaus, gilt sein materialistischer Fokus vor dem Hintergrund der späteren Theorieproduktion in den Disability Studies (DS) als zunehmend überholt und als theoretisch zu wenig fundiert (vgl. Corker 1999, S. 628 ff.; Shakespeare 2014, S. 99 ff.; Vernon 1999, S. 390 f.). Dieser Text plädiert dafür, die Kritische Theorie der Frankfurter Schule als sozialtheoretische Grundlage für das soziale Modell heranzuziehen. Die marxistische Stoßrichtung des frühen sozialen Modells bietet immer noch wertvolles Potenzial für eine Kritik gesamtgesellschaftlicher Verhältnisse, die von der materialistischen Gesellschaftsanalyse der Kritischen Theorie profitieren könnte.

Im Folgenden sollen zuerst Hintergrund und Bedeutung des sozialen Modells skizziert werden. Der nächste Abschnitt greift Kritik am sozialen Modell auf und gibt einen kurzen Überblick über alternative Ansätze. Die daran anknüpfende Diskussion setzt sich schließlich mit der Kritischen Theorie und ihrer Anschlussfähigkeit an das soziale Modell und die DS auseinander.

2. Die Rezeption des sozialen Modells vor dem Hintergrund seiner Entstehungsgeschichte

Historisch gesehen war die Erklärung der UPIAS (‚Union of the Physically Impaired against Segregation') von 1976 bahnbrechend für die Formierung der britischen Behindertenbewegung (vgl. Oliver 2009, S. 42) und die Entwicklung des frühen sozialen Modells. Die UPIAS trennte erstmals Behinderung und Beeinträchtigung (‚impairment' anfänglich primär die körperliche) analytisch und behandelte beides als zwei unterschiedliche Ebenen. Während ‚impairment' dabei den individuellen (Gesundheits-)Zustand einer Person beschreibt, gilt Behinderung als ein soziales Konstrukt. Es steht für Barrieren und Diskriminierungserfahrungen, die durch äußere bzw. gesellschaftliche Bedingungen erst geschaffen und auferlegt werden und damit nicht Folge der Beeinträchtigung selbst sind. Behinderte Menschen werden somit als eine von der Gesellschaft unterdrückte Gruppe definiert (vgl. ebd.).

Dank der Erklärung der UPIAS und des darauf basierenden sozialen Modells lag der Fokus nicht mehr zuerst auf vermeintlichen individuellen Defiziten, sondern auf dem jeweiligen Umfeld und dessen behindernden Bedingungen. Dabei ging es nicht nur darum, vorhandene Barrieren zu benennen, sondern die gegenwärtige soziale Organisation der Gesellschaft (‚contemporary social organisation‘, ebd.) wurde ganz konkret für den Ausschluss von gesellschaftlicher Partizipation verantwortlich gemacht (vgl. ebd.).

2.1 Materialistische Interpretationen des sozialen Modells

Frühe Verfechter*innen dieses Ansatzes beriefen sich dabei oft auf marxistisch inspirierte Erklärungsmodelle (vgl. Oliver 1990, S. 25 f.). Als wichtige Gründe für Exklusion in der aufklärerischen Moderne galten die Verbreitung von Industrialisierung und Fabrikarbeit und der damit entstandene Bedarf an ‚funktionierenden‘ Arbeiter*innen, was u. a. behinderte Menschen systematisch von ökonomischer und sozialer Teilhabe ausschloss. Vic Finkelstein (vgl. 2001, S. 7), Gründungsmitglied der UPIAS, teilte z. B. die Auffassung, dass Behinderung ein Produkt der kapitalistischen Gesellschaftsordnung sei. Er entwickelte ein marxistisch inspiriertes 3-Phasen-Modell, das den historischen Kontext für die Bildung von Einstellungen zu Behinderung nachzeichnen sollte (vgl. Finkelstein 1980, S. 37 f.): Die entscheidende zweite oder ‚institutionelle‘ Phase verortete Finkelstein mit Beginn der Industrialisierung, deren Anforderungen die Teilnahme an Produktionsprozess und Lohnarbeit für behinderte Menschen mehrheitlich unmöglich gemacht hätte. In dieser Phase setzte sich auch die gesellschaftlich verbreitete Stigmatisierung von behinderten Menschen als passiv und hilfsbedürftig durch, während die Entstehung pflegerischer und medizinischer Großeinrichtungen die gesellschaftliche Ausgrenzung beförderte (vgl. ebd., S. 6 ff.). Finkelsteins Phasenmodell galt späteren Autor*innen als zu undifferenziert (vgl. Oliver/Barnes 2012, S. 55 ff.). Allerdings stellte es die grundsätzliche Frage, inwieweit ökonomische und soziale Zwänge ausschlaggebend dafür waren, dass Behinderung marginalisiert und zu einer sozialen Kategorie in ihrer jetzigen Form wurde. Behinderung schien nicht mehr in die erforderliche Stabilität der neuen Ordnung zu passen. Während frühe Vertreter*innen des sozialen Modells für diese Entwicklung noch eindeutig marxistische Erklärungsmodelle heranzogen (vgl. Thomas 2004, S. 34 f.), wurde die materialistische Grundlage in den DS später zunehmend als ideologisch motiviert kritisiert (vgl. Shakespeare 2014, S. 20).

2.2 Das soziale Modell in der Kritik

Der Denkansatz des sozialen Modells war ein wichtiger Meilenstein für die Bildung einer positiven Identität als behinderter Mensch (vgl. Crow 1996, S. 206 f.). Aber die politisch motivierte Trennung von Beeinträchtigung und Behinderung rief auch Kritik hervor. Im Rahmen von unterschiedlichen theoretischen Ansätzen stellten u. a. postmodern inspirierte Kritiker*innen dieses Konzept infrage (vgl. Corker 1999, S. 632 ff.; Shakespeare 1993, S. 253 ff.; Tremain 2002, S. 41 ff.). Aus ihrer Perspektive negiert das soziale Modell vielfältige Lebensrealitäten, die gerade für Menschen mit sehr unterschiedlichen Beeinträchtigungen und chronischen Erkrankungen charakteristisch sind. Beeinträchtigung ist demnach nicht einfach biologisch determiniert, sondern als (Re-)Produktion sozialer und kultureller Diskurse zu verstehen. Eine zentrale Kritik ist darüber hinaus die Körpervergessenheit des sozialen Modells durch die Trennung von Beeinträchtigung und Behinderung: Das Verständnis von Beeinträchtigung werde durch diesen Dualismus biologisiert und allein dem Deutungsmonopol der Medizin überlassen, während gleichzeitig gelebte Erfahrungen und kulturelle Praxis, die sich auch über den Körper ausdrückten, ausgeblendet werden (vgl. Hughes/Paterson 1997, S. 330 f.; Shakespeare 2014, S. 21 ff.). Daran schloss auch der Vorwurf behinderter Feminist*innen an, dass v. a. weiße, körperbehinderte Männer und deren Perspektiven das soziale Modell dominierten und genderspezifische Diskriminierung verschleiert werde (vgl. Thomas 1999, S. 69 ff.).

Postmoderne Kritik innerhalb der DS lehnte zudem eine demonstrativ positive Identifikation mit Behinderung als normierende Identitätspolitik ab. Dies gebe eine Einheit vor, die sich nicht mit diversen Lebensrealitäten decke. Negative Aspekte wie Schmerzen oder gesundheitlicher Abbau würden ignoriert (vgl. Shakespeare 2014, S. 21 f.). Gleichzeitig waren Forscher*innen, die sich in postmodernen Ansätzen verorteten, grundsätzlich skeptisch gegenüber einer marxistischen Deutung des sozialen Modells. Sie vermuteten darin einen dogmatischen Allgemeingültigkeitsanspruch, der für alle behinderten Menschen gleichermaßen zu gelten habe, aber tatsächlich nur vereinfachende Erklärungsansätze für komplexe Lebensrealitäten biete (vgl. Corker/Shakespeare 2002, S. 2 f.).

3. Kritische Theorie als Perspektive für das soziale Modell im Kontext der Disability Studies

Die Kritik am sozialen Modell hat eine Diskussion über neue Konzepte und Definitionen von Behinderung ausgelöst. Relationale Modelle versuchen, Behinderung und Beeinträchtigung im Zusammenhang zu denken. Dabei werden

Faktoren wie personenbezogene und Umwelteinflüsse, individuelle Ressourcen oder Möglichkeiten der Partizipation berücksichtigt, die sowohl negative als auch positive Auswirkungen haben können (vgl. Wenzel/Morfeld 2016). Intersektionale Analysen konzentrieren sich auf Verschränkungen mit anderen Differenzkategorien wie ethnische Herkunft (‚race'), Gender oder Klasse. (Queer-)feministische Ansätze haben im deutschsprachigen Raum genderspezifische Zusammenhänge zu Behinderung herausgearbeitet (vgl. Raab 2010). Besonders prominent ist derzeit der Menschenrechtsansatz der UN-Behindertenrechtskonvention (UN-BRK), der die uneingeschränkte Inklusion aller behinderten Menschen einfordert. Ausgehend vom sozialen Modell berücksichtigt die UN-BRK auch relationale Gesichtspunkte, erklärt aber den bedingungslosen, unveräußerlichen Selbstwert aller behinderten Menschen explizit zum Leitbild (vgl. Degener 2016, S. 35).

Konzepte wie der Menschenrechtsansatz wenden sich prinzipiell gegen jede Wettbewerbs- und Verwertungslogik. Eine strukturell diskriminierende Gesellschaft ist in der Bringschuld, die Inklusionsleistung zu erbringen, nicht die Person mit Behinderung (vgl. Bruhn/Homann 2009, S. 254 f.). Die Frage ist allerdings, ob sich solche Ansätze in einer kapitalistischen Gesellschaftsordnung umsetzen lassen oder aber nicht sogar systemaffirmativ wirken, weil sie Gefahr laufen, den strukturellen Zwang zur Funktionalisierung im Kapitalismus als grundsätzliches Problem zu verkennen. Ökonomisierung und Wettbewerbsorientierung in nahezu allen Lebensbereichen bedeuten immer eine inhärente Benachteiligung von behinderten Menschen, wenn sie sich nicht unter diesen Rahmenbedingungen ‚verwerten' lassen, weswegen gerade die marxistische Kritik eine Stärke des frühen sozialen Modells war.

3.1 Anknüpfungspunkte an die Kritische Theorie

In diesem Kontext weist das soziale Modell Parallelen zur Kritischen Theorie der Frankfurter Schule auf, die zur Revitalisierung der Gesellschaftskritik des sozialen Modells beitragen kann. Der Vorwurf der mangelnden theoretischen Fundierung führte zur oben skizzierten Infragestellung vermeintlicher Gewissheiten. Die Kritische Theorie hingegen hat sich umfassend mit Mechanismen der Verdinglichung sozialer Beziehungen im Kapitalismus auseinandergesetzt und die Verquickung von Rationalismus und Ökonomisierung untersucht (vgl. Honneth 2006, S. 229 ff.). Dabei geht es ihr um ein breites Verständnis gesellschaftlicher Mechanismen, weswegen ihre Herangehensweise bewusst interdisziplinär angelegt ist und sie neben Soziologie z. B. Philosophie und Ökonomie einbezieht. Im Fokus der Analyse von Kapitalismus in der Moderne steht darum nicht nur eine Analyse wirtschaftlicher Zusammenhänge, sondern auch der ideengeschichtliche Kontext der Aufklärung, der die Entwicklung gesellschaftlicher Verhältnisse bis in die Gegenwart beeinflusst hat. In ihrer „Dialektik der Aufklärung" erklärten Max Horkheimer und Theodor W. Adorno das Versprechen von der „Entzauberung der Welt" (Horkheimer/Adorno 2006, S. 9) für gescheitert. Statt durch die Förderung von Wissen und Vernunft eine progressive Utopie zu schaffen, die die Welt „weniger willkürlich und ungerecht" (Wiggershaus 1988, S. 52) machen und Irrationalität und Aberglauben ablösen würde, habe sich die Dominanz von Rationalismus und formaler Logik, also das Denken in vereinheitlichenden, streng definierten Kategorien und Konzepten durchgesetzt. Materie werde auf ihre nackte Existenz reduziert und Berechenbarkeit, Nützlichkeit und Standardisierung würden zur Norm. Aufklärung werde in dem Sinne totalitär, dass Rationalität als Prinzip alle Bereiche der Gesellschaft erfasse und keinen Raum mehr für Abweichungen lasse bzw. jegliche Abweichung verdächtig werde (vgl. Horkheimer/Adorno 2006, S. 12).

Dabei ist es wichtig zu betonen, dass sich aufklärerischer Rationalismus nicht auf ein Prinzip der rein ökonomischen Verwertbarkeit verkürzen lässt, wie es z. B. oft bei der Kritik am Neoliberalismus anklingt. Im Sinne der Kritischen Theorie wäre eine weiterführende Frage, inwiefern dieses Denken auch unsere sozialen Beziehungen beeinflusst, z. B. in Form der so genannten ‚Verdinglichung', in der sie den Stellenwert von Waren und dem damit verbundenen Wert bzw. Funktionalität einnimmt. Aus der Perspektive der Kritischen Theorie kann sich auch Behinderung dieser sozialen Totalität nicht entziehen, was z. B. die Zuordnung von Beeinträchtigung als ein rein biologisches, von sozialen Einflüssen unabhängiges Phänomen infrage stellen würde, da auch die Medizin von gesellschaftlichen Zusammenhängen geprägt ist.

3.2 Behinderung als uneindeutige Kategorie

Gemäß dem oben beschriebenen Verständnis der Kritischen Theorie wird Behinderung in einer aufgeklärten Welt folgerichtig als Abweichung von einer standardisierten Norm klassifiziert. Verkörperung von Behinderung ist jedoch divers, umfassend und individuell und daher auch widersprüchlich oder uneindeutig, gleichzeitig sind die unterschiedlichen sozialen und genderspezifischen Verortungen immer intersektional (vgl. Vernon 1999, S. 386 ff.). Für den Status von behinderten Menschen in der Gesellschaft bedeutet das, dass sich einerseits ihre Arbeitskraft aufgrund der Leistungsanforderungen kapitalistischer Produktionsweisen nur eingeschränkt verwerten lässt. Andererseits deckt Behinderung im Sinne der Kritischen Theorie durch ihre Nonkonformität gesellschaftliche Widersprüche auf (vgl. Bruhn/Homann 2013, S. 138), die tendenziell auch die vereinheitlichende Identitätspolitik des sozialen Modells prägen. Mit der Propagierung eines „Miteinander des Verschiedenen" (Adorno 1966, S. 151) grenzt sich Kritische Theorie hingegen bewusst von scheinbar eindeutigen Identitätsvorstellungen ab.

Gleichzeitig ergeben sich Anschlüsse an die Kritik des sozialen Modells an der bestehenden Gesellschaftsordnung, da beide Ansätze im historischen Materialismus verankert sind. Worin sich Kritische Theorie aber wesentlich unterscheidet, ist ihre kritische Auseinandersetzung mit marxistischen Grundsätzen, wie sie sich auch im sozialen Modell widerspiegeln. Das ermöglicht der Kritischen Theorie ein (Selbst-)Reflexionspotenzial, das den Diskursen zum sozialen Modell oft fehlt. Ein Beispiel ist der Glaube an einen unaufhaltsamen gesellschaftlichen Fortschritt, wie er etwa in Vic Finkelsteins Phasenmodell vertreten wird. Die dritte Phase nach der Industrialisierung gilt als Phase der Aufhebung von gesellschaftlicher Behinderung bzw. von stigmatisierenden Einstellungen (Finkelstein 1980, S. 8). Kritische Theorie hat jedoch angesichts gesellschaftlicher Entwicklungen einen derartigen Automatismus angezweifelt. Beispielsweise wurde durch die Einbeziehung der Psychologie eine zunehmende Verbreitung faschistischer Einstellungen zum Ende der Weimarer Republik nachgezeichnet (vgl. Wiggershaus 1988, S. 176), was tragischerweise dann auch den systematischen Massenmord an behinderten Menschen im Nationalsozialismus vorwegnahm.

4. Fazit

Die Auseinandersetzung mit Kritischer Theorie zeigt, wie aufklärerisches Denken zum Maßstab für die gesamte Gesellschaftsordnung wird und bis in soziale Beziehungen hineinwirkt. Das Wesen einer ,totalitär' gewordenen Aufklärung verhindert, dass Behinderung in all ihrer Heterogenität anerkannt und bedingungslose gesellschaftliche Teilhabe zugestanden wird. Kritische Theorie macht dabei mit ihrer interdisziplinären und undogmatischen Ausrichtung den Einfluss unterschiedlicher Faktoren im Verbund mit einer kapitalistischen Gesellschaftsordnung deutlich. In diesem Kontext kann ihre Ablehnung von widerspruchsfreiem Identitätsdenken und die Infragestellung vermeintlicher Gewissheiten ebenfalls zu einer notwendigen Aktualisierung der materialistischen Kritik des sozialen Modells beitragen und sie so anschlussfähig an gegenwärtige Debatten, z. B. aus der Postmoderne, in den DS machen.

Literatur

Adorno, Theodor W. (1966): Negative Dialektik. Frankfurt a. M.: Suhrkamp.
Bruhn, Lars/Homann, Jürgen (2009): Ein Dutzend Gründe, warum die Integrationspädagogik gescheitert ist: Eine Streitschrift. In: Das Zeichen: Zeitschrift für Sprache und Kultur Gehörloser 82, S. 250–261.

Bruhn, Lars/Homann, Jürgen (2013): Differenz und Vielfalt. In: Bruhn, Lars/Homann, Jürgen (Hrsg.): UniVision 2020: Ein Lehrhaus für Alle – Perspektiven für eine barriere- und diskriminierungsfreie Hochschule. Freiburg: Centaurus Verlag, S. 135–149.

Corker, Mairian (1999): Differences, Conflations and Foundations: The Limits to 'Accurate' Theoretical Representation of Disabled People's Experience? In: Disability & Society 14, H. 5, S. 627–642.

Corker, Mairian/Shakespeare, Tom (2002): Mapping the Terrain. In: Corker, Mairian/Shakespeare, Tom (Hrsg.): Disability/Postmodernity: Embodying Disability Theory. London und New York: Continuum, S. 1–17.

Crow, Liz (1996): Including All of Our Lives: Renewing the Social Model of Disability. In: Morris, Jenny (Hrsg.): Encounters with Strangers: Feminism and Disability. London: Women's Press, S. 206–229.

Degener, Theresia (2016): A Human Rights Model of Disability. In: Blanck, Peter/Finn, Eilionóir (Hrsg.): Routledge Handbook of Disability Law and Human Rights. London und New York: Routledge, S. 31–49.

Finkelstein, Vic (1980): Attitudes and Disabled People: Issues for Discussion. New York: World Rehabilitation Fund.

Finkelstein, Vic (2001): A Personal Journey into Disability Politics. www.independentliving.org/docs3/finkelstein01a.pdf (Abfrage: 14.09.2018).

Honneth, Axel (2006): Traditionelle und kritische Theorie. In: Honneth, Axel (Hrsg.): Schlüsseltexte der Kritischen Theorie. Wiesbaden: VS Verlag, S. 229–232.

Horkheimer, Max/Adorno, Theodor W. (2006): Dialektik der Aufklärung. Philosophische Fragmente. 16. Auflage. Frankfurt am Main: Fischer Taschenbuch Verlag.

Hughes, Bill/Paterson, Kevin (1997): The Social Model of Disability and the Disappearing Body: Towards a Sociology of Impairment. In: Disability and Society 12, H. 3, S. 325–340.

Oliver, Michael (1990): The Politics of Disablement. Basingstoke und London: Macmillan.

Oliver, Michael (2009): Understanding Disability. From Theory to Practice. 2. Ausgabe. Basingstoke und New York: Palgrave Macmillan.

Oliver, Michael/Barnes, Colin (2012): The New Politics of Disablement. Basingstoke und New York: Palgrave Macmillan.

Raab, Heike (2010): Shifting the Paradigm: Behinderung, Heteronormativität und Queerness. In: Jacob, Jutta/Köbsell, Swantje/Wollrad, Eske (Hrsg.): Gendering Disability. Intersektionale Aspekte von Behinderung und Gesellschaft. Bielefeld: transcript, S. 73–94.

Shakespeare, Tom (1993): Disabled people's self-organisation: a new social movement? In: Disability, Handicap & Society 8, H. 3, S. 249–264.

Shakespeare, Tom (2014): Disability Rights and Wrongs Revisited. 2. Ausgabe. London und New York: Routledge.

Thomas, Carol (1999): Female Forms. Experiencing and Understanding Disability. Buckingham und Philadelphia: Open University Press.

Thomas, Carol (2004): Developing the Social Relational in the Social Model of Disability: A Theoretical Agenda. In: Barnes, Colin/Mercer, Geof (Hrsg.): Implementing the Social Model of Disability: Theory and Research. Leeds: The Disability Press, S. 32–47.

Tremain, Shelley (2002): On the Subject of Impairment. In: Corker, Mairian/Shakespeare, Tom (Hrsg.): Disability/Postmodernity: Embodying Disability Theory. London und New York: Continuum, S. 32–47.

Vernon, Ayesha (1999): The Dialectics of Multiple Identities and the Disabled People's Movement. In: Disability & Society 14, H. 3, S. 385–398.

Wenzel, Tobias-Raphael/Morfeld, Matthias (2016): Das biopsychosoziale Modell und die Internationale Klassifikation der Funktionsfähigkeit, Behinderung und Gesundheit. Beispiele für die Nutzung des Modells, der Teile und der Items. In: Bundesgesetzblatt 2016, 59, S. 1125–1132.

Wiggershaus, Rolf (1988): Die Frankfurter Schule. Geschichte, theoretische Entwicklung, politische Bedeutung. München: Deutscher Taschenbuch Verlag.

Wer spricht denn da?

Kritische Anmerkungen zum Konzept der Selbstbetroffenheit

Jürgen Homann & Lars Bruhn

Von Behinderung betroffene Menschen werden häufig als ‚Expert*innen in eigener Sache' bezeichnet. Welche Bedeutung misst die UN-Behindertenrechts-konvention (UN-BRK) solcherlei Expert*innentum bei? Und was leitet sich daraus für Disability Studies ab? Ist Behinderung bspw. eine Qualifikation, die per se dazu befähigt, Disability Studies zu betreiben?

Der nachfolgende Beitrag setzt sich kritisch mit dem Konzept der Selbstbetrof-fenheit auseinander, das in der Tradition des medizinischen Modells von Be-hinderung verhaftet zu sein scheint. So trägt es unterschwellig dazu bei, hege-moniale Strukturen zu verfestigen und von Behinderung betroffene Menschen erneut auf ‚ihre' Behinderung zu reduzieren.

1. Behinderung als sozialer Tatbestand

Kennzeichnend für das soziale Modell von Behinderung ist ein Wirklichkeits-verständnis, das sich scharf von der Vorstellung abgrenzt, soziale Praxis würde auf objektiven Gegebenheiten beruhen, die das Fundament für den Umgang mit sozialer Ungleichheit bilden. *Was* in der Praxis des Sozialen ‚objektiv' er-fahrbar wird, resultiert aus der Perspektive des sozialen Modells vielmehr aus-schließlich aus den Interaktionen der Akteur*innen. Erst deren Wahrnehmun-gen und Handlungen stellen soziale Fakten fortlaufend her. Im Gegensatz zu einem essenzialistischen Wissenschafts- und Wirklichkeitsverständnis wird also ein Kausalzusammenhang zwischen einer medizinischen Diagnose und dem sozialen Tatbestand Behinderung rigoros bestritten (vgl. Priestley 2003, S. 25).
   Wie sich soziale Praxis konstituiert, ist darüber hinaus abhängig von der Frage, welche Werte und Normen, welches anerkannte und handlungsrelevante Wissen in ihr zum Tragen kommen. Bezogen auf die sozialen Rollen der Ak-teur*innen: Welche Differenzierungen und kategorialen Subjektmarkierungen finden in ihrem/ihrer sozialen Handeln/Handlungspraxis statt? In der sozialen

Praxis wird also immer auch ein Machtverhältnis wirksam, das darüber bestimmt, welche Möglichkeiten für Partizipation zugestanden oder verwehrt werden.

Was bedeutet das für soziale Kategorien, mithin für Sprecher*innenlegitimationen? Behindertsein heißt dann zuvorderst, von anderen als behindert wahrgenommen zu werden. Behindertsein wird so zu einem anhaltenden interaktiven, perzeptiven und repräsentativen Geschehen, das den sozialen Tatbestand Behinderung in eine vermeintlich naturhafte, als solche identifizierbare und damit gleichsam Identität verleihende Tatsache ‚verwandelt‘. Es geht also darum, die mannigfaltigen Ursachen zu ergründen, die Behinderung zu einem sozialen Tatbestand werden lassen, um aufzuzeigen, dass es sich hierbei nicht um eine dinghaft unveränderbare Tatsache handelt. Vielmehr ist es ein Geschehen, das über die Zeit auf der Grundlage spezifischer normativer Denk-, Gefühls- und Handlungsmuster abläuft – und prinzipiell veränderbar ist.

2. Selbstbetroffenheit als Expert*innentum?

Es mag trivial erscheinen, aber was für Frauen- und Geschlechterstudien oder Antirassismusforschung gilt, gilt auch für Disability Studies: Jene, an denen sich der Tatbestand Behinderung vollzieht, die also selbst-betroffen sind, können *prinzipiell* am besten Auskunft darüber geben, welchen Diskriminierungserfahrungen sie ausgesetzt sind. Daher ist (nicht nur) für Disability Studies die Betroffenenperspektive zentral. Dies scheint auch notwendig zu sein, wenn es darum gehen soll, hegemoniale Sichtweisen des vermeintlich Natürlichen, Normalen, Nichtbehinderten aufzubrechen und progressive Veränderung zu bewirken.

Allerdings birgt dieses Vorgehen auch Gefahren. Zum einen internalisieren auch Selbstbetroffene jene Schablone an Bildern, Repräsentationen und Sprache in Bezug auf Behinderung, durch die letztlich auch das eigene Selbst betrachtet wird. Mit welchen Konflikten Betroffene hierdurch konfrontiert werden und welche Bewältigungsstrategien sie dabei entwickeln, ist vielfältigen Einflüssen und Faktoren unterworfen (vgl. Goffman 1998, S. 158 ff.). Dabei ist offen, ob es gelingt, eine kritische Rollendistanz zu entwickeln, die es ermöglicht, die eigene Differenz wertzuschätzen, sich nicht nur mit der eigenen Gruppe, sondern auch mit anderen marginalisierten Gruppen zu solidarisieren, um hierdurch zu einem grundlegenden Wertewandel beizutragen.

Selbstbetroffenheit kann demzufolge keine zwingende, über jeden Zweifel erhabene ‚Qualifikation‘ sein. Auch die Vorstellung, es gäbe ein aufgeklärtes Bewusstsein, das gesellschaftliche Ungleichheitsverhältnisse erst angemessen zu interpretieren vermag, widerspräche einem kritischen Wissenschaftsverständnis, das voraussetzt, dass es interessenlose, wertneutrale Wissenschaft nicht gibt (vgl. Adorno 2001, S. 58 f.; Homann/Bruhn 2015, S. 230 ff.). Daher ist es für die aus den sozialen Bewegungen hervorgegangenen ‚Studies' für die Dekonstruktion von ‚Race', Class, Gender, Disability geradezu konstitutives Element, die eigene Forschungsperspektive im Hinblick auf hegemoniale Geltungsansprüche permanent kritisch zu hinterfragen. Dabei werden allgemeine wissenschaftliche Standards, Methoden und Referenzsysteme nicht generell verworfen. Jedoch werden sie in Frage gestellt, wenn sie mit einem hierarchisierenden Absolutheitsanspruch einhergehen und zudem außer Acht lassen, dass in Anlehnung an Adorno „das Seiende nicht unmittelbar, sondern nur durch den Begriff hindurch" (Adorno 1975, S. 156) wahrnehmbar ist. Anspruch von ‚Studies' ist es dabei, hegemonialen Sichtweisen und Interessen zugrundeliegende Widersprüchlichkeiten und Antagonismen offenzulegen und jenen Positionen und Perspektiven Geltung zu verschaffen, die ansonsten unberücksichtigt bleiben. Nur so scheint es möglich zu sein, die Dominanz der weißen, männlichen, nichtbehinderten Perspektive aufzubrechen (vgl. Homann/Bruhn 2015, S. 230 ff.).

Das Konzept von Selbstbetroffenheit weist eine befremdliche Nähe zu jener essenzialistischen Grenzziehung auf, zu deren Überwindung Disability Studies angetreten sind – nämlich jene des medizinischen Modells von Behinderung. Darüber hinaus scheint das Konzept nur zwei Ausgänge zu kennen: Partikularisierung und Vereinnahmung.

Das Konzept der Selbstbetroffenheit weist partikularisierende Tendenzen auf, wenn es vornehmlich um die Verwirklichung separater Perspektiven und Interessenlagen der Gruppe geht, zu der man sich quasi naturgemäß als zugehörig betrachtet. Dies gilt auch für Ämter wie Frauenbeauftragte, Behindertenbeauftragte etc., die eine partikularisierende Ordnung institutionalisieren. Handelt es sich hierbei um einen aktiven, selbst gewählten, selbst bestimmten Akt, scheint das Konzept von Selbstbetroffenheit darüber hinaus der Gefahr der Vereinnahmung durch vor allem fremde Interessen zu unterliegen, wenn sich bspw. Institutionen oder Unternehmen damit brüsten, Selbstbetroffene als ‚Expert*innen in eigener Sache' zu beschäftigen, wenn dieses Expert*innentum also zu einem Aushängeschild oder gar zu einer Ware wird. Noch anders (?) stellt sich dies dar, wenn Selbstbetroffenheit zur Voraussetzung und zugleich zum Gegenstand beruflicher Qualifizierung wird, wie dies z. B. bei der Ausbildung zur ‚Bildungsfachkraft' zu sein scheint. Hierdurch soll Beschäftigten in Werkstätten für behinderte Menschen der Übergang in den ersten Arbeitsmarkt ermöglicht werden. Sie arbeiten für ein „Institut mit Expertise von Menschen mit Behinderungen in eigener Sache" und sensibilisieren mit dieser Expertise zu Behinderung „(künftige) Lehr-, Fach- und Leitungskräfte auf Augenhöhe" (Institut für Inklusive Bildung 2018). Bildungsfachkräfte werden also im Rahmen von Inklusion und inklusiver Bildung von Berufs wegen für und auf ‚ihre' Behinderung qualifiziert und reduziert. Mithin wird die Frage aufgeworfen, ob sich eine derart umfassende Konstruktion von Selbstbetroffenheit als Qualifikation in der UN-BRK widerspiegelt und wie Disability Studies dazu stehen.

3. Selbstbetroffenheit im Kontext der UN-Behindertenrechtskonvention

Selbstbetroffenheit spielt in der UN-BRK als „peer support" in den Artikeln 24 (Bildung) und 26 (Habilitation und Rehabilitation) eine Rolle. Peers stehen dabei für ähnlich Betroffene in der Funktion eines Rollenmodells, das Inklusion unterstützen soll, indem es auf Empowerment und Emanzipation zielt.

Artikel 24, jener Artikel, der ein inklusives Bildungssystem auf allen Ebenen einfordert, hebt in Absatz 4 auf die Personalpolitik von Schulen ab. Schulen sollen Lehrkräfte mit Kompetenzen in Gebärdensprache und Brailleschrift einstellen, und zwar ganz inklusiv auch (!) solche mit Behinderungen. Vom Erwerb einer Lehramtsqualifikation sind auch sie nicht ausgenommen.

In diesem Zusammenhang ist zudem eine Definition des UN-Fachausschusses zur UN-BRK von Selbstvertretungsorganisationen (*disabled persons' organisations*, DPOs) relevant: Demzufolge besteht die Mitgliedschaft von DPOs mindestens zur Hälfte aus von Behinderung betroffenen Menschen, von denen sie zudem verwaltet, gelenkt und geführt werden (vgl. Committee on the Rights of Persons with Disabilities 2014, S. 9).

Deutlich werden hier von Behinderung betroffene Menschen in den Mittelpunkt gerückt. Sie sind es, die auch ihre eigenen Organisationen kontrollieren und leiten sollen. Dies folgt dem Prinzip der Selbstbestimmung auf institutioneller Ebene und schließt an die aus der politisch-emanzipatorischen Behindertenbewegung stammende Idee der heute weltweit verbreiteten Zentren für Selbstbestimmtes Leben (ZSL) an. Selbstbetroffenheit spielt in der Definition von DPOs zwar eine zentrale Rolle, gleichwohl stellen diese keinen Zusammenhang zwischen Selbstbetroffenheit und fachlicher Qualifikation her.

Somit bleibt festzuhalten, dass Selbstbetroffenheit im Kontext der UN-BRK in Bezug auf fachliche Qualifikation einzig auf eine Erfahrungsebene zielt. An keiner Stelle wird Selbstbetroffenheit als Expert*innentum im Sinne einer fachlichen Qualifikation per se konstruiert.

4. Selbstbetroffenheit und Disability Studies

Und die Disability Studies? Welche Bedeutung hat Selbstbetroffenheit für sie?
Aufschluss geben die „Guidelines for Disability Studies Programs" der US-amerikanischen Society for Disability Studies (SDS) (vgl. Chen/Kudlick/Kirch-

ner 2004). Neben der inhaltlichen Definition von Disability Studies machen sie deutlich, wie Programme zu Disability Studies in personeller und struktureller Hinsicht verfasst sein sollen. Die Guidelines stellen damit klar, dass Disability Studies mit dem Anspruch der Emanzipation und Partizipation auf der Ebene des Lernens gleichwie des Lehrens zu verknüpfen sind – ohne Menschen auszugrenzen, die nicht von Behinderung betroffen sind. Grundsätzlich sind hier Beiträge von allen Menschen willkommen, sofern sie sich auf dem Boden der Guidelines bewegen.

Darüber hinaus wird in den Disability Studies die Bedeutung von Behinderung betroffener Forscher*innen für eine emanzipatorische Behinderungsforschung *(emancipatory disability research)* diskutiert (vgl. Kitchin 2000). Hieraus leiten sich auch explizite Überlegungen ab, was dies für entsprechende Forschungen nicht behinderter Forscher*innen zur Folge hat resp. wie sie damit umgehen können, um einem emanzipatorischen Anspruch gerecht zu werden (vgl. Stone/Priestley 1996). Jedoch geht es hier um die Zentralität der Betroffenenperspektive und deren Wahrung, um emanzipatorische Prozesse zu ermöglichen. Verbunden ist damit der Peer-Ansatz, wenn Forscher*innen selber von Behinderung betroffen sind. Keineswegs ersetzt dies jedoch eine spezifische fachliche Qualifikation für ihre Tätigkeit.

5. Schlussbetrachtung

Selbstbetroffenheit kann für Disability Studies kein konstitutives Element im Sinne eines hermeneutischen Prinzips sein, wollen sie nicht als Ideologie oder politische Interessenvertretung verschrien werden. Anders gesagt: Jedwede Verkörperung von Behinderung ist im Kern essenzialistisch. Aus einem qua Essenz begründeten ‚Expert*innentum' lassen sich weder besondere Eigenschaften oder/und Fähigkeiten noch ethisch-moralische Verpflichtungen ableiten. Ein solcher Anspruch dient letztlich nur der Bestätigung des medizinischen Modells von Behinderung.

Disability Studies hingegen stehen für die Dekonstruktion des sozialen Tatbestandes Behinderung als Praxis der Ungleichbehandlung, Diskriminierung und Ausgrenzung, um gesellschaftliche Veränderung zu bewirken. Ausschließlich hier hat Selbstbetroffenheit ihre inklusive Berechtigung, wenn es um strukturelle, bauliche und insbesondere personelle und damit finanzielle Fragen geht. Die Betroffenenperspektive hat für die Entwicklung von solchen Fragestellungen zentral zu sein. Und sie sollte darüber hinaus im anschließenden Forschungsverlauf einen nicht bloß begleitenden, sondern fundamentalen Charakter einnehmen. Erst hierdurch scheint gewährleistet, beständig kritisch hinterfragen zu können, welche Hierarchien, Privilegien und hegemonialen resp.

normativen Sichtweisen in und vermittels Forschung wiederholt beanspruchen, gültig zu sein.

Disability Studies bilden das theoretische Fundament der UN-BRK (vgl. Degener 2015, S. 63 ff.). Die Methode der Dekonstruktion von Behinderung muss also weit über das hinausreichen, was im medizinischen Modell als Behinderung anerkannt wird – etwa, indem Disability Studies Inklusion jenseits kategorialer Zuweisungen und Zuständigkeiten als allgemeine menschenrechtliche Kategorie zum zentralen Anknüpfungspunkt ihrer eigenen Theoriebildung und Forschungsaktivitäten erheben. Menschenrechte sind universell, unveräußerlich und unteilbar. Einmal mehr würde hieran auch die Bedeutung des Konzepts der Intersektionalität sichtbar: Es genügt nicht, soziale Ungleichheitsforschung isoliert aus der Perspektive von Behinderung zu betreiben, vielmehr sind Disability Studies aufgefordert, sich zugleich auch antisemitischen, rassistischen, kulturalistischen und sexistischen Diskursen entgegenzustellen. Der Gefahr, partikularisierenden und/oder vereinnahmenden Interessen zu unterliegen, wäre damit wirksam begegnet. Und einmal mehr würde deutlich, dass stets auch die eigene Praxis dem Anspruch von Inklusion im Sinne ihrer menschenrechtlichen Intention gerecht zu werden hat.

Literatur

Adorno, Theodor W. (1975): Negative Dialektik. Frankfurt a. M.: Suhrkamp.

Adorno, Theodor W. (2001): Minima Moralia. Reflexionen aus dem beschädigten Leben. Frankfurt a. M.: Suhrkamp.

Chen, Linda/Kudlick, Cathy/Kirchner, Corinne (2004): Guidelines for Disability Studies. Highlights of a 2004 SDS Listserv Discussion. In: Disability Studies Quarterly 24, H. 4; dsq-sds.org/article/view/894/1069 (Abfrage: 28.06.2019).

Committee on the Rights of Persons with Disabilities (2014): Annex II. Guidelines on the Participation of Disabled Persons Organizations (DPOs) and Civil Society Organizations in the work of the Committee. In: Committee on the Rights of Persons with Disabilities (Hrsg.): *CRPD/C/11/2. Report of the Committee on the Rights of Persons with Disabilities on its eleventh session (31 March – 11 April 2014)*. O.O., 9–14; docstore.ohchr.org/ SelfServices/FilesHandler.ashx?enc=6QkG1d%2FPPRiCAqhKb7yhssDWsrFiT9DJhcpwR ZIfGZ5UZz4YGKDX6Qu3VXLHavbbmPgbcGEzLiOfshx4aC3Bt90O5rC2p0oswFRmj3y MT%2BR%2Bdj3NVkqTjhG56EJBU4WK (Abfrage: 28.06.2019).

Degener, Theresia (2015): Die UN-Behindertenrechtskonvention – ein neues Verständnis von Behinderung. In: Degener, Theresia/Diehl, Elke (Hrsg.): Handbuch der Behindertenrechtskonvention. Teilhabe als Menschenrecht – Inklusion als gesellschaftliche Aufgabe. Bonn: Bundeszentrale für politische Bildung, S. 55–65. Auch online verfügbar: bidok.uibk. ac.at/library/degener-behindertenrechtskonvention.html (Abfrage: 24.4.2019).

Goffman, Erving (1998): Stigma. Über Techniken der Bewältigung beschädigter Identität. 13. Auflage, Frankfurt a. M.: Suhrkamp.

Homann, Jürgen/Bruhn, Lars (2015): Wissenschaft, Partikularität und das Lehrhaus für Alle – Emanzipation zwischen Objektivität, Identität und Subjektivität. In: Das Zeichen: Zeitschrift für Sprache und Kultur Gehörloser 100, S. 226–237.

Institut für Inklusive Bildung (2019): „Institut mit Expertise von Menschen mit Behinderungen in eigener Sache". inklusive-bildung.org/de/startseite (Abfrage: 04.02.2019).

Kitchin, Rob (2000): The Researched Opinions on Research: Disabled people and disability research. In: Disability & Society 15, H. 1, S. 25–47. (Auch online unter: www.tandfonline.com/doi/abs/10.1080/09687590025757 (Abfrage: 05.02.2019)).

Priestley, Mark (2003): Worum geht es bei den Disability Studies? Eine britische Sichtweise. In: Waldschmidt, Anne (Hrsg.): Kulturwissenschaftliche Perspektiven der Disability Studies, Tagungsdokumentation. Kassel: bifos, S. 23–35.

Stone, Emma/Priestley, Mark (1996): Parasites, pawns and partners: disability research and the role of non-disabled researchers. In: The British Journal of Sociology 47, H. 4, S. 699–716 (auch online unter www.jstor.org/stable/591081 (Abfrage: 28.01.2019)).

Verletzbarkeit als menschliches Charakteristikum

Marianne Hirschberg & Gesche Valentin

1. Einleitung

„The most potent weapon in the hands of the oppressor is the mind of the oppressed" (Biko/Stubbs 1978, S. 68). Etwas in das eigene Bewusstsein zu übernehmen und zu verinnerlichen, ist machtvoll, worauf Biko mit Bezug auf die segregierende Apartheidspolitik in Südafrika hinweist. So ist auch die Verinnerlichung ableistischer Denkmuster, z. B. Leistungsfähigkeit als Maßstab zur Beurteilung eines Menschen zu verwenden, ein wirkmächtiges gesellschaftliches Phänomen. Diese Internalisierung ist durch gesellschaftliche Segregationspraktiken und -institutionen sowie eine essenzialisierende Leistungsideologie tief verankert (vgl. Campbell 2009, S. 19). Wenn Menschen an ihrer Leistungsfähigkeit gemessen und somit auf die Funktionsfähigkeit ihrer Körper und Sinne reduziert werden, können hierauf stigmatisierende und diskriminierende individuelle Handlungsweisen bzw. gesellschaftliche Ausgrenzungspraktiken und -strukturen folgen. Dies lässt sich auch an der Klassifizierung von Behinderung durch den Vergleich mit einer als Normalität konstruierten Funktionsfähigkeit in der Internationalen Klassifikation von Funktionsfähigkeit, Behinderung und Gesundheit (ICF) der Weltgesundheitsorganisation (WHO) von 2001 kritisieren (vgl. Hirschberg 2009, S. 309).

In einem größeren gesellschaftlichen Kontext stellen sich folgende Fragen: Was lässt sich der ableistischen Perspektive entgegensetzen? Wie lassen sich neue Traditionen entwickeln, neue Sprach- und Denkgewohnheiten, die sich für die gesellschaftliche Teilhabe Aller einsetzen?

Es wird vorgeschlagen, die allen Menschen genuin innewohnende Verletzbarkeit – wie Levinas mit dem Verweis auf „das Menschliche: hinter dem Beharren im Sein" verdeutlicht (1995, S. 184) – als akzeptiertes, willkommenes, menschliches Charakteristikum aller Menschen anzusehen. Hierbei wird mit Rückgriff auf die Disability Studies begründet, dass generell von der Verletzbarkeit des menschlichen Körpers auszugehen ist und jeder Mensch im Laufe seines Lebens eine Beeinträchtigung erwerben kann (vgl. Zola 1993, S. 171).

Aus dieser Perspektive sind Beeinträchtigungen nicht die Ausnahme menschlicher Existenz, sondern die Regel (vgl. Hirschberg 2009, S. 315).

Dementsprechend ist anzuerkennen, dass Menschen zu jedem Zeitpunkt in Beziehung zu anderen stehen und auf andere angewiesen sind. Aufgrund dieser Relationalität sind die Orientierung und das gesellschaftlich leitende Phantasma der Unabhängigkeit aufzugeben (vgl. Tronto 1993, S. 162). Unser Aufsatz plädiert (daher) dafür, der Anerkennung des Angewiesen-Seins auf andere durch die Bereitstellung von Unterstützung, konkretisiert über das rechtliche Instrument der angemessenen Vorkehrungen für gleichberechtigte Teilhabe am Leben in der Gesellschaft, Rechnung zu tragen.

2.   Starre oder flexible Konstruktion von Behinderung

Behinderung, wie auch chronische Krankheiten und Pflegebedürftigkeit, wurde lange als besondere Kategorie, als Abweichung vom Normalzustand eines funktionierenden Körpers, konstruiert. So hat auch die WHO in der ICF Funktionsfähigkeit als Pendant zu Behinderung, und gleichzeitig damit auch als Orientierungsmaß der Normalität zu Behinderung, gesetzt (vgl. zur kritischen Analyse Hirschberg 2009, 309 ff.). Auf der Basis dieser protonormalistischen Gegenüberstellung differenziert die ICF flexibelnormalistisch (vgl. Link 1999), wie Behinderungen sich in einem breiten Spektrum ausformen, wobei Funktionsfähigkeit hierzu stets die Normalitätsgrenze bildet. Die in der ICF als aktueller Behinderungsklassifikation vertretene Dichotomie zeigt die an statisch vermittelten, an engen Idealnormen orientierten oder weiten dynamischen Normalitäten orientierten Körpervorstellungen auf (vgl. Hirschberg 2009, S. 289; Link 1999, S. 78 ff.). Wie Behinderung so ist auch Nichtbehinderung, sowie das Spektrum zwischen diesen beiden, gesellschaftlich konstruiert und konzeptualisiert, wobei die Orientierungsfunktion von Nichtbehinderung mit der Neuzeit zunehmend an Bedeutung gewonnen hat (vgl. Hirschberg 2020).

Die Normalitätskonstruktion von Funktionsfähigkeit dient dazu, Menschen anhand ihrer Fähigkeiten bzw. Behinderungen zu hierarchisieren, rangordnend zu wirken, in Niveaus über gemessene Abstände zu bestimmen und Normalitätsgrade bzw. deren Abweichungen zuzuweisen (vgl. Foucault 1977, S. 237; Hirschberg 2009, S. 326). Diese Rangzuweisung, sozialrechtlich als Grad der Behinderung (GdB) konstruiert, wird verwendet, um Leistungsansprüche zu erheben und entsprechende Leistungen zu vergeben (vgl. Hirschberg 2009, S. 68 ff.). Behinderung ist u. a. in der UN-Behindertenrechtskonvention (UN-BRK) definiert, die für die nationale Gesetzgebung leitend und seit dem 26. März 2009 nunmehr zehn Jahre als deutsches Recht in Kraft ist. Sie ist etwas individuell Erfahrenes, das sich in der Interaktion eines Menschen mit Beeinträchtigungen mit gesellschaftlichen Barrieren ausprägt (vgl. Art. 1 UN-

BRK). Erst die Verhinderung der gesellschaftlichen Partizipation durch einstellungs- und umweltbedingte Barrieren bewirkt die Behinderung und behindert somit einen Menschen (vgl. Präambel lit. e UN-BRK). Diese Ausrichtung am individuellen Recht eines Menschen auf gleichberechtigte Teilhabe verstärkt Degener mit Bezug auf den Menschenrechtsgrundsatz, „die Achtung vor der Unterschiedlichkeit von Menschen mit Behinderungen und die Akzeptanz dieser Menschen als Teil der menschlichen Vielfalt und der Menschheit" (Art. 3d UN-BRK), wenn sie betont, dass die individuelle Beeinträchtigung als Teil der menschlichen Vielfalt zu verstehen sei (vgl. Degener 2015, S. 64 f.). Auch im World Report on Disability wird dies ausgeführt (vgl. World Health Organization/World Bank 2011, S. 261).

In den Disability Studies wird bereits seit Jahrzehnten darauf verwiesen, dass Menschen nur zeitweilig nicht-behindert, „temporarily or momentarily able-bodied" sind (Zola 1993, S. 171). Den Körper also als verletzbar zu konzeptualisieren, verweist auf die immer bestehende Potenzialität, eine Beeinträchtigung zu erwerben oder chronisch zu erkranken.

Ob beeinträchtigt oder nicht, Menschen [fühlen Schmerzen], sind [verletzbar und, verallgemeinert formuliert,] auf andere angewiesen – ob sie z. B. blind sind, Brustkrebs, eine Depression oder sich das Bein gebrochen haben. Schmerz lässt sich als eine generell menschliche Erfahrung charakterisieren, unabhängig davon, ob die Betroffenen zeitweilig (oder chronisch) erkrankt, beeinträchtigt, behindert oder nicht-behindert sind (vgl. Kleinman et al. 1992, S. 1). Den Körper als verletzbar zu konzeptualisieren, verweist auf die immer bestehende Potenzialität, eine Beeinträchtigung zu erwerben oder chronisch zu erkranken.

Es lässt sich festhalten, dass von einer großen Bandbreite von Beeinträchtigungen und somit einem *Spektrum* von Behinderungen und Funktionsfähigkeiten auszugehen ist, wie auch die Diskurs- und Machtanalyse der ICF als Ausweitung des Klassifikationsspektrums der ICF zeigt: Die „Grenzen der Kategorie Behinderung ‚fransen' aus" (Hirschberg 2009, S. 314). Diese Perspektive kann der Perspektive einer (vermeintlichen) Dichotomie zwischen Normalität und Abweichung entgegengesetzt werden.

3. Verletzbarkeit als Conditio humana

Die anthropologische Grundgröße der potentiellen Verletzbarkeit, jeden Körper also als potentiell verletzbar zu konzeptualisieren, ermöglicht es, die Gleichsetzung von Normalität und Funktionsfähigkeit zu hinterfragen und aufzulösen. Wenn davon ausgegangen werden kann, dass Beeinträchtigungen oder chronische Erkrankungen nicht nur unvermeidbar und folglich als selbstverständlich zu fassen sind, lässt sich daraus ableiten, dass auch die Inanspruchnahme technischer oder personeller Unterstützung, also durch andere Menschen oder Hilfsmittel, als gewöhnlich betrachtet werden kann.

Die amerikanische Philosophin Eva Feder Kittay expliziert, wie notwendig es für sie war, „bescheidener" zu werden und ihre eigenen „Grenzen" als Philosophin anzuerkennen, „wie wenig" sie vom „menschlichen Geist" wisse, seitdem ihre Tochter eine schwere kognitive Behinderung habe (2007, S. 157). Sie argumentiert, dass „die beharrliche Betonung von Unabhängigkeit, die genauso oft in unserer modernen und postmodernen Welt vorkommt wie in den philosophischen Werken, [...], eine Manifestation unserer Flucht vor unserer eigenen ängstlichen Abhängigkeit" sei (ebd., S. 159). Es sei jedoch nicht die Abhängigkeit, „vor der man sich fürchten muss, sondern vielmehr unser Leugnen von Abhängigkeit; dass Abhängigkeit eigentlich eine reiche und unentbehrliche Quelle menschlicher Beziehung" sei (ebd.). Menschliche Abhängigkeit von anderen Menschen als positiv herauszustellen, begründet sie damit, dass die Abhängigkeit „menschliche Beeinträchtigungen, Gebrechlichkeit und Zerbrechlichkeit in das Zentrum dessen [stellt], was unser Menschsein ausmacht" (ebd.).

Menschen sind also nicht autonom, nicht generell unabhängig und selbstständig, sondern während ihrer gesamten Lebensspanne in bestimmten Zeiträumen auf andere Menschen angewiesen. Diese Verwiesenheit aufeinander, dass Menschen in Beziehung zueinander stehen – ob dies angenehme, gewollte oder unangenehme Relationen sind – erörtert auch der Soziologe Norbert Elias (vgl. 2018, S. 115): So sorge die den Menschen innewohnende Interdependenz dafür, dass sich Menschen stets in jeweils einzigartigen Figurationen gruppieren und es nur im absoluten Grenzfall möglich sei, sich diesen zu entziehen. Auch der Philosoph Emmanuel Lévinas greift die Relationalität des Menschen auf und resümiert sie als „Phänomenologie der Gemeinschaft" (1995, S. 186), die mit der unausweichlichen Anrufung des einen durch das Antlitz des anderen Menschen verdeutlicht wird (ebd., S. 181 ff.).

Die Tatsache anzuerkennen, verletzbar und nur zeitweilig im Leben nicht behindert zu sein und damit möglicherweise Unterstützung zu benötigen sowie aufeinander angewiesen zu sein, bedeutet auch, hiermit ggf. verbundenen Assistenzbedarf als ‚normal', also als *gewöhnlich* aufzufassen. Fragt man sich, was auf gesellschaftlicher Ebene hieraus folgt, so sollten bei der Erörterung von Lebenssituationen behinderter Menschen nicht die individuelle Beeinträchtigung, sondern der Abbau gesellschaftlicher Barrieren und die Bereitstellung ambulanter Assistenz im Fokus stehen.

4. Angemessene Vorkehrungen als Instrument zur gleichberechtigten gesellschaftlichen Teilhabe

Personelle und technische Assistenz werden mit der UN-BRK als angemessene Vorkehrungen gefasst. Sie werden für die Ausübung eines spezifischen Rechts gewährt: „notwendige und geeignete Änderungen und Anpassungen, die keine unverhältnismäßige oder unbillige Belastung darstellen und die, wenn sie in einem bestimmten Fall erforderlich sind, vorgenommen werden, um zu gewährleisten, dass Menschen mit Behinderungen gleichberechtigt mit anderen alle Menschenrechte und Grundfreiheiten genießen oder ausüben können" (Art. 2 Uabs. 4 UN-BRK). Die Pflichten der Sozialleistungsträger zu angemessenen Vorkehrungen für behinderte Menschen werden als wesentlicher Teil des Benachteiligungsverbots nach § 7 des Bundesbehindertengleichstellungsgesetzes konkretisiert (vgl. Welti/Frankenstein/Hlava 2018, S. 4). Einfach formuliert, sind angemessene Vorkehrungen ein Instrument, um behinderte Menschen besser vor Diskriminierung zu schützen und ihre gesellschaftliche Teilhabe zu unterstützen. Bezogen auf das Recht auf unabhängige Lebensführung und Einbeziehung in die Gemeinschaft kann dies die Bereitstellung technischer oder persönlicher Assistenz für behinderte oder auch pflegebedürftige Menschen bedeuten (vgl. Art. 19b UN-BRK). Mit persönlicher Assistenz kann ein behinderter, chronisch kranker oder auch im höheren Lebensalter gebrechlich gewordener Mensch autonom entscheiden, von wem, wo, zu welchem Zeitpunkt und wie er unterstützt werden möchte – dies muss im konkreten Arbeitsverhältnis zwischen Assistenznehmer*in und Assistent*in ausgelotet werden (vgl. Vernaldi 2015, S. 242 ff.).

Ein menschenwürdiges Leben ist allen Menschen – unabhängig von chronischen Erkrankungen und Beeinträchtigungen – durch den Staat zu garantieren. Diese Verpflichtung besteht nicht nur über das bundesdeutsche Grundgesetz, sondern ist durch die als deutsches Recht übernommene UN-BRK für die Lebenslagen behinderter Menschen konkretisiert (vgl. Degener 2009, S. 35).

5. Desiderata

Die menschliche Potentialität, beeinträchtigt oder chronisch krank zu werden, verletzbar zu sein, ist als genuin menschliches Charakteristikum zu begreifen. Hiermit lässt sich die traditionelle Konstruktion von Behinderung und Beeinträchtigung dekonstruieren. Behinderte oder chronisch kranke Menschen sind aufgrund der Verletzbarkeit aller Menschen als ‚Gleiche unter Gleichen' zu erachten. Die Leistungserbringung von angemessenen Vorkehrungen oder Assistenz sollte vorrangig vor finanzpolitischen Einschränkungen erfolgen, da diese beeinträchtigte und chronisch kranke Menschen häufig als erste betreffen (vgl. European Foundation Centre 2012, S. 5).

Wenn jeder Mensch eine Beeinträchtigung erwerben kann und er dies statistisch betrachtet meist im höheren Lebensalter erlebt, sollte persönliche Assistenz nicht als Ausnahme, sondern flächendeckend und standardisiert angeboten werden, um allen Menschen ein menschenwürdiges Leben im gesamten Lebenszyklus zu ermöglichen. Über den Zugang zu adäquaten, den Bedarfen entsprechenden Hilfsmitteln hinaus muss auch ein gesellschaftlicher Perspektivwechsel auf die Inanspruchnahme dieser verbunden sein. Denn wie eingangs mit dem Zitat von Biko beschrieben, ist die größte Waffe eines Systems, in dem ableistische Denkmuster vertreten werden, der Glaube an deren Richtigkeit. Um sich von der Orientierung an Funktionsfähigkeit, die gemeinhin als Normalität gilt, zu befreien, ist dieser eine menschenrechtstheoretische Perspektive entgegenzusetzen.

Literatur

Biko, Stephen/Stubbs, Aelred (1978): I write what I like. A selection of his writings. San Francisco: Harper & Row.

Campbell, Fiona K. (2009): Contours of ableism. The production of disability and abledness. Basingstoke: Palgrave Macmillan.

Degener, Theresia (2009): Welche legislativen Herausforderungen bestehen in Bezug auf die nationale Implementierung der UN-Behindertenrechtskonvention in Bund und Ländern? In: Behindertenrecht 48, H. 2, S. 34–52.

Degener, Theresia (2015): Die UN-Behindertenrechtskonvention – ein neues Verständnis von Behinderung. In: Degener, Theresia/Diehl, Elke (Hrsg.): Handbuch Behindertenrechtskonvention. Teilhabe als Menschenrecht – Inklusion als gesellschaftliche Aufgabe. Bonn: Bundeszentrale für politische Bildung, S. 55–74.

European Foundation Centre (EFC) (2012): Assessing the impact of European governments' austerity plans on the rights of people with disabilities, Paris, Online: efc.issuelab.org/resource/assessing-the-impact-of-european-governments-austerity-plans-on-the-rights-of-people-with-disabilities-key-findings.html (Abfrage: 31.05.2019).

Elias, Norbert (2018): Figuration. In: Kopp, Johannes/Steinbach, Anja (Hrsg.): Grundbegriffe der Soziologie. Wiesbaden: Springer VS, S. 115–117.

Feder Kittay, Eva (2007): Auf der Suche nach einer bescheideneren Philosophie: Die Begegnung mit geistiger Beeinträchtigung – die Suche nach dem Wichtigen im Leben. In: Dederich, Markus/Grüber, Kathrin (Hrsg.): Herausforderungen. Mit schwerer Behinderung leben. Frankfurt a. M.: Mabuse, S. 153–160.

Foucault, Michel (1977): Überwachen und Strafen. Die Geburt des Gefängnisses. Frankfurt a. M.: Suhrkamp.

Hirschberg, Marianne (2009): Behinderung im internationalen Diskurs. Frankfurt a. M.: Campus.

Hirschberg, Marianne (2020): Eine Aufgabe für die Lehre: Analyse der machtvollen Konstruktion von Nicht_Behinderung. In: Nolte, Cordula (Hrsg.): Dis/ability History Goes Public. Praktiken und Perspektiven der Wissensvermittlung. Bielefeld: transcript, im Erscheinen.

Kleinman, Arthur/Brodwin, Paul/Good, Byron/Good, Mary-Jo DelVecchio (1992): Pain as Human Experience: An Introduction. In: Good, Mary-Jo DelVecchio/Brodwin, Paul/ Good, Byron J./Kleinman, Arthur (Hrsg.): Pain as Human Experience. An Anthropological Perspective. Berkley: University of California Press, S. 1–28.

Lévinas, Emmanuel (1995): Zwischen uns. Versuche über das Denken an den Anderen. München: Hanser.

Link, Jürgen (1999): Versuch über den Normalismus. Wie Normalität produziert wird. Opladen: Westdeutscher Verlag.

Tronto, Joan (1993): Moral Boundaries. A Political Argument for an Ethic of Care. New York: Routledge.

Vernaldi, Matthias (2015): Durch Persönliche Assistenz zu einem selbstbestimmten Leben – ein Erfahrungsbericht. In: Degener, Theresia/Diehl, Elke (Hrsg.): Handbuch Behindertenrechtskonvention. Teilhabe als Menschenrecht – Inklusion als gesellschaftliche Aufgabe. Bonn: Bundeszentrale für politische Bildung, S. 241–247.

Welti, Felix/Frankenstein, Arne/Hlava, Daniel (2018): Angemessene Vorkehrungen und Sozialrecht. Gutachten erstattet für die Schlichtungsstelle nach dem Behindertengleichstellungsgesetz Berlin, erstellt im Auftrag des Bundesministeriums für Arbeit und Soziales und des Beauftragten der Bundesregierung für die Belange von Menschen mit Behinderungen, Berlin.

World Health Organization (2001): The International Classification of Functioning, Disability and Health. Genf: WHO Press.

World Health Organization/World Bank (2011): The World Report on Disability. Genf: WHO Press.

Zola, Irving K. (1993): Self, Identity and the Naming Question: Reflections on the Language of Disability. In: Social Science and Medicine 36, H. 2, S. 167–173.

Ableism und Verletzlichkeit

Überlegungen zur ‚Erfindung neuer Formen von Subjektivität‘

Mareice Kaiser & Lisa Pfahl

1.   Therapieterror[1]

„Wie hältst du das eigentlich aus?", fragt mich Anja. „Was meinst du?", frage ich zurück, während ich Tassen in die Spülmaschine räume. „Na diese ganzen Menschen hier, in deinem Zuhause. Und alle wissen immer alles besser, mit allen musst du sprechen. Das ist doch total anstrengend!" Gerade war Gretas Physiotherapeutin für eine Stunde bei uns, hat Atemtherapie mit ihr gemacht und währenddessen mit mir und Anja gesprochen. Zum Glück war Anja da. Mich ermüden diese Gespräche mittlerweile. Es ist immer das Gleiche. Ich erzähle von Gretas klitzekleinen Fortschritten, die Physiotherapeutin empfiehlt mir neue Therapiekonzepte und berichtet von anderen Kindern und ihren Entwicklungen. Dabei platzt mein Kopf schon von unserer Geschichte – für die von anderen Familien mit Kindern mit Behinderung ist dort im Moment gar kein Platz.

Anja war heute das erste Mal bei einer Therapiesitzung dabei. Gelegenheit für mich, mir länger Zeit in der Küche zu lassen beim Aufbrühen eines Tees. Denn natürlich biete ich der Physiotherapeutin einen Tee an, wenn sie kommt. Und ja, ich räume sogar auf, bevor sie kommt. Danach räume ich dann wieder auf und brauche meistens eine halbe Stunde, um das Erlebte zu verarbeiten. Greta übrigens auch. Sie ist noch sehr fragil und oft gar nicht bereit für eine ganze Stunde Therapie, in der sie den Kopf heben oder sich drehen soll, obwohl sie oft nur schlafen und sich von den Trinkversuchen erholen will. So wie heute. Also nur Atemtherapie. Was bedeutet, dass die Physiotherapeutin eine halbe Stunde lang auf ihrem Brustkorb herumdrückt. Das soll den Schleim, der Greta oft nervt, lösen. Ihrem Gesichtsausdruck nach zu urteilen, genießt sie das. So lange sie glücklich dabei aussieht, darf sie von mir aus therapiert werden.

---

1   Diese Einleitung ist ein Auszug aus „Alles Inklusive?! Aus dem Leben mit meiner behinderten Tochter" (2016) von Mareice Kaiser; erschienen bei S. Fischer.

Immer wieder mal will die Physiotherapeutin mir zeigen, wie ich selbst die Atemtherapie machen kann. Anfangs ließ ich es mir brav erklären und hielt es für meine Pflicht als Mutter eines behinderten Kindes, so oft wie möglich mit meinen Händen den Brustkorb meiner Tochter vibrieren zu lassen. Ich kam mir immer seltsam dabei vor. Viel lieber wollte ich Greta einfach im Arm halten, mit ihr spazieren gehen, sie im Tragetuch ganz nah an meinem Körper haben. Eben das, was andere Eltern auch mit ihren Kindern machen.

Eine Ärztin aus dem Sozialpädiatrischen Zentrum fragte mich neulich: „Haben Sie schon an Logopädie gedacht?" Ich rollte mit den Augen. Natürlich hatten wir schon an Logopädie gedacht. Wir haben auch an Ergotherapie, Physiotherapie und Delphintherapie gedacht. Auch an Pickler, Petö und Vojta. Wir haben an Bauchmassagen gedacht, an Sehfrühförderung und an Hörfrühförderung. An Schüssler-Salze, an Salben und an Öle. An Homöopathie, an Religion und an Wunderheiler*innen. Meine Mutter hat sogar an eine Frau gedacht, die ein Bild aufgestellt hat in einer Sitzung und nach der Sitzung prophezeien konnte, „dass Greta auf jeden Fall hören kann oder hören wird."

Alle Menschen, die Greta therapieren wollen, bringen ihren eigenen Therapie-Kosmos mit. Sie sind Expert*innen auf ihrem Gebiet, was toll ist. Allerdings sind sie Expert*innen ausschließlich auf ihrem Fachgebiet. Gleichzeitig sind alle überzeugt von ihrer Therapie und ihrem Konzept. Während die Physiotherapeutin ganz wichtig findet, dass wir Gretas Mund nur abtupfen, rät die Logopädin zu einem festen Druck, wenn wir ihr den Speichel abwischen.

Die Aufgabe von Thorben und mir ist es, den richtigen Weg für Greta und uns zu finden. Eltern behinderter Kinder sollen alle Möglichkeiten ausschöpfen. Alle Möglichkeiten, das Kind weniger behindert und mehr ‚normal' zu machen. Die Frage, die ich mir dabei stelle, ist: Was hat Greta eigentlich davon? Wie viel hat sie von einem Wochenplan, in dem sie keine Minute Zeit dafür hat, einfach mal ein Kind zu sein? Hat Greta nicht auch das Recht darauf, einfach mal nichts zu tun? Ich fordere Faultierzeit für jedes behinderte Kind! Das Recht, einfach mal Löcher in die Luft zu starren. Und das Recht, behindert zu sein und zu bleiben.

2. Therapie, professionelles Wissen und Kritik an Ableism

Heilpädagogische und therapeutische Maßnahmen stellen die Hauptinterventionen des Gesundheits- und Sozialwesens dar, sobald ein Kind mit Behinderungen geboren wird. Das professionelle Wissen ist weniger auf die Begleitung und Beratung von Eltern in der neuen Lebenssituation ausgerichtet, in der Fragen nach Unterstützung und einem Hilfesystem für die Familie im Vordergrund stehen sollten (vgl. Kaiser 2016). Der Fokus der medizinisch-therapeutischen Interventionen liegt hingegen auf den körperlich-motorischen

Fähigkeiten der Kinder mit Behinderungen, die im Kleinkindalter mangels der Möglichkeiten verbalsprachlicher Diagnostik als Ausdruck ihrer Autonomieentwicklung gewertet werden (vgl. Buchner/Pfahl 2017). Emotionalität, Spontaneität, Kreativität, Phantasie, Neugier, Fähigkeiten zur Kontaktaufnahme oder Mitwirkung in Beziehungen und zur Regulation von Emotionen in den Entwicklungsstufen spielen jedoch keine oder eine geringe Rolle:

> „Die scheinbar wertneutrale wissenschaftliche Entwicklungsdiagnostik erweist sich als ein machtvolles Instrument zum Schutz vor Ängsten und zu einer dem entsprechenden Auslese: sie definiert die Abweichenden, die Behinderten und bildet die Grundlage für Maßnahmen, denen sie unterworfen werden. Das potentiell Aggressive daran wird schon in der Sprache deutlich, wenn vom ‚Abschneiden der Auffälligen' oder von ‚Selektion' und ‚Verfolgen' gesprochen wird […]" (von Lüpke 1995, o.S.).

Mit diesen Worten beschreibt der Kinderarzt Hans von Lüpke den Wissensbestand der Kleinkindmedizin als ideologisch und auf bestimmte menschliche Fähigkeiten ausgerichtet. Diese Beschreibung medizinischer Praktiken besitzt nach wie vor Aktualität, wie Studien zur Versorgung von und Prävention bei Kleinkindern zeigen (vgl. Buchner/Pfahl 2017; Kelle 2007). Eine kritische Perspektive eröffnet hier einen Raum zum Nachdenken: Welche gesellschaftlichen Erwartungen und Ängste verleihen medizinisch-pädagogischen Wissensbeständen Legitimität? Welche soziale Funktion besitzen sie? Solche Fragen werden heute als ‚Kritik an Ableism' thematisiert.

Kritik an Ableism steht in den Disability Studies für eine kritische Perspektive auf gesellschaftliche Fähigkeitsordnungen und die soziale Auf- und Abwertung von Individuen nach ihrer (vermeintlichen) körperlichen und geistigen Verfasstheit sowie den ihnen zugeschriebenen (Un-)Fähigkeiten oder (fehlenden) Leistungen (vgl. Buchner/Pfahl/Traue 2015). Das Konzept Ableism ermöglicht eine Gesellschaftskritik (vgl. Maskos 2010), indem bestehende soziale Ordnungen angezweifelt und die Aufrechterhaltung bestimmter gesellschaftlicher Werte und Normen hinterfragt werden. Eine Kritik an Ableism arbeitet zumeist mit historischen oder gesellschaftlichen Vergleichen und richtet sich gegen die Dominanz medizinischen Wissens (vgl. Campbell 2009), aber auch gegen die rechtlich institutionalisierte Annahme eines ‚autonomes Subjekts' (vgl. Meißner 2015). Mit einer solchen „Kritik der Fähigkeiten" (Buchner/Pfahl/Traue 2015, o.S.) ist es unseres Erachtens möglich, sogenannte individuelle Fähigkeiten zu hinterfragen und bestehende Normen des Subjektseins zu erweitern. Grundlage dafür ist eine Auseinandersetzung mit der Entstehung von Fähigkeiten in den rechtlichen und sozialen Verhältnissen einer Gesellschaft, welche Fragen nach der konstitutiven sozialen Abhängigkeit der Menschen, also ihrer Verletzlichkeit, einschließt. Um das soziale Phänomen ‚Behinderung' zu verstehen, benötigen wir ein erweitertes Verständnis von menschlichen Fähigkeiten und Verletzlichkeiten in seinen sozialen Bezügen (vgl. Pfahl 2016).

3. Verletzlichkeit und Fähigkeiten im menschenrechtlichen Kontext

Zunächst sei an die anthropologische Konstante erinnert, dass jedes menschliche Überleben und jeder Sozialisationsprozess grundlegend soziale Beziehungen voraussetzt und interaktiv gestaltet ist. Hier muss gefragt werden: Wer wächst in welchen Beziehungen auf und welche Art der Zuwendung und Unterstützung erfahren Menschen? Medizinische, pädagogische und ganz generell soziale Klassifikationen stützen eine bestimmte Einteilung der Welt; in Verbindung mit defizitorientierten Beschreibungen erzeugen sie den Eindruck von vorab feststellbaren, unveränderlichen Fähigkeiten von Individuen und verkennen dabei sowohl die Entwicklungsoffenheit von Individuen als auch den Einfluss der sozialen Umwelt. In den Disability Studies gilt es folglich auch zu fragen, wie wir werden, wer wir sind.

> „Auf diese Weise eröffnen sie Räume für ganz andere Überlegungen, die Lösungen für Probleme von Behinderung und Ungleichheit nicht allein in einer besseren individuellen Teilhabe an gegebenen Ressourcen suchen. Es wird vielmehr verhandelbar, inwiefern Inklusion und Teilhabe nicht im Sinne einer besseren oder gerechteren Integration in die gegebene soziale Ordnung einer abstrakt normalisierenden Allgemeinheit verstanden werden sollten. […], [sondern] wie wir Sozialität anders […] – im Sinne von weniger gewaltsam und behindernd – denken und gestalten könnten" (Meißner 2015, o.S.).

Jeder Mensch ist einzigartig und aufgrund seines Körpers, seiner Erfahrungen und seines Wissens und bildet unterschiedliche Fähigkeiten aus. Beim Zusammentreffen von Menschen (z. B. bei der Geburt eines Kindes oder bei der Zusammensetzung einer Lerngruppe in der Schule) geht es darum herauszufinden, wer welche verschiedenen Fähigkeiten besitzt und wie diese eingebracht werden können. Dies gilt im Prinzip auch für ganze Gesellschaften, die in ausdifferenzierter Form – also arbeitsteilig – für ihren Erhalt und die Befriedigung der Bedürfnisse der Menschen sorgen (vgl. Pfahl 2016). Ohne eine Ausdifferenzierung von Fähigkeiten und den Einschluss von Menschen unterschiedlichster Fähigkeiten wäre eine demokratische Gesellschaft gar nicht denkbar. Dies umfasst alle Lebensbereiche: Beziehungen aufzubauen und zu pflegen ebenso wie zu lernen und zu arbeiten. Dabei sind nicht alle Fähigkeiten ökonomisch verwertbar. So sind z. B. Sorgetätigkeiten oder die Fähigkeit, die eigene Angewiesenheit auf Andere und die des Anderen auf mich ausdrücken und erwidern zu können, Bestandteil reziproker und solidarischer Beziehungen; sie lassen sich nicht verwerten. Sie sind aber für die menschliche Sozialisation und Sozialität wichtig.

Werden im Prozess der Sozialisation Fähigkeitserwartungen *nicht* gestellt, entwickeln Kinder und Jugendliche auch keine entsprechenden Selbsterwartungen. Die Ausbildung von Handlungsfähigkeit beruht darauf, dass Subjekte sich bestimmter Erwartungen gewiss sind und ‚Erwartungserwartungen' an ihre Lebens- und Sozialwelt ausbilden. Werden andauernd reduzierte Erwartungen an sie gestellt oder ‚verfehlen' diese ihre Interessen, kommt es zur self-fulfilling prophecy: Defizitzuschreibungen führen zu reduzierten (Selbst-)Erwartungen und zu dysfunktionalen Beziehungen zwischen Menschen (vgl. Pfahl 2016).

Deshalb ist in der UN Behindertenrechtskonvention die Notwendigkeit der Achtung der sich entwickelnden Fähigkeiten insbesondere von Kindern und Jugendlichen mit Behinderungen in Artikel 3 eigens herausgehoben. Zudem wird Behinderung ausdrücklich als Wechselwirkung zwischen körperlichen und/oder kognitiven Beeinträchtigungen und benachteiligenden Barrieren in der Umwelt verstanden. Behinderung wird somit menschenrechtlich als das bestimmt, was die Menschen an einer gleichberechtigten Teilhabe an der Gesellschaft hindert und so – dies möchten wir ergänzen – die gesellschaftliche Anerkennung grundlegender menschlicher Verletzlichkeit verhindert. Dagegen kann unter Befähigung der Prozess verstanden werden, in dem Menschen sich selbst, gegenseitig und mit Unterstützung von Assistenz, in die Lage versetzen, handlungsfähig zu werden und ihr Leben selbstbestimmt zu leben.

4. Befähigung und neue Formen der Sozialität

Wenn unter Befähigung ein Prozess verstanden wird, in dem Menschen sich gegenseitig und mit Hilfe institutionalisierter Assistenz in die Lage versetzen, handlungsfähig zu werden und selbstbestimmt zu leben, dann stehen Selbstbestimmung und Handlungsfähigkeit in einem wechselseitigen Verhältnis (vgl. Pfahl 2016). Abhängig von sozialen Bedingungen und gesellschaftlichen Verhältnissen können wir uns zu unterschiedlichen Fähigkeiten befähigen (lassen), wie der Ausbildung von Körperempfindungen, der Entfaltung von Mitgefühl, der Einübung körperlicher, symbolischer und ästhetischer Kommunikationsformen, der Arbeitsfähigkeit sowie der Entwicklung von Wertorientierungen und politischen Positionierungen. Dabei kommt es darauf an, einen wenig voraussetzungsvollen Fähigkeitsbegriff zu verwenden, der Befähigung nicht als individuelle Eigenschaft oder Aktivität bestimmt, sondern als relationales Phänomen. Befähigung wird erst in der Gesamthandlung als solche erkennbar: wenn Menschen partizipieren und kooperieren.

Grundlegende Bedürfnisse nach sozialer Interaktion und Kooperation, die sich aus der Verletzlichkeit des Menschen ergeben, werden gegenwärtig im Kontext der Menschenrechte mit der Forderung gleichberechtigter Partizipation gewürdigt. Das „Prinzip der Beachtung des Wohls des Kindes als eigenständiger Rechtsträger und das Recht des Kindes, seine Meinung in den betreffenden Angelegenheiten zu äußern, und dafür die ihm gebührende Aufmerksamkeit zu erhalten" (Forum Menschenrechte 2011, S. 15) stellen die menschenrechtliche Basis für therapeutisch-pädagogisches Handeln dar. Anerkennung von Verletzlichkeit kann zugleich neue Subjektivitäten hervorbringen und drängt nach einer veränderten Sozialität.

Der Idee, „Inklusion als eine Aufgabe der Umgestaltung von Sozialität" (Meißner 2015, o.S.) zu verstehen, folgend, wollen wir abschließend nach Darstellungen von Verletzlichkeit suchen, die kulturelle Akzeptanz finden. Unseres Erachtens sind es insbesondere künstlerische Darstellungen, aber auch mediale Selbstthematisierungen, die Verletzlichkeit aufzeigen und Aneignungen ermöglichen, wie die popkulturelle Bewegung ‚Radical Softness'. Unter diesem Titel hat die US-Amerikanerin Lora Mathis (2015) eine Fotoreihe zum Thema veröffentlicht, die der Abwehr diskriminierender Zuschreibungen dient. Sie beschreibt ihre Fotografien als Werkzeug „to present your emotional self as a political act" (ebd.). Ein weiteres Beispiel ist die Musikerin Ilgen-Nur (2018), die sich in ihrem Song „No Emotions" auf Radical Softness bezieht. Hier trifft Pop indirekt auf Politik und schafft durch den Einbezug queer-feministischer und postkolonialer Perspektiven eine Identifikationsmöglichkeit für viele. Die Idee dieser Bewegung knüpft teils an die Antipsychiatrie-Bewegung an, richtet sich mit ihren Anliegen aber zunächst auf die eigene Community. Einzelne werden als Gleiche darin bestärkt, (Mit-)Gefühle zu kultivieren.

Im Unterschied zur früheren Fokussierung der Disability Studies auf ‚Disablism' (Goodley 2014), also der Produktion von Behinderung, verschiebt die hier beschriebene ableism-kritische Perspektive die Aufmerksamkeit auf jene Fähigkeitsvorstellungen, die als Zugehörigkeitsindikatoren für die Mehrheit der Gesellschaft und gleichzeitig als deren Abgrenzungsmarker fungieren. Diese Verschiebung ermöglicht die Dekonstruktion vermeintlich ‚natürlicher' Fähigkeitskonstruktionen und eröffnet Räume für neue, relationale Subjektivitäten – und damit nicht zuletzt für inklusive (popkulturelle) Praktiken.

Literatur

Buchner, Tobias/Pfahl, Lisa (2017): Ableism und Kindheit: Fähigkeitsorientierte Praktiken in Medizin und Pädagogik. In: Amirpur, Donja/Platte, Andrea (Hrsg.): Handbuch Inklusive Kindheiten. Opladen: Barbara Budrich, S. 210–224.

Buchner, Tobias/Pfahl, Lisa/Traue, Boris (2015): Zur Kritik der Fähigkeiten. Ableism als neue Forschungsperspektive für die Disability Studies und ihre Partner_innen. In: Zeitschrift für Inklusion Online 2015, H. 2. www.inklusion-online.net/index.php/inklusion-online/article/view/273/256 (Abfrage: 20.1.2019).

Campbell, Fiona K. (2009): Contours of Ableism. New York: Palgrave Macmillan.

Forum Menschenrechte (2011): Menschenrechte und frühkindliche Bildung in Deutschland: Empfehlung und Perspektiven. Berlin: Forum Menschenrechte e.V.

Goodley, Dan (2014): Dis/ability Studies. Theorising disablism and ableism. London und New York: Routledge.

Ilgen-Nur, Borali (2018): „No Emotions, Sunny Tapes". ilgen-nur.bandcamp.com/album/no-emotions (Abfrage 20.1.2019).

Kaiser, Mareice (2016): Alles inklusive: Aus dem Leben mit meiner behinderten Tochter. Frankfurt a. M.: S. Fischer.

Kelle, Helga (2007): „Ganz normal": Die Repräsentation von Kinderkörpernormen in Somatogrammen: eine praxisanalytische Exploration kinderärztlicher Vorsorgeinstrumente. In: Zeitschrift für Soziologie 36, H. 3, S. 197–216.

Lüpke, Hans von (1995): Die Familie und ihr behindertes Kind im Spannungsfeld der Gesellschaft. In: Bienert, Christine/Brandl, Maria (Hrsg.): Integration – Alibi oder Chance? bidok.uibk.ac.at/library/luepke-spannungsfeld.html (Abfrage 5.5.2019).

Maskos, Rebecca (2010): Was heißt Ableism? Überlegungen zu Behinderung und bürgerlicher Gesellschaft. In: arranca! #43 (Auch online: arranca.org/43/was-heisst-ableism (Abfrage: 01.01.2019)).

Mathis, Lora (2015): „Radical Softness". www.loramathis.com (Abfrage 5.5.2019).

Meißner, Hanna (2015): Studies in Ableism – Für ein Vorstellungsvermögen jenseits des individuellen autonomen Subjekts. Zeitschrift für Inklusion Online 2015, H. 2. Online: www.inklusion-online.net/index.php/inklusion-online/article/view/273/256 (Abfrage 05.05.2019).

Pfahl, Lisa (2016): Zwischen Behinderung und Befähigung: Bildungswissenschaftliche Perspektiven auf Inklusion. Antrittsvorlesung an der Universität Innsbruck am 5.5.2016. Online: bidok.uibk.ac.at/bibliothek/ (Abfrage 20.1.2019).

Psychiatrische Zusammenhänge machtkritisch begreifen

Überlegungen zu einem möglichen Analysemodell

Eliah Lüthi

Der vorliegende Beitrag stellt ein (Zwischen)ergebnis dar (m)eines Suchens und Ver_suchens von Worten und Verständnissen, um Sinn zu schaffen aus der allgegenwärtigen und nur schwer greifbaren Gewalt von psych(iatrischen) Zusammenhängen. Diese sind so umfassend, dass der Begriff ‚psychiatrisch' nicht mehr greift, so umfassend, dass ich auf das Kürzel ‚psych' zurück_greife – denn diese Gewalt hört nicht bei psychiatrischen Institutionen und Zwangsmaßnahmen auf, sondern bewegt sich in weitgehend normalisierten Formen durch Alltag, Sprache, Interaktionen und Selbstverständnisse.

> Aus_weg_los
> gewaltig spinnt Psych-zentrik mein Los
> Behauptet Sozialpsychiatrie verbindet
> und bindet mich an sich
> wo auch immer ich mich befinde
> findet sie auch mich:
> In Werbung und Straße
> in Alltagssprache
> zwischen Buchdeckeln
> und diagnostischem Zerstückeln
> In psychiatrischer Institution
> und meiner Intuition,
> die mir manchmal rät dahin zu verschwinden.

In den vorliegenden Ver_suchen mich von Psych-Verständnissen zu lösen und diese gleichzeitig machtkritisch zu be_greifen formuliere ich erste Parameter von PsychGewalt, als emanzipatives Analysemodell. Diese Parameter umfassen erstens die Verschiebung des Forschungsgegenstandes von psychiatrischen Institutionen zu Psych-Zusammenhängen und -verständnissen; zweitens eine machtkritische Analyse dieser als Gewalt und drittens deren Differenzierung in flüssige, feste, zwischenmenschliche und verinnerlichte Form. Diese Schwerpunkte sind aus diskursanalytischen, autoethnographischen und theoretischen

103

Analysen hervorgegangen, auf die ich in der Kürze dieses Beitrags nicht vertieft eingehe (vgl. Lüthi 2015, 2016, 2019; Hornscheidt/Lüthi 2018). Vielmehr werden hier die Eckpfeiler von PsychGewalt als Analysemodell skizziert und bewegungspolitisch und theoretisch kontextualisiert.

Mit dem Versuch ein Modell von PsychGewalt zu entwerfen, schließe ich an eine lange Praxis der kritischen Auseinandersetzung mit Psychiatrie und Psych-Zusammenhängen, sowie an die Ent_wicklung emanzipativer (Selbst)verständnisse an. Diese umfassen insbesondere psychiatriekritische, antipsychiatrische und stattpsychiatrische Ansätze (vgl. Lehmann/Stastny 2007; Schmechel et al. 2015), sowie weitere kritische Analysen von Psych-Zusammenhängen (vgl. Castel/Castel/Lovell 1982/2015). Viele dieser Ansätze gehen hervor aus Bewegungen von Menschen, die direkt von institutioneller Psychiatrisierung und anderen Formen von Psych-Maßnahmen betroffen sind. Unter der Bezeichnung Mad Studies, welche ich als Teil von Disability Studies verstehe, organisieren sich diese Bewegungen und Perspektiven (insbesondere im englischsprachigen Raum) seit 10 Jahren auch mit einem explizit wissenschaftlichen Anliegen (vgl. Le-François/Menzies/Reaume 2013). Theoretisch und methodisch werden meine Suchbewegungen gerahmt durch Ansätze der Kritik und Genealogie nach Michel Foucault und Judith Butler, um sowohl die Formierung der Diskurse, als auch deren Ausschlüsse und Wahrheitsbildungen zu untersuchen (vgl. Butler 1991, S. 9 ff.; Foucault 2006, S. 38 ff.). Dabei vertrete ich ein grundlegend konstruktivistisches Verständnis von psychiatrischen Wahrheiten (wie Diagnosen) und ‚Verrücktheit‘. Sie sind Ergebnis von Diskursen und diesen nicht vorgängig – das heißt sie werden erst durch diskursive Prozesse in Existenz gerufen. In Bezug auf meine eigene Verortung als verRückt, oder psychiatriebetroffen bedeutet dies, dass ich nicht verRückt *bin*, sondern verRückt *werde*: Erst über Psych-Verständnisse und -Zusammenhänge werde ich als ‚verrückt‘ hergestellt und dadurch von-der-Norm-verRückt. Dass ich mich als verRückt verorte, ist demnach vielmehr Ergebnis eines machtvollen Ver-Rückens als einer in mir verorteten ‚Verrücktheit‘. Dieses Verständnis ist anschließbar an beHindertenpolitische Selbstverständnisse von beHindert-werden statt beHindert-sein (vgl. Maskos 2010).

1. Von *psychiatrisch* zu *psych*: Was bedeutet das ‚psych‘ in PsychGewalt?

Die sprachliche Verschiebung von ‚psychiatrisch‘ zu ‚psych‘ geht einher mit der Re_formierung psych(iatrischer) Zusammenhänge seit den 1970er, 1980er und 1990er Jahren (vgl. Castel/Castel/Lovell 1982, S. 319 f.; Foucault 2015, S. 250 ff.). Somit spiegelt der Begriff ‚psych‘ – und dessen englisches und französisches Äquivalent ‚psy‘ – eine gesellschaftliche Situation, in der sich zuvor psychiatrische Felder ausgedehnt haben auf psychologische, therapeutische, biomedizini-sche, (sozial)pädagogische und weitere psych-professionelle Kontexte und Ver-ständnisse (vgl. Le-François/Menzies/Reaume 2013). Während diese Verände-rungen in hegemonialen Diskursen vorwiegend als Deinstitutionalisierung und Auflösung psychiatrischer Großinstitutionen verhandelt werden, beschreiben kritische Analysen dieses veränderte Psych-System als weitaus diffuser, klein-teiliger und dadurch schwerer be_greifbar – dabei jedoch nicht als weniger gewaltförmig (vgl. Weigand 2015). Vielmehr wirkt diese neue Ordnung von Psych-Zusammenhängen und -verständnissen auf eine Psychiatrisierung oder Therapeutisierung des Alltags (vgl. Castel/Castel/Lovell 1982). Um diese Zu-sammenhänge machtkritisch zu be_greifen und zu verbalisieren, benötigt es sowohl eine Verschiebung des Untersuchungsgegenstandes von Psychiatrie zu Psych-Zusammenhängen als auch ein Verständnis dieser als Gewalt.

2. Warum spreche ich von Gewalt?

Der Ausgangspunkt für den Begriff *PsychGewalt* und das Verständnis von Psych-Zusammenhängen als gewaltvoll liegt in vorwiegend aktivistischen Ver-handlungen um psychiatrische Gewalt. Der Begriff *psychiatrische Gewalt* war insbesondere in antipsychiatrischen und psychiatriekritischen Bewegungen ab den 1960er Jahren grundlegend, um auf die Gewalt innerhalb psychiatrischer Institutionen hinzuweisen. Erst durch das explizite Benennen von psychiatri-schen Zwangsmaßnahmen, wie Fixierung und Zwangsinstitutionalisierung als *Gewalt*, konnte dies auch im öffentlichen Diskurs problematisiert und ange-klagt werden – beispielsweise in den aktivistischen Formaten des Foucault Tri-bunals (1998) und des Russell Tribunals (2001) und später auch in der juristi-schen Einforderung von Rechten für psychiatrisierte Personen. Bis dahin (und teilweise auch noch bis heute) wurde direkte Gewalt innerhalb von psychiatri-schen Institutionen nicht als Gewalt, sondern vielmehr als notwendige ‚Be-handlung‘ verhandelt. Somit waren der Begriff *psychiatrische Gewalt* und damit einhergehende kritische Diskussionen ausschlaggebend für die großen Psy-chiatriereformen ab den 1970er Jahren, welche sich in der BRD beispielsweise in der Psychiatrie-*Enquete* von 1975 abzeichneten. Durch diese Reformen wur-den einige Formen von psychiatrischer Gewalt, welche spezifisch waren für die großen Anstaltspsychiatrien des 19. und beginnenden 20. Jahrhunderts, aufge-löst oder verringert. Dazu gehören neben lebenslanger Institutionalisierung in psychiatrischen Großinstitutionen Elektroschock und Lobotomien. PsychGe-walt manifestiert sich jedoch neu in dem re_formierten System, findet Zugang in gesellschaftliche Bereiche, welche zuvor psychiatrisch nicht oder wenig kon-trollierbar waren. Als Beispiele hierfür gelten die konstante Zunahme von Me-dikamentalisierung (vgl. Morrison 2005), die Ausdehnung gemeinde- und ‚sozial'psychiatrischer Zuständigkeiten auf Nachbar*innenschaften und Privat-wohnungen (vgl. Weigand 2015), sowie die strukturelle Vereinnahmung eman-zipativer Unterstützungszusammenhänge, wie Peer Support (vgl. Russo 2015), das Recovery-Modell (vgl. Beresford 2012, S. 10) oder von Weglaufhäusern (vgl. Vogel 2012). Für eine machtkritische Analyse aktueller Psych-Zusammenhänge in ihrer Diffusität und Komplexität braucht es deshalb ein Gewaltverständnis, welches nicht ausschließlich direkte Gewalt innerhalb (geschlossener) Institu-tionen adressiert, sondern die Gewaltförmigkeit aktueller Psych-Zusammen-hänge in ihren unterschiedlichen Formen zu be_greifen vermag.

3. Wie formiert sich PsychGewalt diskursiv? Eine Ausdifferenzierung

Ich differenziere PsychGewalt in flüssige, feste, zwischenmenschliche und ver-innerlichte Form. Diese Unterteilung geht hervor aus empirischen Untersu-chungen und aus unterschiedlichen theoretischen Ansätzen, welche Gewalt und Diskriminierung mehrdimensional zu fassen versuchen. Insbesondere zu nen-nen sind dabei Verständnisse von epistemischer Gewalt (vgl. Butler 1991), struktureller, kultureller und direkter Gewalt (vgl. Galtung 1990), Konzepte von Subjektivierung, Gouvernementalität und Biopolitik (vgl. Foucault 2006), sowie diskriminierungskritische Ansätze, welche Psych-Zusammenhänge als menta-lism, saneism oder Psychoableismus theoretisieren (vgl. LeFrançois/Menzies/ Reaume 2013, S. 339; Oppenländer 2015). Was sich in der Verbindung dieser Ansätze verdeutlicht und auch in dem Konzept von PsychGewalt zum Tragen kommt, ist ein Verständnis, welches Gewalt als allgegenwärtig begreift. Be-zeichnend für meine Ausdifferenzierung von PychGewalt ist, dass ich dabei nicht von der Vorstellung ausgehe, dass forschende Personen eine objektive Außenperspektive innehaben. Vielmehr verstehe ich mich, in der Analyse die-ser Zusammenhänge und der Ableitung von PsychGewalt, als Teil dieser dis-kursiven Vorgänge, welche mich unter anderem als ,verrückt' anrufen und zu denen ich mich (bestätigend oder transformativ) verhalten muss (vgl. Butler 1997, S. 29; Hornscheidt 2019). Daraus hervorgehend bezieht sich die spezifi-sche Ausdifferenzierung und Bezeichnung der Formen von PsychGewalt dar-auf, wie sich Psych-Verständnisse auf unterschiedlichen Ebenen materialisieren und (insbesondere auf verRückte und psychiatriebetroffene Personen) diskursiv wirken.

So beschreibt die *flüssige* Ebene die Ungreifbarkeit und Diffusität von gesell-schaftlichen Annahmen und Überzeugungen, die sich beispielsweise in alltägli-chen Geschichten, Bildern, Metaphern und Synonymisierungen widerfinden. Mit der *festen* Ebene beschreibe ich Gesetze, Regelungen und Diagnosen, wel-che in ihrer Härte und (scheinbaren) Klarheit Menschen und ihre Interaktio-nen zu definieren und *fest*zuschreiben vermögen. Die *flüssige* und *feste* Ebene beeinflussen ganz grundlegend und auf unterschiedliche Weise *zwischen-menschliche* Interaktionen und *verinnerlichte* (Selbst)verständnisse und werden durch diese umgesetzt.

Das Zusammenwirken dieser Aspekte lässt sich beispielhaft an einer in der deutschsprachigen Schweiz gängigen Redewendung aufzeigen. Diese lautet: „Wenn du dich nöd benimmsch, denn holt dich s'gääle Wägeli". Die Redewendung vom gelben Wagen, der unartige Kinder abholt, bezieht sich auf Fahrzeuge, die bis in die 1940er Jahre spezifisch für (Zwangs)Einweisungen in die Zürcher ,Irrenanstalt Burghölzli' genutzt wurden (vgl. Brandenberger 2007). Meist von erziehungsberechtigten Personen gegenüber Kindern ausgesprochen, hat diese Redewendung das Ziel, Angst vor Segregation und (psychiatrischer) Institutionalisierung hervorzurufen und, um dieser zu entgehen, soziale Anpassung zu erreichen. Die darüber vermittelten gesellschaftlichen Annahmen zu Verhaltensnormen, Psychiatrie und psychiatrisierten Positionen sind Teil von *flüssiger* PsychGewalt. So normalisiert diese Redewendung die bis heute durchgeführte Praxis der Zwangseinweisung. Diese wird auf *fester* Ebene gesetzlich und diagnostisch legitimiert, u. A. über die bundeslandspezifischen Psychisch-Kranken-Gesetze. Die flüssige und feste Ebene wirken jedoch erst durch deren *zwischenmenschliche* Umsetzung: Sie manifestieren sich im Aussprechen dieser Redewendung als Drohung und in der Durchführung von psychiatrischen (Zwangs)Maßnahmen durch Ärzt*innen, Richter*innen und weitere (psych-professionelle und Privat-) Personen. Die *verinnerlichte* Ebene von PsychGewalt findet sich als eine Art Erziehungsziel in der Redewendung vom gäle Wägeli: Gesellschaftliche Segregation durch (psychiatrische) Institutionalisierung wird als Lösung für unerwünschtes oder norm-abweichendes Verhalten konstruiert. Um dieser zu entgehen, sollen die angesetzten Bewertungsnormen verinnerlicht und das eigene Verhalten nach diesen ausgerichtet werden.

4. Zentrale Narrative: Was wird durch PsychGewalt ,wahr'?

In der Untersuchung von Psych-Gewalt auf diesen unterschiedlichen Ebenen zeichnen sich zwei zentrale Narrative von Psych-Verständnissen ab: Die diskursive Herstellung von psychiatrisierbaren Subjekten und darauf aufbauend die Herstellung von Psych-Zusammenhängen als zuständig für diese. Die diskursive Herstellung psychiatrisierbarer Subjekte beginnt mit der Setzung gesellschaftlicher Maßstäbe zu Verhalten, Fühlen und Wahrnehmen. Diese sind nicht für alle Personen einheitlich, sondern unterscheiden sich nochmal nach gendernden, rassifizierenden und klassistischen Erwartungen (vgl. Lüthi 2019). Deren nicht- (oder über-) Erfüllung wird als Mangel oder Störung konstruiert, welche individualisiert behandelt oder beseitigt werden muss. Dies ist ein Prozess der Psychopathologisierung, welcher psychiatrisierbare Subjekte hervorbringt und meist einhergeht mit einer Herstellung dieser als ‚gefährlich‘, ‚nicht-ernst-zu-nehmen‘ oder ‚unvereinbar mit gesellschaftlichen (Leistungs)Ansprüchen‘ (vgl. Wipond 2014). Die Zuständigkeiten der Psych-Zusammenhänge leiten sich direkt daraus ab: Aus der diskursiven Herstellung psychiatrisierbarer Subjekte als gefährlich leitet sich die gesellschaftliche Schutzfunktion von Psych-Zusammenhängen ab; aus der Herstellung als nicht-ernst-zu-nehmend oder unmündig leitet sich die Funktion der Vertretung und Fürsprache ab, aus der mangelnden Leistungsfähigkeit leitet sich die Psych-Funktion der Rehabilitation und gesellschaftlichen Re_integration ab. Dabei werden diese Konstruktionen diskursiv nicht als eine unter vielen möglichen Verständnissen verhandelt, sondern weitestgehend als unhinterfragbar und gegeben vorausgesetzt. Davon abweichende emanzipative (Selbst)Verständnisse und nicht-psychiatrische Modelle der Bezugnahme und Unterstützung (vgl. Lehmann/Stastny 2007) werden vereinnahmt, nicht wahrgenommen oder gar als pathologisches Symptom charakterisiert (vgl. Beresford 2012; Russo 2015; Vogel 2012; Weigand 2015). Dadurch geschieht gleichzeitig eine diskursive Konstruktion von Psych-Verständnissen als unhinterfragte diskursive Wahrheit, als auch ein diskursiver Ausschluss abweichender Perspektiven. Diesen Prozess, welcher Psych-Verständnisse zentriert und davon abweichende (und insbesondere emanzipative) Perspektiven diskursiv ausschließt, bezeichne ich als Psych-Zentrismus oder psychzentrisch.

5. Diskursive Verwerfungen: Was wird durch PsychGewalt un_möglich?

Die diskursive Verwerfung psychiatrisierter und verRückter Positionen beschreibt Foucault (2017) als eine von drei zentralen diskursiven Ausschlussprozeduren – die anderen sind das Verbot und die Verifikation und Falsifikation von Wissen (ebd., S. 11 ff.). Die Aktualität dieser Form der diskursiven Verwerfung auf allen vier Ebenen von PsychGewalt lässt sich beispielhaft anhand des Begriffes ‚Gender-Wahn‘ und seinen diagnostischen Verknüpfungen darstellen. Dieser Begriff wird medial und alltagsprachlich insbesondere in Bezug auf trans*, ex-gendernde und queere Politiken verwendet. Indem diese mit dem Begriff ‚Wahn‘ verbunden werden, werden sie als unglaubwürdig hergestellt und diskursiv abgewertet. Dies ist nur dadurch möglich, dass verRückte und psychiatrisierte Positionen bereits diskursiv ausgeschlossen sind – ein Ausschluss, der durch dessen wiederholte Aufrufung re_produziert und verfestigt wird. Dadurch nimmt diese Wortkombination eine zweifache diskursive Abwertung vor: Sie verwirft sowohl verRückte als auch genderismuskritische Positionen.

Die weitläufige Verwendung des Begriffes ‚Wahn' ist nicht auf alltags-
sprachliche Verhandlungen reduziert: Die anhaltende diagnostische Relevanz
dieser Konstruktion zeigt sich schon darin, dass unterschiedliche Variationen
dieses Begriffes 61 Mal in dem aktuellen Krankheitskatalog ICD-10 (vgl.
DIMDI 2015) auftauchen. Die Wortkombination ‚Gender-Wahn' führt mich
jedoch noch zu einem weiteren diagnostischen Konstrukt: Auf fester Ebene
regeln Diagnosen, Gesetze und Behandlungsrichtlinien die Psychopathologisierung von trans* und non-binären Personen. Das aktuelle medizinisch-juristi-
sche System setzt eine psychiatrische Diagnose der Krankheitskataloge DSM-5
(vgl. APA 2013) oder ICD-10 (vgl. DIMDI 2015) voraus, um Zugang zu
trans*spezifischer Gesundheitsversorgung und juristischer Anerkennung von
Namen und Personenstand zu erhalten. Mit dem Inkrafttreten des ICD-11
(voraussichtlich 2022) verändert sich in Ländern, die sich auf den ICD beziehen, dass einige der trans*spezifischen Diagnosen nicht mehr der Kategorie
‚Psychische und Verhaltensstörungen' zugeordnet sind – ein Teilerfolg der
jahrelangen trans*aktivistischen Depathologisierungsbemühungen, welcher an
der Schnittstelle von Transgender und Mad/Disability Studies auch kritisch
diskutiert wird (vgl. Kirby 2014; Lüthi 2016). Sowohl auf diagnostischer, als
auch auf alltagssprachlicher Ebene funktioniert die Psychopathologisierung von
trans*, non-binären und ex-gendernden Selbstverständnissen, um diese in
psychzentrische Logiken einzupassen. Dadurch wird ihnen eine eigene (hegemonialen Genderverständnissen widerstehende, transformative) Logik abgesprochen.

Quer zu und verwoben mit der festen und flüssigen Ebene von PsychGewalt
bewegen sich auch hier zwischenmenschliche und verinnerlichte Formen. Denn
die Regeln, Gesetze und Diagnosen (feste PsychGewalt) werden erst wirkmäch-
tig durch ihre Umsetzung und Implementierung in professionalisierten Interaktionen. Metaphern und Stereotypisierungen, welche ‚Wahn' mit ‚Gefahr'
oder ‚Unglaubwürdigkeit' gleichsetzen (flüssige PsychGewalt), wirken erst
durch deren ständige Aufrufung im alltäglichen SprachHandeln und daraus
abgeleiteten (Selbst)verständnissen und Interaktionen. Und so wirkt PsychGewalt bis in emanzipative Selbstbezeichnungen, wie das von mir verwendete
verRückt. Denn auch dieses bezieht sich – wenn auch rückaneignend und
transformativ – auf Psych-Verständnisse und verRückende Anrufungen. Ein
unabhängiges Außerhalb dieses Diskurses ist in der aktuellen umfassenden
Wirkmächtigkeit von Psych-Verständnissen diskursiv unvorstellbar, nicht-
wahrnehmbar, oder wie Hornscheidt in Anlehnung an Butler sagt: Entintelligi-
bilisiert (vgl. Butler 1991; Hornscheidt 2012, S. 360).

6. PsychGewalt nochmal neu und anders w_orten

Innerhalb diskursiver Ausschlüsse verständlich zu werden ist im besten Fall ein Ver_suchen, ein Suchen nach W_orten, um mich außerhalb von Psych-Verständnissen zu verständigen, zu verstehen, verständlich zu werden. Innerhalb psychzentrischer Wortbarkeiten PsychGewalt zu be_greifen – sie *wahr*zunehmen, mir selbst in ihr ge*wahr* zu werden – scheint un_*wahr*scheinlich. Und so ver_suche ich mir einen Reim zu machen, mir reimend neue W_orte und Verständnisse zu schaffen und dadurch ge*wahr* zu werden, *wahr* zu werden, *wahr*_nehmbar.

Ich unterscheide Psych-Zentrismus in vier verschiedene Formen,
die sich mit einander verbinden und verbünden zu Gewalt.
So unterscheide ich zwischen flüssiger und fester Gestalt,
zwischen festem Gesetz geformt aus flüssigen Normen.

Flüssige Gewalt, die Wissen und Normen bestimmt,
und so vielem Wissen, die Berechtigung wegnimmt.
Flüssig genannt, weil es ungreifbar ist
und sich unendliche Wege durch den Alltag frisst,

Feste Gewalt, in Diagnosen und Gesetze gesetzt,
Eine Gewalt, die das Flüssige in Regeln fest_setzt
Wo das Flüssige und Feste das Fundament bestimmt
und sich gemeinsam Wege durch Alltagswelten spinnt.

Zwischenmenschliche Gewalt spielt zwischen Personen,
die sich im Normierten und Gesetzten Legitimationen holen.
Von dem Festen gestützt und vom Flüssigen getragen,
findet sie sich zwischen-‚menschlichem‘ Tun und Sagen,

Und die vierte Form, die verinnerlichte Gewalt,
verankert Psych_zentrismus in meiner Gestalt
Gesetzte Gesetze und normalisierte Normen
funktionieren auch hier als bestimmende Formen.

Literatur

American Psychiatric Association (APA) (2013): Diagnostic and statistical manual of mental disorders (DSM-5). 5. Auflage. Washington, DC: Selbstverlag.

Beresford, Peter (2012): Die Rolle des Wissens der Betroffenen beim Aufbau von Alternativen zur Psychiatrie. In: Verein zum Schutz vor psychiatrischer Gewalt e.V. (Hrsg.): Auf der Suche nach dem Rosengarten. Echte Alternativen zur Psychiatrie umsetzen. Projektdokumentation. Berlin: Selbstverlag.

Brandenberger, Ulrich (2007): Fällig für's „gääle Wägeli"? weiachergeschichten.blogspot. com/2007/12/fllig-fr-s-gle-wgeli.html. (Abfrage: 22.08.2019).

Butler, Judith (1991): Das Unbehagen der Geschlechter. Frankfurt a. M.: Suhrkamp.

Butler, Judith (1997): Körper von Gewicht. Frankfurt a. M.: Suhrkamp.

Castel, François/Castel, Robert/Lovell, Anne (1982): Psychiatrisierung des Alltags. Produktion und Vermarktung der Psychowaren in den USA. Frankfurt a. M.: Suhrkamp.

Deutsches Institut für Medizinische Dokumentation und Information (DIMDI) (Hrsg.) (2015): Internationale statistische Klassifikation der Krankheiten und verwandter Gesundheitsprobleme, 10. Revision. Köln: Selbstverlag.

Foucault, Michel (2006): Sicherheit, Territorium, Bevölkerung. Geschichte der Gouvernementalität I. Vorlesungen am Collège de France 1977/1978. Frankfurt a. M.: Suhrkamp.

Foucault, Michel (2015): Die Macht der Psychiatrie. Vorlesungen am Collège de France 1973/1974. Hrsg. v. Jaques Lagrange. Frankfurt a. M.: Suhrkamp.

Foucault, Michel (2017): Die Ordnung des Diskurses. Frankfurt a.M: Fischer Taschenbuch Verlag.

Galtung, Johann (1990): Cultural Violence. Journal of Peace Research 27, H. 3, S. 291–305. links.jstor.org/sici?sici=0022-3433%28199008%2927%3A3%3C291%3ACV%3E2.0. CO%3B2-6 (Abfrage: 22.08.2019).

Hornscheidt, Lann (2012): feministische w_orte: ein lern-, denk- und handlungsbuch zu sprache und diskriminierung, gender studies und feministischer linguistik. Frankfurt a. M.: Brandes & Apsel.

Hornscheidt, Lann (2019): Sprachliche Gewalt differenzieren: Plädoyer für eine kulturanalytische diskriminierungskritische Sprachwissenschaft. In: Schröter, Juliane/Tienken, Susanne/ Ilg, Yvonne/Scharloth, Joachim/Bubenhofer, Noah (Hrsg.): Linguistische Kulturanalyse. Berlin: DeGruyter, S. 139–170.

Hornscheidt, Lann/Lüthi, Eliah (2018): Die Macht sprachlicher Handlungen für Vorstellungen von Gender und Psychiatrie. In: Sozialpsychiatrische Information 48, H. 1, S. 15–18.

Kirby, Ambrose (2014): Trans jeopardy trans resistance: Shaindl Diamond interviews Ambrose Kirby. In: Burstow, Bonnie/LeFrancois, Brenda A./Diamond, Shaindl (Hrsg.): Psychiatry disrupted. Theorizing resistance and crafting the (r)evolution. Kingston, ON, & Montreal, QC: McGill-Queen's University Press, S. 163–176.

LeFrançois, Brenda A./Menzies, Robert/Reaume, Geoffrey (2013): Mad Matters: A Critical Reader in Canadian Mad Studies. Toronto: Canadian Scholars' Press.

Lehmann, Peter/Stastny, Peter (Hrsg.) (2007): Statt Psychiatrie 2. Berlin: Antipsychiatrie Verlag.

Lüthi, Eliah (2015): (De_)Psychopathologisierung von Trans interdependenken: Abgrenzung, Ausschlüsse und Solidarität. In: AK ForschungsHandeln (Hrsg.), InterdepenDenken! Wie Positionierung und Intersektionalität forschend gestalten. Berlin: w_orten&meer. S. 48–71.

Lüthi, Eliah (2016): Relocating Mad_Trans Re_presentations Within an Intersectional Framework. In: Intersectionalities: A Global Journal of Social Work Analysis, Research, Polity, and Practice 5, H. 3, S. 130–150. journals.library.mun.ca/ojs/index.php/IJ/article/view/1603/1334 (Abfrage: 22.08.2019).

Lüthi, Eliah (2019): PsychGewalt_ig: Psych(iatrische) Gewalt als Diskriminierungsstruktur verstehen. In: get well soon (Hrsg.): Gegendiagnose II. Beiträge zur radikalen Kritik an Psychologie und Psychiatrie. Münster: edition assemblage, S. 214–233.

Maskos, Rebecca (2010): Was heißt Ableism?: Überlegungen zu Behinderung und bürgerlicher Gesellschaft. In: arranca! #43, bidok.uibk.ac.at/library/maskos-ableism.html (Abfrage: 08.07.2019).

Morrison, Lydia (2005): Talking Back to Psychiatry: The Psychiatric Consumer/Survivor/Ex-patient Movement. New York: Routledge.

Oppenländer, Lio (2015): Verzweifeln in der dritten Person. Depression als Psychopathologisierung und internalisierte Diskriminierung interdepenDenken. In: AK ForschungsHandeln (Hrsg.): InterdepenDenken! wie positionierung und intersektionalität forschend gestalten? Berlin: w_orten&meer, S. 27–48.

Russo, Jasna (2015): Die epistemische Dominanz unterbrechen. Anforderungen an die Forschung. In: Armbruster, Jürgen/Dieterich, Anja/Hahn, Daphne/Ratzke, Katharina (Hrsg.): 40 Jahre Psychiatrie-Enquete. Blick zurück nach vorn. Köln: Psychiatrie-Verlag, S. 294–303.

Vogel, Kathrin (2012): Was ist das Weglaufhaus? In: Verein zum Schutz vor psychiatrischer Gewalt e.V. (Hrsg.): Auf der Suche nach dem Rosengarten. Echte Alternativen zur Psychiatrie umsetzen. Projektdokumentation. Berlin: Selbstverlag, S. 62–65.

Weigand, Stefan (2015): Inklusiv und repressiv. Zur Herrschaftsförmigkeit der reformierten Psychiatrie. In: Schmechel, Cora/Dion, Fabian/Dudek, Kevin/Roßmöller, Mäks* (Hrsg.): Gegendiagnosen: Beiträge zur radikalen Kritik an Psychiatrie und Psychologie. Münster: edition assemblage, S. 20–47.

II Methodologische und methodische Überlegungen der Disability Studies

Partizipativ und emanzipatorisch

Ansprüche an Forschung im Kontext der Disability Studies

Volker Schönwiese

Wenn sich die Disability Studies (DS) nicht nur als eine auf die Hochschulen bezogene akademische Disziplin verstehen und ihre Ursprünge in der Selbstbestimmt-Leben-Bewegung berücksichtigen wollen, ist die Frage nach dem Verhältnis der DS zur Emanzipation von Menschen mit Behinderungen eine zentrale (vgl. DistA 2018). Nicht distanzierende Fragestellungen mit dem Ziel von ‚reiner‘ Erkenntnis, sondern die Frage: „Für und mit wem forschen und schreiben wir eigentlich?" sind dabei entscheidend (vgl. Birkner 2013). DS „zwischen Emanzipation und Vereinnahmung" fragen nach den allgemeinen Zusammenhängen von Forschung und Forschungspolitik, sie fragen nach befreiender Forschungs-, Lebens- und gesellschaftlicher Praxis. Im Folgenden sollen einige Aspekte aufgegriffen werden, die das Spannungsverhältnis in den DS zwischen Emanzipation und Vereinnahmung charakterisieren. Es gibt Traditionen partizipatorischer Forschung – wie Emancipatory Research, Participatory Action Research (PAR) und Inclusive Research, die im deutschsprachigen Raum verstärkt aufgegriffen werden sollten. Beachtet werden müssen dabei allerdings die Bedingungen der Kooperation in den zunehmend an Exzellenz und Leistungswettbewerb orientierten Universitäten und Hochschulen, die politischen und institutionellen Vereinnahmungsversuche von Partizipation und die Vermarktlichung der Behindertenhilfe. DS agieren in institutionellen und gesellschaftlichen Spannungsfeldern, deren ökonomische, kulturelle und politische Hintergründe mitbedacht und beschrieben werden müssen.

1. Emanzipation

Nach Wright lässt sich Emanzipation so definieren: „Das Wort emanzipatorisch verweist auf einen zentralen moralischen Zweck der Wissensproduktion: die Aufhebung von Unterdrückung und die Herstellung der Bedingungen menschlicher Entfaltung" (Wright 2017, S. 50).

Eine Zielorientierung an Emanzipation erfordert eine Verbindung von DS und „Emancipatory Disability Research" (vgl. Barnes 2001; Barnes 2014; DiStA 2018). Sie beinhaltet sowohl Theorie-Entwicklung und Erkenntnisgewinn zur Dekonstruktion von Diskursstrukturen als auch Feldentwicklung, Erkenntnisse zur sozialen Lage von Menschen mit Behinderungen, zum Abbau behindernder Barrieren und zur Arbeit an der Befreiung aus bevormundenden Lebenslagen.

„Die Aufhebung von Unterdrückung und die Herstellung der Bedingungen menschlicher Entfaltung" (Wright 2017, S. 50) meint epistemisch die Verbindung von Empowerment über Erkenntnisse und Beteiligung. Diese Verbindung ist der entscheidende Schritt, der die Weiterentwicklung der DS in eine Richtung führt, die sich nicht ausschließlich dekonstruktivistisch und poststrukturalistisch auf Sprechakt- und Diskurstheorie bezieht, wie es eine dominante Bezugnahme auf Judith Butler und Michel Foucault in den DS als akademische Disziplin nahelegen würde. Macht durchdringt nicht nur (über die Mikrophysik des Körpers und sprachliche Performativität) unsere physische Konstitution, Subjektivierung und soziale Existenz, sie ist auch Produkt von benennbaren Verteilungskämpfen, an denen wir Personen mit dem gesellschaftlichen Status ‚Menschen mit Behinderungen', ob wir wollen oder nicht, beteiligt sind und uns mit der historischen sozialen Bewegung ‚Selbstbestimmt Leben' aktiv politisch beteiligen/beteiligt haben. Behindertenpolitische Zusammenhänge nicht zu vernachlässigen erfordert die direkte Beschreibung der Bedingungen von Beteiligung im Zusammenhang von Emanzipation, eine gleichwertige Berücksichtigung benennbarer Dimensionen zur Herstellung von Gerechtigkeit. Und um es nochmals allgemeiner zusagen: Es geht darum, sich nicht in der Analyse kontingenter Machtkonstruktionen zu verlieren, vielmehr müssen reale Interessenskonflikte auf den Ebenen folgender Dimensionen aufgearbeitet werden (Tabelle 1).

Tabelle 1: vgl. Plangger/Schönwiese (2013, S. 67)

Dimensionen	Ökonomische Produktionsverhältnisse	Kulturelle Signifikationsprozesse	Politische Repräsentation
Formation von Behinderung	Ökonomische Ungerechtigkeit und Ausbeutung	Kulturelle Abwertungen durch negative und essentialisierende Bedeutungszuschreibungen	Ausschluss durch Institutionelle, strukturelle und institutionelle Diskriminierung
Herstellung von Gerechtigkeit	Umverteilung	Anerkennung	Inklusion

Transformations-strategien	Sozialismus und Auflösung kapitalistischer Herrschafts- und Unterdrückungsstrukturen	Dekonstruktion	Partizipation und partizipatorische Parität
Nichtreformistische Reformen	Soziale Rechte, finanzielle Unterstützung, die Autonomie ermöglicht (z. B. persönliches Budget)	Anerkennung von Differenz	Bürgerrechtsorientierte Behindertenpolitik (UN-Konvention) und Selbstbestimmung
Ambivalenzen	Behinderte Menschen als Konsument*innen innerhalb eines neoliberalen Regimes	Reproduktion der Dominanzverhältnisse, Individualisierung	Aktivierender Sozialstaat; Anpassungszwang, Responsibilisierung und Prekarisierung

Menschen mit Behinderungen sind eine sehr heterogene Gruppe. Ihnen ist gemeinsam, dass sie durch das Ineinandergreifen von ökonomischen und kulturellen Dimensionen zweiwertig formiert werden und in beiden Bereichen Diskriminierungs-, Ausschluss- und gesellschaftliche Abwertungsprozesse erfahren, die auf politische Zusammenhänge und Repräsentationen verweisen (vgl. Fraser 2001, S. 39).

Partizipation kann je nach Entstehungs- und Verwertungszusammenhängen unterschiedliche Bedeutungen haben. Partizipation kann ermächtigen, aber auch für einen affirmativen politischen Mainstreaming-Prozesses vereinnahmt werden, insbesondere, wenn nur eine einzige der drei angeführten Dimensionen berücksichtigt wird und die innewohnenden Ambivalenzen ausgeblendet werden.

2. Partizipation

Die DS müssen sich in ihrer Methodologie dem Problem stellen, dass behinderten Menschen die gleichberechtigte Teilhabe (partizipatorische Parität) als ebenbürtige Forschungspartner*innen durch Ausschlussprozesse gesellschaftlich entzogen wird. Dies stellt sich in der dominanten universitären Wissenschaftspraxis und in den DS als Subjekt-Objekt-Problem dar, mit der Frage, wer Objekt und wer Subjekt von Wissenschaft ist.

Es gilt: „Participation without redistribution of power is an empty and frustrating process for the powerless." (Arnstein 1969, S. 216) Partizipativen/partizipatorischen Forschungsstrategien, die als essentieller Teil der DS angesehen werden müssen, geht es darum, „dass ForscherInnen Macht bzw. Entscheidungsgewalt abgeben und die Beforschten gleichzeitig Einfluss erhalten." (Flieger 2009, o.S.)

Es gibt international eine lange Tradition partizipatorischer Forschung. Im deutschsprachigen Raum scheinen diese Forschungspraktiken weniger etabliert zu sein als im anglophonen Raum, was daran liegen könnte, dass Aktionsforschung ab den 1970er Jahren im deutschsprachigen Raum für den universitären Forschungsbetrieb als zu radikal gesellschaftsverändernd konzipiert gesehen wurde. In Ausschreibungen und Begutachtungsverfahren der Forschungsfonds wurde Aktionsforschung als Methode nicht gleichwertig gegenüber den üblichen quantitativen und qualitativen Forschungsstrategien in den Sozialwissenschaften behandelt. Übrig blieb ein Rest an „Handlungsforschung", der stark an pädagogischen Fragen des Schulbetriebs und einem Konzept „LehrerInnen erforschen ihren Unterricht" orientiert war und ist (vgl. Altrichter/Posch/ Spann 2018).

Es ist daran zu erinnern, dass der Beginn der meisten kritischen Initiativen von behinderten Menschen, die im Rahmen sozialer Bewegungen aktiv wurden und die wir heute „Selbstbestimmt-Leben-Bewegung" nennen (vgl. Geschichte der Behindertenbewegung), Kooperationsprodukte waren, an denen behinderte Frauen und Männer als Aktivist*innen und kritische Einzelpersonen am Rande von Bildungsinstitutionen, universitären Forschungsgruppen oder aus dem weiteren Umfeld von Trägern von Einrichtungen der Behindertenhilfe beteiligt waren. Diese Expert*innen oder Mitarbeiter*innen von Institutionen, die sich als Verbündete engagierten und damit Widerstand gegen die eigenen Institutionen leisteten, gerieten dadurch manchmal selbst in prekäre berufliche Situationen. Wir können nicht davon ausgehen, dass die Emanzipationsbewegung von Menschen mit Behinderungen nur aus sich selbst heraus geschöpft hat, aus ihrer Betroffenheit, Verzweiflung, Wut und erkämpften Bildung, sondern auch aus der fachlichen Expertise von Verbündeten oder Mitbetroffenen und einer stillen bis duldenden Unterstützung von manchen Personen aus Entscheidungshierarchien. Aus Kooperationsprozessen sind Dokumente entstanden, die auf Wissenschaftspraxen verwiesen, die Elemente von Aktionsforschung beinhalteten (vgl. z. B. Initiativgruppe 1982).

Im Wissen um diese Entwicklungen gilt es im Rahmen der DS neuerlich und verstärkt Strömungen zur Kooperation und Partizipation in der Forschung aufzugreifen und zu stärken, die aktuell in drei Richtungen beschrieben werden können. Zum einen als *Emancipatory Research*:

„Bei Emancipatory Research geht es zentral darum, dass Kontrolle, Macht und Entscheidungsgewalt in den Händen von Frauen und Männern mit Behinderung liegen […]. Dieser Schluss impliziert eine radikale Veränderung der sozialen Verhältnisse und Beziehungen zwischen ForscherInnen und Beforschten, da die Kontrolle über die Forschung in die Hände der Beforschten gelegt wird. Wissenschaft-

lerInnen ohne Behinderung fungieren in diesem Modell konsequenterweise als Be-
raterInnen, die Forschungsprojekte für und in Zusammenarbeit mit behinderten
AuftraggeberInnen durchführen." (Flieger 2009, o.S.; vgl. auch Walmsley/Johnson
2003, S. 52 f.)

Eine mehr US-orientierte Variante der beschriebenen Forschungsrichtung ist
Participatory Action Research (PAR):

„Dabei haben die Verwendung von Ergebnissen und die Entwicklung von Lösungsstrategien unter der Einbeziehung Betroffener einen zentralen Stellenwert. Die
Rolle der beteiligten Frauen und Männer mit Behinderung geht daher weit über die
Rolle herkömmlicher InformantInnen hinaus, wenn diese z. B. als Interviewpartner-
Innen fungieren. Wie bei Emancipatory Research ist es auch bei PAR eine Priorität,
dass Forschungsfragen und -inhalte für Menschen mit Behinderung bedeutsam
und sinnvoll sind sowie langfristig zur Verbesserung ihrer Lebensbedingungen bzw.
ihrer Lebensqualität führen." (Flieger 2009, o.S.)

Diese beiden Ansätze ergänzen sich und können in der Praxis sowohl für the-
matische Analysen als auch für an Grundlagen orientierte Forschungen verwendet werden. Explizit partizipatorisch und transdisziplinär war z. B. die kulturhistorische Studie „Das Bildnis eines behinderten Mannes" angelegt (vgl.
Flieger/Schönwiese 2007; Flieger 2007). Die repräsentative deutsche Studie zu
„Lebenssituation und Belastungen von Frauen mit Behinderungen" (Schröttle
et al. 2013) ist ebenfalls partizipatorisch orientiert. Die Studie hatte die nachhaltige Verbesserung der Lebensqualität von Frauen mit Behinderungen zum
Ziel, Expertinnen mit Behinderungen standen den Wissenschaftlerinnen lau-
fend in beratender Funktion zur Seite, Frauen mit Behinderungen fungierten
direkt als Informantinnen, auch jene mit intellektuellen Beeinträchtigungen
und jene, die in Einrichtungen leben. Schließlich wurden die Ergebnisse der
Studie in verschiedenen Formaten veröffentlicht, um u. a. auch Frauen mit
allen Formen von Beeinträchtigungen zugänglich zu sein. Diese Kriterien qua-
lifizieren diese Untersuchung als partizipatorische Forschung, allerdings verwenden die Autorinnen diesen Begriff selbst nicht explizit in der Veröffentlichung (vgl. Flieger 2013, 163 f.).

In den letzten Jahren hat sich eine weitere wichtige Forschungsrichtung als
Inclusive Research gebildet:

„In Großbritannien hat sich der Begriff Inclusive Research speziell für die Partizipation von Frauen und Männern mit Lernschwierigkeiten etabliert [...]. Inclusive Research übernimmt Elemente von PAR ebenso wie von Emancipatory Research und
versucht gleichzeitig die besonderen Voraussetzungen und Verhältnisse in der Forschung zum Thema Lernbehinderung zu berücksichtigen." (Flieger 2009, o.S.)

Diese Forschungsrichtung hebt die Distanz der universitären DS gegenüber Menschen mit Lernschwierigkeiten auf und verbindet sie mit Teilen von Inklusionsforschung (vgl. Buchner/Koenig/Schuppener 2016; Kremsner 2017).

3. Problembereiche

Die Berücksichtigung von Spannungsfeldern und Interessenskonflikten ist notweniger Bestandteil einer Entwicklung der DS, die emanzipatorisch wirken und Vereinnahmung vermeiden will.

3.1 Spannungsfeld Kooperation: 3-Forscher*innen-Modell

Die Rahmenbedingungen von Forschungseinrichtungen, Universitäten und Forschungsfonds sind politisch geregelt oder verfasst und haben in den letzten Jahrzehnten einen Prozess der Entdemokratisierung durchgemacht (Bologna-System und Employability; Marktorientierung und Drittmittelabhängigkeit; Autonomie und Reduktion von Mitbestimmung; Exzellenz-Orientierung, Elitebildung und Hierarchisierung), der als Produkt allgemeiner neoliberaler Entwicklungen gesehen werden muss (vgl. Butterwegge/Lösch/Ptak 2017). Das Erfüllen von Erfordernissen für Karrieren in diesen Universitätsstrukturen ist mit Forschungsdruck, Publikationsdruck und Abhängigkeit von Evaluations- und (Peer-)Begutachtungsverfahren verbunden. Das System dieser Wettbewerbs-Dynamik bringt uns Forscher*innen aus den DS z. B. in der (Peer-)Begutachtung in problematische Positionen, denn sie hat nichts mit Peer-Counseling und wenig mit Forschungs-Kooperation zu tun, sie bewegt sich vielmehr innerhalb einer Dynamik von Abgrenzung und Konkurrenz. Das mag typisch für universitäre Verhältnisse sein, ist aber in den DS, die sich als Teil einer sozialen Bewegung mit politischen und emanzipatorischen Ansprüchen verstehen, problematisch. Kritisches Denken verschiebt sich innerhalb der weiter existierenden Freiräume in universitären Zusammenhängen. Fraser konstatiert z. B., dass die Umorientierung kritischer Analysen und Politiken von der Umverteilung (Ökonomie) zur Anerkennung (Kultur) zu dem Zeitpunkt erfolgte, als der Neoliberalismus nach dem Zusammenbruch des Ostblocks seinen weltweiten Siegeszug angetreten hatte. „Eine allgemeine Entkoppelung hat die kulturorientierte Politik der Anerkennung von der Sozialpolitik der Umverteilung gelöst. Außerdem haben Forderungen nach Gleichheit trotz aggressiver Durchsetzung marktförmiger Beziehungen in allen Lebensbereichen und stark gestiegener sozialer Ungleichheit ihren zentralen Stellenwert eingebüßt." (Fraser 2001, S. 13) Diese Schwerpunktverschiebung lässt sich auch in den politischen Forderungen der Behindertenbewegung und parallel dazu in den DS nachverfolgen, in denen Fragen nach Anerkennung und Intersektionalität immer

wichtiger geworden sind. Diese inhaltlich bedeutsamen Entwicklungen, wie
u. a. den Strukturkategorien Gender und Ethnizität die nötige Aufmerksamkeit
zuzuwenden, dürfen nicht von sozialen Ungleichheiten und Prekarisierungen
ablenken, die quer durch alle Strukturkategorien reichen. Als möglicher Ausweg ist Frasers Konzept von Gerechtigkeit zu sehen, das als Transformations-
strategie das Prinzip der partizipatorischen Parität in den Mittelpunkt stellt. Sie
soll allen Menschen die Möglichkeit bieten, als gleichberechtigte Partner*innen
am gesellschaftlichen Leben teilzuhaben (vgl. Plangger/Schönwiese 2013) und
sich Wissen zu gesellschaftlichen Widersprüchlichkeiten (‚Bildung‘) anzueig-
nen.

Personen mit Behinderungen müssen ohne formelle oder informelle Ausschlüsse oder Diskriminierungen gleichberechtigt in Forschung und Lehre
arbeiten können. Peer-Research von und mit Personen mit Behinderungen als
Forscher*innen und Produzent*innen akademischen Wissens in den DS können allerdings nicht von den allgemeinen akademischen Strukturen und Ar-
beitsbereichen unabhängig gesehen werden. Wichtig und viel realer ist es, unter
den vorliegenden Forschungsbedingungen von Kooperationsprozessen auszugehen, bei denen (ver-)störende Fragen danach, wer mit welcher Berechtigung
DS betreibt, zurückgedrängt werden. Solche Fragen sind: Wer wird nach welchem Modell von Behinderung (medizinisch, sozial, kulturell) ausreichend als
behindert gesehen, um DS zu betreiben; welche Bedeutung haben Sichtbarkeit
und Unsichtbarkeit von Beeinträchtigungen für Identität und Zugehörigkeit zu
der DS-Community; wer begründet in welchen intersektionellen Zusammenhängen ausreichend im Rahmen von DS zu forschen; welche Differenzkategorien erscheinen dabei als Strukturkategorien dominant; reicht es, verbündet
oder ‚mitbetroffen‘ zu sein, um akademisches oder nicht-akademisches Wissen
in Kooperationsprozesse direkt einzubringen (vgl. die „Weisen“ nach: Goffman
1970, S. 40 ff.) und soll nicht-akademisches Wissen von Personen mit Behinderungen nicht doch ausgeschlossen werden oder nur als zu interpretierendes
Material bedeutsam werden?

All diese konfliktreichen Fragen verlieren ihre hinderliche Dominanz, wenn
zu einer prozessorientierten triadischen Kooperation fortgeschritten wird, unter der Bedingung, dass Emanzipation auch tatsächlich den gemeinsamen Bezugspunkt darstellt und nicht Vereinnahmungs- und Mainstreamingprozesse
dominieren, die das Ziel von Emanzipation in den Hintergrund rücken lassen.

Abbildung 1: Triadische Struktur partizipatorischer Forschung

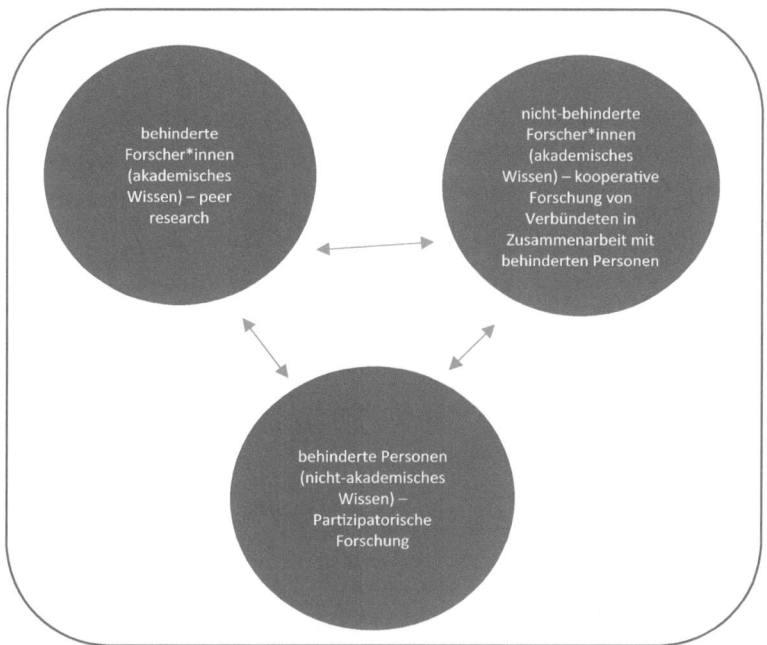

3.2 Spannungsfeld: Partizipationsleiter

Es gibt in der 100-jährigen Behindertenbewegung im deutschsprachigen Raum in unterschiedlichen Zusammenhängen viele Erfahrungen mit dem Problem, nicht gehört oder nur bis zu einem bestimmten Punkt einbezogen zu werden. Immer wieder wurde z. B. auf Gemeinde-, Landes- oder Bundesebene um Zusammenarbeit gekämpft, um Einflussnahme über Information, Beratung und Mitbestimmung. Die Erfahrung zeigt allerdings, dass auch bei erfolgreicher Zusammenarbeit bei den letzten Entscheidungsprozessen Ausschlüsse dominieren. Menschen mit Behinderungen dürfen mitsprechen, werden eingeladen mitzuarbeiten, um ab einem gewissen Zeitpunkt, z. B. durch Einladungspolitik und Gremienverlagerungen, zum Verschwinden gebracht zu werden: Letztlich wird ohne die von den Entscheidungen Betroffenen entschieden.

Arnstein hat diese Problematik 1969 schon sehr genau in einer Partizipationsleiter zur Bürger*innenbeteiligung beschrieben (vgl. Arnstein 1969, S. 217; Kersting 2008, S. 16). Arnstein unterscheidet zwischen Einbeziehung, die keine Partizipation beinhaltet (Manipulation, Therapie, Information), Stufen von Einbeziehung als Alibipolitik (Information, Rücksprache halten, Beschwichtigen) und Bürger*innenkontrolle (Zusammenarbeit, Machtübertragung, Bürger*innenermächtigung). Damit bietet diese Leiter auch für Formen der Partizipation in der Forschung eine wichtige Orientierung. Insgesamt geht es darum, nicht in eine ‚Mitmachfalle' zu geraten (vgl. Kersting 2008; Naue/Schönwiese 2015; Wagner 2014; Wansing 2005; Wilk/Sahler 2014).

Abbildung 2: Stufen der Partizipation – erarbeitet in einer Einrichtung für Menschen mit Behinderungen (Kosz/Sailer-Lauschmann 2018)

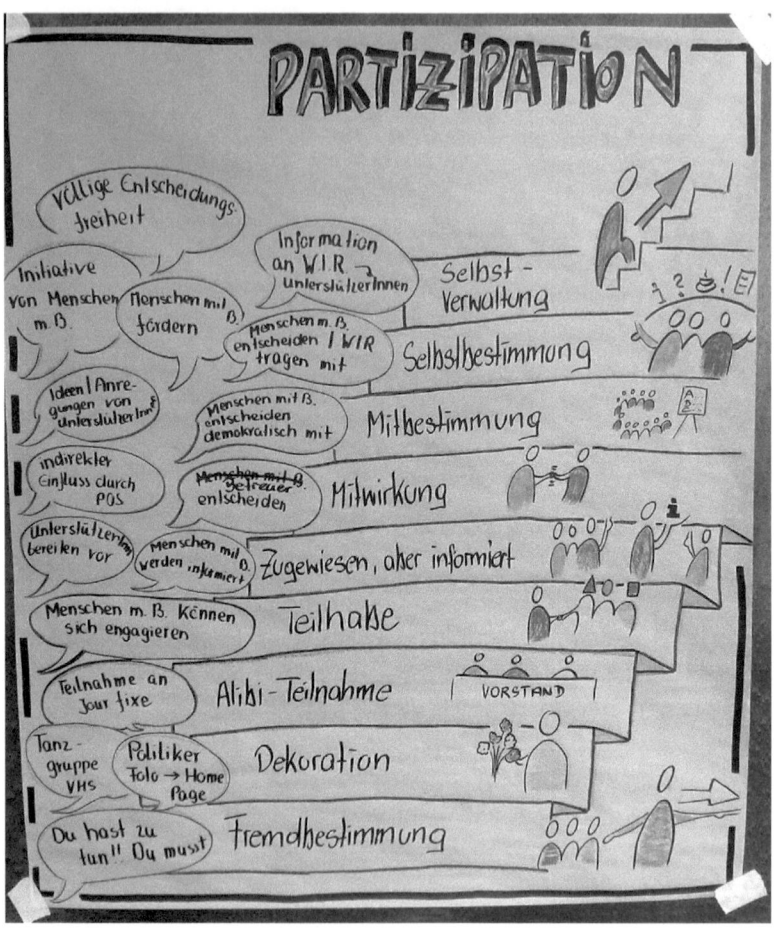

3.3   Spannungsfeld: Partizipation als Teil von Kolonisierung

Partizipation ist in Interessenskonflikte eingebunden und es entsteht die Frage, in wessen Interesse Partizipation ist bzw. wer davon profitiert. Partizipation kann nicht nur dazu führen, auf der Partizipationsleiter auf einer Stufe stecken-zubleiben, sie kann bewirken, mit dem Erreichten relativ zufrieden zu sein, be-friedet zu werden. Partizipation als Befriedungsstrategie ähnelt den im Rahmen von Institutionsreformen indizierten Anpassungsleistungen, die Goffman „Kolonisierung" nennt (1973, S. 65 ff.). Gemeint ist damit eine Form der Anpassung an die Welt von Institutionen im Rahmen von Verbesserungs- und Humanisierungsprogrammen, z. B. bei der Reform von traditionellen Großanstalten hin bis zu heute üblichen Wohngemeinschaften (im Sinne innerer Strukturierung der Anstalten aber auch im Sinne von institutioneller Dislozierung). Der ‚Insasse' nimmt dabei das Maximale an, das an Befriedigung in der Anstalt oder den neuen normalisierenden Einrichtungen der Behindertenhilfe erreichbar ist, versucht damit relativ zufrieden zu leben und ‚ruhig Blut' zu bewahren (ebd., S. 68). Eine Variante davon ist die Sozialisation zum „Musterkrüppelchen, dankbar, lieb, ein bisschen doof, leicht zu verwalten" (Klee 1980; vgl. Klee 1976, S. 150), wie es von der Behindertenbewegung in den 1970er Jahren kritisiert worden ist. Ein Habitus an ‚Dummheit' wird produziert, der Entfaltung verhindert und Anteile von „Tötungswunsch" (Niedecken 1989)[1] sowie die eugenische Perspektive dahinter verschleiert. Trotz aller Fortschritte der letzten Jahrzehnte: Viele der Grundkonflikte verschieben sich nur, die alte Eugenik wird durch eine neue ersetzt, die alte Rehabilitation durch Enhancement. Die neue Eugenik sieht den „Menschen als Optimierungsobjekt" (vgl. Wunder 1999), wofür von Präimplantationsdiagnostik (PID) bis Keimbahntherapie und aktiver ‚Sterbehilfe' Selektionsinstrumente entwickelt werden. Den Hintergrund dazu bilden ableistische gesellschaftliche Haltungen, die als Phantasmen und psychoanalytisch zugängliche performative Akte verstanden werden können. Niedecken (1989) argumentiert: „Phantasmen sind jene psychischen Konfigurationen, in denen Gesellschaften ihre Herrschaftssysteme in den Individuen gesellschaftlich unbewußt absichern, sie wie unabänderlich und naturgegeben erscheinen lassen. Sie sind in Institutionen organisiert und verleihen diesen ihre Aura von zeitloser Notwendigkeit" (Niedecken 1989, S. 113).

Partizipation erfordert im Widerstand zu diesen Tendenzen die Möglichkeit, „die Stimme zu erheben" (voice) und Wahl- und Entscheidungsmöglichkeiten (choice) zu haben (Wansing 2005, S. 171). Strukturelle Änderungen in der Behindertenhilfe wie De-Institutionalisierung und aktive Förderung von ‚Selbstbestimmung', im Sinne von selbstreflexiv abgesichertem „Begleiten und Verstehen", sind dabei die fachlichen Herausforderungen (vgl. Niedecken/ Lauschmann/Pötzl 2003) zur „Herstellung der Bedingungen menschlicher Entfaltung" (Wright 2017, S. 50). Verantwortliche in Politik und Verwaltung, sowie Personal in der Behindertenhilfe, die den Paradigmenwechsel in Richtung der

---

1 „Meine These von der prägenden Bedeutung der Tötungsphantasien in der frühen Beziehung zwischen Eltern und ihrem sich geistig behindert entwickelnden Kind wurde, wie nicht anders zu erwarten, nicht immer nur positiv aufgenommen […] [es] wurde übersehen, daß ich die Tötungsphantasien nicht als individuell-neurotische Reaktion, vielmehr als ein im kulturellen Kontext zutiefst verankertes Phänomen beschrieben habe, mit welchem die Eltern durch das trojanische Pferd der scheinbaren Diagnose-Schuldentlastung alleingelassen werden." (Niedecken 1997, o.S.)

Achtung von Selbstbestimmung nicht mitmachen (können) und die das Leben in Institutionen nur erträglicher gestalten wollen, erhöhen damit nur den Grad der Kolonisierung. In diesem Sinn darf Partizipation – z. B. über Nutzer*innenvertretungen, Heimbeiräte und Teilhabeforschung – nicht als Legitimationsinstrument für bzw. Anpassungsinstrument an die jeweils herrschenden Verhältnisse und Abhängigkeitsstrukturen missbraucht werden.

3.4 Spannungsfeld: Sozialwirtschaft und Kommodifizierung

Die DS müssen die politischen und ökonomischen Zusammenhänge der Formierung von Behinderung zentral thematisieren, wenn Emanzipation als Ziel anerkannt werden soll.

Schon 1977 kritisierten behinderte Aktivist*innen bei einer Anti-Psychiatrie-Tagung in Triest die doppelte Diskriminierung als sozial Ausgeschlossene und als Objekte einer an Markt und Gewinn orientierten Sozialwirtschaft:

> „Heraus aus dem Getto", das ist der Wutschrei derer, die den ihnen vom System zugewiesenen Platz nicht annehmen. „Heraus aus dem Getto", das ist der wichtigste Punkt in diesem kapitalistischen System, das den Menschen nur von dem Gesichtspunkt der Produktivität und des Konsums betrachtet.
> Für physisch Behinderte besteht eine doppelte Diskriminierung:
> 1) Am Arbeitsplatz, der für gesunde Individuen gedacht ist, können Behinderte nicht arbeiten, weil dort ein Maximum an Ausbeutbarkeit gefordert ist.
> 2) Aus dieser Diskriminierung geht eine zweite hervor, daß die Behinderten selbst zu Ausbeutungsobjekten werden. Das Sozialsystem gibt Hunderttausenden Arbeit und verhindert, daß die Behinderten in das normale Leben integriert werden.
> [...] Die Gesellschaft hat uns durch ihre Architektur schon immer ausgeschlossen, indem sie uns die Last unseres Behindertseins immer mehr spüren ließ. In den letzten Jahren sind wir uns aber dessen bewußt geworden und wir haben uns in verschiedenen Gruppen organisiert, die innerhalb dieser Gesellschaft gegen alle jene Strukturen, die uns ausschließen – hauptsächlich gegen das Fürsorgesystem – kämpfen. Sie haben uns die Freiheit genommen und das Leben, aber nicht die Wut! Die Wut können sie uns nicht nehmen, im Gegenteil, sie wird von Tag zu Tag größer und wir übertragen sie auf andere. Unsere Wut läßt sich nicht kaufen! Die in der C.H.O. 1) organisierten Behinderten kämpfen für die Aufhebung ihrer drittrangigen Rolle, für die Integrierung in die Gesellschaft. Für dieses Vorhaben ist die Unterstützung der Jugendlichen, der Arbeiter und Studenten notwendig; denn ein Kampf ohne die Hilfe von der Basis her ist unmöglich.
> 1) Behinderte dieser Gruppe nahmen am 3. Kongress der „Reseau Internationale di alternativa alla psichiatria" vom 13.–18. Sept. 77 in Triest teil und verbreiteten dort die Zeitschrift. (Aus: erziehung heute, Dezember 1977, S. 16)

Diese Kritik wurde in einer Zeit geschrieben, in der die Einrichtungen der Behindertenhilfe noch dominant von den Modellen der „großen Einschließung" (vgl. Egger 1999; Foucault 1973) und der Großpsychiatrie (Asyl, Anstalt) geprägt waren. Unter Umgehung der Kritik der Anti-Psychiatrie und der entstehenden Selbstbestimmt-Leben-Bewegung folgte in der Geschichte der Behindertenhilfe als Ergänzung der vorhandenen Systeme eine Regionalisierung der

Dienstleistungen unter Dominanz des Rehabilitationsparadigmas und normalisierender De-Institutionalisierung (vgl. Plangger/Schönwiese 2010; Schönwiese 2013). Ein öffentlich gesteuerter Dienstleistungsmarkt von traditionellen Trägern der Behindertenhilfe entstand in systemischer Eigendynamik, verbunden mit staatlichen/politischen und sozialpartnerschaftlichen Interessen (vgl. Wansing 2005). In den USA war und ist der Marktradikalismus im Dienstleistungssektor immer schon stärker gewesen als in Europa, er war in seiner Verbindung mit ableistischer Etikettierung (labelling approach) und segregierender Verwertung von Behinderung der Auslöser für die menschenrechtlich orientierte Gegenbewegung, die wir Selbstbestimmt-Leben-Bewegung nennen (vgl. Miles-Paul 1992). Marta Russell (1998) hat die politökonomischen Zusammenhänge in ihrem Buch „Beyond ramps. Disability at the end of the social contract" beschrieben. Auch der deutschsprachige Raum befindet sich in einem Übergang, in dem das Selbstbestimmungs- und Emanzipationsprinzip mit dem sich radikalisierenden Neoliberalismus in ein neues Spannungs- und Überschneidungsfeld gerät. Eine Analyse dieses Verhältnisses der Produktion von Behinderung über Vermarktlichung (Kommodifizierung) und der Eigendynamik von Dienstleistung, die die vormodernen Menschenpflichten (vgl. Assmann 2017) als Solidar- und Isolationsprinzip (‚Barmherzigkeit') überwinden, ist in den DS noch viel zu wenig geleistet.

Eine wichtige Charakteristik moderner Institutionalisierung, die das Asyl ablöst, ist die Unterwerfung unter ein Dienstleistungs-Markt-Modell, das systemlogisch an der Ausweitung von Dienstleistungen und an Monopolisierung interessiert ist (vgl. Schönwiese 2017). Ziel ist die Expansion. Die modernen professionellen Dienstleistungen definieren nach McKnight (1979) Bedürfnis als Mangel und suggerieren den Klient*innen drei Dinge:

> „1. Du leidest unter Mängeln. 2. Du selbst bist das Problem. 3. Du hast ein ganzes Bündel von Problemen auf dich vereinigt. Aus der Perspektive der Interessen und Bedürfnisse der Dienstleistungssysteme lauten diese drei Mängel-Definitionen so: 1. Wir brauchen Mängel. 2. Die ökonomische Einheit, die wir brauchen, ist das Individuum. 3. Die produktive ökonomische Einheit, die wir brauchen, ist ein Individuum mit vielen Mängeln." (McKnight 1979, S. 48)

‚Behinderte' und alte Menschen (‚Senior*innen') werden als neuer Zukunftsmarkt gesehen. Eine im Auftrag des österreichischen Bundesverbandes der Alten- und Pflegeheime erstellte Studie verweist z. B. auf den Erfolg und den Gesamtprofit stationärer Betreuung: „Wird der Gesamtprofit auf die Gesamtinvestitionen in die stationären Pflege- und Betreuungseinrichtungen bezogen, ergibt dies einen SROI-Wert von 2,95. Dies bedeutet, dass jeder 2013 in die Alten- und Pflegeheime investierte Euro Wirkungen im monetarisierten Gegenwert von 2,95 Euro schafft." (Pervan/Müller/Schober 2015, S. 132) Die Ausweitungslogik betrifft auch den mobilen/ambulanten Bereich, der bei aller Gemeindeorientierung, Effizienz und Anpassung an Bedürfnisse und Problemlagen der Betroffenen ein Ausweitungsprogramm im Sinne der Kommodifizierung von Bedürfnissen beinhalten kann. Eine Zersplitterung von Systemen passt hier ins Bild einer politisch bewusst akzeptierten Eigendynamik von Ausweitung, die wenig mit der Hoffnung auf soziale Nachhaltigkeit zu tun hat. In einer Studie des European Centre for Social Welfare Policy and Research (Wien) wird argumentiert:

> „Here, the Austrian experience is a case in point: fragmented efforts to develop home-based care (both in the formal and informal sectors) have not led to the desired overhaul of the system. While care integration remains a goal rather than a reality in European long-term care systems, it is increasingly emerging as the lynch pin of balance and sustainability" (Ilinca/Leichsenring/Rodrigues 2015, S. 12).

In das hier gezeichnete Bild passt eine zunehmende Zertifizierung von Unterstützungsarbeit mit alten und behinderten Menschen, die mehr an Produktions- und Kontrolllogiken orientiert ist als an ganzheitlichen/systemischen Unterstützungsformen und Solidarität schaffenden sozialen Netzen. Leichsenring (2015) schreibt, bezogen auf das international als vorbildlich beschriebene Modell Buurtzorg in den Niederlanden:

> „Somit rückt letztlich das spezifische, zukunftsweisende Organisationsdesign von Buurtzorg in den Vordergrund – die Ermöglichung von flachen Hierarchien, Autonomie, Ganzheitlichkeit und Kollaboration durch Selbstmanagement und unterstützende Führung […], wozu auch der intelligente Einsatz von Kommunikationstechnologie beiträgt. Hier bedarf es wohl eines fundamentalen Umdenkprozesses mit einer Rückbesinnung auf die Leitwerte der Langzeitpflege und -betreuung. Statt einer weiteren Delegation immer kleinteiliger definierter und zeitlich verkürzter Aufgaben zwecks kurzfristiger ‚Einsparungen' und ‚Effizienzgewinne' geht es um die Aufwertung der Langzeitpflege und -betreuung im Sinne ganzheitlicher und systemischer Interventionen rund um die einzelnen Klienten – nicht nur in der mobilen Pflege, sondern in Zusammenarbeit mit dem Akutbereich und den stationären Einrichtungen. Aus- und Fortbildung sowie Organisationsentwicklung in diesem Sinne wären gefragt, um echte soziale Qualitätsverbesserungen und langfristige ökonomische Gewinne generieren zu können." (ebd., S. 24)

Ob die genannte „Ermöglichung von flachen Hierarchien, Autonomie, Ganzheitlichkeit und Kollaboration durch Selbstmanagement und unterstützende Führung" nicht nur die Spitze der Kommodifizierung darstellt, um langfristige ökonomische Gewinne zu generieren, oder tatsächliche „tragende, Solidarität schaffende soziale Netze" schafft und damit auch Gewaltprävention unterstützt sowie Kolonisierungsprozesse eindämmt, muss bezweifelt werden. Jedenfalls scheint das genannte Modell der Einbeziehung von Kommunikationstechnologien und der Kooperation mit stationären Einrichtungen neuen Qualitäten in der Kommodifizierung zu entsprechen und nicht unbedingt eine Stärkung der Stimme von behinderten Menschen und die Stärkung der Wahlfreiheit zu beinhalten. Nicht zu vergessen ist, dass aktuell wieder verstärkt Care-Politiken als Familien-Subsidiarität auf Kosten von Frauen vorangetrieben werden (vgl. Butterwegge/Lösch/Ptak 2017, S. 183), die in geschlechterkritischen Diskursen schon lange thematisiert wurden (vgl. z. B. Appelt et al. 2010).

Den historischen Kommodifizierungsprozessen, die seit dem 19. Jh. nach der Kommodifizierung von Arbeit (Arbeit als Ware), von Geld (vom Tauschmittel zur Ware) und von Natur (von endlicher Ressource zur Ware) fortgeschritten sind (vgl. Brie 2015; Burawoy 2015), folgt im Übergang vom Managementkapitalismus mit Massenproduktion zum Dienstleistungs- und Überwachungskapitalismus (vgl. Zuboff 2018) auch die noch zu wenig in dieser Reihe analysierte Kommodifizierung des Sozialen. Die Selbstbestimmt-Leben-Bewegung und die DS sind Teile der Gegenbewegungen in diesen globalen Konflikten. Dies allerdings nur, soweit sie an den Zielen von Emanzipation festhalten und sich nicht widerstandslos in einen spaltenden, Menschen gegeneinander ausspielenden Mainstream von Austerity-Politik und ‚aktivierendem Sozialstaat‘ einreihen. Partizipatorische Forschungsstrategien zu entwickeln, ist in diesem Sinne kein lästiger zusätzlicher Anspruch für die DS, sondern muss mit seinen Herausforderungen ein Kernanliegen für die DS sein, sofern sie sich als emanzipatorisch oder ‚befreiend‘ verstehen (vgl. Freire 1990) und nicht nur als akademische Teildisziplin innerhalb institutionalisierter akademischer Wissensproduktion oder der Systeme der Sozial- und Dienstleistungsökonomie.

4.   Zwischen Emanzipation und Vereinnahmung?

Es geht in den DS nicht nur darum, eine ableistische Gesellschaft in ihren Wirkmechanismen zu beschreiben und zu interpretieren, es geht auch darum, die Welt zu verändern, kann in Anlehnung an berühmte Marx-Engels-Zitate gesagt werden (vgl. Hunt 2012).

Dazu ist es nötig, partizipatorisch zu agieren – die Stimmen von Menschen mit Behinderungen zu stärken – und dies als Möglichkeit zu sehen, gesellschaftliche Widersprüche in der Forschungspraxis abzubilden. Nötig ist es, dies über kooperative Praxis und Erkenntnis zu bewältigen. DS, die sich als Teil der politischen Selbstbestimmt-Leben-Bewegung sehen, lassen sich nicht von der Vielfalt an Barrieren, die emanzipatorische Forschung einschränken, aufhalten. Ziel ist es, ohne Angst in Prozesse von Emanzipation einzusteigen.

Literatur

Altrichter, Herbert/Posch, Peter/Spann, Harald (2018): Lehrerinnen und Lehrer erforschen ihren Unterricht. Bad Heilbrunn: utb.

Appelt, Erna/Heidegger, Maria/Preglau, Max/Wolf, Maria A. (Hrsg.) 2010: Who cares? Betreuung und Pflege in Österreich. Eine geschlechterkritische Perspektive. Innsbruck: Studienverlag.

Arnstein, Sherry R. (1969): A Ladder Of Citizen Participation. In: Journal of the American Planning Association 35, H. 4, S. 216–224.

Assmann, Aleida (2017): Menschenrechte und Menschenpflichten. Auf der Suche nach einem neuen Gesellschaftsvertrag. Wien: Picus Verlag.

Barnes, Colin (2001): ‚Emancipatory' Disability Research: project or process? disability-studies.leeds.ac.uk/files/library/Barnes-glasgow-lecture.pdf (Abfrage: 10.03.2019).

Barnes, Colin (2014): Reflections on Doing Emancipatory Disability Research. In: Swain, John/French, Sally/Barnes, Colin/Thomas, Carol (Hrsg.) (2014): Disabling Barriers – Enabling Environments. Los Angeles: SAGE, S. 37–44.

Buchner, Tobias/Koenig, Oliver/Schuppener, Saskia (Hrsg.) (2016): Inklusive Forschung. Gemeinsam mit Menschen mit Lernschwierigkeiten forschen. Bad Heilbrunn: Julius Klinkhardt.

Birkner, Martin (2013): Kopf der Leidenschaft?! Warum & für wen schreiben Wir? Und wer ist Wir? Ein Essay über die Orte kritischer Wissenschaft, ihre Publikation, soziale Kämpfe & Organisierung. In: Kurswechsel 2013, H. 1, S. 7–14.

Brie, Michael (2015): Polanyi neu entdecken. Das hellblaue Bändchen zu einem möglichen Dialog von Nancy Fraser und Karl Polanyi. Hamburg: VSA.

Burawoy, Michael (2015): Public Sociology. Öffentliche Soziologie gegen Marktfundamentalismus und globale Ungleichheit. Weinheim: Beltz.

Butterwegge, Christoph/Lösch, Bettina/Ptak, Ralf (2017): Kritik des Neoliberalismus. Wiesbaden: VS.

Disability Studies Austria (DistA) (2018): Diskussionspapier: Behinderungsforschung. dista. uniability.org/wp-content/uploads/2018/10/Behinderungsforschung-Diskussionstext-Version-02-10-2018.pdf (Abfrage: 10.03.2019).

Egger, Gertraud (1999): Irren-Geschichte – irre Geschichten. Zum Wandel des Wahnsinns unter besonderer Berücksichtigung seiner Geschichte in Italien und Südtirol. Innsbruck: Diplomarbeit. bidok.uibk.ac.at/library/egger-irre.html (Abfrage: 03.03.2019).

Flieger, Petra (2007): Der partizipatorische Ansatz des Forschungsprojekts: Das Bildnis eines behinderten Mannes. Hintergrund – Konzept – Ergebnisse – Empfehlungen. In: Flieger, Petra/Schönwiese, Volker (Hrsg.): Das Bildnis eines behinderten Mannes. Bildkultur der Behinderung vom 16. bis ins 21. Jahrhundert. Wissenschaftlicher Sammelband. Neu Ulm: AG SPAK, S. 19–42. bidok.uibk.ac.at/library/flieger-forschungsprojekt.html (Abfrage: 3.3.2019).

Flieger, Petra (2009): Partizipatorische Forschung. Wege zur Entgrenzung der Rollen von ForscherInnen und Beforschten. In: Jerg, Jo/Merz-Atalik, Kerstin/Thümmler, Ramona/Tiemann, Heike (Hrsg.): Perspektiven auf Entgrenzung. Erfahrungen und Entwicklungsprozesse im Kontext von Inklusion und Integration. Bad Heilbrunn: Klinkhardt, S. 159–171. Auch online: bidok.uibk.ac.at/library/flieger-partizipatorisch.html (Abfrage: 03.03.2019).

Flieger, Petra (2013): Durch Partizipation zu mehr Gerechtigkeit in der Forschung zu Behinderung. In: Dederich, Markus/Greving, Heinrich/Mürner, Christian/Rödler, Peter (Hrsg.): Gerechtigkeit und Behinderung – Heilpädagogik als Kulturpolitik. Gießen: Psychosozial, S. 153–165.

Flieger, Petra/Schönwiese, Volker (Hrsg.) (2007): Das Bildnis eines behinderten Mannes. Bildkultur der Behinderung vom 16. bis ins 21. Jahrhundert. Wissenschaftlicher Sammelband. Neu-Ulm: AG SPAK.

Foucault, Michel (1973): Wahnsinn und Gesellschaft. Frankfurt a. M.: Suhrkamp.

Fraser, Nancy (2001): Halbierte Gerechtigkeit. Schlüsselbegriffe des postindustriellen Sozialstaates. Frankfurt a. M.: Suhrkamp.

Freire, Paulo (1990): Pädagogik der Unterdrückten. Bildung als Praxis der Freiheit. Reinbek: Rowohlt.

Goffman, Erving (1970): Stigma. Über Techniken der Bewältigung beschädigter Identität. Frankfurt a. M.: Suhrkamp.

Goffman, Erving (1973): Asyle. Über die soziale Situation psychiatrischer Patienten und anderer Insassen. Frankfurt a. M.: Suhrkamp.

Hunt, Tristram (2012): Friedrich Engels. Der Mann, der den Marxismus erfand. Berlin: List.

Ilinca, Stefania/Leichsenring, Kai/Rodrigues, Ricardo (2015): From care in homes to care at home: European experiences with (de)institutionalisation in long-term care. www.euro.centre.org/publications/detail/420 (Abfrage: 09.03.2019).

Initiativgruppe von Behinderten und Nichtbehinderten (1982): Isolation ist nicht Schicksal. In: Forster, Rudolf/Schönwiese, Volker (Hrsg.): Behindertenalltag – wie man behindert wird. Wien: Jugend und Volk, S. 333–376. Auch online unter bidok.uibk.ac.at/library/initiativgruppe-isolation.html (Abfrage: 01.03.2019).

Kersting, Norbert (Hrsg.) (2008): Politische Beteiligung. Einführung in dialogorientierte Instrumente politischer und gesellschaftlicher Partizipation. Wiesbaden: VS Verlag.

Klee, Ernst (1976): Behinderten-Report II. Wir lassen uns nicht abschieben. Frankfurt a. M.: Fischer.

Klee, Ernst (1980): Behindert. Über die Enteignung von Körper und Bewußtsein. Frankfurt a. M.: Fischer. Auch online unter bidok.uibk.ac.at/library/klee-behindert.html (Abfrage: 01.03.2019).

Kosz, Hannes/Sailer-Lauschmann, Irene (2018): Plakat „Stufen der Partizipation", erarbeitet in einer Einrichtung für Menschen mit Behinderungen (unveröffentlicht).

Kremsner, Gertraud (2017): Vom Einschluss der Ausgeschlossenen zum Ausschluss der Eingeschlossenen. Biographische Erfahrungen von so genannten Menschen mit Lernschwierigkeiten. Bad Heilbrunn: Julius Klinkhardt.

Leichsenring, Kai (2015): Buurtzorg Nederland – Ein innovatives Modell der Langzeitpflege revolutioniert die Hauskrankenpflege. In: ProCare 2015, H. 8, S. 24.

McKnight, John (1979): Professionelle Dienstleistung und entmündigende Hilfe. In: Illich, Ivan u. a. (Hrsg.): Entmündigung durch Experten. Zur Kritik der Dienstleistungsberufe. Reinbek: Rowohlt.

Naue, Ursula/Schönwiese, Volker (2015): Nachhaltige politische Partizipation. Politische Realität oder Rhetorik in Bezug auf Menschen mit Behinderungen? Vortrag von Ursula Naue im Rahmen eines WuV-Vortrages (Arbeitskreis Wissenschaft und Verantwortlichkeit) am 27. April 2015 in Innsbruck, Kommentar von Volker Schönwiese. bidok.uibk.ac.at/library/naue-partizipation.html (Abfrage: 10.03.2019).

Niedecken, Dietmut (1989): Namenlos – geistig Behinderte verstehen. 4. Auflage. Weinheim: Beltz.

Niedecken, Dietmut (1997): „Namenlos". Eine Zusammenfassung der Inhalte meines Buches. bidok.uibk.ac.at/library/niedecken-namenlos.html (Abfrage: 10.03.2019).

Niedecken, Dietmut/Lauschmann, Irene/Pötzl, Marlies (2003): Psychoanalytische Reflexion in der Pädagogischen Praxis. Innere und äußere Integration von Menschen mit Behinderung. Weinheim: Beltz.

Miles-Paul, Ottmar (1992): Wir sind nicht mehr aufzuhalten – Behinderte auf dem Weg zur Selbstbestimmung; Beratung von Behinderten durch Behinderte – Peer Support: Vergleich zwischen den USA und der BRD. München: AG SPAK. Auch online unter bidok.uibk.ac.at/library/miles_paul-peer_support.html (Abfrage: 09.03.2019).

Pervan, Ena/Müller, Claudia/Schober, Christian (2015): Studie zum gesellschaftlichen Mehrwert der stationären Pflege- und Betreuungseinrichtungen in Niederösterreich und der Steiermark mittels einer SROI-Analyse. www.arge-heime-steiermark.at/data/Studien/endbericht_gesellschaftlicher_mehrwert_stationaere_pflege_und_betreuungseinrichtungen_niederoesterreich_steiermark_npo-se_kompetenzzentrum_christian_schober_ena_pervan.pdf (Abfrage: 09.03.2019).

Plangger, Sascha/Schönwiese, Volker (2010): Behindertenhilfe – Hilfe für behinderte Menschen? Geschichte und Entwicklungsphasen der Behindertenhilfe in Tirol. In: Schreiber, Horst: Im Namen der Ordnung. Heimerziehung in Tirol. Innsbruck: Studienverlag, S. 317–346. Auch online unter bidok.uibk.ac.at/library/plangger-behindertenhilfe.html (Abfrage: 09.03.2019).

Plangger, Sascha/Schönwiese, Volker (2013): Bildungsgerechtigkeit zwischen Umverteilung, Anerkennung und Inklusion. In: Dederich, Markus/Greving, Heinrich/Mürner, Christian/Rödler, Peter (Hrsg.): Gerechtigkeit und Behinderung – Heilpädagogik als Kulturpolitik. Gießen: Psychosozial, S. 55–76. Auch online unter bidok.uibk.ac.at/library/schoenwiese-bildungsgerechtigkeit. html (Abfrage: 09.03.2019).

Russell, Marta (1998): Beyond ramps. Disability at the end of the social contract. Monroe (Maine): Common Courage Press.

Schönwiese, Volker (2013): Thesen zur UN-Konvention über die Rechte von Menschen mit Behinderungen und die Perspektive der De-Institutionalisierung. Thesen für ein Referat beim 9. Internationalen Menschenrechtsforum Luzern (IHRF) 2013 des Zentrums für Menschenrechtsbildung (ZMRB) der PHZ Luzern zum Thema „Menschenrechte und Menschen mit Behinderungen", 26./27. April 2013. bidok.uibk.ac.at/library/schoenwiese-thesen.html (Abfrage: 09.03.2019).

Schönwiese, Volker (2017): Versuch über die Zusammenhänge von Politik, struktureller und personaler Gewalt in Einrichtungen der Sozialwirtschaft. In: Journal für Rechtspolitik 25, H. 1, S. 24–29.

Schröttle, Monika/Hornberg, Claudia/Glammeier, Sandra/Sellach, Brigitte/Kavemann, Barbara/Puhe, Henry/Zinsmeister, Julia (2013): Lebenssituation und Belastungen von Frauen mit Behinderungen in Deutschland. Eine repräsentative Studie. Berlin: Bundesministerium für Familie, Senioren, Frauen und Jugend. www.bmfsfj.de/blob/94204/3bf4ebb02f108a31d5906d75dd9af8cf/lebenssituation-und-belastungen-von-frauen-mit-behinderungen-kurzfassung-data.pdf (Abfrage: 09.03.2019).

Wagner, Thomas (2014): Die Mitmachfalle. Bürgerbeteiligung als Herrschaftsinstrument. Köln: PapyRossa.

Walmsley, Jan/Johnson, Kelley (2003): Inclusive Research with People with Learning Disabilities: Past, Present and Future. London: Jessica Kingsley.

Wansing, Gudrun (2005): Teilhabe an der Gesellschaft: Menschen mit Behinderung zwischen Inklusion und Exklusion. Wiesbaden: VS.

Wilk, Michael/Sahler, Bernd (Hrsg.) (2014): Strategische Einbindung. Von Mediationen, Schlichtungen, Runden Tischen … und wie Protestbewegungen manipuliert werden. Lich, Hessen: Edition AV.

Wright, Erik O. (2017): Reale Utopien. Wege aus dem Kapitalismus. Berlin: Suhrkamp.

Wunder, Michael (1999): Bio-Medizin und Bio-Ethik – Der Mensch als Optimierungsprojekt. Vortrag auf der Sitzung des Vorstandes der Internationalen Spina bifida Vereinigung IFHSB in Hamburg am 23.1.1999. bidok.uibk.ac.at/library/wunder-bio_medizin.html (Abfrage: 09.03.2019).

Zuboff, Shoshana (2018): Das Zeitalter des Überwachungskapitalismus. Frankfurt a. M.: Campus.

Emanzipation ohne Vereinnahmung

Menschenrechtsbasierte Forschung in den Disability Studies

Theresia Degener & Malin Butschkau

Obwohl mit der UN-Behindertenrechtskonvention (UN-BRK) die Menschenrechte in den Disability Studies (DS) ein wichtiges Thema geworden sind, hat sich eine bewusst menschenrechtsbasierte Forschung bisher kaum etabliert. Dabei liegt die Verwandtschaft auf der Hand: Beide Forschungsansätze forcieren politische Veränderungen und wenden sich gegen Diskriminierung. Dieser Beitrag zielt darauf, menschenrechtsbasierte Forschung für die DS fruchtbar zu machen. Dazu erfolgt zu Beginn eine allgemeine Vorstellung des Ansatzes, nach welcher Überschneidungen und Anknüpfungspunkte zu und in den DS verdeutlicht werden. Weiter werden mit dem menschenrechtlichen Modell und mit dem Konzept inklusiver Gleichheit zwei Denkfiguren, die aus der Arbeit des UN-Ausschusses für die Rechte von Menschen mit Behinderungen hervorgegangen und für die Verknüpfung der Ansätze von Bedeutung sind, vorgestellt. Zuletzt wird anhand eines ersten Werkstattberichts zum Forschungsprojekt Initiative Kompetenzzentren Selbstbestimmt Leben (IKSL), das beim Bochumer Zentrum für Disability Studies (BODYS) angesiedelt ist, exemplarisch dargestellt, wie ein Forschungsprojekt der DS im Sinne von menschenrechtsbasierter partizipativer Forschung konzipiert und durchgeführt werden kann.

1. Menschenrechtsbasierte Forschung als neuer Ansatz in den Disability Studies

Menschenrechtsbasierte Forschung ist im deutschsprachigen Kontext noch kaum bekannt. Auch in den DS waren die Menschenrechte bislang nur selten relevant. Mit der UN-BRK von 2006 hat sich das grundlegend geändert. Seither ist sie und ihr Inhalt Gegenstand zahlreicher wissenschaftlicher Veröffentlichungen. In Deutschland sind es vor allem die Themen Inklusion und Teilhabe, die Interesse erregen. Bei den Vereinten Nationen findet der Begriff des menschenrechtsbasierten Ansatzes (Human Rights Based Approach – HRBA) seit langem Verwendung. Ein eigenes Portal im Internetauftritt wurde ihm schon vor Jahren gewidmet. Entwickelt wurde der menschenrechtsbasierte Ansatz in den achtziger Jahren im Rahmen der Entwicklungszusammenarbeit. Das Hohe Kommissariat für Menschenrechte definiert ihn als konzeptionellen Rahmen für den Prozess der menschlichen Entwicklung, der normativ auf internationalen Menschenrechtsstandards basiert und operativ auf die Förderung und den Schutz der Menschenrechte ausgerichtet ist. Ziel ist die Analyse von Ungleichheiten, die im Mittelpunkt von Entwicklungsproblemen stehen, und von diskriminierenden Praktiken und ungerechter Machtverteilung, die den Entwicklungsfortschritt behindern (vgl. Office of the United Nations High Commissioner for Human Rights 2006, S. 22).

Inzwischen wird ausgelotet, wie der menschenrechtsbasierte Ansatz auch für die DS Forschung genutzt werden kann und worin sein Potential liegt (vgl. Flieger/Schönwiese 2011; Hirschberg 2012, 2014). Ein menschenrechtsbasierter Forschungsansatz zeichnet sich durch seine Anbindung an die internationalen Menschenrechtsnormen und an die sie prägenden Prinzipien aus. Vier Dimensionen formen den Ansatz: erstens seine Wertegebundenheit, zweitens die Sensibilität für Machtverhältnisse, drittens Partizipation und viertens Transparenz. Die Wertegebundenheit besteht in dem Interesse, Menschenrechte zu realisieren, die Rechteinhaber*innen zu lokalisieren und sie zu ermächtigen, diese Rechte auch wahrzunehmen. Die Sensibilität für Machtverhältnisse ist der menschenrechtsbasierten Forschung als Prinzip inhärent, weil Nichtdiskriminierung und Gleichheit zu den fundamentalen Menschenrechtsnormen aller Menschenrechtsquellen zählen (z. B. in Art. 5 UN-BRK). Die Grundsätze der Partizipation und Transparenz ordnen menschenrechtsbasierte Forschung in die Partizipative Forschung im weitesten Sinne ein. Hier liegen die Schnittstellen zwischen DS und menschenrechtsbasierter Forschung, denn partizipative Forschungsmethoden gehören zum Kanon der DS (vgl. Goodley 2017). Während sich die partizipative Forschung als Forschungspraxis (vgl. Unger 2014) und Inklusion und Teilhabe als Forschungsthema in Deutschland (vgl. Ackermann o.J.) zunehmender Beliebtheit erfreuen, fristet die menschenrechtsbasierte Forschung noch ein Schattendasein. Das ist angesichts der Tatsache, dass die UN-BRK wie keine andere Menschenrechtskonvention auch in der deutschsprachigen Forschungslandschaft große Aufmerksamkeit und hohes Ansehen genießt, verwunderlich.

In Bezug auf die UN-BRK bedeutet menschenrechtsbasierte Forschung: erstens, sich an den Normen der Konvention und der Rechtspraxis des UN-BRK-Ausschusses und anderer Menschenrechtsorgane zu orientieren; zweitens, Forschung partizipativ und inklusiv zu gestalten; und drittens, als Ziel und Zweck die Realisierung von Menschenrechten zu verfolgen, was viertens Transparenz und Verantwortlichkeit im Forschungsprozess impliziert. Letzteres bedeutet z. B. die Offenlegung von Entscheidungsstrukturen und -prozessen, die Beachtung der Datenschutzvorschriften und die dokumentierte Übernahme ethischer Verantwortung z. B. vor Ethikkommissionen. Die Ziel- und Zweckbindung schließt z. B. Forschungsfragen zur sogenannten ‚Inklusionsfähigkeit' bestimmter behinderter Kinder oder zur Notwendigkeit von Sonderwelten und Zwangsbehandlung aus, denn diese Fragen sind nicht auf die Realisierung der UN-BRK gerichtet. Diese Forschungsfragen sind nicht menschenrechtsbasiert, denn das Erkenntnisinteresse an den Grenzen der Inklusion für bestimmte behinderte Personen ist mit der Infragestellung der Universalität der Menschenrechte verbunden. Menschenrechtsbasierte Forschung verbietet diese Forschung selbstverständlich nicht. Solange die Menschenrechte selbst nicht verletzt werden und die ethischen Grundsätze guter wissenschaftlicher Praxis eingehalten werden, muss Forschung frei bleiben, weshalb auch die UN-BRK in Frage gestellt werden darf. Doch nicht jede Forschung zu Themen der UN-BRK kann sich menschenrechtsbasiert nennen. Die im deutschsprachigen Raum so intensiv geführte Inklusionsdebatte wurde z. B. häufig ganz ohne Bezug zu den normativen Vorgaben der Menschenrechtsquellen geführt. Weder die Rechtsprechung der Vertragsausschüsse der Vereinten Nationen noch völkerrechtliche Menschenrechtsstudien wurden anfänglich zur Klärung des Begriffs der Inklusion herangezogen (vgl. Bergold/Thomas 2010; Bernhard 2012; Dammer 2012; Widersprüche e.V. 2014). Menschenrechtsbasierte Forschung zielt auf gesellschaftliche Transformation und ist u. E. ein wichtiger Rahmen für Forschungsprojekte zur UN-BRK.

2. Disability Studies als theoretischer Bezugsrahmen

Das BODYS geht von der Prämisse aus, dass die Modelle und Theorien der DS ein theoretischer Bezugsrahmen für die UN-BRK sind. Neben der Menschenrechtstheorie kommt den DS daher eine wichtige Rolle für das Verständnis der UN-BRK zu. Das ergibt sich bereits aus dem Umstand, dass Vertreter*innen der DS diese als „theoretischen Arm der Behindertenbewegung" verstehen (Snyder 2006, S. 478). Wie andere gruppenbezogene Menschenrechtskonventionen, etwa die Anti-Rassismuskonvention von 1965 oder die Frauenrechtskonvention von 1979, wurde die UN-BRK von einer sozialen Bewegung errungen, der internationalen Behindertenbewegung.

Die Konvention wurde zwar von Regierungsvertreter*innen verabschiedet und damit verantwortet, der Text entstand aber unter maßgeblichem Einfluss der „International Disability Alliance", einem Zusammenschluss verschiedener internationaler Behindertenorganisationen. Ihre Anzahl war beträchtlich: Nicht nur waren die sieben großen internationalen Organisationen der Behindertenpolitik vertreten (World Blind Union, World Federation of the Deaf, World Federation of the Deafblind, Disabled People's International, Rehabilitation International, Inclusion International, World Users and Survivors of Psychiatry), sondern auch viele regionale und kleinere Verbände, deren Anzahl zum Schluss 400 überstieg. Art und Ausmaß des Einflusses dieser Organisationen aus der Zivilgesellschaft auf den Text der dann verabschiedeten Menschenrechtskonvention waren so neuartig, dass Politik- und Rechtswissenschaftler*innen von einer „neuen Diplomatie" sprachen, die daraus hervorging (vgl. Sabatello 2014, S. 239 ff.). Forderungen der Behindertenbewegungen waren zur Zeit der Verhandlungen der UN-BRK bereits in theoretische Konzepte der DS eingegangen, allen voran das soziale Modell von Behinderung, das in den 1970er Jahren in Großbritannien (vgl. Oliver 1990) und den USA (vgl. Zames Fleischer/Zames 2001) – mit unterschiedlicher Nuancierung – entwickelt worden war. Das soziale Modell von Behinderung und die damit verbundene Kritik am medizinischen Modell wurden zum Mantra der Verhandlungen. Auch andere Prinzipien der DS, wie das Selbstbestimmt-Leben- oder das Partizipationsprinzip, gingen in die Verhandlungen der UN-BRK ein (vgl. Degener 2009; Kayess/French 2008).

So wie die feministische Rechtswissenschaft im Menschenrechtsdiskurs der Bezugsrahmen für die internationale Frauenbewegung ist, sind die DS ein wichtiger Referenzrahmen für Menschenrechtsdiskurse der internationalen Behindertenbewegung. Es ist daher nicht verwunderlich, dass Paradigmen aus den (Legal) Disability Studies, wie etwa das soziale Modell von Behinderung (Art. 1 UN-BRK) oder das Konzept der selbstbestimmten Assistenz (Art. 19 UN-BRK) in den normativen Bezugsrahmen der UN-BRK und in die Rechtsprechung des Fachausschusses für die Rechte von Menschen mit Behinderungen (UN-BRK-Ausschuss) Eingang gefunden haben. Die erste Dekade des UN-BRK-Ausschusses galt insbesondere der normativ-theoretischen Unterfütterung der Konvention. Dazu gehörte das Menschenrechtsmodell von Behinderung, das Konzept der unterstützten Autonomie und das Modell der inklusiven Gleichheit (vgl. Degener 2018b; Degener 2019).

3. Das Menschenrechtsmodell von Behinderung

Bereits während der Verhandlungen des UN-BRK-Textes in New York wurde gebetsmühlenartig wiederholt, dass es darum gehe, das medizinische Modell von Behinderung durch das soziale Modell zu ersetzen. Damit war insbesondere gemeint, von der Reduzierung behinderter Personen auf ihre (gesundheitliche) Beeinträchtigung Abstand zu nehmen. Auch sollte das medizinische Modell von Behinderung nicht mehr dazu dienen, Menschenrechtsverletzungen zu ignorieren oder zu legitimieren (vgl. Degener 2009, S. 263 f.). Die Institutionalisierung von behinderten Menschen in Sondereinrichtungen etwa, die oft mit Freiheitseinschränkungen und immer mit sozialer Exklusion einhergeht, wird nicht selten mit der (gesundheitlichen) Beeinträchtigung der betroffenen Person legitimiert. Das Gleiche gilt im Hinblick auf den Ausschluss vom Wahlrecht, vom Recht zu heiraten, medizinische Behandlung frei zu wählen oder gleichberechtigt ein selbstbestimmtes Leben zu führen. Bekanntlich wurde das soziale Modell von Behinderung, nach dem Behinderung ein soziales Konstrukt ist, aus der Kritik am medizinischen Modell entwickelt. Inzwischen gibt es weitere Modelle von Behinderung, die in den DS entwickelt wurden. In Deutschland wurde insbesondere das kulturelle Modell von Behinderung bekannt (vgl. Waldschmidt 2018), weitere sind: das Identitätsmodell, das ökonomische Modell oder das Wohlfahrtsmodell (vgl. Nachweise bei Retief/Letšosa 2018). Der UN-BRK-Ausschuss hat das menschenrechtliche Modell von Behinderung frühzeitig in seine Rechtsprechung aufgenommen und es zunächst parallel zum Begriff des sozialen Modells von Behinderung verwendet. Gegen Ende der ersten Dekade sprach er jedoch nur noch vom menschenrechtlichen Modell (vgl. Degener 2018a). Zum Verständnis dieses Modells von Behinderung hat sich der UN-BRK-Ausschuss u. a. in seiner Allgemeinen Bemerkung Nr. 6 geäußert: „Das Menschenrechtsmodell von Behinderung erkennt an, dass Behinderung ein soziales Konstrukt ist und Beeinträchtigungen dürfen nicht als Legitimation für die Ablehnung oder Einschränkung der Menschenrechte angesehen werden." (Committee on the Rights of Persons with Disabilities 2018, S. 2, eigene Übersetzung) Das menschenrechtliche Modell von Behinderung stellt eine Weiterentwicklung des sozialen Modells dar. Letzteres ist eher als deskriptives Analysewerkzeug zu verstehen, während ersteres den normativen Kompass für Behindertenpolitik liefert. Eine differenzierte Darstellung der Unterschiede findet sich bei Degener (2016). Für die menschenrechtsbasierte Forschung eignet sich das Menschenrechtsmodell von Behinderung aufgrund seiner holistischen Wertebezogenheit, seines intersektionalen Ansatzes und seiner kritischen globalen Perspektive auf Dominanzkultur im Sinne von Birgit Rommelspacher (1998). Im Unterschied z. B. zum kulturellen Modell von Behinderung (vgl. Waldschmidt 2018) folgt das menschenrechtliche Modell dem Universalitätsansatz der Menschenrechtstheorie, womit es gleichsam gegen die Fallstricke des kulturellen Relativismus gefeit ist.

4.   Unterstützte Autonomie und inklusive Gleichheit

Neben dem Menschenrechtsmodell bietet die UN-BRK auch innovative theoretische Zugänge für zwei rechtsphilosophische Konzepte, die zu den Grundpfeilern der internationalen Menschenrechte gehören: Autonomie als Bestandteil persönlicher freiheitlicher Selbstbestimmung und Gleichheit als fundamentales Menschenrecht und Rechtsprinzip. Traditionell wurden diese Konzepte aus der Perspektive des weißen, nicht behinderten, europäischen Mannes entwickelt, was im internationalen Diskurs besonders in den Gender Studies

und den Postcolonial Studies kritisiert wurde (vgl. z. B. Baer 2001, S. 143 ff.).
An alternativen theoretischen Konzepten dieser Kritik knüpft die UN-BRK an.

Deutlich zeigt sich dies beim Thema Autonomie, das eines der grundlegenden acht Prinzipien der UN-BRK (Art. 3 lit. a) ist und welches im Zusammenhang mit der Menschenwürde an vielen Stellen der Konvention erwähnt wird. Das ist bemerkenswert, weil Autonomie, Unabhängigkeit und die grundlegende Freiheit, eigene Entscheidungen zu treffen, zwar allgemein als Bestandteil der Menschenwürde aufgefasst werden. Gerade im Hinblick auf behinderte Personen, insbesondere Menschen mit kognitiven und/oder psychosozialen Beeinträchtigungen, werden diese jedoch im Rechtsalltag häufig in Frage gestellt. Ihnen wird, beeinträchtigungsbedingt, ein freier Wille abgesprochen und ihre Willensäußerungen werden deshalb rechtlich für nichtig erklärt. Die UN-BRK setzt dagegen einen anderen Maßstab. Sie gewährt auch jenen Menschen Autonomie, Unabhängigkeit und die Freiheit, eigene Entscheidungen zu treffen, die die herkömmlichen Anforderungen an Normalität nicht erfüllen. Konkret zielt sie darauf, anzuerkennen, dass Menschen gegebenenfalls Unterstützung bei der Entscheidungsfindung benötigen. Die UN-BRK bekräftigt, dass „Menschen mit Behinderungen das Recht haben, überall als Rechtssubjekt anerkannt zu werden" (Art. 12 Abs. 1), und verpflichtet die Vertragsstaaten, behinderten Menschen einen „Zugang zu der Unterstützung zu verschaffen, die sie bei der Ausübung ihrer Rechts- und Handlungsfähigkeit gegebenenfalls benötigen." (Abs. 3). Dem hegemonialen Konzept der autarken Autonomie setzt die UN-BRK das Konzept der unterstützten Autonomie entgegen. Somit sind fremdbestimmte Stellvertretung und Bevormundung konventionswidrig und erwecken den Verdacht der Menschenrechtsverletzung. Systeme der ersetzenden Entscheidungsfindung, wie Vormundschaft und stellvertretende Betreuung, sowie gerichtlich angeordnete Zwangsbehandlung, sind mit der UN-BRK nicht vereinbar. Hier knüpft die Konvention auch unmittelbar an Theorien der DS zu Selbstbestimmung an, die ihrerseits auf Konzepte der Selbstbestimmt-Leben-Bewegung rekurrieren (vgl. Crewe/Zola 1983; Nagase 1995; Ratzka 2007).

Weiter normtheoretisch ausgeführt hat der Ausschuss das Konzept der unterstützten Autonomie in seiner ersten Allgemeinen Bemerkung von 2014 (vgl. Ausschuss für die Rechte von Menschen mit Behinderungen, Abs. 11–24). Darin erklärt er, dass Menschenrechte nicht aufgrund bestimmter Fähigkeiten zugestanden werden:

„Rechtliche Handlungsfähigkeit ist ein allen Menschen einschließlich Menschen mit Behinderungen innewohnendes Recht. […] Rechtliche Handlungsfähigkeit bedeutet, dass alle Menschen, einschließlich derjenigen mit Behinderungen, allein aufgrund ihres Menschseins eine rechtliche Stellung und rechtliche Handlungsbefugnis haben. […] Das Konzept ‚geistige Fähigkeit' ist höchst umstritten. Entgegen den üblichen Darstellungen handelt es sich hier nicht um ein objektives, wissenschaftliches und naturgegebenes Phänomen. Geistige Fähigkeit hängt vom sozialen und politischen Kontext ab; dies gilt ebenso für die Fachbereiche, Berufe und Praktiken, die bei der Beurteilung geistiger Fähigkeiten eine beherrschende Rolle spielen." (Ausschuss für die Rechte von Menschen mit Behinderungen 2014, Allgemeine Bemerkung Nr. 1 Abs. 14)

Welche Formen der Unterstützung behinderte Personen bei der Ausübung der rechtlichen Handlungsfähigkeit mitunter benötigen, hat der UN-BRK-Ausschuss nicht abschließend festgestellt. Er hat jedoch ausgeführt, dass ,Unterstützung' ein weitgefasster Begriff ist, der sowohl informelle als auch formelle Arrangements zur Unterstützung in unterschiedlicher Art und Intensität umfasst: „Zum Beispiel können Menschen mit Behinderungen eine oder mehrere Vertrauenspersonen auswählen, die ihnen bei der Ausübung ihrer rechtlichen Handlungsfähigkeit für bestimmte Arten von Entscheidungen zur Seite stehen, oder auf andere Formen der Unterstützung zurückgreifen, wie zum Beispiel Peer-Support, Interessenvertretung (einschließlich Unterstützung bei der Selbstvertretung) oder Kommunikationsassistenz" (ebd. Abs. 17). Der Autonomieansatz der UN-BRK ist radikal inklusiv. Er schließt auch jene Menschen ein, wie etwa Patient*innen im Koma, mit denen wir in der Regel nicht verbal kommunizieren können. In diesen Fällen gilt nicht der Maßstab des Wohls der betroffenen Person, sondern der Maßstab der „bestmöglichen Interpretation des Willens und der Präferenzen dieser Person" (ebd. Abs. 21). Dieser radikale Ansatz des Autonomiekonzeptes der UN-BRK hat in vielen Ländern, nicht nur in Deutschland, zu heftigen Diskussionen und rechtlichen Reformen geführt. Als erstes Land auf dieser Welt hat Peru im September 2018 alle Formen der behinderungsbedingten Vormundschaft oder Betreuung abgeschafft (vgl. Degener 2018d, S. 2). Die theoretischen Diskurse der Legal Disability Studies und der Mad Studies zu diesem Thema haben sowohl bei der Textfassung des Art. 12 UN-BRK als auch bei der Abfassung der Allgemeinen Bemerkung Nr. 1 eine Rolle gespielt (vgl. Arstein-Kerslake 2017). Ähnliches lässt sich für Art. 19 der UN-BRK (Selbstbestimmtes Leben in der Gemeinschaft) und der dazu verabschiedeten Allgemeinen Bemerkung Nr. 5 aus dem Jahre 2017 sagen. Sowohl in Art. 19 der UN-BRK als auch in dessen normativ-theoretischer Begründung durch die Allgemeine Bemerkung Nr. 5 gingen die Konzepte und Modelle der Selbstbestimmt-Leben-Bewegung ein:

„Selbstbestimmt leben bedeutet, dass Menschen mit Behinderungen alle notwendigen Mittel erhalten, um Wahlmöglichkeiten und Kontrolle über ihr Leben auszuüben und alle Entscheidungen bezüglich ihres Lebens zu treffen. Persönliche Autonomie und Selbstbestimmung sind für ein unabhängiges Leben von grundlegender Bedeutung, einschließlich Zugang zu Transport, Information, Kommunikation und persönliche Unterstützung, Wohnort, Alltag, Gewohnheiten, menschenwürdige Beschäftigung, persönliche Beziehungen, Kleidung, Ernährung, Hygiene und Gesund-

heitsfürsorge, religiöse Aktivitäten, kulturelle Aktivitäten und sexuelle und repro-
duktive Rechte. [...]" (Committee on the Rights of Persons with Disabilities, Abs. 16
lit. a, eigene Übersetzung)

Die Erkenntnis aus der Selbstbestimmt-Leben-Bewegung und den DS, dass
Selbstbestimmung in Heimen und besonderen Wohneinrichtungen nicht möglich ist, wird in der Allgemeinen Bemerkung bekräftigt. Weder Großinstitutionen mit mehr als hundert Plätzen noch kleinere Wohneinheiten

„können als selbstbestimmte Wohnformen bezeichnet werden, wenn sie andere
bestimmende Elemente von Institutionen oder Institutionalisierung haben. [...] z. B.
Isolation und Ausschluss vom selbstbestimmten Leben in der Gemeinschaft; mangelnde Kontrolle über die täglichen Entscheidungen; mangelnde Wahl in Bezug
darauf, mit wem man lebt; rigide Routine, unabhängig von persönlichem Willen und
Vorlieben; dieselben Aktivitäten am selben Ort für eine Gruppe von Personen, die
einem bestimmten Träger unterstehen; ein paternalistischer Ansatz bei der Erbrin-
gung von Dienstleistungen; Beaufsichtigung von Wohnanlagen; und in der Regel
auch ein Missverhältnis in Bezug auf die Anzahl der Menschen mit Behinderungen,
die in derselben Umgebung leben." (ebd. Abs. 16 lit. c)

Das Recht auf ein selbstbestimmtes Leben in der Gemeinschaft, wie es Art. 19
der UN-BRK kodifiziert, wird in der Allgemeinen Bemerkung Nr. 5 nicht nur
als Freiheitsrecht, sondern auch als Gleichheitsrecht charakterisiert. Die Verweigerung des Rechts auf ein Leben in inklusiven Settings wird deshalb als
Diskriminierung definiert (ebd. Abs. 18). Die UN-BRK hat weiterhin die rechtliche Definition von Diskriminierung im internationalen Recht erweitert. So
heißt es in der UN-BRK, dass alle Formen der Diskriminierung unter den Begriff der Diskriminierung fallen, „einschließlich der Versagung angemessener
Vorkehrungen" (Art. 2, UN-BRK). Diese werden definiert als „[n]otwendige
und geeignete Änderungen und Anpassungen, die keine unverhältnismäßige
oder unbillige Belastung darstellen" (ebd.). Mit diesem ausgedehnten Diskrimi-
nierungsbegriff wurde auch ein neues Gleichheitskonzept in das Völkerrecht
eingeführt, das der UN-BRK-Ausschuss in seiner Allgemeinen Bemerkung
Nr. 6 von 2018 als „inklusive Gleichheit" beschreibt und normativ-theoretisch
fundiert. Das Konzept der inklusiven Gleichheit wird darin von der formalen
Gleichheit und der substantiellen Gleichheit unterschieden. Als formale
Gleichheit wird in der rechtswissenschaftlichen Literatur in der Regel das aris-
totelische Gleichheitskonzept der Gleichbehandlung Gleicher und der Ungleichbehandlung Ungleicher verstanden (vgl. Rudolf/Mahlmann 2007). Formale Gleichheit als Konzept kann adäquat sein, wenn es um die Bekämpfung
direkter Formen der Diskriminierung geht. Beispielsweise wenn Gastwirten
verboten wird, „Zutritt Verboten"-Schilder für People of Color, Frauen, Homo-
sexuelle oder Behinderte aufzuhängen, greift das formale Gleichheitsgebot, weil

formale Gleichbehandlung ausreicht. Aber schon bei der indirekten Diskriminierung erweist sich das Modell als unzureichend. Die scheinbar neutrale Vorschrift etwa, dass Polizeiamtsanwärter*innen eine Körpergröße von 180 cm aufweisen müssen, wirkt sich auf Frauen und behinderte Personen nachteilig aus, obwohl sie sich formal – wie alle anderen – bewerben können. Zudem kann jede zugeschriebene „Differenz" – soweit sie annähernd sachlich begründet werden kann – als Legitimationsgrund für Diskriminierung herhalten. Der Ausschluss von Frauen vom Wahlrecht wurde so vor über 100 Jahren mit der scheinbar biologisch fundierten Geschlechterdifferenz („Frauen sind zu emotional") begründet. Bis vor kurzem waren in Deutschland mehr als 80.000 behinderte Menschen vom Wahlrecht ausgeschlossen, weil sie z. B. in allen Angelegenheiten unter Betreuung stehen, woraus geschlossen wurde, dass sie so anders sind, dass sie nicht wählen können (vgl. Lang et al. 2016, S. 105 ff.). Erst eine Beschwerde vor dem Bundesverfassungsgericht unter Berufung auf die UN-BRK führte im Jahre 2019 zur Abhilfe (BRat Drs. 215/19 v. 7.6.2019).

Das Konzept der formalen Gleichheit wurde insbesondere von der feministischen Rechtswissenschaft und den Gender Studies kritisiert, die dem Modell der formalen Gleichheit das der substantiellen Gleichheit entgegensetzten (vgl. Sacksofsky 1996, S. 312 ff.). Substantielle Gleichheit bedeutet, System und Strukturen der Diskriminierung wie auch Machtverhältnisse in den Blick zu nehmen. Substantielle Gleichheit will auch die Folgen historischer Diskriminierung ausgleichen. Inklusive Gleichheit, wie der UN-BRK-Ausschuss in der Allgemeinen Bemerkung Nr. 6 ausführt, geht über substantielle Gleichheit hinaus. Vier wesentliche Dimensionen sind dem Modell der inklusiven Gleichheit inhärent:

(1) eine gerechte Umverteilungsdimension zur Beseitigung sozioökonomischer Benachteiligungen;
(2) eine Anerkennungsdimension zur Bekämpfung von Stigmatisierung, Stereotypisierung, Vorurteilen und Gewalt und zur Anerkennung der Würde von Menschen und ihrer Intersektionalität;
(3) eine partizipative Dimension, um Menschen als Mitglieder sozialer Gruppen zu berücksichtigen und die Notwendigkeit sozialer Inklusion zu bekräftigen und
(4) eine anpassende Dimension, um aus Gründen der Menschenwürde Raum für individuelle Unterschiede zu schaffen (vgl. Committee on the Rights of Persons with Disabilities 2018, Abs. 11).

Dieses erweiterte Gleichheitsmodell der inklusiven Gleichheit korrespondiert mit dem Menschenrechtsmodell von Behinderung, heißt es in der Allgemeinen Bemerkung Nr. 6. Das lässt sich gut begründen, denn sowohl inklusive Gleichheit als auch das Menschenrechtsmodell von Behinderung sind theoretische

Konzepte, die Unterdrückungsstrukturen und Machtdynamiken in den Blick nehmen. Substantielle Gleichheit dagegen korrespondiert mit dem sozialen Modell von Behinderung, denn beide basieren auf der Annahme, dass Gleichheit und Behinderung soziale Konstrukte sind. Formale Gleichheit schließlich korrespondiert mit dem medizinischen Modell von Behinderung, da beide Konzepte reduktionistisch angelegt sind: Formale Gleichheit fokussiert nur auf direkte Diskriminierung und das medizinische Modell reduziert behinderte Menschen auf ihre (gesundheitliche) Beeinträchtigung. Das Konzept der inklusiven Gleichheit dagegen eignet sich als theoretisches Modell für behindertenpolitische Antidiskriminierungsarbeit (vgl. Degener 2018b).

Der UN-BRK-Ausschuss hat weitere wichtige Allgemeine Bemerkungen, Richtlinien und Rechtsprechung zu Fragen verabschiedet, die in der hiesigen Debatte um Inklusions- und Teilhabeforschung oder in den Diskursen der DS eine Rolle spielen. Leider werden diese Dokumente bislang kaum wahrgenommen. So ist nur wenigen bekannt, dass der Begriff der Inklusion in der Allgemeinen Bemerkung Nr. 4 (2016) zu Art. 24 (Recht auf inklusive Bildung) definiert und von den Begriffen der Exklusion und Integration abgegrenzt wird.

5. Initiative Kompetenzzentren Selbstbestimmt Leben (IKSL) – Ein Werkstattbericht

Das Forschungsprojekt Initiative Kompetenzzentren Selbstbestimmt Leben NRW (IKSL) bei BODYS steht exemplarisch für den Anspruch, menschenrechtsbasiert partizipativ zu forschen und in den DS verankert zu sein. Sein hier in Form eines ersten Werkstattberichts beschriebenes Forschungsdesign und der Forschungsprozess sollen die Möglichkeiten, Herausforderungen und Grenzen von partizipativen und inklusiven Forschungsprojekten veranschaulichen.

Die IKSL hat zum Ziel, die sechs 2016 in NRW gegründeten Kompetenzzentren für Selbstbestimmtes Leben (KSL) wissenschaftlich zu begleiten. Die KSL sind Teil des Landesaktionsplans zur Umsetzung der UN-BRK, wobei fünf Zentren für je einen Regierungsbezirk in NRW zuständig sind und das sechste für Menschen mit Sinnesbeeinträchtigungen landesübergreifend arbeitet. Den KSL vorangegangen waren bereits zwei Pilot-Kompetenzzentren bei den Selbstbestimmt-Leben-Trägern MOBILE e.V. und dem Zentrum selbstbestimmtes Leben Köln (ZsL). Das IKSL-Forschungsprojekt ist somit aus der Selbstbestimmt-Leben-Bewegung hervorgegangen und richtet sich konzeptionell nach deren Prinzipien, wie beispielsweise Wahlmöglichkeiten oder einem barrierefreien Zugang zu öffentlichen Einrichtungen im weitesten Sinne, sowie den Grundsätzen der UN-BRK.

Das Forschungsprojekt hat eine Gesamtlaufzeit von vier Jahren und startete im November 2016; es wird aus Mitteln des ESF des Ministeriums für Arbeit, Gesundheit und Soziales (MAGS)[1] gefördert (vgl. BODYS o.J.).

Inhaltlich basiert die IKSL auf zwei Säulen: Die erste Säule umfasst die Evaluation des Aufbauprozesses und die Arbeit der KSL. Sie erfolgt zum einen formativ, also prozessbegleitend: Die Forschungsergebnisse sollen den KSL regelmäßig zurückgespiegelt werden, um diesen die Möglichkeit der Reflektion und Verbesserung ihrer Arbeit zu eröffnen. Zum anderen findet die Forschung partizipativ statt, also unter aktiver Einbeziehung der Mitarbeiter*innen in den KSL, welche in der Rolle der Beforschten sind. Die Evaluation hat zum Ziel, den Aufbauprozess, die Arbeit und den strukturellen Rahmen der KSL zu erfassen und zu bewerten. Der Aufbauprozess wurde vor allem anhand von Experten-interviews mit Mitarbeitenden der KSL und deren Trägern erfasst. Zudem wurden Dokumentenanalysen der Anträge der KSL und ihrer ersten Jahresberichte durchgeführt. Die Bewertung der Ergebnisse orientiert sich abschließend an Kriterien der Selbstbestimmt-Leben-Bewegung und der UN-BRK. Die Evaluation der konkret geleisteten Arbeit der KSL beschränkt sich auf drei Bereiche: (1) Beratung, (2) Bewusstseinsbildung und (3) Netzwerkarbeit. Die ersten zwei Bereiche wurden im Projektantrag durch das Forschungsteam festgelegt, der dritte Bereich partizipativ mit den KSL-Mitarbeitenden festgelegt.

(1) Zum Bereich *Beratung* gehören sowohl die individuelle Beratung (von Menschen mit Behinderung und ihren Angehörigen zu persönlichen Lebenslagen) als auch die strukturelle Beratung (professioneller Akteur*innen zu organisatorischen und inhaltlichen Aspekten ihrer Tätigkeit).

(2) Mit *Bewusstseinsbildung* sind alle Maßnahmen der KSL gemeint, die darauf abzielen, in Politik und Gesellschaft ein Verständnis für das Recht auf ein selbstbestimmtes Leben von Menschen mit Behinderung und die (positive) Wahrnehmung der KSL zu fördern.

(3) Mit *Netzwerkarbeit* ist die Schaffung von Netzwerkstrukturen der einzelnen KSL zwischen allen sechs Zentren sowie zu den Akteur*innen der Region gemeint.

Die Bewertungskriterien für das Evaluationskonzept orientieren sich ebenso an Art. 19 UN-BRK (Recht auf selbstbestimmtes Leben). Auch das Datenschutz-konzept des Forschungsprojektes orientiert sich am menschenrechtlichen Modell von Behinderung. So wird die Einwilligungsfähigkeit von Menschen mit Behinderung grundsätzlich vorausgesetzt und diesbezüglich Unterstützung in Form von barrierefreien Formaten angeboten. Durch den Einsatz von freiwilli-

---

1   Damals noch Ministerium für Arbeit, Integration und Soziales (MAIS).

ger und informierter Einwilligung, zu welcher ein entsprechendes Informationsschreiben und Formular auch in Leichter Sprache erhältlich sind und schriftlich ausgefüllt werden muss, wird dafür Sorge getragen, dass personenbezogene Daten nur dann in die Forschung einbezogen werden, wenn die zu befragenden Personen selbst sich dafür entscheiden.

Die zweite Säule des Projekts wird durch einen Wissens-Dialog- und Transferzentrum (WDTZ) repräsentiert. Als Schnittstelle zwischen Wissenschaft und Praxis erarbeitet das WDTZ wissenschaftliche Expertisen zur UN-BRK und den DS. Darüber hinaus veröffentlicht es relevante Informationen auf der eigenen Homepage und in Broschüren zu eben jenen Themen, organisiert Fortbildungen und Fachveranstaltungen.

Die Durchführung des Forschungsprojektes IKSL hat für beide Säulen den Anspruch, partizipativ und inklusiv zu erfolgen. So wurde auf eine inklusive Besetzung des Projektteams geachtet, sodass als Ergebnis sowohl auf Leitungs- und Mitarbeiter*innenebene paritätisch Menschen mit und ohne Behinderung eingestellt wurden. Damit findet forschungsbezogen eine besonders starke Form der Partizipation Anwendung, die als „emancipatory research" nach Goeke/Kubanski (2012, S. 3) oder als „Entscheidungsmacht" nach Wright et al. (2010, S. 42, s. Abb. 1) eingeordnet werden kann. Der Erfahrungs- wie der fachliche Hintergrund von Wissenschaftler*innen mit Behinderung fließt so in sämtliche Phasen des Forschungsprozesses mit ein.

5.1 Beispiele zu Formen der Partizipation im Forschungsprozess

Partizipation von KSL-Mitarbeitenden findet in den verschiedenen Forschungsphasen auf vielfältige Art und Weise statt und wird im Folgenden beispielhaft dargestellt.

In der Phase der Konzeptionierung der Evaluation erhielten die KSL den größten Einfluss im Rahmen einer Kick-off-Veranstaltung, in welcher der erste Entwurf des Evaluationskonzeptes, den die IKSL zuvor erarbeitet hatte, diskutiert und Einfluss auf die geplanten Erhebungsmethoden sowie das Forschungsdesign genommen werden konnte. Auch die Erstellung der Erhebungsinstrumente, darunter projektbezogene Dokumentationsbögen, deren erster zu diskutierender Entwurf von der IKSL vorgeschlagen wurde, erfolgte unter Beteiligung der KSL. Diese wurden in mehreren Feedbackschleifen gemeinsam diskutiert und entsprechend gestaltet bzw. modifiziert. Allerdings wurden Interviewleitfäden wie auch Fragebögen, die für Erhebungen mit KSL-Mitarbeitenden konzipiert waren, wegen des Risikos der Einflussnahme und der Verfälschung der Ergebnisse nicht zuvor mit den KSL abgestimmt. Partizipation wurde hier stattdessen auf der Pretest-Ebene hergestellt, indem die Erhebungsinstrumente mit ehemaligen (behinderten) Mitarbeitenden der KSL erprobt wurden.

Auf der Ebene der Datenerhebung erfolgt die Partizipation der KSL durch das Führen der projektbezogenen Dokumentation der Beratungstätigkeit anhand von partizipativ mit den Mitarbeitenden für die Evaluation erstellten Dokumentationsbögen.

Qualitative Interviews und halbstandardisierte Befragungen dagegen nahmen die Wissenschaftlerinnen des Projektes vor. Neben den notwendigen methodischen Kompetenzen und zeitlichen Ressourcen dieser Expertinnen besteht bei ihnen ein geringeres Risiko, sozial erwünschte Antworten von den jeweiligen Interviewpartner*innen zu erhalten. Es ist davon auszugehen, dass dieses Risiko höher ist, wenn die Mitarbeiter*innen der KSL sich z. B. selbst gegenseitig interviewen oder befragen. Dies gälte ebenfalls, wenn Mitarbeiter*innen der KSL die Institutionen der Öffentlichkeit, mit denen sie größtenteils zusammenarbeiten, über die Bewertung ihrer eigenen Arbeit befragen würden.

Auch die Ergebnisanalyse der erhobenen Daten erfolgt unter Beteiligung der KSL: Im Rahmen zweier Feedbacktreffen wurden erste Ergebnisse der Erhebung präsentiert, von den KSL-Mitarbeiter*innen diskutiert und an Wissenschaftler*innen der IKSL zurückgemeldet. Auch Zwischenberichte an den Drittmittelgeber werden zuvor mit den KSL abgestimmt.

Im Rahmen des WDTZ findet Partizipation vor allem durch die regelmäßige Abstimmung der Themen für Fortbildungen und Fachveranstaltungen mit den KSL-Mitarbeitenden statt. Mitunter ergaben sich auch Themen aus dem konkreten Forschungsprozess heraus. So wurde z. B. eine Dialogveranstaltung zum Thema „Wer darf Peer sein?" durchgeführt, weil bei der Datenerhebung in Bezug auf Peer-Counseling die Frage aufkam, ob Peers nur behinderte Personen mit der gleichen Beeinträchtigung seien oder ob z. B. auch Familienmitglieder Peer-Counseling durchführen können.

5.2 Grenzen von Partizipation im Forschungsprojekt

Die Partizipationsmöglichkeiten von Menschen mit Behinderung sowie von den Beforschten haben ihre Grenzen erst einmal insofern, als dass IKSL ein Drittmittelprojekt ist und dementsprechend den im eigenen Antrag an den Drittmittelgeber formulierten Zielen und den Rahmenbedingungen der Finanzierung entsprechen muss. Dies hat durch die Festlegung der finanziellen und zeitlichen Rahmenbedingungen, aber auch inhaltlicher Elemente, einen gewissen Einfluss auf die Erstellung der Konzeption der Evaluation und auf das WDTZ sowie auf die Durchführung sämtlicher Aufgaben. In der Evaluation allerdings wird die Auswertung der Erhebungsergebnisse unabhängig vom Drittmittelgeber durchgeführt, um dem ethischen Grundsatz der Wertfreiheit von Wissenschaft zu entsprechen (vgl. Bortz/Döring 2006, S. 98 ff.). Eine weitere Grenze macht sich darin bemerkbar, dass die Beforschten eine heterogene Gruppe sind, deren unterschiedliche Auffassungen, Wünsche und Vorstellungen davon, welche Form der Beteiligung realisiert werden soll, oft schwer miteinander zu vereinbaren sind. Zudem zeigt sich, dass auch die Wahrung des wissenschaftlichen Anspruchs zuweilen dazu führt, dass Partizipation zumindest nicht bedingungs- und diskussionslos umgesetzt werden kann. Diese Grenzen wurden auf unterschiedliche Weise im Forschungsprozess sichtbar und spiegeln sich in den folgenden Beispielen von ersten Erfahrungen, die im Forschungsprozess gemacht wurden, wider.

5.3   Erste Erfahrungen und Erkenntnisse nach der ersten Projekthälfte

Durch das inklusive Forschungsteam und die Beteiligung der KSL konnten Perspektiven und wichtige Themen von Menschen mit Behinderung, wie z. B. die Verwendung des Begriffs Lernschwierigkeiten, fokussiert werden sowie die Barrierefreiheit der Erhebungsinstrumente sichergestellt werden. Durch die Partizipation der beforschten Mitarbeitenden konnten zudem wesentliche Aspekte der KSL-Arbeit, etwa ein stärkerer Fokus auf ihre strukturelle Beratungstätigkeit, Eingang in das Evaluationskonzept finden.

Jedoch galt es auch, Herausforderungen zu bewältigen, wenn die Beforschten Auffassungen vertraten, die schwer miteinander oder mit denen der Forscher*innen zu vereinbaren waren.

Wenn die KSL-Mitarbeiter*innen einerseits Wünsche angeben sollten, aber aufgrund der vorhandenen Ressourcen im Forschungsprojekt nicht alle Wünsche im Evaluationsdesign berücksichtigt werden konnten, führte dies zu Irritationen und bedurfte der Erklärung. Diametral einander entgegenstehende Auffassungen unter den behinderten Akteur*innen bestanden darüber, wer als Peer-Counselor*in zu verstehen ist: Es bedurfte einer sorgfältigen Rücksprache sowie Erklärung der Forscher*innen gegenüber den Beforschten, um ein eindeutiges Item dafür im Erhebungsinstrument zu entwerfen.

Konflikte zwischen Forschenden und Beforschten können als guter Indikator für Partizipation verstanden werden: Sie zeigen an, dass unterschiedliche Perspektiven von verschiedenen Beteiligten gleichermaßen vertreten sind und nicht eine Sichtweise dominiert (vgl. Unger 2014, S. 85 ff.). Eine weitere Schwierigkeit war, dass sich die Erwartungen und die Motivation der Beteiligten teils sehr unterschiedlich bis widersprüchlich gestalteten. So waren manche KSL-Mitarbeiter*innen bereit, viel Zeit in die Evaluation zu investieren, andere äußerten den Wunsch nach möglichst wenig Aufwand.

Ein Vorteil der Abstimmungsprozesse war, dass passgenaue Erhebungsinstrumente erstellt werden konnten. So zeigte sich in einer ersten Zwischenauswertung, dass die final abgestimmten Dokumentationsbögen selten falsch oder lückenhaft ausgefüllt waren. Dies lässt sich als ein Zeichen der Eindeutigkeit des Instruments deuten, da es offenbar kaum Fälle gab, für die die Items ungeeignet waren. Allerdings führte die mehrfache Abstimmung der Erhebungsinstrumente auch zu Fehlern bei der Datenerhebung, da trotz größter Sorgfalt nicht verhindert werden konnte, dass es zur Nutzung von veralteten Entwürfen der Dokumentationsbögen aus den Abstimmungsschleifen kam.

Im Evaluationsverlauf zeigte sich insbesondere ein Spannungsfeld zwischen wissenschaftlichem Anspruch und Parteilichkeit. Dieses Spannungsfeld ist bei partizipativer Forschung grundsätzlich gegeben, da wissenschaftliche Grundsätze einerseits eine Form von Objektivität und Neutralität verlangen, die durch eine gewisse Distanz zum Untersuchungsgegenstand erreicht werden soll. Andererseits wird Forschung in den DS oft emanzipatorisch und damit auch parteilich betrieben, und durch die Partizipation von Menschen mit Behinderung in der wissenschaftlichen Forschung ist genau das auch gewollt.

Im Beteiligungsprozess zur Auswertung mussten sich die wissenschaftlichen Mitarbeiterinnen der Herausforderung stellen, durch die von den KSL gewünschten Gewichtungen keine Ergebnisse zu beschönigen. Unabdingbare Voraussetzung für das Ausbalancieren von Parteilichkeit einerseits und Wissenschaftlichkeit andererseits ist die beständige Dokumentation und Reflektion des Evaluationsprozesses sowie eine höchstmögliche Transparenz bei allen Erhebungsschritten.

Des Weiteren zeigte sich, dass die partizipativen Prozesse viele personelle, zeitliche und finanzielle Ressourcen bei den Forschenden sowie bei den Beforschten in Anspruch nahmen.

Letztendlich entstand aber der Eindruck, dass die Abstimmungsprozesse die Sorgfalt der KSL-Mitarbeiter*innen bezüglich ihrer Aufgaben in der Evaluation erhöhten, woraus z. B. eine Verbesserung der Datenqualität des durch die KSL übernommenen Erhebungsschritts der Beratungsdokumentation hervorging.

Abschließend kann festgehalten werden, dass das Forschungsprojekt IKSL bislang ein hohes Maß an Partizipation in der Evaluation umsetzen konnte und dies sehr gewinnbringend war. Als Drittmittelprojekt ist es aber auch seinem Drittmittelgeber verpflichtet und bewegt sich in zeitlichen und finanziellen Rahmenbedingungen. Vor diesem Hintergrund konnte die oberste Stufe von Partizipation, die Arnstein (1969, S. 223) in ihrem Artikel zu Bürgerpartizipation als „citizen control" beschreibt und die Wright et al. (2010, S. 42) in Anlehnung an Arnstein auf partizipatorische Forschung übertragen haben und „Selbstorganisation" nennen, nicht verwirklicht werden. Allerdings wird bei Wright et al. (ebd.) die höchste Stufe der „Selbstorganisation" als eine die Partizipation übersteigende Form eingeordnet. Folgt man ihren Einstufungen, dann sind im Forschungsprozess des Projektes IKSL bei allen Schritten auf der Ebene des Forschungsteams und der primär erforschten Akteur*innen in der Regel die Stufen verwirklichter Partizipation umgesetzt, nämlich „Entscheidungsmacht" (Stufe 8), teilweise „Entscheidungskompetenz" (Stufe 7) oder „Mitbestimmung" (Stufe 6) (Abbildung 1).

Abbildung 1: Stufenmodell der Partizipation (nach Wright et al. 2010)

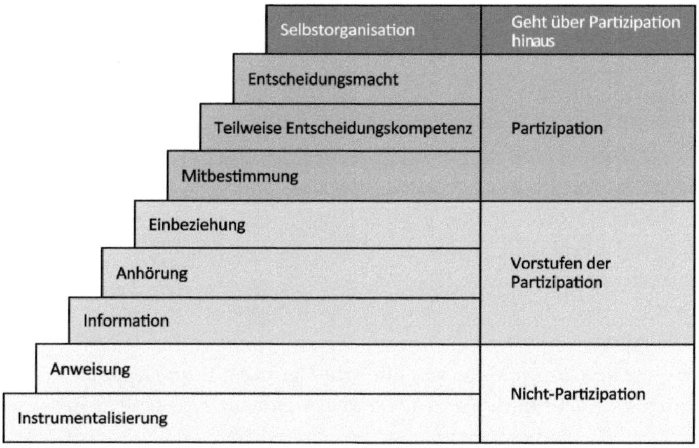

Selbstorganisation	Geht über Partizipation hinaus
Entscheidungsmacht	Partizipation
Teilweise Entscheidungskompetenz	
Mitbestimmung	
Einbeziehung	Vorstufen der Partizipation
Anhörung	
Information	
Anweisung	Nicht-Partizipation
Instrumentalisierung	

6. Fazit

Menschenrechtsbasierte Forschung in den DS ist im deutschsprachigen Raum ein weitgehend unbearbeitetes Feld. Seit dem Inkrafttreten der UN-BRK in Deutschland vor zehn Jahren konzentrieren sich viele Wissenschaftler*innen aus den traditionellen Behinderungswissenschaften und anderen gesellschafts- wissenschaftlichen Disziplinen auf Themen, die in der Konvention verankert sind, allen voran auf Inklusion und Teilhabe. Nur selten findet sich in dieser Forschung ein menschenrechtsbasierter Ansatz, und Erkenntnisse aus den DS finden höchst selten konsequent Anwendung. Dabei müsste der theoretische Bezugsrahmen der DS neben der Menschenrechtstheorie die Grundlage für eine Auslegung der UN-BRK bilden. Das zeigt nicht nur die Entstehungsge- schichte der Konvention, sondern auch die gegenwärtige Rechtsprechung des UN-BRK Ausschusses. Er knüpft einerseits an DS an und bietet andererseits neue Konzepte und Theorien zu so zentralen Themen der DS wie Modelle von Behinderung, Autonomie und Gleichheit.

Der Werkstattbericht zu IKSL zeigt, wie anspruchs- und voraussetzungsvoll ein menschenrechtsbasiertes und damit inklusives sowie partizipatives Vorge- hen mit Einbeziehung aller Akteur*innen im Prozess der Evaluation ist. Der Umstand, dass die KSL-Mitarbeitenden in diesem Prozess zwei unterschiedli- che Rollen, die der Co-Forscher*innen und die der Beforschten einnehmen, bedarf hierbei fortlaufend einer besonders kritischen Reflexion und Diskussion mit allen Beteiligten.

Das Potenzial partizipativer menschenrechtsbasierter Forschung liegt in ih- rer zirkulären Anknüpfung an die Menschenrechte als Fundament und Ergebnis des Forschungsprozesses, in dessen Verlauf die Beforschten ermächtigt werden, ihre Rechte bedingungslos wahrzunehmen.

Literatur

Aldridge, Jo (2016): Participatory research. Working with vulnerable groups in research and practice. Bristol, Chicago, Il.: Policy Press.

Arnstein, Sherry R. (1969): A ladder of citizen participation. In: Journal of the American Institute of planners 35, H. 4, S. 216–224.

Arstein-Kerslake, Anna, (2017): Restoring voice to people with cognitive disabilities. Cambridge: Cambridge Univ. Press.

Ausschuss für die Rechte von Menschen mit Behinderungen (Elfte Tagung, 2014): Allgemeine Bemerkung Nr. 1 (2014). Artikel 12: Gleiche Anerkennung vor dem Recht. Als Anhang abgedruckt in: Deutsches Institut für Menschenrechte (2015): Information der Monitoring-Stelle zur UN Behindertenrechtskonvention zur Allgemeinen Bemerkung Nr. 1 des UN-Fachausschusses für die Rechte von Menschen mit Behinderungen. www.institut-fuer-menschenrechte.de/fileadmin/user_upload/Publikationen/Weitere_Publikationen/Informationen_zu_General_Comment_Nr_1_MSt_2015.pdf (Abfrage: 14.07.2019).

Ausschuss für die Rechte von Menschen mit Behinderungen (Dreizehnte Tagung, 2015): Abschließende Bemerkungen über den ersten Staatenbericht. www.institut-fuer-menschenrechte.de/publikationen/show/crpd-abschliessende-bemerkungen-ueber-den-ersten-staatenbericht-deutschlands/ (Abfrage: 14.7.2019).

Baer, Susanne (2001): Universalismus, Menschenrechte und Geschlecht. Von der Forderung nach Frauenrechten zur Rekonstruktion des Gleichheitsrechts. In: femina politica 2001, 2, S. 143–154.

Bergold, Jarg/Thomas, Stefan (2010): Partizipative Forschung. In: Mey, Günter/Mruck, Katja (Hrsg.): Handbuch qualitative Forschung in der Psychologie. Wiesbaden: VS Verlag für Sozialwissenschaften, S. 333–344.

Bernhard, Armin (2012): Inklusion – Ein importiertes erziehungswissenschaftliches Zauberwort und seine Tücken. In: Behindertenpädagogik 51, H. 4, S. 339–341.

BODYS (o.J.): IKSL – Initiative Kompetenzentren Selbstbestimmt Leben in NRW. bodys.evh-bochum.de/projekte/articles/iksl-initiative-kompetenzentren-selbstbestimmt-leben-in-nrw-716.html (Abfrage: 24.07.2019).

Bortz, Jürgen/Döring, Nicola (2006): Forschungsmethoden und Evaluation in den Sozial- und Humanwissenschaften. 4. überarbeitete Auflage. Heidelberg: Springer Medizin Verlag.

Committee on the Rights of Persons with Disabilities: "General comment No. 5 (2017) on living independently and being included in the community". www.ohchr.org/en/hrbodies/crpd/pages/gc.aspx (Abfrage: 14.7.2019).

Committee on the Rights of Persons with Disabilities. „General comment No. 6 (2018) on equality and non-discrimination". www.ohchr.org/en/hrbodies/crpd/pages/gc.aspx (Abfrage: 14.7.2019).

Dammer, Karl-Heinz (2012): „Inklusion" und „Integration" – zum Verständnis zweier pädagogischer Zauberformeln. In: Behindertenpädagogik 51, H. 4, S. 342–351.

Degener, Theresia (2006): Menschenrechtsschutz für behinderte Menschen. Vom Entstehen einer neuen Menschenrechtskonvention der Vereinten Nationen. In: Vereinte Nationen H. 3, S. 104–110.

Degener, Theresia (2009): Die neue UN Behindertenrechtskonvention aus der Perspektive der Disability Studies. In: Behindertenpädagogik 48, H. 3, S. 263–283.

Degener, Theresia (Hrsg.) (2011–2018): Bericht aus Genf. Mitglied des UN-Ausschusses für die Rechte von Menschen mit Behinderungen. Bochum (1–16). Online verfügbar unter bodys.evh-bochum.de/bericht-aus-genf.html.

Degener, Theresia (2016): Disability in Human Rights Context. In: Laws 5, H. 35, S. 1–24, www.mdpi.com/2075-471X/5/3/35/pdf (Abfrage: 09.08.2019).

Degener, Theresia (Hrsg.) (2018a): Auf dem Weg zu inklusiver Gleichheit: 10 Jahre UN-Ausschuss für die Rechte von Menschen mit Behinderungen. Bochum. Online verfügbar unter bodys.evh-bochum.de/publikationen.html.

Degener, Theresia (2018b): Unterstützte gleiche Freiheit: Zum Innovationspotenzial der Behindertenrechtskonvention der Vereinten Nationen. In: Baer, Susanne/Sacksofsky, Ute (Hrsg.): Autonomie im Recht. Geschlechtertheoretisch vermessen. 1. Auflage. Baden-Baden: Nomos, S. 61–70.

Degener, Theresia (2019): Die UN Behindertenrechtskonvention – Ansatz einer inklusiven Menschenrechtstheorie. In: Baer, Susanne/Lepsius, Oliver/Schönberger, Christoph/Waldhoff, Christian/Walter, Christian (Hrsg.): Jahrbuch des öffentlichen Rechts der Gegenwart. Neue Folge. 1. Auflage. Tübingen: Mohr Siebeck, S. 487–508.

Flieger, Petra/Schönwiese, Volker (Hrsg.) (2011): Menschenrechte – Integration – Inklusion. Aktuelle Perspektiven aus der Forschung. Bad Heilbrunn: Klinkhardt.

Goeke, Stephanie/Kubanski, Dagmar (2012): Menschen mit Behinderungen als GrenzgängerInnen im akademischen Raum. Chancen partizipatorischer Forschung. In: FQS Forum Qualitative Sozialforschung 13, H. 1, Art. 6. Online verfügbar unter promi.uni-koeln.de/wp-content/uploads/2014/03/1782-6882-2-PB.pdf (Abfrage: 18.01.2019).

Hirschberg, Marianne (2012): Menschenrechtsbasierte Datenerhebung – Schlüssel für gute Behindertenpolitik. Anforderungen aus Artikel 31 der UN-Behindertenrechtskonvention. Berlin: Deutsches Institut für Menschenrechte.

Hirschberg, Marianne (2014): Ethische Richtlinien für Forschung und Wissenschaft. In: Mührel, Eric/Birgmeier, Bernd (Hrsg.): Perspektiven sozialpädagogischer Forschung. Methodologien – Arbeitsfeldbezüge – Forschungspraxen. Wiesbaden: Springer VS, S. 347–380.

Kayess, Rosemary/French, Phillip (2008): Out of Darkness into Light? Introducing the Convention on the Rights of Persons with Disabilities. In: Human Rights Law Review 8, H. 1, S. 1–34.

Lang/Kampmeier/Schmalenbach/Strohmeier/Mühlig (o. Vornamen) (2016): Studie zum aktiven und passiven Wahlrecht von Menschen mit Behinderungen. BMAS Forschungsbericht Abschlussbericht (auch online unter www.bmas.de/SharedDocs/Downloads/DE/PDF-Publikationen/Forschungsberichte/fb470-wahlrecht.pdf;jsessionid=0EA32113B47C662400A46B2F98C40792?__blob=publicationFile&v=2, Abfrage: 29.05.2019).

Office of the United Nations High Commissioner for Human Rights (2006): Frequently asked questions on a human rights based approach to development cooperation. New York, Genf. www.ohchr.org/Documents/Publications/FAQen.pdf (Abfrage: 14.07.2019).

Oliver, Michael (1990): The politics of disablement. A sociological approach. New York: St. Martin's Press.

Retief, Marno/Letšosa, Rantoa (2018): Models of disability: A brief overview. In: HTS Teolo-giese Studies/Theological Studies 74, H. 1, S. 4783 (auch online unter doi.org/10.4102/hts.v74i1.4738).

Rommelspacher, Birgit (1998): Dominanzkultur. Texte zu Fremdheit und Macht. 2. Auflage, Berlin: Orlanda Frauenverlag.

Rudolf, Beate/Mahlmann, Matthias (2007): Gleichbehandlungsrecht. Handbuch. 1. Auflage, Baden-Baden: Nomos.

Sabatello, Maya (2014): The New Diplomacy. In: Sabatello, Maya/Schulze, Marianne (Hrsg.): Human rights and disability advocacy. 1. Auflage, Philadelphia: University of Pennsylvania Press, S. 239–258.

Sacksofsky, Ute (1996): Das Grundrecht auf Gleichberechtigung. Eine rechtsdogmatische Untersuchung zu Artikel 3 Absatz 2 des Grundgesetzes. Univ., Diss. Freiburg (Breisgau), 1990. 2. Auflage, Baden-Baden: Nomos.

Snyder, Sharon L. (2006): Disability Studies. In: Albrecht, Gary L. (Hrsg.): Encyclopedia of Disability. Thousand Oaks, CA: SAGE. S. 478–489.

Unger, Hella von (2014): Partizipative Forschung. Einführung in die Forschungspraxis. Wiesbaden: Springer VS.

Waldschmidt, Anne (2018): Disability-Culture-Society: Strengths and weaknesses of a cultural model of dis/ability. In: ALTER – European Journal of Disability Research, H. 12, S. 65–78.

Widersprüche e.V. (Hrsg.) (2014): Widersprüche * Zeitschrift für kritsche Analyse im Sozial, Gesundheits- und Bildungsbereich. Inklusion – Versprechungen vom Ende der Ausgrenzung. Münster: Westfälisches Dampfboot.

Wright, Michael T./Block, Martina/Unger, Hella von (2010): Partizipation der Zielgruppe in der Gesundheitsförderung und Prävention. In: Wright, Michael T. (Hrsg.): Partizipative Qualitätsentwicklung in der Gesundheitsförderung und Prävention. Bern: Huber, S. 35–42.

Zames Fleischer, Doris/Zames, Frieda (2001): The Disability Rights Movement. From Charity to Confrontation. Philadelphia: Temple University Press.

Kategorisierung und Repräsentation

Methodologische Grenzerkundungen zur Forschung über Flucht und Behinderung

Matthias Otten[1]

1. Einleitung

Kategorisierungs- und Repräsentationsaspekte sind seit jeher prominente theoretische Diskurstopoi in der kritischen Flucht- und Migrationsforschung bzw. den Disability Studies. Besonders in der Fluchtforschung zeigen sich transformatorische Label-Zuweisungen hoch wirksam, indem sie bestimmte Gruppenmerkmale situativ betonen und andere vulnerable Lebenslage-Konstellationen unbeachtet lassen (vgl. Thomaz 2018). Zu den kaum wahrgenommenen Lebenslagen gehören z. B. Menschen mit Behinderungen in Flucht- und Asylsituationen (vgl. Farrokhzad et al. 2018; Köbsell 2018; Otten 2018; Pisani/Grech 2015).

Es ist kennzeichnend für die inter-institutionellen Strukturen der Asylarbeit bzw. der Behindertenhilfe, dass die verschränkten asyl-, sozial- und leistungsrechtlichen Regelungen eine ständige Selbst- und Fremdkategorisierung erfordern, um Zugang zu Hilfesystemen zu erhalten (vgl. Gag/Weiser 2017). Vorhandene Kompetenzen und Selbstentwürfe der geflüchteten Menschen treten dabei zumeist gegenüber der leistungsrechtlich notwendigen Begründung als (Einzel)Fall von *besonderer* Schutz- und Hilfsbedürftigkeit in den Hintergrund (vgl. Seukwa 2006). Vor diesem Hintergrund bekommt das empirische Wechsel- und Spannungsverhältnis von Subjektivierungspraktiken und institutionellen Kategorisierungen eine besondere methodologische und forschungsethische Relevanz (vgl. Otten 2009; Unger 2018; grundlegend auch Bilger/van Liempt 2009; Clark-Kazak 2017).

---

1 Für wertvolle Hinweise und Ergänzungen danke ich Andrea Platte, Anna Nutz und Sebastian Hempel.

Rekonstruktive Sozialforschung[2] als auch partizipative Forschung[3] gelten hier als zwei interpretative Denk- und Forschungsansätze, in denen dieses Spannungsverhältnis methodologisch diskutiert wird. Gemeinsam ist ihnen das Interesse an Bedingungen und Entfaltungsmöglichkeiten sozialer Handlungspraxis, ihrer Widerständigkeit und Einbettung in (machtvolle) Strukturen sowie den Möglichkeiten, diese zumeist impliziten Orientierungen und Praktiken reflexiv zugänglich zu machen. Damit steht allerdings noch keineswegs eine konvergierende und widerspruchsfreie methodologische Perspektive in Aussicht.

2. Einschreibungen durch präformierende Kategorisierungsregime

Ein erstes Problem betrifft die gegenstandstheoretische Konzeption des *Verhältnisses von subjektiver Erfahrung und sozialer Kategorisierung*. Disability Studies sind seit jeher einer emanzipatorischen Grundidee verpflichtet, die sich kritisch einer exterioren Kategorisierung des Subjekts entgegenstellt (vgl. Grue 2016; Priestley et al. 2010). In der Fluchtforschung gibt es vergleichbare Diskurse (vgl. Behrends 2019; Schmitt 2018; Thomaz 2018). An einem kritischen theoretischen Problembewusstsein mangelt es also offenkundig nicht. Wenn es allerdings um konkrete Forschungsprojekte und ihre Umsetzung geht, wenn also die (politisierte) Theorie ‚ins Feld' muss, ergeben sich dennoch methodologische, ethische und forschungspraktische Herausforderungen.

Analytisch ist es sinnvoll, zunächst ohne normative Vorannahmen zwischen Subjekterfahrung und Objektformation als zwei unterscheidbaren Analyseebenen zu differenzieren. Das heißt, es wird zunächst von der *existenziellen Subjekterfahrung* der Flucht bzw. des ‚Geflüchtet-Seins' bzw. der Beeinträchtigung ausgegangen, die erst durch spezifische institutionelle Politiken, Regelungen und Instrumente in eine bestimmte *rechtliche Objektform* eines Asylfalls bzw. den Status als Flüchtling bzw. den eines Menschen mit Behinderung gebracht wird (vgl. Otten 2018). Für die Profession der Sozialen Arbeit und andere Institutionen, die sich tendenziell eher aus der Richtung der Logik der Objektform einer Biografie zuwenden, stellt sich eine Subjekterfahrung somit zumeist schon vermittelt als ein (potenzieller) ‚Fall' dar. Dessen Narrativ steht ungeachtet aller Besonderheiten nicht für sich, sondern wird immer auch schon vor dem Deutungshintergrund des Feldes der professionellen und institutionellen

---

2 Ich beziehe mich hier vor allem auf die Argumentation und Verfahren der Dokumentarischen Methode als einer Variante rekonstruktiver Sozialforschung.

3 Mit partizipativer Forschung ist kein bestimmtes methodisches Verfahren, sondern vielmehr ein bestimmter ‚Forschungsstil' gemeint, der für den Einbezug von Ko-Forscher*innen aus der untersuchten Lebenswelt in die Entscheidungs- und Erkenntnisprozesse der Forschung argumentiert (vgl. Bergold/Thomas 2012; Unger 2014).

Dispositive und Zuständigkeiten selektiv gehört und gelesen (vgl. Michel-Schwartze 2016). Insofern lässt sich sagen, dass die Fallförmigkeit sowohl für die Praxis als auch die empirische Forschung eine intersubjektiv vermittelte Deutungsebene darstellt, die im Idealfall eine gewisse Balance oder Kongruenz von Subjekterfahrung und Objektform herzustellen vermag.

Es mag auf den ersten Blick paradox wirken, rekonstruktiv-partizipatives Forschen zu Flucht und Behinderung von den hegemonialen inter-institutionellen Praxisstrukturen her zu konzipieren. Dies wird aber verständlich, wenn man bedenkt, dass (widerständige) Subjektivierungen oft bereits eine Ausdrucksform von biografischen Auseinandersetzungen mit institutionellen Ein- und Übergriffen darstellen. In diesem Sinne ließe sich etwa fragen, wie die Gleichzeitigkeit von Emanzipationsbestrebungen von kategorialer Etikettierung einerseits und ihre strategische Nutzung für die Wahrnehmung eigener Rechte und Chancen andererseits austariert werden, was Seukwa (2006) kompetenztheoretisch als „Überlebenskunst" rekonstruiert.

Eine rekonstruktive Forschung könnte nicht nur aufzeigen, dass ein Fall immer schon durch die Bedingungen professioneller Strukturen und Praktiken „gemacht" ist (vgl. Müller 2017), sondern umgekehrt auch, dass eine professionelle und institutionelle Praxis erst durch das Mittun von (mitunter widerständigen) Fällen ‚gemacht' wird. Das bedeutet allerdings noch keineswegs, dass sie tatsächlich auf gleicher Machtebene mit der hegemonialen Deutungsmacht der institutionellen Akteure agieren können; der Handlungsrahmen bleibt in der Regel asymmetrisch (vgl. exemplarisch: Schmitt 2018).

Aus der Perspektive der Subjekte werden Kategorisierungen quasi mehr oder minder tief in Selbstkonzepte eingeschrieben. Für die kritische Migrationsforschung hat Behrens (2019) dieses Phänomen überzeugend mit Judith Butlers (2001) Subjektivierungskonzept nachgezeichnet, das auch in den Disability Studies verbreitet ist:

> „Erst die sprachliche Wiederholung von Kategorisierungen, Begriffen, Namen, also das performative Zitieren dieser, ermöglicht Individuen die soziale Existenz, die ohne einen Namen, ohne eine subjektivierende Bezeichnung, die zugleich eine Kategorisierung ist, nicht möglich ist [...]. Obwohl sie mit Unterwerfungen einhergehen, werden gesellschaftliche Kategorisierungen, die eine anerkennungsfähige und dauerhafte soziale Existenz ermöglichen – wie die Bezeichnung ‚Migrant*in' dies tut – häufig vorgezogen, wenn die Alternative ist, keine soziale Existenz zu haben." (Behrens 2019, S. 67 f.)

Nicht nur in der alltäglichen Auseinandersetzung mit diesen Zuschreibungen, sondern auch in einem etwaigen Forschungskontext bedarf es einer gewissen reflexiven Robustheit der ‚erforschten' Subjekte, um sich nicht von einem derart *angetragenen* Narrativ vereinnahmen zu lassen. Analog gilt das auch für eine kritische Wachsamkeit gegenüber Tendenzen zur Viktimisierung im Flucht-kontext. Deshalb sind rekonstruktive Forschungsprojekte herausgefordert, Distanzierungen gegenüber allzu naheliegenden Alltagserzählungen zu ermög-lichen und das Agency-Potenzial zu erschließen, ohne dabei jedoch die mitlau-fenden Zuschreibungsregime in ihrer lebensweltlichen Relevanz zu ignorieren (vgl. Geiger 2016).

3. Repräsentation von Subjektpositionen und Erfahrungswissen

Eine zweite methodologische Herausforderung betrifft die *Relation von inter-subjektiv geteilten Erfahrungen und deren Repräsentation.* Partizipative For-schung rekurriert in der Regel auf ein starkes Community-Verständnis, das den Fokus auf die Beteiligung von Menschen aus jenen lebensweltlichen *Gemein-schaften* legt, in denen ein soziales Problem besonders erfahren und artikuliert wird (vgl. Bergold/Thomas 2012; Unger 2014). Es wird also davon ausgegangen, dass aus ähnlichen bzw. vergleichbaren Erfahrungen auch rudimentäre Formen von Gruppenidentität und ggf. organisierte Vergemeinschaftungen entstehen. Die Klärung des Status einer sprechfähigen Repräsentation von Erfahrungen innerhalb des Forschungsprozesses nimmt dabei eine zentrale argumentative Stellung für die Begründung partizipativer Prinzipien ein.

Für die intersektionale Erfahrung von Flucht/Behinderung kann nun aber weder von einer *exterior* benennbaren ‚Gruppe‘ noch in irgendeiner Weise von einer sozial verfassten oder selbstdefinierenden ‚Community‘ jener Personen gesprochen werden, um die es letztlich geht. Mögliche Co-Forscher*innen mit eigener Flucht-/Behinderungserfahrung sind für Forschungsaktivitäten oft erst darüber zu gewinnen, dass sie zuvor in irgendeiner Weise mit Kategorisierun-gen durch andere Akteur*innen und Institutionen adressiert wurden und über diese Praxisvermittlung in ein Forschungsprojekt gelangen. Als Vielzahl von Einzelfällen haben sie ihre individuellen Fluchtgeschichten und können nicht ohne Vordeutungen als Repräsentant*innen von Gruppenerfahrungen fungie-ren, selbst wenn es homologe Muster von Fluchterfahrungen unter Bedingun-gen von Beeinträchtigungen geben mag (vgl. Farrokhzad et al. 2018).

In der Perspektive einer rekonstruktiven Forschung kann der intersubjek-tive Repräsentationshorizont nicht a priori bestimmt werden, sondern sich nur aus der Empirie ergeben (vgl. Bohnsack 2014). Aufgrund der basalen Differenz von kommunikativem und konjunktivem Wissen (vgl. Mannheim 1980) – letzteres ist den erzählenden Personen nicht unmittelbar reflexiv zugänglich – gibt es zudem eine grundsätzliche Skepsis gegenüber der in partizipativen An-sätzen angestrebten Gleichzeitigkeit von Betroffenheit und Interpretation in-nerhalb eines rekonstruktiven Forschungsprozesses (vgl. Hametner 2013). Re-konstruktive Forschung versucht die Seinsverbundenheit der Forschenden und der ‚Beforschten‘ im Interpretations- und Erkenntnisprozess eher durch komparative Analysen im Modus des Fremdverstehens zu berücksichtigen und damit über eine affirmative Deutungslogik hinauszugehen (vgl. Wagner-Willi 2011). Ein fundamentaler methodologischer Unterschied beider Ansätze liegt also im Status und Umgang mit Subjektpositionen und Erfahrungswissen.

4. Fazit

Eine emanzipatorische und auf Partizipation ausgerichtete rekonstruktive Forschung mit Menschen, deren Leben durch Flucht- und Behinderungserfahrungen geprägt, aber nicht determiniert ist, müsste zunächst dazu verhelfen, die institutionell zugeschriebenen Konstruktionen wieder aufzulösen, zu relativieren und den Agency-Aspekt zur Geltung zu bringen. Dabei kann ein Beitrag kategorisierungskritischer Forschung darin liegen, von einer Fixierung auf Merkmale hin zur Fokussierung auf Praktiken umzustellen. Solche Praktiken können individuelle oder kollektive Handlungsweisen sein, welche aber stets auf konjunktiven Erfahrungsräumen basieren (vgl. Bohnsack 2017, S. 138 ff.).

Partizipative Forschung begreift subjektive Betroffenheit und Subjektivität als zentrale Erfahrungsmomente und macht sie nicht nur aus politischen, sondern auch aus erkenntnislogischen Gründen zu einer Voraussetzung methodologischer und forschungsethischer Entscheidungen. Damit läuft sie aber mitunter Gefahr, atheoretisches Wissen in Selbstäußerungen schon als unhinterfragte Analyseeinheiten zu nutzen, zumal wenn sie über Formen der Selbstvertretung und des Community-Building bereits als organisiertes, *expliziertes* ,Betroffenenwissen' reproduziert werden. Rekonstruktive Forschung muss sich indessen fragen lassen, wie sie mit dem immanenten Problem asymmetrischer Kommunikations- und Deutungsmacht zwischen akademisch Forschenden und partizipierenden Co-Forschenden umgeht. Ein methodisch voraussetzungsvolles Zusammenspiel von emanzipatorischen Ansprüchen partizipativer Forschung und rekonstruktiven Verfahren könnte im besten Falle dazu beitragen, die habituellen und strukturellen (praxeologischen) Bedingungen von unterdrückten Wissensformen und impliziten Exklusionsmustern herauszuarbeiten, damit diese auch politisch fundierter kritisiert werden können.

Literatur

Behrens, Melanie (2019): Zur Reproduktion von Kategorisierungen in der Migrationsforschung. In: Klomann, Verena/Frieters-Reermann, Norbert/Genenger-Stricker, Marianne/Sylla, Nadine (Hrsg.): Forschung im Kontext von Bildung und Migration. Wiesbaden: Springer VS, S. 63–73.

Bergold, Jarg/Thomas, Stefan (2012): Partizipative Forschungsmethoden: Ein methodischer Ansatz in Bewegung. In: FQS Forum Qualitative Sozialforschung 13, H. 1, Art. 30. nbn-resolving.de/urn:nbn:de:0114-fqs1201302 (Abfrage: 2.2.2019).

Bilger, Veronika/Liempt, Ilse van (Hrsg.) (2009): The ethics of migration research methodology: Dealing with vulnerable immigrants. Sussex: Academic Press.

Bohnsack, Ralf (2014): Rekonstruktive Sozialforschung: Einführung in qualitative Methoden. 9. Auflage. Opladen: Budrich, UTB.

Bohnsack, Ralf (2017): Praxeologische Wissenssoziologie. Opladen: Budrich, UTB.

Butler, Judith (2001): Psyche der Macht. Das Subjekt der Unterwerfung. Frankfurt a. M.: Suhrkamp.

Clark-Kazak, Christina (2017): Ethical considerations: Research with people in situations of forced migration. In: Refuge, Canada's Journal on Refugees 33, H. 2, S. 11–17.

Farrokhzad, Schahrzad/Otten, Matthias/Zuhr, Anna/Ertik, Serpil (2018): Netzwerk für Flüchtlinge mit Behinderung Köln. Abschlussbericht zur wissenschaftlichen Begleitung und Evaluation des Modellprojekts. Köln: TH Köln.

Gag, Maren/Weiser, Barbara (2017): Leitfaden zur Beratung von Menschen mit einer Behinderung im Kontext von Migration und Flucht. Herausgegeben von passagen gGmbH und Caritasverband für die Diözese Osnabrück e.V. www.fluchtort-hamburg.de/publikationen/ (Abfrage: 02.02.2019).

Geiger, Tina (2016): Handlungsfähigkeit von geduldeten Flüchtlingen. Eine empirische Studie auf der Grundlage des Agency-Konzeptes. Wiesbaden: Springer VS.

Grue, Jan (2016): The social meaning of disability. A reflection on categorization, stigma and identity. In: Sociology of Health & Illness 38, H. 6, S. 957–964.

Hametner, Katharina (2013): Wie kritisch ist die rekonstruktive Sozialforschung? Zum Umgang mit Machtverhältnissen und Subjektpositionen in der dokumentarischen Methode. In: Langer, Phil C./Kühner, Angela/Schweder, Panja (Hrsg.): Reflexive Wissensproduktion. Anregungen zu einem kritischen Methodenverständnis in qualitativer Forschung. Wiesbaden: Springer VS, S. 135–148.

Köbsell, Swantje (2018): Disabled asylum seekers? …They don't really exist. Zur Unsichtbarkeit behinderter Flüchtlinge im Hilfesystem und im behindertenpolitischen Diskurs. In: Westphal, Manuela/Wansing, Gudrun (Hrsg.): Migration, Flucht und Behinderung. Herausforderungen für Politik, Bildung und psychosoziale Dienste. Wiesbaden: Springer VS. S. 63–81.

Mannheim, Karl (1980): Strukturen des Denkens. 1. Auflage. Hrsg. von Kettler, David/Meja, Volker/Stehr, Nico. Frankfurt a. M.: Suhrkamp (Suhrkamp Taschenbuch Wissenschaft, 298).

Michel-Schwartze, Brigitta (Hrsg.) (2016): Der Zugang zum Fall. Beobachtungen, Deutungen und Interventionsansätze. Wiesbaden: Springer VS.

Müller, Burkhard (2017): Sozialpädagogisches Können. Ein Lehrbuch zur multiperspektivischen Fallarbeit. 8. Auflage, Freiburg: Lambertus.

Otten, Matthias (2018): Flucht/Asyl vs. Behinderung/Inklusion: Internationale Politikregime im Widerspruch. In: Journal for Disability and International Development 29, H. 2, S. 4–11.

Otten Matthias (2019): Partizipative Forschung zur Teilhabe von geflüchteten Menschen mit Behinderung. In: Klomann, Verena/Frieters-Reermann, Norbert/Genenger-Stricker, Marianne/Sylla, Nadine (Hrsg.): Forschung im Kontext von Bildung und Migration. Wiesbaden: Springer VS, S. 181–194.

Pisani, Maria/Grech, Shaun (2015): Disability and forced migration. Critical intersectionalities. In: Disability and the Global South 2, H. 1, S. 421–441.

Priestley, Mark/Waddington, Lisa/Besozzi, Carlotta (2010): New priorities for disability research in Europe: Towards a user-led agenda. In: ALTER, European Journal of Disability Research, H. 4, S. 239–255.

Schmitt, Caroline (2018): Inklusion als Analyseperspektive in der Fluchtforschung. In: Zeitschrift für Sozialpädagogik 16, H. 2, S. 118–138.

Seukwa, Louis Henri (2006): Der Habitus der Überlebenskunst. Zum Verhältnis von Kompetenz und Migration im Spiegel von Flüchtlingsbiografien. Münster: Waxmann.

Thomaz, Diana (2018): What's in a category? The politics of not being a refugee. In: Social & Legal Studies 27, H. 2, S. 200–218.

Unger, Hella von (2014): Partizipative Forschung. Eine Einführung in die Forschungspraxis. Wiesbaden: Springer VS.

Unger, Hella von (2018): Ethische Reflexivität in der Fluchtforschung. Erfahrungen aus einem soziologischen Lehrforschungsprojekt. In: FQS Forum Qualitative Sozialforschung 19, H. 3, Art. 6. dx.doi.org/10.17169/fqs-19.3.3151 (Abfrage: 02.02.2019).

Wagner-Willi, Monika (2011): Standortverbundenheit und Fremdverstehen. Anmerkungen zum Schwerpunktthema „Partizipative Forschung". In: Teilhabe 2, S. 66–68.

Wie lässt sich ‚Dis/ability' mit Hilfe des Dispositivkonzepts nach Michel Foucault theoretisch denken und empirisch untersuchen?

Eine Einführung

Anne Waldschmidt, Sarah Karim & Simon Ledder

1. Vorbemerkung

Im gesellschaftlichen Umgang mit behinderten Menschen ist seit geraumer Zeit ein Wandlungsprozess im Gange, der in Richtung Gleichstellung, Inklusion und Partizipation zu laufen scheint. Dieser Prozess wird gemeinhin mit der UN-Behindertenrechtskonvention (UN-BRK) in Verbindung gebracht; bei genauerem Hinsehen kann man jedoch bereits in den 1970er Jahren eine entsprechende Entwicklungsdynamik finden (vgl. Bösl 2009). Gleichzeitig gilt: Richtung und Rationalität dieses Prozesses sind letztlich noch kaum verstanden. Vor allem stellt sich die Frage, ob und welche Veränderungsprozesse überhaupt im Alltag ankommen und für die Betroffenen relevant sind. Wie wird das Wechselverhältnis zwischen Behinderung und Nicht-Behinderung (im Folgenden Dis/ability) umgestaltet und welche Erfahrungen machen dabei die Menschen mit und ohne Beeinträchtigungen? Vor dem Hintergrund dieser Fragestellung geben wir im Folgenden einen Einblick in unsere Forschungspraxis.

2. Eigenes Forschungsvorhaben

Gefördert von der Deutschen Forschungsgemeinschaft (DFG),[1] untersuchen wir derzeit am Beispiel der zentralen Lebenslage (Erwerbs-)Arbeit und mit

---

1 Das Projekt „Dispositive von ‚dis/ability' im gesellschaftlichen Wandel: (Erwerbs-)Arbeit als biographische Erfahrung und Alltagspraxis im Kontext von (Nicht-)Behinderung" wird an der Universität zu Köln unter der Leitung von Anne Waldschmidt durchgeführt und von der DFG unter der Projektnummer 405662445 gefördert.

Hilfe des Dispositivkonzepts, wie sich in den letzten Jahrzehnten die Problematisierungsweisen von Dis/ability verändert haben. In qualitativ-empirischen Untersuchungsschritten arbeiten wir die Verbindungen zwischen behindertenpolitischen und -pädagogischen Diskursen, programmatischen Anrufungen, gesellschaftlichen Institutionen, alltäglichen Praktiken und Identitätskonstruktionen heraus. Untersucht werden, erstens, in einer diachronen Perspektive die Erwerbsbiographien von zwei Altersgruppen von Männern und Frauen mit unterschiedlichen Beeinträchtigungsformen und, zweitens, auf synchroner Ebene das gegenwärtige Arbeits(-er-)leben von Menschen mit Lernschwierigkeiten in Werkstätten und Inklusionsbetrieben. Als Erhebungsmethoden verwenden wir leitfadenstrukturierte, narrativ orientierte Interviews, ethnografische Beobachtungen und Gruppendiskussionen; die Auswertung erfolgt mittels Diskurs- und Dispositivanalysen und orientiert sich am Intersektionalitätsansatz. Die mit dem Projekt verfolgte integrative Forschungsperspektive verbindet Ansätze der allgemeinen Soziologie, der Soziologie der Behinderung und der Disability Studies.

3. Zum Stand der Forschung

In der allgemeinen Soziologie ist der Dispositivansatz bereits als „Forschungsperspektive" (Bührmann/Schneider 2008, S. 23 ff.) etabliert und wurde in verschiedenen Studien (vgl. z. B. Caborn Wengler et al. 2013) angewandt, beispielsweise um die „Neuverhandlung des Alters in der Aktivgesellschaft" (Denninger et al. 2014) oder den gesellschaftlichen Stellenwert von (schulischer) Inklusion (vgl. z. B. Peter/Waldschmidt 2017) in ihrer Komplexität und Ambivalenz zu analysieren. Auch in den soziologischen Disability Studies wurde das Konzept relativ früh aufgegriffen, jedoch bisher noch nicht ausbuchstabiert (vgl. Waldschmidt 2003). Verschiedene diskurs- und biographieanalytische Studien (vgl. z. B. Freitag 2005; Pfahl 2011) und praxeologisch-phänomenologische Arbeiten (vgl. z. B. Schulz 2014) beziehen sich zwar auf den Ansatz, lassen jedoch eine detaillierte Ausarbeitung vermissen.

4. Was ist ein „Dispositiv"?

Doch was genau ist ein Dispositiv? Michel Foucault nennt drei zentrale Aspekte, die hier nur sehr gerafft wiedergegeben werden können: Erstens handle es sich um „eine entschieden heterogene Gesamtheit, bestehend aus Diskursen, Institutionen, architektonischen Einrichtungen" und weiteren Elementen; entscheidend sei, zweitens, „gerade die Natur der Verbindung, die zwischen diesen heterogenen Elementen bestehen kann" (Foucault 2003, S. 392). Drittens habe das Dispositiv „zu einem historisch gegebenen Zeitpunkt vor allem die Funktion [.], einer dringenden Anforderung nachzukommen." (ebd., S. 393) Pointiert formuliert Foucault schließlich: „Das eben ist das Dispositiv: Strategien von Kräfteverhältnissen, die Arten von Wissen unterstützen und von diesen unterstützt werden." (ebd., S. 395)

Am besten lässt sich Foucaults Konzeption anhand des alltagsnahen Beispiels eines Musikorchesters veranschaulichen. Für diese ebenfalls ‚entschieden heterogene Gesamtheit' gilt, dass die einzelnen Mitglieder nur in ihrer Gesamtheit – gemeinsam – ein musikalisches Werk zur Aufführung bringen können und gleichzeitig die Unterschiedlichkeit der verschiedenen Instrumente das Wesentliche der ‚Verbindung' ausmacht. Hinzu kommen die ‚Kräfteverhältnisse', die im Orchester wirken; die Positionen des Dirigenten und der anderen Mitglieder sind hierarchisch aufeinander bezogen. In funktionaler Hinsicht ist wichtig: Ein Ensemble kann nicht nur ein einziges Musikstück spielen, sondern ist in der Lage, die unterschiedlichsten Stücke aufzuführen und immer wieder neue einzustudieren. Dennoch sind die Möglichkeiten nicht unendlich, sondern richten sich nach den Instrumenten und Fähigkeiten der Musikerinnen.

5. Wie lassen sich „Dispositive von dis/ability" untersuchen?

Wie können nun diese Annahmen für die empirische Untersuchung von Dis/ability fruchtbar gemacht werden? Zu diesem Zweck greifen wir zusätzlich auf einen Ansatz von Waldschmidt (2011) zurück, der im Sinne einer integrierten Perspektive vorschlägt, den Ansatz Foucaults mit weiteren soziologischen Theorien zu verbinden. Dabei werden drei Achsen der Analyse differenziert, nämlich *Making*, *Doing* und *Being*. Diese Auswahl lässt sich wiederum am Beispiel des Orchesters erklären.

Um Musik zur Aufführung zu bringen, bedarf es einer Anordnung, eines *Making*: Aus der Vielzahl der Instrumente werden einige ausgewählt und diese räumlich-strukturell geordnet. Die Orchesteranordnung ist somit ein dispositives Gebilde und hat eine strategische Funktion. Jedoch bliebe sie stumm, wenn sie nicht auch genutzt, d. h. in Praktiken umgesetzt wird. Die Ebene des *Doing*, das gemeinsame Musizieren an einem bestimmten Ort und zu einer bestimmten Zeit, ist deshalb ebenfalls notwendig. Jedes Konzert folgt einer traditionellen Dramaturgie und ist doch jedes Mal ein neues Ereignis. Dabei spielt, drittens, das *Being* der Einzelnen ebenfalls eine wesentliche Rolle: Nehmen die Musizierenden die an sie gerichteten Erwartungen an, und was bedeutet es für ihr Selbstverständnis, Teil dieses Ensembles zu sein?

Überträgt man diese Gedanken auf den Fall Dis/ability und fragt nach den passenden Theorien, an die man anschließen kann, lassen sich folgende Vorannahmen entwickeln (vgl. Waldschmidt 2011, S. 92 ff.): Um die Strukturebene von Behinderung, das *Making Dis/ability* zu untersuchen, eignet sich die Diskurs- und Machttheorie Foucaults, da sie auf die Diskursivierung, Disziplinierung, Normierung und Normalisierung von Dis/ability aufmerksam macht. Da dabei jedoch die Handlungsebene unterbelichtet bleibt, bietet sich ein zusätzlicher Rückgriff auf die interaktionistische Soziologie Erving Goffmans (1967) an. Diese richtet den Fokus auf das alltägliche Handeln, das *Doing Dis/ability*, offenbart aber, wenn es um Phänomene verkörperter Differenz geht, einen naturalistischen Kern, da sie Behinderung (disability) im Wesentlichen mit Beeinträchtigung (impairment) gleichsetzt. Als sinnvolle Ergänzung kann deshalb das Konzept der symbolischen Gewalt von Pierre Bourdieu (2012) herangezogen werden. Denn damit lässt sich Dis/ability als naturalisierter und inkorporierter Effekt eines Herrschaftsverhältnisses beschreiben, durch welches die Personen sich selbst als (nicht) behindert verstehen: das *Being dis/able/d*. Versteht man diese hier nur kurz skizzierten drei Achsen als zusammenhängende Bestandteile eines komplexen Gefüges, nämlich eines Dispositivs, so ergibt sich ein Untersuchungskonzept, das es ermöglicht, Dis/ability als komplexen und dynamischen Zusammenhang empirisch zu untersuchen. Hierfür ist auf jeden Fall ein mehrschrittiges Verfahren notwendig. In unserem Projekt unterscheiden wir drei Untersuchungsschritte.

5.1 Making Dis/ability

Erstens liefert die Ebene des *Making Dis/ability* die Anregung, (Nicht-)Behinderung als strukturierten Sachverhalt zu denken (vgl. Foucault 1973, 1983; Peter/Waldschmidt 2017). An dieser Stelle geht es vor allem um wissenschaftliche und andere Diskurse, rechtliche Rahmenbedingungen, behindertenpolitische Maßnahmen, medizinisch-psychologische und pädagogische Gutachterrichtlinien sowie Architektur, gestaltete Umwelt und Dinge des täglichen Gebrauchs. Für die Analyse dieser dispositiven Elemente, die Dis/ability strukturieren, ist es sinnvoll, diskursanalytisch vorzugehen.

Da wir am konkreten Beispiel der Erwerbsbiographien von Menschen mit verschiedenen Beeinträchtigungen und aus verschiedenen Altersgruppen ansetzen, bietet es sich für unser Projekt an, den für Teilhabe am Arbeitsmarkt relevanten behindertenpolitischen Diskurs zu analysieren. Als Untersuchungszeitraum wird die Behindertenpolitik der BRD ab 1945 bis in die Gegenwart abgedeckt; dabei ist das Ziel der zeitgeschichtlich orientierten Analyse, die Strukturen (konkret: Programmatiken, Rechtsnormen, Institutionen, Maßnahmen) des ‚making disabled people work' zu verstehen. Die forschungsleitende Frage lautet: Welche behindertenpolitischen Diskurse und Institutionen, Programmatiken und Subjektivierungsformen sind für die Erwerbsbiographien von Bedeutung?

5.2 Doing Dis/ability

Zweitens geht es bei der Ebene des *Doing Dis/ability* darum, (Nicht-)Behinderung als gesellschaftliche Praxis zu begreifen, in anderen Worten, als ständig neu und jeweils auch situativ verhandelten Zusammenhang, in dem einerseits Kategorisierungen stattfinden und andererseits auf Zuschreibungen ‚geantwortet‘ wird (vgl. Goffman 1967; Hirschauer 2014). Entsprechend dieser Grundannahme fragen wir an dieser Stelle danach, welche gesetzlichen Regelungen, politischen Maßnahmen und institutionellen Vorgaben sich für die Lebensläufe von unterschiedlich beeinträchtigten Menschen als handlungsrelevant erweisen und wie die Betroffenen in den verschiedenen ‚settings‘ ihre Erwerbsbiographien gestalten. Empirisches Material zur Beantwortung dieser Forschungsfrage gewinnen wir zum einen durch leitfadenstrukturierte, narrativ orientierte Interviews mit unterschiedlich beeinträchtigten Frauen und Männern aus zwei Altersgruppen, die aufgefordert werden, von ihren subjektiven Handlungsweisen und Erfahrungen in erwerbsbiographisch relevanten Phasen, Situationen und Ereignissen zu berichten. Zum anderen kommen ethnografische Verfahren in Werkstätten und Inklusionsbetrieben für Menschen mit Lernschwierigkeiten zum Einsatz. Hier werden in alltäglichen Situationen Selbst- und Fremdzuschreibungen von Dis/ability wie auch subversive Praktiken, die Un/Fähigkeitserwartungen unterlaufen, teilnehmend beobachtet.

5.3 Being dis/able/d

Drittens untersuchen wir die Ebene des *Being dis/able/d*, nämlich die Annahme, dass es sich bei (Nicht-)Behinderung um eine subjektivierte wie auch subjektivierende Erfahrung und Identitätskonstruktion handelt (vgl. Bourdieu 2012; Karačić/Waldschmidt 2018). Dieser Analyseschritt stellt die Mechanismen der Inkorporierung und Internalisierung von Machtpraktiken in den Mittelpunkt und geht der Frage nach, warum diejenigen, die als un/fähig bzw. (nicht-)behindert adressiert werden, zumeist auch glauben, dies zu sein, und sich den Zuschreibungen eher nicht widersetzen. An dieser Stelle geht es – theoretisch formuliert – um sogenannte Subjektivierungsweisen (vgl. Bührmann/Schneider 2008, S. 68 ff.). Die Leitfrage für diesen empirischen Untersuchungsschritt lautet: Welche (Erwerbs-)Arbeitserfahrungen und Selbstverhältnisse lassen sich im biographischen Vergleich herausfiltern und welche Unterschiede und Gemeinsamkeiten gibt es zwischen den verschiedenen Alters- und Gendergruppen sowie in Abhängigkeit von unterschiedlichen Beeinträchtigungen?

Um Selbstpositionierungen und Zuschreibungen von Identität herauszuarbeiten, haben wir uns für die Methode der Gruppendiskussion entschieden. Indem ‚künstlich‘ Gesprächssituationen hergestellt werden und sich die Teilnehmenden in sozialer Interaktion, angeregt durch einen Frageimpuls und zurückhaltend moderiert, über die biographische Bedeutung von (Erwerbs-) Arbeit und den Zusammenhang mit der eigenen Beeinträchtigung auseinandersetzen, sollen die Konstruktionsweisen (nicht-)behinderter Subjektivität sichtbar werden. Deren Formierung, Stabilität, aber auch Flexibilität lässt sich – so die Erwartung – gut in der Gruppensituation, mit Hilfe der (Re-)Aktionen der anwesenden Peers und Anderen untersuchen. Dabei sollten die im Hintergrund wirkenden, prägenden Dispositive ebenfalls zum Vorschein kommen.

5.4   Dispositiv als Netz von Verbindungen

Schließlich ist es Aufgabe der Dispositivanalyse, die Verbindungslinien der verschiedenen Ebenen herauszuarbeiten, denn erst in den Verknüpfungen, Überschneidungen, Unterschieden und Widersprüchen der verschiedenen Elemente kristallisieren sich spezifische Dispositive wie etwa das Behinderungsdispositiv heraus. Dabei müssten sich im Sinne der Vorannahmen Widersprüche, Konflikte, Spannungen und Ambivalenzen zeigen. Gleichzeitig müssten sich Interferenzen (Überlagerungen, Überschneidungen) mit anderen Dispositiven herausarbeiten lassen. Angesichts der noch laufenden Forschungsarbeit müssen wir an dieser Stelle vage bleiben. Es ist Aufgabe des dreijährigen Projekts, ein der Empirie angemessenes Analysekonzept zu entwickeln, um die Verbindungslinien, ‚Übersetzungen‘ und das ‚travelling‘ von Dispositivelementen herausarbeiten zu können.

6.   Schlussbemerkung

Dieser Beitrag hat einen Einblick in die ersten Arbeitsschritte eines Forschungsprojekts geliefert. Im Sinne einer integrierten Perspektive zielt die dispositivanalytische Forschungsperspektive darauf ab, (Nicht-)Behinderung als vielschichtiges Dispositiv zu verstehen, nämlich erstens als strukturierten, diskursivierten, institutionalisierten und materialisierten Sachverhalt, zweitens als strukturierte und strukturierende gesellschaftliche Praxis und drittens als subjektivierte wie auch subjektivierende Erfahrung und Identitätskonstruktion. Von dem Forschungsansatz der Dispositivanalyse versprechen wir uns, untersuchen zu können, in welcher Weise (Nicht-)Behinderung in Diskursen und Institutionen konstruiert, in Praktiken (re-)produziert und in Subjektivierungsweisen inkorporiert, modifiziert oder unterlaufen wird. Dabei soll nicht im Vorhinein von einer Diskriminierungsstruktur im Sinne von Ableismus ausgegangen werden. Vielmehr soll Dis/ability als produktive Machtkonstellation analysiert werden, die im Sinne Foucaults nicht ausschließlich repressiv wirkt, sondern gesellschaftliche Phänomene erst hervorbringt. In methodischer Hinsicht eignet sich das Dispositivkonzept sehr gut dazu, die in den Disability

Studies angestrebte Interdisziplinarität zu befördern, denn der Ansatz lässt sich vielfältig, nicht nur in der Soziologie, sondern auch in Politik- und Rechtswissenschaft, Wirtschaftswissenschaft, Erziehungswissenschaft, Literatur-, Film- und Medienwissenschaft oder Architektur einsetzen.

Literatur

Bösl, Elsbeth (2009): Politiken der Normalisierung. Zur Geschichte der Behindertenpolitik in der Bundesrepublik Deutschland. Bielefeld: transcript.

Bührmann, Andrea D./Schneider, Werner (2008): Vom Diskurs zum Dispositiv. Eine Einführung in die Dispositivanalyse. Bielefeld: transcript.

Caborn Wengler, Joannah/Hoffarth, Britta/Kumięga, Łukasz (Hrsg.) (2013): Verortungen des Dispositiv-Begriffs. Analytische Einsätze zu Raum, Bildung, Politik. Wiesbaden: Springer VS.

Denninger, Tina/Dyk, Silke van/Lessenich, Stephan/Richter, Anna (2014): Leben im Ruhestand. Zur Neuverhandlung des Alters in der Aktivgesellschaft. Bielefeld: transcript.

Foucault, Michel (1973): Die Archäologie des Wissens. Frankfurt a. M.: Suhrkamp.

Foucault, Michel (1983): Der Wille zum Wissen. Sexualität und Wahrheit 1. Frankfurt a. M.: Suhrkamp.

Foucault, Michel (2003): Das Spiel des Michel Foucault. In: Defert, Daniel/Ewald, Francois (Hrsg.): Michel Foucault. Schriften in vier Bänden. Dits et Ecrits, Bd. III 1976–1979. Frankfurt a. M.: Suhrkamp, S. 391–429.

Freitag, Walburga (2005): Contergan. Eine genealogische Studie des Zusammenhangs wissenschaftlicher Diskurse und biographischer Erfahrungen. Münster/New York/München/Berlin: Waxmann.

Goffman, Erving (1967): Stigma. Über Techniken der Bewältigung beschädigter Identität. Frankfurt a. M.: Suhrkamp.

Hirschauer, Stefan (2014): Un/doing Differences. Die Kontingenz sozialer Zugehörigkeiten. In: Zeitschrift für Soziologie 43, H. 3, S. 170–191.

Karačić, Anemari/Waldschmidt, Anne (2018): Biographie und Behinderung. In: Lutz, Helma/Schiebel, Martina/Tuider, Elisabeth (Hrsg.): Handbuch Biographieforschung. Wiesbaden: Springer VS, S. 415–425.

Peter, Tobias/Waldschmidt, Anne (2017): Inklusion. Genealogie und Dispositivanalyse eines Leitbegriffs der Gegenwart. In: Sport und Gesellschaft 14, H. 1, S. 29–52.

Pfahl, Lisa (2011): Techniken der Behinderung. Der deutsche Lernbehinderungsdiskurs, die Sonderschule und ihre Auswirkungen auf Bildungsbiografien. Bielefeld: transcript.

Schulz, Miklas (2014): Disability Meets Diversity. Dispositivtheoretische Überlegungen zum Verhältnis von Situativität, Agency und Blindheit. In: Soziale Probleme 25, H. 2, S. 286–300.

Waldschmidt, Anne (2003): Ist behindert sein normal? Behinderung als flexibelnormalistisches Dispositiv. In: Cloerkes, Günther (Hrsg.): Wie man behindert wird. Texte zur Konstruktion einer sozialen Rolle und zur Lebenssituation betroffener Menschen. Heidelberg: Edition S, S. 83–101.

Waldschmidt, Anne (2011): Symbolische Gewalt, Normalisierungsdispositiv und/oder Stigma? Soziologie der Behinderung im Anschluss an Goffman, Foucault und Bourdieu. In: Österreichische Zeitschrift für Soziologie 36, H. 4, S. 89–106.

Autoethnografie in den Critical Blindness Studies

Überlegungen zum Verhältnis von Forschenden zum Erkenntnisgegenstand

Natalie Geese & Miklas Schulz

1. Einleitung

Seit den 1970er Jahren entwickelt sich sowohl in der internationalen als auch in der deutschsprachigen Forschung ein Diskussionszusammenhang, der als Critical Blindness Studies (CBS) bezeichnet werden kann (vgl. Schulz/Geese 2019). Anders als etwa in der Augenheilkunde wird in den CBS Blindheit nicht als Defizit entworfen, das aus einer Beeinträchtigung des Sehvermögens resultiert. Betont wird vielmehr, dass Benachteiligungen blinder Menschen darauf zurückzuführen sind, dass die kulturelle Hegemonie das Sehen privilegiert. Blindheit gilt zudem als über (nicht-)diskursive Artefakte und Wissensstrategien konstituierter Gegenstand. Damit teilen die CBS die zentrale Grundannahme der Disability Studies (DS), die sich auch in den 1970er Jahren formierten und beeinträchtigungsübergreifend forschen. Dieser Lesart folgend sind Benachteiligungen produzierende Behinderungen sozial hergestellt (vgl. z. B. Oliver 2009, S. 41 ff.), sodass man sich um Emanzipation von Unterdrückung und Überwindung von Exklusion bemüht.

Während in der traditionell medizinisch oder rehabilitationswissenschaftlich orientierten Blindheitsforschung ausschließlich nichtbehinderte Forscher*innen als Expert*innen gelten und blinde Menschen vor allem als Forschungsobjekte verstanden werden, werden die CBS auch von blinden Forscher*innen betrieben. Damit teilen sie ein weiteres Merkmal mit den DS, denn letztere Diskurszusammenhänge wurden von behinderten Forschenden initiiert. Ausgangspunkt war die Kritik, dass sich die Erfahrungen behinderter Menschen in den Ergebnissen der traditionellen Behindertenforschung nicht widerspiegeln und Themen, die nach Auffassung behinderter Menschen erforscht werden sollten, kein Gehör fanden. Als Grund hierfür nennt Mike Oliver (1992), einer der Gründungsväter der DS, dass behinderte Menschen in der traditionellen Behindertenforschung nicht in die Planung von Forschungsprozessen einbezogen werden. Die DS wollen dies ändern. Wir schlagen vor, die CBS als ein erweiterndes und die DS spezifizierendes Feld zu begreifen. Mit der Untersuchung von Blindheit leisten sie einen wichtigen Beitrag, um die soziale Konstruktion von Behinderung möglichst umfassend zu rekonstruieren. Zugrunde liegt die Überzeugung, dass die durch unterschiedliche (Sinnes-)Beeinträchtigungen evozierten Erfahrungen der Abweichung eine spezifische Qualität besitzen, ebenso wie die kulturhistorischen Ursprünge der Bewertung verschiedener Beeinträchtigungsformen jeweils unterschiedlich sind. Will man das komplexe Phänomen Behinderung in seiner Vielfalt rekonstruieren, ist es daher notwendig, die mit einer bestimmten Beeinträchtigungsform einhergehenden spezifischen Erfahrungen zu untersuchen und zu den Erkenntnissen aus den DS in Beziehung zu setzen. Die CBS leisten eben diese Relationierung.

Selbstbewusst und emanzipatorisch orientiert melden sich die Forschenden selbst zu Wort und machen in den CBS ihre eigenen Blindheitserfahrungen zum Gegenstand ihrer Untersuchung. Wir gehen der Frage nach, auf welche Weise die Blindheitserfahrungen der Forschenden in den Forschungsprozess Eingang finden, welche Erkenntnisse durch den Einbezug der eigenen Blindheitserfahrung gewonnen und welche Themen auf diese Weise bearbeitet werden können. Zudem interessieren wir uns dafür, ob und inwiefern die Autoethnografie in der Forschungslandschaft etabliert ist: Wurde sie von Vertreter*innen der CBS entwickelt oder haben sich die Vertreter*innen der CBS von Wissenschaftler*innen aus anderen Bereichen inspirieren lassen? Welche Potenziale bringt diese Forschungsmethode mit und wo liegen ihre Grenzen?

Im Folgenden wird in drei Schritten vorgegangen. Zuerst zeigen wir auf, wie sich die Untersuchung der eigenen Erfahrungen im angloamerikanischen Raum als Autoethnografie etabliert hat und skizzieren die zentralen Kennzeichen dieser Methode.

Anschließend werden die drei deutschsprachigen Studien vorgestellt, in denen blinde Forscher[1] ihre Blindheitserfahrungen zum Ausgangspunkt und Gegenstand ihrer Auseinandersetzung machen. Im Fazit widmen wir uns der kritischen Einordnung der Autoethnografie. Zudem zeigen wir auf, welche autoethnografisch fundierten Themen und Forschungsperspektiven bislang (nicht) im deutschsprachigen Feld der CBS aufgegriffen wurden, um daran anknüpfend Weiterentwicklungsmöglichkeiten anzudeuten.

---

1 Mit dem Verweis auf das ausschließlich männliche Geschlecht wird bewusst eine Forschungslücke aufgezeigt.

2. Die Autoethnografie als angloamerikanisches Forschungsprogramm

Insbesondere im angloamerikanischen Raum hat sich eine Forschungsmethode etabliert, die als Autoethnografie bezeichnet wird. Bis Mitte des 20. Jahrhunderts war man bemüht, die Subjektivität und den Körper der Forschenden aus dem Forschungsprozess auszuklammern. Mitte der 1970er Jahre setzte in der Phänomenologie und der Ethnomethodologie eine Auseinandersetzung mit dem komplexen Verhältnis von den Forschenden und ihrem Erkenntnisgegenstand ein. Einige Forscher*innen entschieden sich, teilnehmende Beobachtungen durchzuführen und die eigenen Gedanken und Emotionen während ihrer Beobachtungen festzuhalten (vgl. Douglas/Carless 2013, S. 93). Zur selben Zeit entstanden weitere Studien, in denen die vor dem Forschungsprozess bestehende enge Verbindung zwischen Forschendem und Erkenntnisgegenstand zum Ausgangspunkt gemacht wurde (vgl. Douglas/Carless 2013). Dem liegt die (wissenssoziologische) Annahme zugrunde, dass es kein vom Standort und dem Erfahrungshorizont unabhängiges Wissen geben kann. Die Eingebundenheit von Forschenden in eine bestimmte Kultur konfiguriert auch das Vorwissen und die Art der Deutung und Aneignung ihres Forschungsgegenstandes. Opponiert wird so gegen eine implizit „weiße, maskuline, heterosexuelle, christliche und nicht-behinderte Perspektive der Mittel- und Oberschicht, die andere Formen von Wissen ausklammert bzw. als unzulänglich und ungültig erscheinen lässt" (Ellis/Adams/Bochner 2010, S. 346). Die Unterrepräsentation der Erfahrung marginalisierter Gruppen war Anlass, die bis dato als abseitig geltenden und unterdrückten Erfahrungen als relevant in die Forschung einzubeziehen. Im Zeitraum von Mitte der 1970er Jahre bis um die Jahrtausendwende gab es rund 40 Begriffe für das Phänomen, dass Forschende ihre eigenen Erfahrungen mit und in der Gesellschaft zum Erkenntnisgegenstand aufwerten (vgl. Douglas/Carless 2013, S. 92). Mittlerweile hat sich hierfür der Begriff Autoethnografie etabliert. In dem einzigen ins Deutsche übersetzten grundlagentheoretisch ausgerichteten Aufsatz definieren Carolyn Ellis, Tony E. Adams und Arthur P. Bochner Autoethnografie als einen „Forschungsansatz, der sich darum bemüht, persönliche Erfahrung (auto) zu beschreiben und systematisch zu analysieren (grafie), um kulturelle Erfahrung (ethno) zu verstehen." (Ellis/Adams/Bochner 2010, S. 345). Wie die Definition deutlich macht, geht es den autoethnografisch Arbeitenden nicht nur darum, individuelle Erfahrungen zu dokumentieren, sondern auch über deren systematische Rekonstruktion mehr über kulturelle Gegebenheiten zu erfahren. Autoethnografisch forschen bedeutet gleichsam, sich der Eingebundenheit in einen kulturellen Rahmen bewusst zu sein, der das eigene Handeln, Denken und Fühlen mit konfiguriert. Damit zielt Autoethnografie als Methode und Forschungsperspektive darauf, der Forschung zu einem ausdifferenzierteren Verhältnis zur Perspektivenvielfalt in der und auf die Welt zu verhelfen.

3. Eigene Blindheitserfahrungen als Forschungsgegenstand

Die erste deutschsprachige Studie, die die soziale Konstruktion von Behinderung vor dem Hintergrund der eigenen Sehbeeinträchtigung betrachtet, stammt von Peter Krähenbühl aus dem Jahr 1977. Krähenbühl verfolgt das Ziel, die Struktur einer sozialen Interaktion zwischen blinden und vollsinnigen Menschen herauszuarbeiten. Hierfür greift der blinde Forscher auf eigene Erfahrungen zurück, die in seiner Erinnerung noch präsent sind und die er für die eigene Forschung als Erlebnisskizzen niederschreibt (vgl. Krähenbühl 1977, S. 24). Krähenbühl kommt zu dem Ergebnis, dass seine Erfahrungen den Überlegungen interaktionistischer Theorien wie der Stigmatheorie des Soziologen Erving Goffman entsprechen. So betreiben blinde Menschen laut Krähenbühl (1977, S. 117 ff.) unter anderem Stigmamanagement. Sie versuchen so zu handeln, dass das Merkmal ‚blind‘ in sozialen Interaktionen mit sehenden Menschen möglichst wenig Beachtung findet.

Eine weitere Studie, in der die Selbstbeobachtung eines blinden Forschers im Mittelpunkt steht, entstand zu Beginn des 21. Jahrhunderts. In seiner Dissertation aus dem Jahre 2006 möchte Siegfried Saerberg die Frage nach der intersubjektiven Herstellung blinder Raumorientierung beantworten. Seiner Analyse liegen neben Erinnerungsprotokollen von Situationen, in denen er sehende Passant*innen um eine Wegauskunft bittet, auch akustische Aufnahmen der entsprechenden Situationen zugrunde (vgl. Saerberg 2006, S. 62). In seinen Überlegungen stützt sich Saerberg auf die Sozialphänomenologie nach Alfred Schütz, die intersubjektive Strukturen in der Lebenswelt herausstellt. Zur Orientierung im Raum nutzen blinde Personen einen Wahrnehmungsstil, der sich durch ein komplexes Ineinandergreifen nicht-optischer Sinneseindrücke auszeichnet. Dieser Wahrnehmungsstil hat laut Saerberg nichts Defizitäres, er folgt vielmehr einer durchaus funktionalen Eigenlogik. Saerberg hebt ferner den bei der intersubjektiven Inszenierung von Blindheit beträchtlichen Interpretationsspielraum hervor, über den zwischen Nicht-Blinden und Blinden ein gemeinsamer Raum mit geteilten Vorstellungen im Kontext der Orientierung erst ausgehandelt werden muss.

In der Studie „Hören als Praxis“ (vgl. Schulz 2018) wird die blindheitsbedingte Erfahrung des Autors als befremdender Ausgangspunkt genommen, um – dem kulturellen Modell von Behinderung entsprechend – die sinnlichen Normalitätskonstruktionen der Mehrheitsgesellschaft zu dekonstruieren. Miklas Schulz wählt dafür einen poststrukturalistisch-praxistheoretisch orientierten und von Michel Foucaults Dispositivkonzept geleiteten Zugang. Im Zentrum seiner kritischen Auseinandersetzung steht die soziokulturell verfestigte Vorstellung, dass es ein Lesen mit dem Ohr nicht geben könne, da der Hörmodus die Gerichtetheit in der Steuerung des Textflusses nicht zu leisten im Stande sei. Dabei gehen mit der Definition des traditionellerweise optisch vollführten Lesens und mit seiner eingeübten Praxis bestimmte Grenzziehungen einher. Diese Grenzziehungen bestimmen naturalisierend, was Lesen ist und was nicht. Ein Hören von Texten zählt nicht dazu (vgl. Schulz 2018, S. 168). Diesen auch in der Interviewanalyse bestätigten Ergebnissen wurde in einer Autoethnografie widersprochen, indem die zentralen – aus Theorie und Empirie gebündelten – Charakteristiken optischer Lesepraxis auch in der blinden Aneignungsweise wiederentdeckt werden konnten, die auf eine computergestützte Sprachausgabe zurückgreift. Es zeigt sich, dass hörendes Lesen eine Frage der Zeitregie und damit ein Umstand der Praxis der Sinne ist. Die Zeitregie beim Fluss der Textaneignung entscheidet darüber, ob wir einen sprachbezogenen Inhalt verstehen oder nicht. Im sogenannten auditiven Lesen (vgl. ebd., S. 299 ff.) konfigurieren sich die Sinnesmodalität, die Medientechnologie und der Textinhalt über die jeweilige Aneignungspraxis. Je nachdem, wie das geschieht, machen wir unterschiedliche Erfahrungen mit unseren Sinnen.

Deutlich wird bis hier, dass die alltäglichen und zuerst selbstverständlich erscheinenden Erfahrungen blinder Forscher als Erkenntnisgegenstand produktiv gemacht werden können. Die Selbstbeobachtungen der blinden Wissenschaftler werden von den Forschenden dabei als Datenmaterial zur Analyse herangezogen. Die Analysen werden auf bis dato ungewohnte Weise mit theoretischen Ansätzen in Verbindung gebracht und dienen u. a. der Bestätigung, Weiterentwicklung oder Modifikation von Theorien und Konzepten.

4.   Fazit

Wie der vorliegende Beitrag gezeigt hat, gibt es seit den 1970er Jahren Studien, in denen das soziokulturelle Phänomen Blindheit von blinden Wissenschaftler*innen erforscht wird. Diese Studien können den Critical Blindness Studies zugeordnet werden. Dass die zuvor nur Beforschten nun Mitspracherechte einfordern, findet sich neben den CBS auch in den Gender-, Cultural-, Postcolonial- und den Disability Studies. Dabei beschränken sich die Protagonist*innen oft nicht nur darauf, selbst zu forschen, sondern nutzen die eigenen (Unterdrückungs-)Erfahrungen als Forschungsgegenstand und zur kritischen Analyse dahinterliegender gesellschaftlicher Verhältnisse. Diese Methode hat sich insbesondere im angloamerikanischen Raum als Autoethnografie etabliert, während sie in Deutschland bislang noch eher selten praktiziert wird. Autoethnografie befördert neue Erkenntnisse im Zusammenhang der zuvor marginalisierten Perspektive von gesellschaftlichen/sozialen ‚Randgruppen‘, die in der traditionellen Forschung nicht berücksichtigt wurden. So zeigen die vorliegenden Arbeiten blinder Forscher beispielsweise, wie der blinde Wahrnehmungsstil funktioniert oder ein Lesen mit dem Ohr gelingen kann. Um an solches Wissen zu gelangen, benötigt man den systematischen Einbezug von Blindheitserfahrungen. Autoethnografie wird damit zu einer wichtigen Methode, um spezifische Selbst- und Weltverhältnisse im Kontext Blindheit zu erkunden.

Die Notwendigkeit, die eigenen Erfahrungen zum Forschungsgegenstand zu machen, scheint von den verschiedenen sozialen Randgruppen erkannt worden zu sein. Zuweilen verwenden die aus dem deutschsprachigen Raum stammenden und eine autoethnografische Perspektive aufgreifenden Studien im Feld der CBS andere Begriffe und referieren nicht auf die angloamerikanischen Forschungen. Die Autoethnografie könnte möglicherweise als Ansatzpunkt genutzt werden, um Verbindungen zwischen den verschiedenen Studies herzustellen, sich zu vernetzen und gemeinsam dafür zu sorgen, dass zukünftig die Perspektiven von in der Wissenschaft unterrepräsentierten Forschenden mehr Gehör finden.

Eine Forschungslücke existiert im Kontext der durch Blindheitserfahrung gesättigten Analysen bei der Darstellung von Blindheit in Literatur, Kunst oder Medien. Weiter fällt auf, dass Autoethnografie in den deutschsprachigen CBS bislang ausschließlich von Männern betrieben wurde, die erst im Laufe ihres Lebens erblindet sind.[2] Erst allmählich scheinen hierzulande auch geburtsblinde Frauen ihre Erfahrungen in die CBS einzubringen (vgl. Geese 2017). Weiterhin wäre ein konsequent intersektionaler und über die kategorial gesetzte Trias von Class, Race und Gender hinausgreifender Zugang zu dem komplexen Phänomen Blindheit wünschenswert. Außerdem mag es den soziokulturellen Verwicklungen angemessen und folglich weiterführend sein, nicht ausschließlich autoethnografisch zu arbeiten. Erweiternd einbezogen werden können beispielsweise Interviews, was einen Dialog der unterschiedlichen standortgebundenen Annäherungen ermöglicht, ohne dass damit der Anspruch einer einzigen Wahrhaftigkeit verbunden ist. Irritationen können sodann aufgenommen werden und Anlass für weitere Auseinandersetzungen darstellen.

Literatur

Douglas, Kitrina/Carless, David (2013): A History of Autoethnographic Inquiry. In: Holman Jones, Stacy L./Adams, Tony E./Ellis, Carolyn (Hrsg.): Handbook of Autoethnography. London/New York: Routledge, S. 84–106.

---

2   Wobei weiter nach einer vollständigen oder ‚nur‘ gesetzlichen Blindheit mit minimalem Sehrest zu differenzieren ist.

Ellis, Carolyn/Adams, Tony E./Bochner, Arthur P. (2010): Autoethnografie. In: Mey, Günter/ Mrucj, Katja (Hrsg.): Handbuch Qualitative Forschung in der Psychologie. Wiesbaden: Springer VS, S. 345–357.

Geese, Natalie (2017): Stigmatisierungen in Mensch-Führhund-Triaden: Ursachen, Verwirklichung und Management. In: Burzan, Nicole/Hitzler, Ronald (Hrsg.): Auf den Hund gekommen: Interdisziplinäre Annäherung an ein Verhältnis. Wiesbaden: Springer VS, S. 139–155.

Krähenbühl, Peter (1977): Der Blinde in gemischten sozialen Situationen. Rheinstetten: Schindele.

Oliver, Mike (1992): Changing the Social Relations of Research Production? In: Disability, Handicap & Society 7, H. 2, S. 101–114.

Oliver, Mike (2009): Understanding Disability: From Theory to Practice. Basingstoke, London: Palgrave Macmillan.

Saerberg, Siegfried (2006): Geradeaus ist einfach immer geradeaus. Eine lebensweltliche Ethnographie blinder Raumorientierung. Konstanz: UVK.

Schulz, Miklas (2018): Hören als Praxis. Sinnliche Wahrnehmungsweisen technisch (re-)produzierter Sprache. Wiesbaden: Springer VS.

Schulz, Miklas/Geese, Natalie (2020): Critical Blindness Studies. Ein Forschungsüberblick. In Waldschmidt, Anne (Hrsg.): Handbuch Disability Studies. Wiesbaden: Springer VS. (in Vorbereitung).

III Disability Studies als interdisziplinäre Begegnungen

„Dienst an den Ärmsten der Armen"

Geschichte und Gegenwart institutioneller Versorgung in Oberösterreich

Angela Wegscheider

1. ‚Heimwelten' im Lichte der Disability History

Disability History unternimmt den Versuch, Menschen mit Behinderungen als Subjekte wahrzunehmen und sich von den traditionellen Erfolgsgeschichten der Medizin, des Sozialstaates und der sozial-karitativen Einrichtungen zu lösen. Ihr geht es einerseits darum, eine neue Geschichte, geprägt von sozialer Ungleichheit und kollektiver Identitätsbildung, zu schreiben und andererseits Behinderung als Analysekategorie, wie beispielsweise Geschlecht, soziale oder ethnische Zugehörigkeit, in der Forschung zu etablieren (vgl. Bösl 2009; Lingelbach/Waldschmidt 2016; Poore 2007). Dabei ist insbesondere die Analyse der institutionellen Versorgung – eine große Gruppe als behindert klassifizierter Menschen lebt bis heute in Einrichtungen – für die Erforschung von „Zuschreibungs-, Deutungs- und Benennungsprozessen bei der soziokulturellen Konstruktion von Behinderung enorm wichtig" (Schmuhl/Winkler 2013, S. 15). Disability History ist in Österreich als Forschungsfeld im Rahmen der Geschichtswissenschaften noch kaum etabliert. Beachtenswert ist das Archiv der Geschichte der Behindertenbewegung, insbesondere der österreichischen Selbstbestimmt-Leben-Bewegung (vgl. Schönwiese o.J.). In den historisch orientierten Erziehungs- und Sozialwissenschaften bekam die Erforschung von Zuschreibungs- und Aussonderungsprozessen eine größere wissenschaftliche Aufmerksamkeit (vgl. u. a. Aus der Schmitten 1985; Biewer/Proyer 2019; Laburda 1982; Mayrhofer et al. 2017). In Österreich verlief die Entwicklung der Institutionalisierung in ähnlicher Weise wie in anderen mitteleuropäischen Ländern, jedoch mit regionalen Unterschieden in den Bundesländern, denn die konservativ geprägte Behindertenhilfe entwickelte, beeinflusst von regionalen Traditionen und lokalen Initiativen, in jedem Bundesland eine eigene Angebotspalette (vgl. Flieger et al. 2014; Kremsner et al. 2019).

Dieser Beitrag befasst sich mit der Situation der von Anstaltsunterbringung betroffenen Menschen in Oberösterreich am Beispiel konfessioneller Einrichtungen vom 19. Jahrhundert bis heute.[1] Zuerst wird die Entwicklung der Rahmenbedingungen erläutert, dann auf die Finanzierungs- und Betreuungsstrukturen eingegangen, schließlich wird ein Fazit über Beharrungstendenzen tradierter Strukturen in Oberösterreich gezogen.

2. Von der Armenversorgung zur Behindertenhilfe

Die K.u.K.-Monarchie, die nur einen rudimentären Sozialstaat kannte, fühlte sich für die Betreuung und Versorgung von Menschen mit Behinderungen nicht verantwortlich, denn nach dem Heimatrechtsgesetz von 1863 war die Familie dafür zuständig. Erst wenn sie dazu nicht in der Lage war, hatte die politische Gemeinde, in der die/der Betroffene „das Heimatrecht" hatte, die Versorgung mit dem Nötigsten zu tragen. Das unzulängliche Heimatrechtsprinzip blieb bis zur Einführung der deutschen Fürsorgeordnung 1938 in Kraft (vgl. Wegscheider 2016).

Das Ausmaß der Hilfe war gering und hing vom Wohlwollen des politischen Gemeindevorstands ab. Kinder und Erwachsene mit Behinderungen lebten in Privathaushalten, in Armen- oder Versorgungshäusern oder in psychiatrischen (Groß-)Anstalten. Als Reaktion auf die zunehmend als untragbar empfundenen Zustände formierten sich im ausgehenden 19. Jahrhundert in Oberösterreich konfessionelle Laienorganisationen (u. a. der katholische Landeswohltätigkeitsverein), die zu einer Ausdifferenzierung der Versorgungsanstalten entlang der Art der Beeinträchtigung und zugeschriebenen Arbeitsfähigkeit führten. Die Errichtung neuer Anstalten war vor allem von Spenden privater Wohltäter*innen getragen, der laufende Betrieb wurde durch Verpflegungssätze finanziert, die von Familienangehörigen oder der Heimatgemeinde zu zahlen waren (vgl. Wegscheider 2017).

Große materielle Not und fehlende Ressourcen prägten das Leben der Menschen im Ersten Weltkrieg, nach dem Krieg sowie im Zuge der Weltwirtschaftskrise. Die angespannte Situation führte auch in Österreich zu wissenschaftlichen Diskussionen, in denen „das Argument der gesellschaftlichen Kosten ,unproduktiver', weil ,minderwertiger' Mitglieder der Gesellschaft immer stärker betont" (Hoffmann et al. 2005, S. 23) wurde. Dennoch wurde von

---

1 Die Autorin verwendet für diesen Beitrag Forschungsergebnisse zu kommunaler Armenfürsorge und Einrichtungsgeschichte in Oberösterreich (siehe Wegscheider 2016, 2017). Es fließen auch Ergebnisse eines laufenden Forschungsprojektes zu Strukturen und Bedingungen von Gewalt und Missbrauch in konfessionell geführten Heimen ein.

Seiten der konfessionellen Verbände als auch des österreichischen Staates Menschen mit Behinderungen das Lebens- und Versorgungsrecht nicht abgesprochen (vgl. Löscher 2003). Diese Idee setzte allein das Nazi-Regime um. Nach dem ‚Anschluss‘ wurde der Betreuungsbereich für Menschen mit Behinderungen dem Staat unterstellt – in Österreich ein Novum. Durch gezielte Förderung und medizinische Rehabilitation sollten die ‚Erbgesunden‘ in die ‚Volksgemeinschaft‘ integriert, die von medizinischen Gutachtern als ‚erbkrank‘ und ‚minderwertig‘ Klassifizierten sterilisiert bzw. ermordet werden (vgl. Kepplinger 2013).

Nach einer kurzen Periode der formalen Distanzierung von den Geschehnissen im ‚Dritten Reich‘ kehrte man in Oberösterreich nach dessen Ende schnell wieder zu einem ‚business as usual‘ zurück. Nach 1945 blieb das deutsche Fürsorgerecht mit seiner föderalen Ausrichtung, wie es von den Nazis eingeführt worden war, wirksam (vgl. Pfeil 1997, S. 37). Der Staat engagierte sich deshalb weiterhin vermehrt in der Rehabilitation und Förderung der ‚Bildungsfähigen‘, die Versorgung oder Verwahrung der ‚Bildungsunfähigen‘ überließ er wieder konfessionellen Verbänden.

Bemühungen um eine bundesweite, einheitliche Weiterentwicklung der Sozial- und Behindertenhilfe scheiterten in den 1960er Jahren endgültig am Widerstand der Bundesländer. Diese begannen nun, die Behindertenhilfe aus dem Fürsorgerecht herauszulösen und eigene, zum Teil unterschiedliche Behindertengesetze zu erlassen. Das 1965 in Oberösterreich erlassene Behindertengesetz blieb bis 2008 in Kraft. Es gab den Verbänden durch die gesetzliche Festschreibung ihrer Dienstleistungen Rechtssicherheit und förderte den Aufbau von zentralen Spezial- und Großeinrichtungen. Bis in die 1990er Jahre dominierte jene konservative Ausprägung des Integrationsgedankens, die auch heute noch wirkt – jene, die die Aussonderung in „Sondereinrichtungen als die beste Form der ‚Integration‘ behinderter Menschen (nämlich als Integration Behinderter unter Behinderten)" (Badelt/Österle 1999, S. 11) ansieht.

Erst seit den 2000er Jahren wird auch in Oberösterreich aufgrund von lange Jahre vorgebrachten Forderungen der Betroffenen vermehrt auf ambulante (mobile) Hilfe und dezentrale Versorgung gesetzt. Die Selbstbestimmt-Leben-Bewegung war maßgeblich am Aufbau der Leistung Persönliche Assistenz beteiligt. Das 2008 in Oberösterreich erlassene Chancengleichheitsgesetz, das das alte Behindertengesetz ersetzte, anerkennt nun wenigstens, dass die betroffenen Personen auch von der Umwelt ‚behindert‘ werden und verankert Möglichkeiten zur Mitbestimmung.

3. Gegenbild zur ‚Welt draußen': Die ‚Heimfamilie'

Waren Menschen mit Behinderungen bis in das 19. Jahrhundert noch irgendwie in die Gesellschaft eingebunden, traten sie durch die organisierte Institutionalisierung nicht mehr im bisherigen Ausmaß in der Öffentlichkeit in Erscheinung. Der Erste Weltkrieg verdeutlichte in besonderer Weise, dass das System der privaten Wohltätigkeit höchst unbeständig und unzulänglich war. Menschen mit Behinderungen, die nicht Kriegsinvalide waren, gerieten völlig aus dem Blick der gesellschaftlichen Spendenfreudigkeit. Fehlende bzw. andernorts eingesetzte Ressourcen führten zu unzureichender Versorgung und erhöhten Todesraten, z. B. in der Idioten- und Kretinenanstalt des katholischen Landeswohltätigkeitsvereins: 1917 starben hier 30% der Insass*innen, in den Jahren bis 1925 noch immer jeweils um die 20% (vgl. Wegscheider 2017, S. 38).

Die Versorgung in den Einrichtungen war geprägt von Motiven der Barmherzigkeit, der christlichen Nächstenliebe und der Hinführung zu einem christlich-sittlichen Lebenswandel und dessen Einhaltung. Man sorgte sich um das Erlernen von Sauberkeit und Ordnung sowie um eine sittsame und fromme Lebensführung und im Sinne der Eugenik um eine äußerst strikte Geschlechtertrennung (vgl. Löscher 2013, S. 51).

Der Trägerverein stellte üblicherweise die Infrastruktur bereit und überließ der Schwesternkongregation die Heimführung und Betreuungsarbeit. Ein Werkvertrag legte die Aufgaben des Ordens und das Entgelt dafür fest. Ein Priester vertrat die Anstalt nach außen und stand ihr als Anstaltsleiter vor. Er sorgte für Ordnung, Disziplin und das Seelenheil. In dieser Konstellation firmierten in mehreren konfessionell geführten Einrichtungen bis in die 1990er Jahre die Anstaltsleiter als ‚Vater' und die Ordensfrauen als ‚Mütter'. Die betreuten Menschen jeden Alters wurden infantilisiert und entsexualisiert (vgl. Flieger et al. 2014, S. 204).

Das Leben im Orden förderte ein auf die Mutterrolle fokussiertes, auf Unterordnung und Hingabe sowie auf ein von beschränktem Handlungsspielraum geprägtes Frauenbild (vgl. Fürstler 2011, S. 30 ff.). Neueren heil- oder gar reformpädagogischen Ideen standen die Schwesternkongregationen wie auch die Kirchen, die keineswegs auf der Höhe der Zeit befindliche pädagogische Ansichten vertraten, vielfach ablehnend gegenüber (vgl. Wagner 2011, S. 115). Wenige hatten eine pädagogische Ausbildung. Mit Menschen mit Behinderungen zu arbeiten, wurde von manchen Schwestern entweder als eine zu niedere Tätigkeit oder als ‚Dienst an den Ärmsten der Armen' und damit als besondere Möglichkeit der Selbstheilung gesehen (vgl. Archiv der Barmherzigen Schwestern 1898–1947, S. 2).

Der Trägerverein war bemüht, die Versorgungskosten für die Angehörigen oder Gemeinden möglichst niedrig zu halten. Die Pfleglinge oder Zöglinge, wie die Heimbewohner*innen lange Zeit genannt wurden, mussten noch in den

1970er Jahren im Haushalt und – sofern noch vorhanden – im landwirtschaftlichen Betrieb, der vielen Einrichtungen angeschlossen war, mitarbeiten. Die Einrichtungen wollten dauerhaften Schutz- und Schonraum bzw. eine ‚Heimfamilie' anbieten. Der Gedanke übersah, dass die Insass*innen unter sozialen Bedingungen lebten, auf die sie selbst keinen Einfluss hatten und die von ihnen nicht gewollt waren (vgl. Gstettner 1982). Auch wollte man die behinderten Menschen den Nichtbehinderten nicht zumuten.

Während in den skandinavischen Ländern spätestens in den 1950er Jahren umfassend fachliche Kritik an großen Behindertenheimen geübt wurde, gab es in Österreich erst in den 1980er Jahren Aktionen, die auf untragbare Missstände in den Heimen aufmerksam machten. Fehlendes staatliches und gesellschaftliches Interesse und Abgeschlossenheit schufen Rahmenbedingungen, die sowohl Gewalt als auch Missbrauch nichts entgegensetzen konnten. In den Heimen wurde mit harter Hand (auch ‚harte Liebe' genannt) und nach strengen Regeln gepflegt, betreut und rehabilitiert. Selten waren die Bedingungen kindgerecht, noch nahm man auf besondere Verhaltensweisen Rücksicht. In den 1980er Jahren wurde vom Institut Hartheim[2] in den Medien bekannt, dass dort gezüchtigt, angebunden, eingesperrt und vernachlässigt wurde (vgl. u. a. Gregor 1983, S. 43).

In dieser Einrichtung gab es die gesamten 1980er Jahre hindurch Konflikte wegen Gewalt und Vernachlässigung, zu großer Sparsamkeit, schlechter Arbeitsbedingungen und mangelhafter pädagogischer Ausbildung der Betreuer*innen. Obwohl Missstände und Gewalt in Behinderteneinrichtungen österreichweit thematisiert wurden, blieben bis heute viele Betroffene stumm bzw. wurde und wird ihnen nicht immer geglaubt. Bis heute gibt es für Menschen mit erhöhtem Unterstützungsbedarf wenig Alternativen zwischen einem Leben bei den Eltern oder einem Leben in einer (Groß-)Einrichtung. Noch immer sind Menschen mit Behinderungen in Altenheimen und psychiatrischen Kliniken untergebracht, obwohl diese Praxis in Österreich 1990 verboten wurde. Seit den 1990er Jahren durchlaufen auch die oberösterreichischen Einrichtungen einen Modernisierungsprozess, getragen durch die Partizipation Betroffener, Professionalisierung, Bürokratisierung und Dezentralisierung (vgl. Wegscheider 2016, S. 63 ff.).

---

2   Das Institut Hartheim befindet sich in unmittelbarer Nähe des Lern- und Gedenkortes Schloss Hartheim, wo zwischen 1940 und 1944 rund 30.000 Menschen mit Behinderungen, psychisch kranke Personen und KZ-Häftlinge von den Nationalsozialisten ermordet wurden. Sie waren teils Patient*innen aus psychiatrischen Anstalten und Bewohner*innen von Behinderteneinrichtungen und Fürsorgeheimen, teils Häftlinge aus den KZ Mauthausen, Gusen und Dachau sowie Zwangsarbeiter*innen.

4.   Schlussfolgerung: Neue Wege, alte Muster

Bis in die 1990er Jahre wurde das Anstaltsleben von der christlichen Motivation der Betreuenden, der Simulation einer ‚Heimfamilie' und einem unprofessionellen Zugang zu Erziehung und Beschäftigung geprägt. Ab den 1960er Jahren kamen medizinische Allmachtsvorstellungen hinzu. Die Ausgestaltung der Behindertenhilfe in Österreich ist durch das vorherrschende konservative Gesellschafts- und Wohlfahrtsstaatsmodell geprägt. Es entwickelte sich ein spaltendes Sondersystem, das Menschen aufgrund von von außen zugeschriebenen Leistungs- und Sozialisierungs(un)fähigkeiten differenziert, wobei auch soziale Schichtzugehörigkeit eine entscheidende und oft unterschätzte Rolle spielt. Jene Menschen, von denen angenommen wird, dass sie der Gesellschaft nicht zumutbar sind, wurden und werden noch immer separiert in (Groß-)Einrichtungen verwahrt.

Österreich verfügt heute über ein gut ausgebautes, aber ordnendes und differenzierendes Förder- und Rehabilitationssystem mit einer Vielzahl an unterschiedlichen Leistungen für Menschen mit unterschiedlichem Unterstützungsbedarf in allen Lebensphasen. In den letzten beiden Jahrzehnten kam es zu einem Ausbau von gemeindenahen Wohnangeboten und ambulanten Hilfen. Aber das Angebot ist weder flächendeckend noch ausreichend und für viele, insbesondere mit höherem Unterstützungsbedarf, finanziell nicht leistbar, weil Selbstbehalte zu zahlen sind oder ausreichende Stundenumfänge nicht gewährt werden. Einen wesentlichen politischen und praktischen Beitrag zum Ausbau von neuen sozialen Diensten leisteten Selbstvertretungsinitiativen. Ein selbstbestimmtes Leben zu führen, gesellschaftliche Teilhabe und Chancengleichheit zu erleben, ist nach wie vor für viele Menschen mit Behinderungen in Oberösterreich nicht selbstverständlich.

Mit Hilfe von Disability History wurde Behinderung aus einer sozial-ökonomischen Perspektive in Zusammenhang mit der sozialen, politischen und kulturellen Bedeutung und den gesellschaftlichen Zuschreibungen untersucht (vgl. Poore 2007). Die Erforschung der Lokalgeschichte und das Verbinden der historischen Dimensionen mit dem gegenwärtigen Alltag legt die politische Arbeit der ‚kleinen Schritte' offen und zeigt zugleich die Beschränkungen der Handlungsspielräume von Menschen mit Behinderungen durch Institutionalisierung und Interaktion der Akteur*innen. Dennoch als untragbar erkannte Zustände können durch politisches Engagement sehr wohl geändert werden, wie dieser Artikel zeigt.

Literatur

Archiv der Barmherzigen Schwestern (1898–1947): Abschrift der Hauschronik der Barmherzigen Schwestern vom Hl. Vinzenz von Paul. Hartheim – Baumgartenberg – Engelszell – Schloss Haus: Wien-Gumpendorf.

Aus der Schmitten, Inghwio (1985): Schwachsinnig in Salzburg. Zur Geschichte einer Aussonderung. Salzburg: UMBRUCH.

Badelt, Christoph/Österle, August (2001): Grundzüge der Sozialpolitik. Sozioökonomische Grundlagen. Allgemeiner Teil. 2. Auflage. Wien: Manz.

Biewer, Gottfried/Proyer, Michelle (Hrsg.): Behinderung und Gesellschaft. Ein universitärer Beitrag zum Gedenkjahr 2018. Open-Access-Publikation. uscholar.univie.ac.at/view/o:924774 (Abfrage: 15.04.2019).

Bösl, Elsbeth (2009): Dis/ability History: Grundlagen und Forschungstand. In: H-Soz-u-Kult vom 07.07.2009. hsozkult.geschichte.hu-berlin.de/forum/2009-07-001 (Abfrage: 18.01. 2018).

Flieger, Petra/Schönwiese, Volker/Wegscheider, Angela (2014): Behindertenpädagogik und Behindertenhilfe im Spannungsfeld zwischen alten Mustern und neuen Wegen. In: Halbrainer, Heimo/Vennemann, Ursula (Hrsg.): Es war nicht immer so. Leben mit Behinderung in der Steiermark 1938 bis heute. Graz: CLIO, S. 189–211.

Fürstler, Gerhard (2011): Der Glaube, der durch Liebe tätig ist. Die Lebensgeschichten von 22 Schwestern aus dem Diakonissen-Mutterhaus in Gallneukirchen. Gallneukirchen: Evang. Diakoniewerk Gallneukirchen.

Gregor, Elisa (1983): Prügel und Zwangsjacken. In: Profil vom 11.06.1983, S. 4.

Gstettner, Peter (1982): Die nicht stattgefundene „Begegnung" oder: Zur fortgesetzten Abwertung von Abweichenden. In: Forster, Rudolf/Schönwiese, Volker (Hrsg.): Behindertenalltag – wie man behindert wird. Wien: Jugend und Volk, S. 131–152.

Hofmann, Gustav/Kepplinger, Brigitte/Marckhgott, Gerhart/Reese, Hartmut (2005): Gutachten zur Frage des Amtes der OÖ. Landesregierung, „ob der Namensgeber der Landesnervenklinik [Julius Wagner-Jauregg] als historisch belastet angesehen werden muss". Linz: VERLAG.

Kemsner, Gertraud/Koenig, Oliver/Buchner, Tobias (2019): Tracing the historical and ideological roots of services for people with intellectual disabilities in Austria. In: Walmsley, Jan/Jarrett, Simon (Hrsg.): Intellectual disability in the twentieth century. Bristol: Policy Press, S. 35–52.

Kepplinger, Brigitte (2013): NS-Euthanasie in Österreich: Die „Aktion T4" –Struktur und Ablauf. In: Kepplinger, Brigitte/Marckhgott, Gerhart/Reese, Hartmut (Hrsg.): Tötungsanstalt Hartheim. 3. Auflage. Linz: OÖLA, S. 35–62.

Laburda, Angelika (1982): Vom geistig Behinderten zum „psychiatrischen Pflegefall". In: Forster, Rudolf/Schönwiese, Volker (Hrsg.): Behindertenalltag – wie man behindert wird. Wien: Jugend und Volk, S. 69–82.

Lau, Thomas/Voß, Andreas (1986): Die Spende – kulturhistorische Anmerkungen zum Spendenphänomen. In: Friedrichs, Jürgen (Hrsg.): 23. Deutscher Soziologentag 1986: Technik und sozialer Wandel. Opladen: Westdeutscher Verlag, S. 385–388.

Löscher, Monika (2003): „Der gesunden Vernunft nicht zuwider". Katholizismus und Eugenik in Österreich vor 1938. In: Kepplinger, Brigitte (Red.): Wert des Lebens. Gedenken – Lernen – Begreifen. Begleitpublikation zur Ausstellung in Schloss Hartheim. Linz: Trauner.

Mayrhofer, Hemma/Wolfgruber, Gudrun/Geiger, Katja/Hammerschick, Walter/Reidinger, Veronika (Hrsg.) (2017): Kinder und Jugendliche mit Behinderungen in der Wiener Psychiatrie von 1945 bis 1989. Stationäre Unterbringung am Steinhof und Rosenhügel. Wien: LIT.

Pfeil, Walter (1989): Österreichisches Sozialhilferecht. Systematische Kommentierung der Landes-Sozialhilfegesetze. Wien: ÖGB-Verlag.

Poore, Carol (2007): Disability in Twentieth-Century German Culture. Michigan: University of Michigan Press.

Schmuhl, Hans-Walter/Winkler, Ulrike (Hrsg.) (2013): Welt in der Welt. Heime für Menschen mit geistiger Behinderung in der Perspektive der Disability History. Stuttgart: Kohlhammer.

Schönwiese, Volker (o.J.): Projekt Geschichte der Behindertenbewegung in Österreich. bidok.uibk.ac.at/projekte/behindertenbewegung/ (Abfrage: 03.05.2019).

Wagner, Helmut (2011): Dr. Johann Gruber. Priester – Lehrer – Patriot (1889–1944). Linz: Wagner.

Wegscheider, Angela (2016): Differenzierte Hilfe für Menschen mit Behinderungen in Oberösterreich (1918–1938). bidok.uibk.ac.at/library/wegscheider-hilfe.html#ftn.idp10009728 (Abfrage: 18.01.2018).

Wegscheider, Angela (2017): Soziales Engagement im Wandel der Zeiten. In: Schwaiger, Wolfgang (Hrsg.): Option Lebensvielfalt. 125 Jahre Engagement für Menschen am Rande. Linz: Wagner, S. 22–78.

Zur historischen und aktuellen Bewegungs-Dynamik der Selbstbestimmt-Leben-Bewegung

Das Archiv zur Geschichte der Behindertenbewegung in Österreich

Volker Schönwiese

1. Einleitung

In Österreich fordern Menschen mit Behinderungen seit der Zeit des Ersten Weltkrieges soziale Absicherungen, Anerkennung und die Achtung von grundlegenden (Bürger*innen-)Rechten. Das Archiv zur Geschichte der Behindertenbewegung in Österreich (Geschichte der Behindertenbewegung) stellt entlang einer Zeitleiste Dokumente aus dem Zeitraum der 1920er Jahre bis zur Ratifizierung der UN-Behindertenrechtskonvention im Jahre 2008 zur Verfügung. In 14 Zeitzeug*inneninterviews, der digitalen Veröffentlichung der Gesamtausgabe der Zeitschrift *LOS* (1983–1992) sowie thematisch bedeutsamer Bücher und Texte wird ein Überblick über die Wurzeln sowie die Entwicklung der Selbstbestimmt-Leben-Bewegung in Österreich hergestellt. Das Archiv versucht neben seiner dokumentarischen Arbeit zusammenfassende Interpretationslinien zur Geschichte der Selbstbestimmt-Leben-Bewegung in Österreich im Kontext der österreichischen Behindertenpolitik und des gemeinsamen Wissens- und Erfahrungshintergrunds im Widerstand gegen das traditionelle Behindertenversorgungssystem und die staatliche Behindertenpolitik zu erarbeiten.

2. Historischer Überblick – Zwischenkriegszeit

Die Wurzeln der aktuellen Bewegungen von Frauen und Männern mit Behinderungen in Österreich, die soziale Rechte und Anerkennung einfordern, sind in der Zeit nach dem Ersten Weltkrieg zu finden. Kriegsopfer hatten zwischen 1914 und 1918 bestimmte Leistungen erkämpft, Personen mit Beeinträchtigungen durch Arbeitsunfälle oder -erkrankungen erreichten Ähnliches. Alle anderen behinderten Personen waren nach dem Armen- und Heimatrecht nur minimal versorgt oder in Altenheimen, Versorgungshäusern und Anstalten untergebracht. Siegfried Braun, der 1913 nach Wien zog und dort Unterstützung nur in einem ‚Siechenhaus' für sich finden konnte, war der Gründer der ‚Krüppelarbeitsgemeinschaft/Vereinigung der Körperbehinderten Österreichs' (vgl. die Gesamtausgabe von: Der Krüppel). Die Gemeinschaft entwickelte sich in den 20er und 30er Jahren des 20. Jahrhunderts zu einer Selbsthilfeorganisation in Kooperation mit Expert*innen (wie Ärzte, Sonderschullehrer). Die zentrale Forderung war „Arbeit, nicht Mitleid", und es entstand eine gewisse Nähe zu den Sozialdemokraten, die die Forderungen der Arbeitsgemeinschaft im Parlament präsentierten (vgl. Der Krüppel 3–4 1932, S. 5). Angestrebt wurden z. B. die Gleichstellung mit Kriegsgeschädigten und ein rechtlicher Anspruch auf Leistungen in einem Bundesgesetz, um der Armenfürsorge zu entkommen. Die Arbeitsgemeinschaft setzte auf Sonderschulen, Heime und Werkstätten, die als Bildungs- und Rehabilitationsorte verstanden wurden. Die Forderungen der Krüppelarbeitsgemeinschaft ließen sich in Österreich in der Zeit des Dollfuss-Regimes bzw. des Austrofaschismus nicht umsetzen. Die Krüppelarbeitsgemeinschaft gründete mehrere Werkstätten und versuchte so selbst Arbeitsplätze zu schaffen. Eine entscheidende Niederlage erlitt die Krüppelarbeitsgemeinschaft 1935 durch die Verabschiedung des Gesetzes „über die militärische Ausbildung als Grundforderung für die Aufnahme in den öffentlichen Dienst". Sie kommentierte dieses Gesetz als schweres Unrecht und forderte das gleiche Recht auf Arbeit für alle Menschen ein (vgl. Der Krüppel, 7–8 1935, S. 33 f.).

1938 passte sich die Arbeitsgemeinschaft widerstandslos den Nationalsozialisten an, in der letzten Nummer der eigenen Zeitschrift wurde dazu aufgerufen, für den ‚Anschluss' zu stimmen. Unter nationalsozialistischer Herrschaft wurde die Arbeitsgemeinschaft aufgelöst, der Gründer der Arbeitsgemeinschaft Siegfried Braun verhaftet, ins KZ Theresienstadt gebracht und 1944 in Ausschwitz ermordet. Aus dem Kampf um Arbeit war eine Pflicht zur Leistung für die ‚Volksgemeinschaft' geworden, verbunden mit einem eugenischen Sterilisations-, Selektions- und Mordprogramm zur Auslöschung der weniger Leistungsfähigen oder politisch Unerwünschten (vgl. den Einleitungstext zu: Geschichte der Behindertenbewegung).

3. Historischer Überblick ab 1945

Nach dem Zweiten Weltkrieg entstand neben der Fortführung traditionsreicher Selbsthilfeverbände – wie Zivilinvalidenverband, Blindenverband, Gehörlosenverband – ab den 1970er Jahren im Rahmen der ‚Neuen Sozialen Bewegungen' als Graswurzelbewegung regionaler Einzelgruppen eine an Menschenrechten und Selbstbestimmung orientierte Neue Selbsthilfebewegung von Menschen mit Behinderungen. Sie wandte sich vom traditionellen Wohlfahrtsmodell ab, forderte umfassende Gleichstellung und protestierte gegen jede Art von Diskriminierung und Aussonderung. Sie gründete ab den 1980er Jahren eine Reihe von selbstorganisierten ambulanten Diensten, aus denen ‚Zentren für Selbstbestimmtes Leben' mit einer Praxis von ‚Peer Counseling' und Persönlicher Assistenz entstanden. Diese Neue Behindertenbewegung hatte und hat starken Einfluss auf den Paradigmenwechsel in Behindertenpolitik und Behindertenhilfe, wie er sich auch in der von der internationalen Selbstbestimmt-Leben-Bewegung initiierten UN-Behindertenrechtskonvention (2006) widerspiegelt.

Den Aktivist*innen der Selbstbestimmt-Leben-Bewegung in Österreich war die Tradition der Selbsthilfe in der Zwischenkriegszeit unbekannt, die Aufarbeitung der NS-Mordprogramme begann gerade erst. Es gab kein offen tradiertes Geschichtswissen, das Thema Behinderung war gesellschaftlich tabuisiert und verdrängt. Neuer Ausgangspunkt war die Bürger*innenrechtsbewegung von Frauen und Männern mit Behinderungen in den USA, die mit Demonstrationen, Blockaden und Klagen gegen die diskriminierenden Bedingungen und für die Schaffung von Voraussetzungen für ein selbstbestimmtes Leben kämpfte. Aus der politischen Stimmung der ‚1968er' hatte sich im deutschsprachigen Raum diese kleinteilige Graswurzelbewegung von Personen mit Behinderungen und ihren Verbündeten entwickelt, die erst in den 1980er und 1990er Jahren als Selbstbestimmt-Leben-Bewegung mit relativ einheitlichen Zielen auftrat.

Menschenrechtliche Perspektiven und Themen wurden in die politischen Debatten einer Gesellschaft eingeführt, die es gewohnt war, behinderte Menschen als Objekte karitativer Fürsorge oder staatlicher Wohlfahrt zu betrachten. Entmündigung, Isolation und Aussonderung sollten nicht länger hingenommen, die institutionellen Mauern, die den Raum des gesellschaftlichen Ein- und Ausschlusses markierten, zum Einsturz gebracht werden. Die politischen Forderungen erhielten ihre Vehemenz durch die persönlichen Erfahrungen der Aktivist*innen der Selbstbestimmt-Leben-Bewegung mit Fremdbestimmung und Segregation. Bald wurde allerdings klar, dass das Ziel, Kontrolle über das eigene Leben zu erhalten, nicht nur über politische Aktionen erreicht werden konnte, denn die politischen Systeme reagierten oft nicht. Einige Gruppen gründeten aus verzweifelten Situationen des Mangels an Unterstützung und drohender Institutionalisierung (z. B. in Altenpflegeheimen) die schon genannten ‚Zentren für Selbstbestimmtes Leben' (vgl. Miles-Paul 1992). Diese Selbsthilfeorganisationen boten Peer Counseling und Persönliche Assistenz statt Pflege und Betreuung an als Antwort auf die mangelnde politische Durchsetzung von De-Institutionalisierung und die fehlende Achtung von Selbstbestimmung in den vorhandenen Einrichtungen der Behindertenhilfe. Wieweit diese alternativen Organisationen das traditionelle System der Behindertenhilfe nur ergänzen oder neue Entwicklungen in Richtung Selbstbestimmung initiieren können, bleibt offen. Sicher ist durch die internationale Selbstbestimmt-Leben-Bewegung im Rahmen eines größeren gesellschaftlichen Wandels im Spätkapitalismus eine Reform-Dynamik in Gang gesetzt worden, deren Höhepunkt die von der internationalen Selbstbestimmt-Leben-Bewegung erkämpfte Verabschiedung der UN-Behindertenrechtskonvention im Jahr 2006 war.

4. Zur sozialen Lage von Menschen mit Behinderungen und Behindertenpolitik in Österreich

Die Beurteilung der Lage von Frauen und Männern mit Behinderungen in Relation zu den Vorgaben der UN-Behindertenrechtskonvention bezieht sich auf alle Lebensbereiche, wie z. B. Wohnen, Bildung, Arbeit, Teilhabe am öffentlichen Leben und Anerkennung, sowie Unterstützungsformen für ein Selbstbestimmtes Leben, wie Persönliche Assistenz. Derzeit sind nur ca. 3% bis 5% des Wohnungsbestandes in Österreich barrierefrei zugänglich, gleichzeitig gibt es erfolgreiche Initiativen der Wirtschaftskammer zur Verminderung der Baustandards für Barrierefreiheit in den Landesbauordnungen. Die Arbeitslosigkeit von Menschen mit Behinderungen ist doppelt so hoch wie die der übrigen Bevölkerung, besonders betroffen dabei sind Frauen mit Behinderungen. Ca. 25.000 Personen mit Behinderungen arbeiten in Österreich in Werkstätten für Taschengeld ohne sozialversichert zu sein (außer Unfallversicherung) (vgl. SLIÖ 2017). Bei dem in den 1990er Jahren erkämpften Pflegegeld konnte keine bedarfsgerechte Lösung, sondern nur ein Zuschuss erreicht werden, der durch fehlende Inflationsanpassung inzwischen stark reduziert worden ist. Die gleichzeitig mit dem Pflegegeld verhandelte Strategie zur De-Institutionalisierung wurde nicht umgesetzt, Reformen sind an Systemerhalt orientiert (vgl. Schönwiese 2017). Ein Beispiel für die herrschende Zuschreibungspolitik ist die Ausweitung der Zuschreibung ‚Sonderpädagogischer Förderbedarf‘, die die Stabilisierung des vorhandenen Sonderschulsystems und gleichzeitig Inklusion ermöglichen soll. Massiv individualisierende Repräsentationen von „Behinderung als Schicksalskonstruktion" (vgl. Schönwiese 2012) und „Inklusion durch Leistung" (Rehabilitations- und Mainstreaming-Prinzip) dominieren die Haltungen gegenüber Menschen mit Behinderungen in Politik und Alltag.

Die österreichische Behindertenpolitik lässt sich historisch und aktuell als ein Mix aus drei Typen (vgl. Stockner 2010) beschreiben, aus „kompensationsorientierter Behindertenpolitik" entsprechend einem Fürsorge-Modell, „rehabilitationsorientierter Politik" und einer an „Menschenrechten orientierten Politik". Die Selbstbestimmt-Leben-Bewegung war und ist bei ihren Forderungen nach sozialen Rechten mit zwei Abwehrtypen konfrontiert (vgl. Trojan 1986), die unter den aktuellen Bedingungen der Stärkung neoliberaler Wirtschaftsmodelle weiter besondere Bedeutung haben (vgl. Butterwegge 2017):

Unter dem Titel ‚Subsidiarität' sollen wohnort- und gemeindenahe Lösungen gefunden werden, was grundsätzlich entscheidend für Selbstbestimmung ist. Meist ist damit aber nichts anderes als Sparpolitik und Rückverweisung an die Familie (an Frauen) gemeint – klassisch als christlich soziale Politik bekannt, die weniger Sozialstaat und mehr (familiäre) Eigenverantwortung sowie Marktwirtschaft fordert. Unter dem Titel ‚Solidarität' geht es um entscheidend wichtige soziale Sicherungssysteme, eine inhaltliche Einflussnahme durch die betroffenen Personen auf die Qualität der erbrachten Leistungen ist dabei jedoch eingeschränkt bis ausgeschlossen. Prinzipien der ‚Sachleistungen' und Dynamiken der Dienstleistungs- und Sozialwirtschaft dominieren, die als sozialreformerische Politik bekannt sind und sich in allgemeine Kommodifizierungsprozesse einfügen.

Dass die historischen Entwicklungen nicht linear verlaufen, zeigen z. B. die 1990er Jahre in Österreich. Dank einer kurzfristigen politisch günstigen Konstellation und Aufbruchsstimmung nach der ‚Öffnung des Eisernen Vorhangs' wurden in Österreich eine ganze Reihe von Reformen in Angriff genommen, wie z. B. schulische Integration, Pflegegeldreform, Reform des Entmündigungsrechtes in Richtung Sachwalterschaft (rechtliche Betreuung), Unterbringungsgesetz und die Verfassungsreform, die Benachteiligung verbietet. Alle diese Initiativen verwiesen auf menschenrechtlich fundierte Reformen, wurden aber in der Folge weder konsequent umgesetzt noch weiterentwickelt. Alle Regierungen ab Ende der 1990er waren an Stagnation oder dem Zurückzudrehen dieser Errungenschaften orientiert. Die Analyse dieser Entwicklung steht noch aus, sie wird aber wohl mit Makro-Entwicklungen, wie neoliberalen ökonomischen Entwicklungen und politischen Entwicklungen wie politischen Verschiebungen nach rechts im Zusammenhang stehen.

Die Selbstbestimmt-Leben-Bewegung ist in der Umsetzung ihrer Forderungen nach Gleichstellung und Selbstbestimmung, bei der es letztlich um eine Politik von Verteilungsgerechtigkeit geht, im Rahmen größerer politischer Dynamiken jedenfalls nur bedingt erfolgreich. Die Politiken der Verwahrung, Rehabilitation und Normalisierung, sowie die Politiken der Kommodifizierung/ Vermarktlichung in dem wirtschaftlich nicht unwichtigen Dienstleistungssektor der Behindertenhilfe erscheinen gegenüber Graswurzelbewegungen von behinderten Frauen und Männern übermächtig. Die Kämpfe dauern allerdings – im historischen Rückblick und im Blick auf die Zukunft – an. Sicher hat die Selbstbestimmt-Leben-Bewegung einen internationalen Paradigmenwechsel verstärkt, der Selbstbestimmung, Inklusion, De-Institutionalisierung, Partizipation, Barrierefreiheit und Gleichstellung zu leitenden Prinzipien machte und den Entstehungsprozess wie auch die Inhalte der UN-Behindertenrechtskonvention maßgeblich prägte.

5. Das Archiv zur Geschichte der Behindertenbewegung/der Selbstbestimmt-Leben-Bewegung: Thesen zur Bewegungs- und Identitätsdynamik

Eine These zum Verständnis des vorhandenen zeitgeschichtlichen Materials ist, dass die Selbstbestimmt-Leben-Bewegung aus der Empörung über die gesellschaftlichen Verhältnisse sowie die Verweigerung von Lebens- und Menschenrechten ein kollektives Subjekt des Widerstands hervorbrachte. Private Erfahrungen von Ausschluss, Marginalisierung und Stigmatisierung verwandelten sich in ein politisches Geschehen des Sich-Wehrens. Die Deutungsmacht über Behinderung wurde nicht mehr den mit den Einrichtungen der Behindertenhilfe verbundenen anwendungsorientierten Wissenschaften (Medizin, Psychologie, Heil-/Sonderpädagogik) überlassen. In einem Perspektivenwechsel mit identitätsstiftender Wirkung konnten sich persönliche Erfahrungen zu einem gemeinsamen Erfahrungs- und Aktionsraum verdichten.

Eine zweite These geht davon aus, dass die Selbstbestimmt-Leben-Bewegung zwar keine formulierte Strategie, als soziale Bewegung aber eine beschreibbare Dynamik entwickelt hat. Mehrfach waren Ausgangspunkte der Mobilisierung behinderter Frauen und Männer auf dem Weg zur Emanzipation Kooperationsprozesse mit verbündeten Personen aus den Bereichen der Behindertenhilfe, der Sozialen Arbeit oder der Wissenschaft, bis sich bei den betroffenen behinderten Personen ein eigenes Selbstverständnis und eine eigene Praxis von Selbstbestimmt-Leben durchsetzte. Ein wichtiges strategisches Element dabei war die „Ich – Wir – Sie"-Strategie (vgl. Bächinger 1978, 126 f.). Dabei geht es darum, Persönliches zu reflektieren (Ich-Perspektive), gemeinsam Barrieren zu erkennen (Wir-Perspektive) und politisch zu handeln (Sie-Perspektive). ‚Ich – Wir – Sie‘ als Anfangs- und Gründungsstrategie ist inzwischen in der Selbstbestimmt-Leben-Bewegung in das Prinzip des Peer Counselings (vgl. Miles-Paul 1992) eingeflossen, wobei zu fragen ist, wie weit sie weiterhin dem emanzipatorischen Kern dieser Strategie entspricht bzw. wohin sich die Selbstbestimmt-Leben-Bewegung zwischen Emanzipation, Mainstreaming und neuen rehabilitativen Spaltungen nach Leistung und Anpassungsfähigkeit bewegt. Die Disability Studies sollten hier einer kritischen Standortbestimmung zuarbeiten und sich durch partizipatorische Forschungsstrategien an Bewusstseinsbildungs- und Emanzipationsprozessen beteiligen.

Literatur

Bächinger, Reinhard (1978): Sexualverhalten und Sexualberatung von Körperbehinderten. Hohentannen/Schweiz: PULS-Wissen.

Butterwegge, Christoph/Lösch, Bettina/Ptak, Ralf (2017): Kritik des Neoliberalismus. Wiesbaden: VS.

Der Krüppel (1927–1938): Mitteilungsblatt der „Ersten österreichischen Krüppelarbeitsgemeinschaft/Vereinigung der Körperbehinderten Österreichs". Gesamtausgabe. bidok.uibk. ac.at/bibliothek/archiv/krueppel.html (Abfrage: 18.03.2019).

Geschichte der Behindertenbewegung in Österreich. Projektseite im Internet. bidok.uibk.ac. at/projekte/behindertenbewegung/index.html (Abfrage: 18.03.2019).

LOS Gesamtausgabe (1983–1992). bidok.uibk.ac.at/bibliothek/archiv/los.html (Abfrage: 09.03.2019).

Miles-Paul, Ottmar (1992): Wir sind nicht mehr aufzuhalten – Behinderte auf dem Weg zur Selbstbestimmung; Beratung von Behinderten durch Behinderte – Peer Support: Vergleich zwischen den USA und der BRD. München: AGSPAK.

Schönwiese, Volker (2012): Behinderung als Schicksals-Konstruktion. Zur Analyse von öffentlichen Darstellungen behinderter Menschen. In: Virus, Beiträge zur Geschichte der Sozialmedizin 11, S. 11–26.

Schönwiese, Volker (2017): Versuch über die Zusammenhänge von Politik, struktureller und personaler Gewalt in Einrichtungen der Sozialwirtschaft. In: Journal für Rechtspolitik 24, S. 24–29.

Selbstbestimmt-Leben-Österreich (SLIÖ) (2017): Zehn Fragen zur Behindertenpolitik vor den Nationalratswahlen 2017. cdn.website-editor.net/d23c59d4124842da9c555afcbfca6c43/ files/uploaded/2017%2520Zehn%2520Fragen%2520Wahl-2017-Fragen-Antworten-Parteien.pdf (Abfrage: 09.03.2019).

Stockner, Hubert (2010): Österreichische Behindertenpolitik im Lichte der UN-Konvention über die Rechte von Menschen mit Behinderungen. Innsbruck: Diplomarbeit. bidok.uibk. ac.at/library/stockner-behindertenpolitik-dipl.html (Abfrage: 09.03.2019).

Trojan, Alf (1986): Jenseits der Grenzen des Sozialstaats. Selbsthilfegruppen aus dem Blickwinkel der Sozialpolitik. In: Trojan, Alf (Hrsg.): Wissen ist Macht. Eigenständig durch Selbsthilfe in Gruppen. Frankfurt a. M.: Fischer, S. 284–312.

Erzählungen vom ‚behindert Werden'
Literaturwissenschaftliche Perspektiven auf Behinderung

Gesine Wegner

1. Literary Disability Studies in Deutschland

Während die Disability Studies (DS) seit der Jahrtausendwende in Deutschland zunehmend Fuß fassen konnten, beispielsweise durch die Etablierung eigens ausgerichteter Professuren im Bereich der Soziologie und der Sozialen Arbeit, scheinen in den hiesigen Literaturwissenschaften diese Entwicklungen noch auszustehen. So existiert keine literaturwissenschaftlich ausgerichtete Professur in der deutschen Germanistik, Anglistik oder Amerikanistik, die in Forschung und Lehre deutlich in den DS verankert ist.[1] Besonders überraschend scheint dies für die Anglistik und Amerikanistik, zwei Disziplinen, die sich seit den späten 1970er Jahren vermehrt mit sozio-kulturellen Konstruktionen von Differenz auseinandersetzen und in diesem Zusammenhang existierende Herrschaftsstrukturen zu hinterfragen und zu dekonstruieren versuchen (vgl. Korte/ Müller/Schmied 2014, S. 168 ff.; Marx 2003, S. 9).

Dass eine intensive Beschäftigung mit dem Thema Behinderung bisher ausblieb, weist auf einen erweiterten sozialen Ausschluss hin, der sich auf universitärer Ebene sowohl thematisch als auch personell widerspiegelt. Wie James Dolmage in *Academic Ableism* (2017) darlegt, bleibt die Universität ein Ort, der durch seine grundlegende Ausrichtung und räumliche Architektur behinderte Menschen ausschließt. Die Universität wird in ihrem Selbstverständnis sowie im öffentlichen Diskurs traditionell in Abgrenzung zu Behinderung und als Gegenbild zu Bildungseinrichtungen für behinderte Menschen als ein Ort höheren Wissens entworfen (vgl. ebd., S. 3). Es ist dieses an den Universitäten noch einmal verstärkte Verständnis von Behinderung als ‚das Andere' oder bisweilen sogar das Gegensätzliche, welches dazu führt, dass sowohl behinderte

---

1 Diese Behauptung basiert auf einer regelmäßigen Durchsicht entsprechender Universitätsseiten und Konferenzprogramme über die letzten fünf Jahre.

Menschen als auch die DS als Forschungsrichtung an vielen Universitäten gemieden werden (vgl. Bolt 2016, S. 1).

Dabei verorten sich Autor*innen wie David Bolt seit einigen Jahren in einer spezifischen Strömung innerhalb der DS, den Cultural und Literary Disability Studies, die sich in ihrer Forschung dezidiert kultur- und literaturwissenschaftlichen Fragestellungen zuwendet. Zunächst durch sozialwissenschaftliche Disziplinen geprägt, zeichnen sich die DS in Großbritannien nunmehr durch eine beeindruckende Bandbreite literatur- und kulturwissenschaftlicher Arbeiten aus. In den USA, einem zweiten Gründungsland der DS, wird die interdisziplinäre Forschungsrichtung hingegen bereits seit ihren Anfängen in den 1980er Jahren stark durch geisteswissenschaftliche Zugänge geprägt (vgl. Garland-Thomson 2013, S. 915). Doch was bedeutet es, kultur- und literaturwissenschaftliche Forschung innerhalb der DS zu betreiben? Im Folgenden werde ich darlegen, wie literaturwissenschaftliche Arbeiten den interdisziplinären Forschungsbereich der DS bereichern können, unter anderem, indem sie dessen bestehendes Theoriegerüst kritisch reflektieren. In diesem Zusammenhang argumentiere ich, dass nähere Untersuchungen von autobiographischen sowie fiktiven Behinderungserzählungen zeigen, dass es sich lohnt, eine Fixierung auf die in den DS oftmals genutzten Behinderungsmodelle zu hinterfragen.

2. Zur Rolle der Literaturwissenschaften in den DS

Die Literaturwissenschaften sind in der Lage durch Untersuchungen verschiedener Behinderungsnarrative sowohl repräsentativen als auch epistemologischen Fragestellungen von Behinderung nachzugehen. Somit ist die Disziplin gleich von zweifacher Bedeutung für die DS: Zum einen kann eine literaturwissenschaftliche Analyse dazu beitragen, Ursachen für die sogenannten ‚attitudinal barriers‘ besser zu verstehen, jene Barrieren, die in unserer Gesellschaft durch ableistische und/oder behindertenfeindliche Einstellungen von Mitmenschen entstehen (vgl. Bolt 2014, S. 1). Diese Ursachenforschung zu diskriminierenden Grundeinstellungen scheint in der Tat besonders wichtig in Ländern wie Deutschland, in denen darüber hinausgehende Barrieren Interaktionen zwischen behinderten und nicht-behinderten Menschen oftmals erschweren oder sogar verhindern (vgl. Pfahl/Powell 2011, S. 450). Vorstellungen davon, was es bedeutet, behindert zu sein und zu werden, können durch diesen fehlenden Kontakt nicht in der Interaktion erprobt und ggf. korrigiert werden. Stattdessen erhöht sich der Stellenwert, den Darstellungen von Behinderung in Literatur, Film und Fernsehen einnehmen. Schlussendlich erschließen sich nicht-behinderte Personen ihr vermeintliches ‚Wissen‘ über Behinderung oftmals anhand dieser Medien.

Neben Untersuchungen dieser repräsentativen Funktion von Behinderungserzählungen vermag es ein literaturwissenschaftlicher Ansatz zudem, die Rolle von Erzählungen innerhalb des Wissenschaftsdiskurses über Behinderung genauer in den Blick zu nehmen. Über die letzten Jahrzehnte haben sich aufgrund der engen Verzahnung der DS mit der Behindertenbewegung insbesondere autobiografische Erzählungen als ein wichtiges Element innerhalb der Forschung zu Behinderung etabliert. „Nothing about us without us" – dieser die Behindertenbewegung prägende Spruch fordert nicht nur zum selbst Forschen auf, sondern beinhaltet das Erzählen der eigenen Geschichte. Im amerikanischen Raum finden autobiographische Erzählungen, ob als kürzere Absätze (vgl. Davis 1995; Kafer 2016) oder in Form kreativer Essays (vgl. Kleege 1999), so regelmäßig Einzug in Standardwerke der DS. Das Erzählen wird hierbei zu einem wichtigen Element, welches wissenschaftliche Texte nicht nur ästhetisch aufwertet, sondern durch den Zugang über die eigene Geschichte vermag, neue Erkenntnisse zu generieren. Über autobiographische Erzählungen hinaus werden zu diesem Zweck auch fiktive Erzählungen für die eigene Forschung fruchtbar gemacht. So erzählt Rosemarie Garland-Thomson beispielsweise in einem 2010 im *Disability Studies Quarterly* erschienenen Artikel ganz im Stile Virginia Woolfs die Geschichte der Judith Roosevelt, einer fiktiven Schwester des ehemaligen US-Präsidenten, um auf Ausschlüsse innerhalb der Universität aufmerksam zu machen. Diese Form des kreativen Schreibens findet sich auch in den Schriften von Brenda Brueggemann. Brueggemanns 2009 erschienenes Buch *Deaf Subjects: Between Identities and Places* gewinnt unter anderem durch fiktive Briefe der Autorin an Mabel Bell, die Ehefrau Alexander Graham Bells, zusätzliche Tiefe. Fiktive sowie autobiographische Erzählungen dienen hier als epistemologisches Handwerkzeug – ein Handwerkszeug, welches den wissenschaftlichen Zugang zu Behinderung in den DS deutlich prägt. Durch ihre personalisierte Form des wissenschaftlichen Schreibens tragen behinderte Autor*innen zu einer Subjektivierung bei, die im starken Kontrast zur Objektivierung behinderter Menschen im traditionellen Wissenschaftsdiskurs steht. Erfahrungen von Behinderung und deren kritische Reflexion können so, wie Tanya Titchkosky anregt, als „wichtige Form des kritischen Erkenntnisgewinnes innerhalb der Universität" (Titchkosky 2011, S. 70; Übersetz. GW) verstanden werden. Dabei trägt ein reflektierter Umgang mit den eigenen Erzählungen nicht nur zum Erkenntnisgewinn bei, sondern erzeugt zudem ein (Selbst-)Verständnis von Behinderung, welches es perspektivisch in Form der vielseitigen Verbreitung vielleicht vermag, Bilder von Behinderung auch in der breiten Öffentlichkeit zu verändern.

3. Erzählungen zwischen tragischem und affirmativem Verständnis von Behinderung

Wie dies konkret aussehen kann, zeigen Wissenschaftler*innen und Autor*innen in den USA, die seit 2016 Grundlagen der DS durch ganz persönliche Erzählungen im Rahmen einer Disability-Kolumne in der renommierten *New York Times* einer breiteren Öffentlichkeit zugänglich machen. Im August 2016 eröffnete Rosemarie Garland-Thomson dort die Kolumne mit einem Beitrag zum Thema „Becoming Disabled", einer Erzählung über das ‚Behindert-Werden'. „Becoming disabled", so plädiert Rosemarie Garland-Thomson, beschreibt einen politischen Prozess, in dem nicht der Körper, sondern die Einstellung zur eigenen Beeinträchtigung eine Wandlung erfährt. ‚Behindert werden' bezeichnet somit nicht nur Praktiken der sozialen Ausgrenzung aufgrund von bestehenden Barrieren, sondern wird hier zudem als ein Prozess der Identitätsbildung verstanden.

In der Tat folgt Garland-Thomsons Beschreibung des ‚Behindert-Werdens' einem Erzählmuster, welches sich in den USA seit den 1980er Jahren einer immer breiteren Popularität erfreut. Gestärkt durch den generellen Memoir-Boom des späten 20. Jahrhunderts, bilden autobiografische Erzählungen von Behinderung seither einen wichtigen Gegenpol zu traditionellen Darstellungen von Behinderung. Zahlreiche Erzählungen von behinderten Autor*innen haben dazu beigetragen, dass ‚Behinderung' in der öffentlichen Wahrnehmung nicht länger als rein körperliches Problem verstanden wird. Obgleich ein medizinischer Blick auf Behinderung den öffentlichen Diskurs weiterhin dominiert (vgl. Brueggemann 2013, S. 283), generiert das Genre des „New Disability Memoir" (vgl. Couser 2009, S. 164) Counternarrative, deren immense Bedeutung nicht unterschätzt werden darf. Das Genre umfasst die Werke vieler Autor*innen, die auch als Wissenschaftler*innen aktiv sind oder waren (vgl. Adams 2013; Finger 2006; Kuusisto 1998). All diese Autor*innen vereint ein affirmativer Blick auf Behinderung, der bewusst dem medizinischen Modell und somit dem traditionellen Verständnis entgegensteht. Da sie einen affirmativen Blick auf Behinderung fokussieren, ergänzen diese Erzählungen zudem das soziale Modell, indem sie ein positives Selbstverständnis des ‚Behindert-Seins' postulieren.

Obgleich Gegenerzählungen zu einem rein tragischen Behinderungsnarrativ weiterhin dringend notwendig sind, lohnt es sich jedoch, einen genaueren Blick auf die sich etablierende Gegenerzählung zu werfen. So beklagen unter anderem Forschende der sich noch etablierenden Black Disability Studies, dass ein rein affirmativer Blick auf Behinderung für manche Teile der Schwarzen Bevölkerung in den USA nicht aufrecht zu erhalten sei. In *Disability Studies Quarterly* macht Laurence Ralph darauf aufmerksam, dass Waffengewalt unter Afro-Amerikanern*innen in den USA die häufigste Ursache für das Leben mit einer körperlichen Beeinträchtigung darstellt. Persönliche Erlebnisse von Behinde-

rung werden in diesen Gemeinschaften mitunter bewusst als reine Verluster-
fahrungen inszeniert, um auf diesem Wege zukünftigen Gewalttaten entgegenzuwirken (vgl. Ralph 2012, o.S.). In der Tat scheinen sowohl intersektionale
Aspekte von Behinderung sowie komplexere Prozesse des ‚Behindert-Werdens‘,
beispielsweise das Erwerben einer Beeinträchtigung mit all seinen körperlichen
sowie sozialen Folgen, bisher wenig Berücksichtigung in den DS gefunden zu
haben. Auf der anderen Seite weisen bereits Klassiker der DS auf die Fluidität
von Behinderung hin und betonen, dass Behinderung – sollten wir lange genug
leben – eine*n jede*n direkt betreffen kann (vgl. Garland-Thomson 2002, S. 5;
Siebers 2006, S. 176). Nichtsdestotrotz findet sich gerade in den Geisteswissenschaften wenig dazu, was es bedeutet, vermeintlich nicht-behindert zu sein und
durch einen Unfall, eine Krankheit oder das Alter ‚behindert zu werden‘.

4.   Erzählungen des ‚Behindert-Werdens‘ jenseits der Modelle

Literarische Beispiele für solch vielschichtige Prozesse des ‚Behindert-Werdens‘
lassen sich unter anderem in einer Reihe (autobio-)graphischer Krankheitser-
zählungen finden, die sich seit der Jahrtausendwende einer immer größeren
Beliebtheit erfreuen. So berichtet beispielsweise David Small in seinem Bestsel-
ler *Stitches* von seiner traumatisierenden Kindheit, die er in den USA der
1950er Jahre verbrachte. Sowohl psychischer als auch körperlicher Gewalt ausgesetzt, verliert der Protagonist mit 14 Jahren aufgrund von Kehlkopfkrebs
seine Stimme. Sein Vater, ein angesehener Radiologe, der aufgrund von Fehl-
behandlungen für den Krebs des Sohnes verantwortlich scheint, schenkt David
kaum Beachtung. In der Tat findet im Haus der Smalls kaum verbale oder gar
liebevolle Kommunikation statt – weder zwischen David und seinen Eltern
noch zwischen ihm und seinem älteren Bruder. Der Protagonist wird so bereits
vor Verlust seines Stimmbandes als Charakter ohne ‚eigene Stimme‘ in die
Erzählung eingeführt. Durch seine körperliche Beeinträchtigung macht David
nach seiner Krebserkrankung auch in der Schule zunehmend Erfahrungen der
sozialen Ausgrenzung. Obgleich das Buch seinen Protagonisten eine Reihe
traumatischer Situationen durchlaufen lässt, verankert die Erzählung Behinderung nie als Kern von Davids Trauma. Stattdessen werden die gewaltsamen
Übergriffe an Davids Körper sowie die innerfamiliären Konflikte in den Mittelpunkt seiner Geschichte gerückt. *Stitches* bedient sich somit einer tragischen
Behinderungserzählung, tut dies jedoch, um die gewaltsamen Umstände des
‚Behindert-Werdens‘ kritisch zu beleuchten. Das Leben mit einer Behinderung
als solches wird hingegen nicht als tragisches Schicksal inszeniert – so verlässt
David ganz im Sinne eines klassischen Bildungsromans als Jugendlicher sein
Elternhaus und findet letztendlich in der Kunstszene ein neues Zuhause. Dort
lernt er, sich ohne Stimme auszudrücken und wird Teil einer Gemeinschaft, die

explizit nicht in Form einer *disability community* imaginiert wird. David Smalls *Stitches* steht exemplarisch für eine Reihe autobiographischer Erzählungen, die sich weder in den tragischen Behinderungsdiskurs traditioneller Texte noch in die affirmativen Erzählungen des New Disability Memoirs einreihen lassen. Obgleich Bücher wie *Stitches* geprägt sind von Schmerz und Verlust, so kann doch durch eine genaue Analyse gezeigt werden, dass diese Erfahrungen von Verlust und Schmerz Teile einer Erzählung über das ,Behindert-Werden' sein können, ohne dass Behinderung als immanent tragisch definiert wird.

Literatur

Adams, Rachel (2013): Raising Henry: A Memoir of Motherhood, Disability, and Discovery. New Haven: Yale University Press.

Bolt, David (2013): The Metanarrative of Blindness: A Re-reading of Twentieth-century Anglophone Writing. Ann Arbor: University of Michigan Press.

Bolt, David (2014): Introduction. Perspectives from Historical, Cultural, and Educational studies. In: Bolt, David (Hrsg.): Changing Social Attitudes Toward Disability. Perspectives from historical, cultural, and educational studies. London/New York: Routledge, S. 1–11.

Bolt, David (2016): Introduction. Avoidance, the Academy, and Activism. In: Bolt, David/ Penketh, Claire (Hrsg.): Disability, Avoidance and the Academy. Challenging resistance. London/New York: Routledge, S. 1–8.

Brueggemann, Brenda Jo (2013): Disability Studies/Disability Culture. In: Wehmeyer, Michael L. (Hrsg.): The Oxford Handbook of Positive Psychology and Disability. Oxford: Oxford UP, S. 279–299.

Couser, G. Thomas (2009): Signifying Bodies: Disability in Contemporary Life Writing. Ann Arbor: University of Michigan Press.

Davis, Lennard J. (1995): Enforcing Normalcy. Disability, Deafness, and the Body. New York: Verso.

Dolmage, Jay (2017): Academic Ableism. Disability and Higher Education. Ann Arbor: University of Michigan Press.

Finger, Anne (2006): Elegy for a Disease: A Personal And Cultural History of Polio. New York: St Martin's Press.

Garland-Thomson, Rosemarie (2002): Integrating Disability, Transforming Feminist Theory. In: NWSA Journal 14, H. 3, S. 1–32.

Garland-Thomson, Rosemarie (2010): Roosevelt's Sister: Why We Need Disability Studies in the Humanities. In: Disability Studies Quarterly 30, H. 3/4, o.S. dsq-sds.org/article/view/1278/1311 (Abfrage 26.01.2019).

Garland-Thomson, Rosemarie (2016): Becoming Disabled. In: New York Times vom 21.08.2016 (auch online unter www.nytimes.com/2016/08/21/opinion/sunday/becoming-disabled.html?_r=0<, Abfrage: 26.01.2019).

Kafer, Alison (2016): Un/Safe Disclosures. Scenes of Disability and Trauma. In: Journal for Literary & Cultural Disability Studies 10, H. 1, S. 1–20.

Kleege, Georgina (1999): Sight Unseen. New Haven: Yale UP.

Korte, Barbara/Müller, Klaus Peter/Schmied, Josef (2004): Einführung in die Anglistik. 2. Auflage. Stuttgart/Weimar: Metzler.

Kuusisto, Stephen (1998): Planet of the Blind. New York: Delta.

Marx, Leo (2003): On Recovering the "Ur" Theory of American Studies. In: Fluck, Winfried/ Clavies, Thomas (Hrsg.): Theories of American Culture, Theories of American Studies. Tübingen: Gunter Narr, S. 3–18.

Pfahl, Lisa/Powell, Justin W. (2011): Legitimating School Segregation. The Special Education Profession and the Discourse of Learning Disability in Germany. In: Disability & Society 26, H. 4, S. 449–462.

Ralph, Laurence (2012): What Wounds Enable: The Politics of Disability and Violence in Chicago. In: Disability Studies Quarterly 32, H. 3, o.S. dsq-sds.org/article/view/3270/3099 (Abfrage 26.01.2019).

Siebers, Tobin (2006): Disability in Theory: From Social Constructionism to the New Realism of the Body. In: Davis, Lennard (Hrsg.): The Disability Studies Reader. 2. Auflage. New York/London: Routledge, S. 173–84.

Small, David (2009): Stitches: A Memoir. New York: Norton & Company.

Titchkosky, Tanya (2011): The Question of Access: Disability, Space, Meaning. Toronto: University of Toronto Press.

„Ein Krüppelstück von Krüppeln für Krüppel"

Behinderung als kulturelles Deutungsmuster in Literatur und Literaturwissenschaft?

Matthias Luserke-Jaqui

Bis vor einigen Jahren war ich noch Fußgänger. Als ich das erste Mal im Rollstuhl an meinem Institut erschien, empfing mich ein Kollege mit den Worten: „Wollen Sie uns jetzt den Schäuble machen?". Das wirft ein bezeichnendes Licht auf den Umgang mit ‚Behinderten' in Universitäten. Statt zu helfen und Inklusion unaufgeregt zu praktizieren, wird vielerorts behindert. Das lenkte meinen Blick auf die Frage, wie geht man eigentlich mit ‚Behinderten' in der deutschen Literatur um? Welche kulturellen und gesellschaftlichen Vorstellungen von Behinderung werden in der Literatur transportiert, mit welchen Folgen? Man stößt, wenn man sich diesen Fragestellungen zuwendet, anders als im amerikanischen und angelsächsischen Diskurs, in der deutschen Literaturwissenschaft auf – nichts.

Es gibt keine Arbeit, die auch nur ansatzweise als paradigmatisch für die Disability Studies gelten könnte (im amerikanischen Wissenschaftsdiskurs ist dies anders). Und dann begegnete mir, in anderem Zusammenhang, dieses unsägliche Zitat, das ich in den Titel meines Beitrags aufgenommen habe: „Es ist ein Krüppelstück von Krüppeln für Krüppel […]" (Barner 1994, S. 673). Es findet sich im letzten Band des Standardwerks der Geschichte der deutschen Literatur. Selbst wenn man in Rechnung stellt, dass der Verfasser seinen Beitrag Anfang der neunziger Jahre geschrieben hat, bleibt es doch unverständlich, weshalb eine solche Formulierung stehen bleibt. Dieses Zitat steht beispielhaft für die Wahrnehmung von ‚Behinderten' in meiner Disziplin. Es fehlt vollständig jegliches Bewusstsein für den Wandel der Zeiten. Dass heute aber keiner mehr Krüppel zu einem ‚Behinderten' sagt, das sollte sich doch herumgesprochen haben. Sollte das Zitat auf die bundesrepublikanische sogenannte Krüppelbewegung anspielen, zu der diverse Krüppelgruppen gehörten, die zwischen 1979 und 1985 auch die *Zeitung von Krüppeln für Krüppel* herausgaben und die selbst den Begriff Krüppel wählten, weil darin die systematische Zerstörung gesellschaftlicher Achtung besser zum Ausdruck käme? Natürlich hat das Wort

Krüppel Eingang in die Titelgebung erzählender und dramatischer Literatur gefunden, wie die Beispiele *Der Krüppel von Rottenstein* (1843) von Gotthilf Heinrich von Schubert, von Louise Marston *Jeß, der Krüppel oder Die Tochter des Hopfenpflückers* (1892), von R. W. Enzio *Der Krüppel. Roman einer Jugend* (1910), *Zungenkuß mit Krüppel* (1993) von Eckart Ranke, oder *Der Krüppel von Inishmaan* (1996) des irischen Autors Martin McDonagh zeigen. Die deutsche Literaturgeschichte wird eröffnet mit dem Namen eines ,gehandicapten' Menschen. Hermann der Lahme (1013–1054) wird er genannt, hat als Mönch auf der Insel Reichenau gelebt und ist Verfasser eines der wichtigsten Bücher des Mittelalters, einer Weltchronik, und schrieb Gedichte. Mutmaßlich litt er an einer spinalen Muskelatrophie oder an ALS.

Das Zitat im Titel meines Vortrags bezieht sich auf ein Theaterstück von Thomas Bernhard: *Ein Fest für Boris* (1970). Darin spielen „Krüppel", so nennt sie Bernhard im Figurenverzeichnis, die Hauptrolle. Am Beispiel dieses Theaterstücks kann man der Frage nachgehen, inwieweit unsere binären Vorstellungen von gesund/krank oder von nicht-behindertem Körper/behindertem Körper durch das Medium der literarischen Fiktion verfestigt oder aber gerade infrage gestellt werden können. Eine These, die geprüft werden soll, lautet: Literatur und Literaturwissenschaft haben, historisch gesehen, eine Ästhetik der Binarität als kulturelles Deutungsmuster generiert, die es aufzubrechen gilt. Sprechen wir von diesem Deutungsmuster der Defizienz oder von defizient, so heißt das Antonym Suffizienz oder suffizient (komplett, vollständig). Damit will der Beitrag in einer ersten Reflexion über den Zusammenhang von Literatur und Behinderung die Disability Studies für die deutsche Literaturwissenschaft zu erschließen versuchen. Man versteht Bernhards Stück nicht, wenn man auf das körperlich Abwesende schaut, und das sind die fehlenden Beine der „Krüppel". Es geht bei diesem Stück um die Defizienz des Körpers, die Teil unseres binären Denkens ist. Auf der Ebene der Binarität von gesundem Körper und krankem Körper ist es gerade die Körperdefizienz, die uns zur Wahrnehmung des vervollständigten schönen Körpers zu zwingen scheint.

Die Personen sind: Die Gute, die „*beinlos*" (Bernhard 2016, S. 10) ist, die Dienerin oder Haushälterin Johanna, Boris, ebenfalls beinlos, 13 beinlose „Krüppel" „*aus dem Krüppelasyl*" mit den Namen: Augustkarlviktor, Ernstaugust, Ernstaugustkarl, Ernstludwig, Ernstludwigaugust, Karlaugusternst, Karlernst, Karlludwigviktor, Karlviktor, Karlviktorernst (vgl. alle ebd., S. 66 f.), Ernstludwigviktor und Ludwigviktor (vgl. ebd., S. 74), Karlludwig, Karlludwigernst, Karlaugust und Ludwigkarlernst (vgl. alle ebd., S. 75), was zusammen 16 Namen sind. Außerdem zwei Diener und zwei Pfleger. „*Alle Beinlosen in Rollstühlen*" (ebd., S. 10). Im Stück ist auffällig, dass der Autor auf Satzzeichen verzichtet. Die Regulatur von Grammatik, Ordnung, Verständnis und Kommunikation schlechthin ist von Beginn an verworfen. Das ist nicht nur ein rebellischer, politischer Impuls, sondern spiegelt auf der Ebene der Materialität der

Zeichen wider, was auf der Diskursebene ausagiert wird, und kann als der Versuch gelesen werden, auf Binarität (in Logik usw.) zu verzichten. Abwesenheit lenkt den Blick auf das, was anwesend ist, und das ist die Defizienz. So beginnt das Stück mit dem ersten Vorspiel, das sich in einem leeren Raum ereignet, er ist Sinnbild der inneren Leere der Figuren. Die Gute liest laut, wobei es unklar bleibt, ob sie aus einem der Briefe, die sie zuvor in die Schreibtischschublade gelegt hatte, zitiert oder einen Brief imaginiert oder die in diesem Augenblick abwesende Johanna anspricht. Die Gute probiert bis zum Ende unablässig diverse Handschuhe an – das ist Ausdruck der Suche nach einer inszenierten Identität. Ihre Aussage: „alles ist Mißbrauch" (ebd., S. 17), rekurriert darauf, dass es in der Moderne keinen richtigen und das heißt regelgeleiteten Gebrauch von allem mehr gibt. Die Normen, Regulaturen und die Selbstdisziplinierungsapparaturen sind abhandengekommen. Die Gute leidet darunter körperlich. Die falsche Aussprache von Wörtern und Sätzen schmerzt sie, „das sind *meine* Schmerzen Johanna" (ebd., S. 18). Die ganze Welt sei krank, sie bestehe aus nicht diagnostizierten Krankheiten, meint die Gute. Sie fühlt sich von Johanna mit einer imaginären Krankheit infiziert (vgl. ebd., S. 19). Später wird sie präzisieren, dass jede Krankheit eine Krankheit „der Bewegungslosigkeit" (ebd., S. 27) sei. Demnach ist die Welt, da sie krank ist, bewegungslos, erstarrt und unveränderlich. Die Bewohner des Asyls bezeichnet sie als erbärmliche „Krüppel" (vgl. ebd., S. 21), sie selbst ist oberschenkelamputiert seit einem Unfall, bei dem sie auch ihren ersten Mann verloren hat. Der Diskurs über Verlust steht bei der Guten also im Mittelpunkt, Krankheit ist für sie sichtbarer Ausdruck eines Verlustes, den sie als Mangel, eben als Defizienz erfährt. Zu dieser Verlusterfahrung kommt wenig später die „Angst" als das bestimmende Verhältnis zwischen ihr und Johanna hinzu, sie nennt es einen „fürchterliche[n] Dauerzustand" (ebd., S. 24). In diesem Zusammenhang fällt erstmals der Name des titelgebenden Boris, der neue Mann der Guten, den sie aus einer Gruppe von Beinlosen im Krüppelasyl ausgesucht und geheiratet hat. Auch er ist, wie die Gute, oberschenkelamputiert, eben beinlos. Und obwohl sie keine Beine mehr hat und offensichtlich auch keine Prothesen trägt, lässt sie sich von Johanna regelmäßig Strümpfe holen und vom Schuhmacher neue Schuhe anmessen. Damit soll die Defizienz im Imaginären ausgeglichen werden. Für die Gute ist das Verhältnis zu Johanna ein „Spiel" (ebd., S. 27), das stupiden Regeln folgt. Das Fest für Boris ist eine Geburtstagsfeier für ihn an einem Dienstag. Die Gute und Johanna warten auf die Gäste. Die Gute findet nur wenige gute Worte für Johanna, die sind aber entlarvend, denn in Wahrheit – trotz aller Beschimpfung und Schikane – braucht sie Johanna für ihre Monologe, mehr noch, sie sieht zwischen ihr und sich selbst eine gemeinsame „Verschwörung" (ebd., S. 29), die sie miteinander verbindet.

Das zweite Vorspiel ist zeitlich nach dem Ball zu Ehren von Boris' Geburtstag angesetzt. Die Gute ist noch mit einem Königinnenkleid kostümiert.

„*Johanna schiebt sie immer schneller um den ganzen Raum herum, immer schneller und schneller, ekstatisch*" (ebd., S. 30, Regieanweisung). Die Bewegungslosigkeit wird auf drastische Weise überwunden. Der Guten schmerzen das Kostüm und die Krone, die sie trägt, und trotzdem hat sie das Fest über „Schmerzlosigkeit" (ebd., S. 32) vorgetäuscht. Sie wurde in ihrer Verkleidung nicht erkannt. Die Gute hat „eine Königin die keine Beine hat gespielt" (ebd., S. 35), sie habe nicht sich selbst gespielt. Sie kann nicht allein sein, sie erfährt „diese entsetzlichen Peinigungen" (ebd., S. 38). Johanna hingegen musste eine Schweinsmaske tragen. Darauf ist erstmals Boris' Stimme hinter der Bühne zu hören, der weinerlich nach Johanna ruft. Schließlich wird er auf die Bühne geschoben und bleibt bis zum Ende des Stücks am Fenster in seinem Rollstuhl sitzen. Die Gute hat den Park abholzen lassen, damit Boris freie Sicht auf jenen Ort hat, von dem er herkommt, das Asylheim (vgl. ebd., S. 41). Auch das ist eine willentliche Bosheit der Guten, die von den Heimbewohnern so genannt wird. Sie überprüft, wie viel Boris in einem Buch gelesen hat, und erwartet von ihm eine ehrliche Antwort, denn: „Wenn du lügst ekelt es mich vor dir" (ebd., S. 46). Sie droht ihm immer wieder mit der rhetorischen Frage: „Möchtest du wieder in das Asyl?" (ebd., S. 47).

Die dritte Szene ist das eigentliche Geburtstagsfest, es sind 13 „*beinlose Krüppel in Rollstühlen*" (ebd., S. 47, Regieanweisung) sowie Diener und Pfleger anwesend. Einer der Krüppel betont, als viele lachen, „*laut* / Es ist keine Komödie" (ebd., S. 48). Damit wird jeglicher Rest einer konsumtiven Zuschauerhaltung zerstört. Denn wenn es keine Komödie sein soll, dann kann es nur eine Tragödie sein, sofern man in dieser gattungstypologischen Binarität denkt. Wenn man diesen Texthinweis aber gerade als das versteht, was er zum Ausdruck bringt, dann bedeutet es die Überwindung der Binarität, es ist keine Komödie und es spielt auch keine Rolle, was es sein soll, es ist. Übertragen auf das Hauptthema des Diskurses über die Körperdefizienz heißt das: Es spielt keine Rolle, ob jemand Beine hat oder nicht, er ist. Die Grenze zwischen dem imaginierten ‚Handicap' der Beinlosigkeit und der tatsächlichen Beinlosigkeit verschwimmt zunehmend. Die Gute nimmt für sich in Anspruch, dass sie wirklich „keine Beine habe" (ebd., S. 519), während sie den anderen Krüppeln unterstellt, sie spielten das nur in guter Laune. Bernhard überspitzt dies sprachlich bis ins Absurde, wenn er die Gute zu Johanna sagen lässt: „alle müssen gleich sein / alle gleich / alles gleich / Jetzt haben Sie Beine / und haben doch keine Beine / haben keine Beine / und haben doch Beine" (ebd., S. 51). Der älteste „Krüppel" erzählt von seinem Traum, er könne wieder laufen und seine Beine wären so lang, dass er „in den dritten Stock hineinschauen" (ebd., S. 54) könne. Das Fest wandelt sich sukzessive zu einem Forum der Forderung: Die „Krüppel" wollen längere Betten haben. Die Gute versichert, sie wolle sich darum kümmern, es sei „eine Schande für diesen Staat" (ebd., S. 59), dass die Beinlosen keine Betten hätten, in denen sie sich ausstrecken könnten, denn „jeder muß ein Bett haben in dem er sich ausstrecken kann" (ebd., S. 59). Aber es sind Prokrustes-Betten. Für die „Krüppel" sind die Betten „Kisten" (ebd., S. 61), in die die Beinlosen hineingelegt werden. Betten sind extrinsische Körperbegrenzungen, deren symbolische Bedeutung jenseits der reinen Schlafstatt liegt. Das Prokrustes-Bett ist ein Sinnbild dafür, dass ein Körper nicht starren Normen der scheinbaren Normalität angepasst werden darf, weil er sonst im Augenblick der Anpassung defizient wird. Norm und Anpassung führen zur Defizienz und generieren erst Normerfüllung und gelungene Selbstdisziplinierung als Suffizienz. Wenn also Defizienz überwunden werden soll, muss Norm überwunden werden. Ein anderer Beinloser erklärt, man müsse eine Schräghaltung einnehmen, so passe man in die Kisten. Suizidgedanken werden in der Gruppe der Beinlosen zwar besprochen, aber nicht ausgeführt. Allerdings sind diese Gedanken „unsre einzige Abwechslung" (ebd., S. 67), wie einer der Gruppe versichert. Aus Anlass von Boris' Geburtstag spendet die Gute zwei längere Betten. Die „Krüppel" sollen ein Geburtstagslied singen, „das Lied von der Bachstelze" (ebd., S. 68), ein ausgestopfter Rabe dient als Sinnbild dazu. Das Singen scheitert, und so geht die Unterhaltung weiter. Die Gute erfährt, dass die Asylbewohner bestraft werden, wenn sie Beschwerden vortragen. „Die Ärzte sind Schweine und Scharlatane" (ebd., S. 71), sagt einer und lässt damit an Johannas Schweinsmaske erinnern. Während die Beschwerden in einem allgemeinen Durcheinander benannt werden, unter anderem wollen sie neue Rollstühle und mehr Bewegung (gegen die kranke Welt der Bewegungslosigkeit), schlägt Boris immer lauter die Pauke. Am Ende steht ihre Erkenntnis: „wir entwickeln unsere eigenen Philosophien" (ebd., S. 74). Die Bedeutung von Boris für diese Gruppe besteht darin: „Boris gab uns immer ein paar Augenblicke das Gefühl / Daß wir Beine haben" (ebd., S. 75). In der diskursiven Bewältigung erzählen sie sich die Gründe, die zu ihren Beinverlusten geführt haben. Dann ist das Fest zu Ende, die Gruppe will gehen. Da bemerkt Johanna, dass Boris tot ist. *„Alle mit Ausnahme der Guten entfernen sich, [...], schweigend und mit ihren Rücken zuerst auf den Rollstühlen aus dem Raum. Kaum ist die Gute mit dem toten Boris allein, bricht sie in ein fürchterliches Gelächter aus"* (ebd., S. 77). Mit dieser Regieanweisung endet das Stück.

Die Disability Studies spielen in der deutschen, germanistischen Literaturwissenschaft bislang keine Rolle. Es gibt keine einzige wissenschaftliche Arbeit, die den Grundfragen der Disability Studies in der Literaturwissenschaft auch nur ansatzweise nachgeht und die die Disability Studies als eine politische Wissenschaft begreift. Und dabei ist es gerade das Medium der Literatur, das in der Geschichte, aber auch immer noch in der Gegenwart, unsere Körperwahrnehmung prägt, lenkt oder korrigiert. Arbeiten, die im Anschluss an Foucault den Körperschmerz als literarisches Sujet in den Blick nehmen, enden in der Regel beim Versuch einer Ästhetisierung des Schmerzes und überwinden nicht die Binarität von behindert und nicht-behindert (vgl. Kammler/Parr 2007).

Schmerz wird auf diese Weise als ein Merkmal eines nicht-behinderten Körpers interpretiert und damit unterschwellig Schmerzempfinden einem behinderten Körper abgesprochen (vgl. Meyer 2011, S. 18). Wenn die Möglichkeiten eines Transfers von genuinen Fragestellungen der Disability Studies auf die Literaturwissenschaft ausgelotet werden sollen sowie ein adäquater literaturtheoretischer Zugang diskutiert werden soll, muss Behinderung, um es mit Foucault zu sagen, als ein Dispositiv (vgl. Foucault 1978, S. 119 f.) verstanden werden, das konkret am Körper ansetzt (vgl. Waldschmidt 2007, S. 177 ff.). Als Ziel seiner Untersuchung *Sexualität und Wahrheit* hatte Foucault definiert, „zu zeigen, wie sich Machtdispositive direkt an den Körper schalten – an Körper, Funktionen, physiologische Prozesse, Empfindungen, Lüste" (Foucault 1986, S. 180 f.).

Ein Fest für Boris ist mehr als eine Parabel, denn das Parabolische wird bei Bernhard gesteigert zum Symbolischen, wonach ein Einzelnes das Ganze repräsentiert und darin besteht, die Überwindung der Binarität von Teilhabe und Mangel, von Suffizienz und Defizienz zu vollziehen, mindestens aber zu markieren. Behinderung ist ein gesellschaftliches Konstrukt, das erst die Binarität von behindert und nicht-behindert schafft. Deshalb „konzeptionalisieren" die Disability Studies „Behinderung als soziale Konstruktion" (Waldschmidt 2010, S. 17). Unter Waldschmidts Terminus ‚Kulturelles Modell' als Erweiterung und Ergänzung des sozialen Modells in den Disability Studies würde das fallen, was ich oben für die deutsche Literaturwissenschaft einfordere und andeute (vgl. Waldschmidt 2010, S. 18). „Disability [...] is the attribution of corporal deviance – not so much a property of bodies as a product of cultural rules about what bodies should be or do" (Garland-Thomson 1997, S. 6). Der Begriff der Defizienz schaltet verschiedene Diskurse von literarischer Darstellung, ästhetischer Theorie, Beschreibung von Geschlechterdifferenzen, bürgerlicher Moral etc. zusammen, um als Machtdispositiv individuelle und soziale Körper zu beschreiben. Das Individuelle ist ein Effekt (oder eine Wirkung) der Macht. Wenn wir also nicht in Binaritäten denken, unterhöhlen wir eben diese Macht und ihre gesellschaftliche Legitimierbarkeit. Literatur ist ein Dispositiv, aber der literarische Diskurs kann auch dieses Dispositiv in Frage stellen, es ändern oder gar in der utopischen Fiktion auflösen. Die Literaturwissenschaft hat sich bislang nur für den defizienten Menschen und jenes Dispositiv, nie aber für den ganzen Menschen interessiert. Sie muss als Wissenschaft politisch werden, das heißt: Sie muss inklusiv werden.

Literatur

Barner, Wilfried (Hrsg.) (1994): Geschichte der deutschen Literatur von 1945 bis zur Gegenwart. München: C.H. Beck. [= Bd. XII der Geschichte der deutschen Literatur von den Anfängen bis zur Gegenwart, begründet v. Helmut de Boor u. Richard Newald].

Bernhard, Thomas (2016): Ein Fest für Boris. In: Stücke 1. 13. Auflage. Frankfurt a. M.: Suhrkamp, S. 7–77.

Foucault, Michel (1978): Dispositive der Macht. Über Sexualität, Wissen und Wahrheit. Berlin: Merve.

Foucault, Michel (1986): Sexualität und Wahrheit. Erster Band: Der Wille zum Wissen. Übersetzt v. Ulrich Raulff u. Walter Seitter. Frankfurt a. M.: Suhrkamp.

Kammler, Clemens/Parr, Rolf (Hrsg.) (2007): Foucault in den Kulturwissenschaften. Eine Bestandsaufnahme. Heidelberg: Synchron.

Garland-Thomson, Rosemarie (1997): Extraordinary Bodies: Figuring Physical Disability in American Culture and Literature. New York: Columbia University Press.

Meyer, Anne-Rose (2011): Homo dolorosus. Körper – Schmerz – Ästhetik. München: Wilhelm Fink.

Waldschmidt, Anne (2007): Macht – Wissen – Körper. Anschlüsse an Michel Foucault in den Disability Studies. In: Waldschmidt, Anne/Schneider, Werner (Hrsg.): Disability Studies, Kultursoziologie und Soziologie der Behinderung. Erkundungen in einem neuen Forschungsfeld. Bielefeld: transcript, S. 55–77.

Waldschmidt, Anne (2007): Verkörperte Differenzen – Normierende Blicke. Foucault in den Disability Studies. In: Kammler, Clemens/Parr, Rolf (Hrsg.): Foucault in den Kulturwissenschaften. Eine Bestandsaufnahme. Heidelberg: Synchron, S. 177–198.

Waldschmidt, Anne (2010): Warum und wozu brauchen die Disability Studies die Disability History? Programmatische Überlegungen. In: Bösl, Elsbeth/Klein, Anne/Waldschmidt, Anne (Hrsg.): Disability History. Konstruktionen von Behinderung in der Geschichte. Eine Einführung. Bielefeld: transcript, S. 13–27.

Disability Studies und Religionswissenschaft

Anmerkungen zu Relevanz und Potenzial einer Symbiose

Ramona Jelinek-Menke

1. Einleitung

In ihrem Beitrag zum Band *Culture – Theory – Disability* ruft Anne Waldschmidt unter anderem die Religionswissenschaft dazu auf, sich in die Disability Studies einzubringen. Sozial- und kulturwissenschaftliche Disziplinen wie die Religionswissenschaft könnten dazu beitragen, zu klären, inwiefern und wozu Gesellschaften die Kategorien *normal* und *abweichend* gebrauchen und wie diese Kategorien in verschiedenen sozialen Zusammenhängen (re-)präsentiert bzw. (re-)produziert werden (vgl. Waldschmidt 2017, S. 19 f.). Obwohl zu den sozialen Zusammenhängen, die Behinderung herstellen und die von Behinderungserfahrungen geprägt sein können, auch Religionen zählen (vgl. Schumm/Stoltzfus, S. xi), wird insbesondere in der deutschsprachigen Religionswissenschaft von Behinderung oder den Disability Studies kaum Notiz genommen. Hinsichtlich der Relevanz, die Religionen und Behinderung empirisch nachweislich füreinander haben, ist dieser Mangel an Auseinandersetzung erstaunlich.

In diesem Aufsatz wird auf einige Beispiele von Beziehungen zwischen einigen bestimmten religiösen Traditionen und Behinderung hingewiesen, um diese Relevanz zu illustrieren. Dabei wird der Fokus auf Entwicklungen in Deutschland seit dem 19. Jahrhundert gelegt. Anschließend wird der religionswissenschaftliche Forschungsstand zu den fraglichen Zusammenhängen und die entsprechende theologische Literatur kursorisch besprochen. Am Schluss wird der Beitrag, den die Religionswissenschaft – im Unterschied zu den Theologien – zum Feld der Disability Studies leisten kann, skizziert.

2. Empirische Beispiele

Ab Mitte des 19. Jahrhunderts entstanden im Zuge pädagogischer, medizinischer, politischer und theologischer Entwicklungen zahlreiche spezielle Einrichtungen für Menschen, die heute als Gruppe der Menschen mit ,geistiger' Behinderung zusammengefasst werden (vgl. Schmuhl 2015, S. 138). Die meisten dieser Einrichtungen waren christlicher, zunächst vor allem evangelischer, dann auch katholischer Prägung; im 20. Jahrhundert folgten jüdische und anthroposophische Anstaltsgründungen. Den „Pfleglingen" der ersten evangelischen Anstalten wurde von Theologen eine Seelenstörung attestiert, die den Willen der Betreffenden darin behindere, sich selbst und Gott zu erkennen. In der Konsequenz basierte die ,Behandlung' der „Pfleglinge" vor allem auf religiöser Erziehung, die getrennt von den ,sündigen' Eltern und fern der negativen Einflüsse des Stadtlebens erfolgte. Religiöse Konzepte führten also zu einer räumlichen und sozialen Separierung von Menschen mit bestimmten Merkmalen (vgl. Jelinek-Menke 2016).

Inzwischen haben sich die Strukturen dieser Einrichtungen stark gewandelt. Dazu trugen nicht zuletzt behinderte Menschen selbst bei (vgl. Schmuhl 2015, S. 148). Trotz aller Veränderungen sind die meisten Einrichtungen für Menschen, die als geistig behindert gelten, immer noch in der Trägerschaft religiös gebundener Verbände, wie Diakonie, Caritas und Anthropoi. Im Wesentlichen sind es also nach wie vor religiös gebundene Organisationen, an die der staatliche Auftrag zur gesellschaftlichen (Wieder-)Eingliederung dieser Gruppe ergeht und die dafür staatliche Gelder erhalten. Mit Blick auf die Gegenwart zeigt sich außerdem, dass sich religiöse Akteur*innen mitunter als alleinige Garant*innen des Rechts auf Leben für behinderte Menschen inszenieren (vgl. Achtelik 2015, S. 156). Zusammengenommen wird deutlich, dass religiös gebundene Organisationen nicht nur mitverantwortlich sind für die heutige soziale Stellung behinderter Menschen, sondern auch, dass sie das Sprechen über Behinderung und die Fürsorge für diese Gruppe nutzen, um sich gesellschaftlich zu positionieren.

Grundsätzlich ist anzunehmen, dass es unter denjenigen, denen eine Behinderung zugeschrieben wird, sowie unter denjenigen, die als nicht-behindert gelten, religiöse und religionsfreie Menschen gibt. Behinderungserfahrungen müssen zwar nicht unbedingt, können aber sowohl für die Form der Religionszugehörigkeit und der religiösen Praxis als auch für die Gründe der Distanzierung von religiösen Gruppen eine Rolle spielen. Als religionsfreier Mensch in einer religiös gebundenen Einrichtung für Menschen mit geistiger Behinderung zu wohnen kann z. B. bedeuten, dass die betreffende Person sich gezwungen sieht, sich gleichzeitig in religiöse Praktiken zu integrieren und von religiösen Haltungen abzugrenzen sowie dieses ambivalente Verhältnis zu religiösen Zusammenhängen in eine für sie akzeptable Balance zu bringen.

Auch das gewollte Praktizieren einer Religion kann für behinderte Menschen spezifische Herausforderungen beinhalten. Konfrontiert mit diesen Herausforderungen können behinderte Menschen – wie nicht-behinderte Menschen – zu aktiven Gestalter*innen religiöser Zusammenhänge werden. So zeigt es das Beispiel des US-amerikanischen, gehörlosen Rabbiners Darby Leigh: Er übersetzt das im Judentum zentrale Gebet *Sch'ma Yisrael/Höre, Israel* so in American Sign Language, dass es im Kontext der Ausdrucksweise und der Alltagserfahrung von Angehörigen der Deaf Community plausibel ist. Er übersetzt z. B. „Höre" nicht mit der Gebärde für das Hören oder das Ohr, sondern er wählt ein Zeichen, das Zuschauende zur Aufmerksamkeit ruft (vgl. Belser 2016, S. 112 f.). Behinderung kann, so lässt sich folgern, Ausgangspunkt für eine Positionierung zu Religionen sowie für eine aktive Gestaltung von religiösen Zusammenhängen sein.

3. Religionswissenschaftlicher Forschungsstand und Behinderung als Thema in den Theologien

In der deutschsprachigen Religionswissenschaft ist das Thema Religion und Behinderung bisher kaum beachtet worden. Englischsprachige religionswissenschaftliche Beiträge weisen hingegen Bezüge zu Behinderung und den Disability Studies auf (vgl. Belser 2017; Ghaly 2011; Imhoff 2017; Petro 2016; Rispler-Chaim 2007; Schumm/Stoltzfus 2011, 2011a und 2016 sowie Staley 2014).

In den Theologien ist aktuell ein starkes Interesse am Thema Behinderung festzustellen. Insbesondere liegt dort sog. geistige Behinderung im Fokus. Vom theologischen Interesse an Behinderung zeugt eine zunehmende Anzahl entsprechender Publikationen (vgl. Eurich 2008; Eurich/Lob-Hüdepohl 2011 und 2014; Geiger/Stracke-Bartholmai 2018; Jager 2018; Krauß 2014; Kunz/Liedke 2013; Liedke 2009; Liedke/Wagner 2016; Mohr 2011). Teilweise wird dabei auch auf die Disability Studies Bezug genommen und konstatiert, dass Behinderung als sozialkulturelles Konstrukt verstanden werde (vgl. Eurich/Lob-Hüdepohl 2011, S. 8; Hörnig/Söderfeldt 2017; Joss-Dubach 2014, S. 17; Forschungsstiftung Kultur und Religion o.J.).

Ausgehend von der Behauptung, sie würden Behinderung als soziokulturelles Konstrukt verstehen, nehmen Theolog*innen Analysen vor, die aus ihrer aktuellen theologischen Sicht heraus korrekte, *religiös fundierte* Behinderungsverständnisse und Umgangsweisen mit behinderten Menschen von solchen *kulturellen* Einflüssen, die sie für falsch oder negativ halten, bereinigen. So untersuchen Theolog*innen zwar biblische Texte im Sinne des *kulturellen Modells* (vgl. Waldschmidt 2017, S. 23 ff.) daraufhin, wie diese Behinderung präsentieren und wie eine bestimmte Auslegung biblischer Texte zu einem bestimmten Umgang mit behinderten Menschen geführt hat (vgl. Joss-Dubach 2014,

S. 33 ff.). Das Ziel dabei ist aber, die objektiv-göttliche Wahrheit, die nach Auffassung der Autor*innen in den Texten enthalten ist, von kulturellen Einflüssen zu befreien und dadurch zu einem Verständnis von Behinderung zu kommen, das aus ihrer subjektiven Sicht heraus richtig ist. So erfolgt eine religiöse Deutung von Behinderung, die in den christlichen Theologien selbst keiner weiteren kulturwissenschaftlichen Analyse unterzogen wird.

Das kulturelle Modell als Ansatz wird demnach nur auf solche religiösen Formen oder kulturellen Aspekte bezogen, die das vermeintlich objektiv richtige Verständnis von Behinderung verdecken (vgl. Eurich 2008, S. 31 f.; Joss-Dubach 2014, S. 13 ff., 47 f. und 491 ff.).

Solche theologischen Analysen unterscheiden sich fundamental von einer religionswissenschaftlichen Herangehensweise: Religionswissenschaftler*innen betrachten jede Form von Religion als sozialen Zusammenhang bzw. als Teil von Kultur. Behinderungsbezogene Religionswissenschaft muss folglich alle religiösen Zusammenhänge und Aussagen konsequent entsprechend eines kulturellen Modells untersuchen – auch solche, die von Theolog*innen nicht unter diesem Blickwinkel betrachtet werden.

4.   Beitrag der Religionswissenschaft zu den Disability Studies

Wie kann also der Beitrag der Religionswissenschaft zu den Disability Studies aussehen?

Wie oben gezeigt, erzeugen theologische Analysen eine religiöse Konstruktion von Behinderung, die von Theolog*innen selbst nicht als solche interpretiert wird. Diese zu diskutieren sollte Aufgabe einer behinderungsbezogenen Religionswissenschaft sein. Sie macht die Theologien der Behinderung zu ihrem Forschungsobjekt und erörtert diese in einer religionsunabhängigen, sozial-/ kulturwissenschaftlichen Perspektive. So entsteht eine eigene Perspektive auf Behinderung neben den im deutschsprachigen Raum dominierenden Behinderungsdeutungen christlicher Theolog*innen. Außerdem kann eine religionswissenschaftliche Analyse aufzeigen, in welcher Weise der christlich-theologische Anspruch zustande kommt, den angemessenen Umgang mit behinderten Menschen formulieren zu wollen.

Die Funktionsweise von Religionen und die Positionen, die sie in einer Gesellschaft einnehmen, klärt die Religionswissenschaft u. a. mittels von Vergleichen. Berücksichtigen diese Vergleiche wie in zeitlich und regional unterschiedlichen religiösen Zusammenhängen Behinderung hergestellt wird und welches Verhältnis zwischen dieser religiösen Konstruktion von Behinderung und Behinderungsprozessen in den nicht-religiösen Bereichen von Gesellschaften jeweils besteht, dann kann Religionswissenschaft zum Kernanliegen der Disability Studies beitragen: Sie kann aufzeigen, dass sowohl Disability als auch Impairment kontextabhängige Konstrukte sind.

Religionen miteinander und mit anderen Bereichen der Gesellschaft zu vergleichen heißt nicht, ein Urteil darüber zu fällen, welche religiöse Tradition oder welche Person innerhalb einer Religion ‚richtige' Aussagen über Gott und dergleichen trifft oder welche religiöse Handlung die vermeintlich richtige oder falsche ist. Diese Maxime der methodischen Gleichstellung jeder Form von Religion sollte in der Religionswissenschaft dazu führen, dass behinderte und nicht-behinderte Menschen vermehrt als gleichwertige Gesprächspartner*innen über religiöse Zusammenhänge einbezogen werden. Untersucht werden können des Weiteren z. B. die Bedingungen und Mechanismen, durch die jeweils bestimmte Vorstellungen und Handlungen in unterschiedlichen religiösen Kontexten als ungültig markiert werden. Das heißt schließlich zu rekonstruieren, wie (religiöse) Diskriminierung unter Berücksichtigung körperlicher und kognitiver Merkmale stattfindet bzw. wie diese Merkmale als Impairments festgeschrieben werden, um die Behauptung von (religiöser) Unfähigkeit zu untermauern.

5. Fazit

Die Religionswissenschaft hat sich, wie gezeigt, der systematischen Untersuchung der Wechselwirkungen zwischen Religion und Behinderung bisher nicht angenommen. In den christlichen Theologien hingegen erfolgt zunehmend eine Beschäftigung mit Behinderung, wobei immer mehr auf die Disability Studies Bezug genommen und vorgegeben wird, Behinderung als soziokulturelles Konstrukt zu verstehen. Die Adaption dieser Ansätze wird in den Theologien genutzt, um das ‚planvolle Wirken Gottes' zu eruieren und eine Deutung von Behinderung sowie eine Umgangsweise mit behinderten Menschen zu entwickeln, die im Einklang mit diesem göttlichen Plan steht. Behinderungsbezogene Religionswissenschaft kann, so wurde argumentiert, die theologischen Konstruktionen von Behinderung und ihre gesellschaftlichen Wirkungen analysieren. Durch das Vergleichen dieser theologischen Herstellung von Behinderung mit entsprechenden Prozessen in anderen Religionen und nicht-religiösen Gesellschaftsbereichen kann sie dazu beitragen, die Kontextabhängigkeit der Konstruktion von Behinderung zu verdeutlichen.

Literatur

Achtelik, Kirsten (2015): Selbstbestimmte Norm. Feminismus, Pränataldiagnostik, Abtreibung. Berlin: Verbrecher.

Belser, Julia Watts (2016): Judaism and Disability. In: Schumm, Darla Y./Stoltzfus, Michael (Hrsg.): Disability and World Religions. An Introduction. Waco: Baylor University Press, S. 93–113.

Belser, Julia Watts (2017): Rabbinic Tales of Deconstruction. Gender, Sex and Disability in the Ruins of Jerusalem. Oxford: Oxford University Press.

Eurich, Johannes (2008): Gerechtigkeit für Menschen mit Behinderung. Ethische Reflexionen und sozialpolitische Perspektiven. Frankfurt a. M.: Campus.

Eurich, Johannes/Lob-Hüdepohl, Andreas (Hrsg.) (2011): Inklusive Kirche. Stuttgart: Kohlhammer.

Eurich, Johannes/Lob-Hüdepohl, Andreas (Hrsg.) (2014): Behinderung. Profile inklusiver Theologie, Diakonie und Kirche. Stuttgart: Kohlhammer.

Forschungsstiftung Kultur und Religion (o.J.): Netzwerk Disability Studies Interkulturelle Theologie. forschungsstiftung.net/de/node/87 (Abfrage: 01.02.2019).

Geiger, Michaela/Stracke-Bartholmai, Matthias (Hrsg.) (2018): Inklusion denken. Theologisch, biblisch, ökumenisch, praktisch. Stuttgart: Kohlhammer.

Ghaly, Mohammed (2011): Islam and Disability. Perspectives in Theology and Jurisprudence. London und New York: Routledge.

Hörnig, Thomas J./Söderfeldt, Ylva (2017): Von Wechselbälgen und verkörperter Differenz. Zwei Beiträge zu den Disability Studies. Stuttgart: Verlag der Evangelischen Gesellschaft.

Imhoff, Sarah (2017): Why Disability Studies needs to take Religion seriously. In: Religion 8, H. 186, S. 1–12.

Jager, Cornelia (2018): Gottesdienst ohne Stufen. Ort der Begegnung für Menschen mit und ohne geistige Behinderung. Stuttgart: Kohlhammer.

Jelinek-Menke, Ramona (2016): Buildings on the Fringes of Society. 19th Century Protestant Asylums for „Idiots" as Places of Hyper-Inclusion. In: Journal for Religion in Europe 9, S. 350–368.

Joss-Dubach, Bernhard (2014): Gegen die Behinderung des Andersseins. Ein theologisches Plädoyer für die Vielfalt des Lebens von Menschen mit einer geistigen Behinderung. Zürich: TVZ Theologischer Verlag.

Krauß, Anne (2014): Barrierefreie Theologie. Das Werk Ulrich Bachs vorgestellt und weitergedacht. Stuttgart: Kohlhammer.

Kunz Ralph/Liedke, Ulf (Hrsg.) (2013): Handbuch Inklusion in der Kirchengemeinde. Göttingen: Vandenhoeck & Ruprecht.

Liedke, Ulf (2009): Beziehungsreiches Leben. Studien zu einer inklusiven theologischen Anthropologie für Menschen mit und ohne Behinderung. Göttingen: Vandenhoeck & Ruprecht.

Liedke, Ulf/Wagner, Harald (Hrsg.) (2016): Inklusion. Lehr- und Arbeitsbuch für professionelles Handeln in Kirche und Gesellschaft. Stuttgart: Kohlhammer.

Mohr, Lars (2011): Schwerste Behinderung und theologische Anthropologie. Oberhausen: Athena.

Petro, Anthony M. (2016): Disability Studies. In: Brintnall, Kent (Hrsg.): Embodied Religion. E-Book, Macmillan Reference USA, S. 359–376.

Rispler-Chaim, Vardit (2007): Disability in Islamic Law. Dordrecht: Springer.

Schmuhl, Hans-Walter (2015): Aus „Kindern" werden „Klienten". Der veränderte Blick der Diakonie auf Menschen mit einer (geistigen) Behinderung seit den 1960er Jahren. In: Damberg, Wilhelm/Jähnichen, Traugott (Hrsg.): Neue Soziale Bewegungen als Herausforderung sozialkirchlichen Handelns. Stuttgart: Kohlhammer, S. 137–150.

Schumm, Darla Y./Stoltzfus, Michael (Hrsg.) (2011): Disability and Religious Diversity. Cross-Cultural and Interreligious Perspectives. Basingstoke: Palgrave Macmillan.

Schumm, Darla Y./Stoltzfus, Michael (Hrsg.) (2011a): Disability in Judaism, Christianity and Islam. Sacred Texts, Historical Traditions, and Social Analysis. Basingstoke: Palgrave Macmillan.

Schumm, Darla Y./Stoltzfus, Michael (2016): Preface. In: Dies. (Hrsg.): Disability and World Religions. An Introduction. Waco: Baylor University Press, S. xi–xvii.

Staley, Erinn (2014): Sensing Exclusion. Disability and the Protestant Worship Environment. In: Promey, Sally M. (Hrsg.): Sensational Religion. New Haven: Yale University Press.

Waldschmidt, Anne (2017): Disability Goes Cultural. The Cultural Model of Disability as an Analytical Tool. In: Waldschmidt, Anne/Berressem, Hanjo/Ingwersen, Moritz (Hrsg.): Culture – Theory – Disability. Encounters between Disability Studies and Cultural Studies. Bielefeld: transcript, S. 19–27.

Ökonomie von Behinderung

Paradoxe Leistungsansprüche in Werkstätten für behinderte Menschen

Stephanie Czedik

1. Einleitung

Der vorliegende Beitrag nimmt die soziale Zuschreibung von Behinderung im Kontext sozialstaatlicher Strukturen in den Blick. Behinderung nimmt als soziale Kategorie innerhalb der Arbeitsgesellschaft – so die These – eine spezifische und paradoxe Funktion ein. Ausgangspunkt meiner Überlegungen bilden der Ausschluss von Menschen mit Behinderungen aus dem ‚ersten‘ Arbeitsmarkt und die damit verbundenen sozialen und beruflichen Ungleichheiten. Es werden das berufliche Rehabilitationssystem in Deutschland und insbesondere die Werkstätten für behinderte Menschen wissenssoziologisch betrachtet. Als Grundlage meiner Ausführungen dienen Gesetzestexte und statistische Daten sowie Materialien (Beobachtungsprotokolle, ethnografische Interviews), die 2017/18 in Feldaufenthalten in einer Werkstatt für behinderte Menschen im Rahmen meines Dissertationsprojektes an der Universität Innsbruck erhoben wurden.

Die Funktion, Organisation und Arbeitsweisen von Werkstätten werden vor dem Hintergrund allgemeiner arbeitsmarktpolitischer Entwicklungen betrachtet. Die analytische Verknüpfung der Arbeitsweisen von Werkstätten mit Leistungsanforderungen auf dem ersten Arbeitsmarkt ermöglicht es, die Performativität von Behinderung im Kontext von beruflicher Rehabilitation sichtbar zu machen. Die in diesem Beitrag eingenommene Perspektive der Disability Studies auf Behinderung als soziale Kategorie erweitert und vertieft arbeitsmarktsoziologische Überlegungen zu sozialer Ungleichheit. Der Beitrag soll weiterhin aktuelle politische Fragen nach der Umsetzung von Artikel 27 der UN-Behindertenrechtskonvention (UN-BRK) nach einem gleichberechtigten Zugang für Menschen mit Behinderungen zu Arbeit anstoßen.

2. Integration ‚erwerbsgeminderter‘ Menschen in das Arbeitsleben

Die Arbeitsmarktsituation von Menschen mit Behinderungen ist durch erhebliche soziale und berufliche Benachteiligungen gekennzeichnet. In Deutschland ist die Mehrheit aller Menschen mit Behinderungen vom Arbeitsleben ausgeschlossen: Weniger als 50 Prozent von ihnen zählen zur Erwerbsbevölkerung; gegenüber einer Erwerbsquote von über 75 Prozent der Gesamtbevölkerung (vgl. BA 2017). Diese Angaben beziehen sich auf Personen, denen über amtsärztliche Verfahren ein ‚Grad der Behinderung‘ von mindestens 50 Prozent und damit der Status ‚schwerbehindert‘ zuerkannt ist.

Trotz ihrer höheren Qualifizierung in der Gruppe der Arbeitssuchenden (vgl. BA 2018) sind Menschen mit Behinderungen deutlich häufiger und länger von Arbeitslosigkeit betroffen als nicht-behinderte Arbeitsuchende (vgl. BA 2017). Auch von positiven Konjunkturentwicklungen profitieren sie weniger stark als nicht-behinderte Menschen (vgl. Vukovic/Greskamp 2016, S. 15).

Die Erwerbsbeteiligung von Bevölkerungsgruppen stellt in der Arbeitsmarktsoziologie einen wichtigen Indikator für soziale Ungleichheit in modernen Gesellschaften dar (vgl. Solga 2009). Personen, die vom ersten Arbeitsmarkt ausgeschlossen oder überproportional häufig erwerbslos sind, sind deutlichen Nachteilen ausgesetzt: Sie leben mit geringeren Einkommen, sind stärker auf ihre Partner*innen, Familien oder sozialstaatliche Leistungen angewiesen und leben häufiger in Armut. Für Menschen mit Behinderungen stellt häufig der ‚zweite‘ Arbeitsmarkt eine der wenigen Möglichkeiten dar, am Arbeitsleben zu partizipieren. Dorthin gelangen Personen über Rehabilitationsmaßnahmen. Die meisten Übergänge aus der Arbeitslosigkeit erfolgen für Menschen mit Behinderungen nicht in eine Beschäftigung oder Ausbildung auf dem ersten Arbeitsmarkt, sondern in die Erwerbsminderung (§ 43 Abs. 2 SGB VI) und damit in die berufliche Rehabilitation (vgl. BA 2018).

Aufgabe von Maßnahmen der beruflichen Rehabilitation in Deutschland, wie u. a. den Werkstätten für behinderte Menschen ist es, den Übergang auf den ersten Arbeitsmarkt zu fördern (§ 219 Abs. 1 SGB IX). Häufig werden die Rehabilitand*innen den Werkstätten zugewiesen und verbleiben in diesen (vgl. BA 2017; Institut der deutschen Wirtschaft Köln 2018; Solga/Weiß 2015).

Aufgrund der konstant niedrigen Vermittlungsquoten von unter 0,2 Prozent (vgl. Doose 2012) aus den Werkstätten erweisen sich diese als berufliche Einbahnstraßen. Personen in Werkstätten bleiben trotz einer Wochenarbeitszeit von 35 bis 40 Stunden (§ 6 Abs. 1 WVO) von sozialstaatlichen Zuweisungen abhängig. Dies widerspricht den Forderungen der UN-BRK (Art. 27 Abs. 1), die vorsieht, dass Menschen mit Behinderungen sich den Lebensunterhalt durch Arbeit, die frei gewählt oder frei angenommen ist, verdienen. Im Folgenden werden die widersprüchlichen Bedingungen, die mit einer Beschäftigung in einer Werkstatt einhergehen, betrachtet.

3. Werkstätten zwischen ‚Schutzbedürftigkeit' und ‚Produktivität'

Die rechtlichen Grundlagen für die Aufnahme und den Verbleib in eine(r) Werkstatt für behinderte Menschen heben Behinderung als individuelles Defizit hervor und weisen zugleich ein Paradox zwischen einer gesetzlich hergestellten Erwerbsminderung und einem gleichzeitigen Leistungsanspruch in Werkstätten auf. Wer wegen „Art oder Schwere der Behinderung, nicht, noch nicht oder noch nicht wieder auf dem allgemeinen Arbeitsmarkt beschäftigt werden [kann] […]" (§ 219 Abs. 1 SGB IX), hat prinzipiell Zugang zu einer Werkstatt und gilt im Sinne der Deutschen Rentenversicherung als voll erwerbsgemindert (§ 43 Abs. 2 SGB VI). Im Feld wird auch von einer ‚Werkstattbedürftigkeit' gesprochen. Behinderung wird in diesem Sinne über die Zuschreibung einer Erwerbsminderung begründet und auf die fehlende Fähigkeit, auf dem ersten Arbeitsmarkt tätig sein zu können, zurückgeführt. Ursachen für Arbeitslosigkeit werden in der Sozialgesetzgebung nicht in Arbeitsmarktstrukturen, sondern in unzureichenden individuellen Fähigkeiten gesehen. Jene „verminderte Leistungs- und Erwerbsfähigkeit" (§ 219 Abs. 1 SGB IX) bildet die Grundlage, um Personen in Werkstätten den Arbeitsnehmer*innenstatus abzuerkennen, denn sie stehen nur in einem arbeitnehmer*innenähnlichen Rechtsverhältnis zur Werkstatt (§ 221 Abs. 1 SGB IX). Damit gilt die Arbeit in einer Werkstatt nicht als Erwerbsarbeit, weshalb die Personen keinen Lohn, sondern ein Entgelt erhalten (im Schnitt 180 Euro/Monat, vgl. BAG WfbM 2017). Aus dieser Argumentation heraus haben Werkstätten in erster Linie einen Rehabilitations- und keinen Erwerbsauftrag (vgl. Schreibner 2015).

Zugleich sind Werkstätten dazu angehalten, nach betriebswirtschaftlichen Grundsätzen zu arbeiten (§ 12 WVO). Daher werden Personen, die ein „Mindestmaß an wirtschaftlich verwertbarer Arbeitsleistung" (§ 219 Abs. 2 SGB IX) nicht erbringen können, aus Werkstätten ausgeschlossen. Als Gründe hierfür gelten ein zu hoher Pflegeaufwand oder eine starke Selbst- oder Fremdgefährdung (§ 219 Abs. 2 SGB IX). Im Feld wird hier von einer ‚Werkstattfähigkeit' gesprochen. Die Auslegung dieser Rechtsgrundlage, d. h. wer als werkstattbedürftig und wer als werkstattfähig gilt, ist variabel und richtet sich nach den Erfordernissen sowohl auf dem ersten als auch auf dem zweiten Arbeitsmarkt, wie im nachfolgenden Abschnitt dargestellt wird.

4. Werkstätten und ihre arbeitsmarktpolitischen Entwicklungen

Die bereits in den 2000er Jahren durchgeführte, aber bislang einzige bundesweite Studie zur Bedarfserhebung an Werkstattplätzen von Detmar et al. (2008) weist erhebliche Veränderungen der Werkstätten hinsichtlich ihrer Größen und ihrer Personen(-gruppen) auf. Dabei zeigt sich ein deutlicher Ausbau an

Werkstattplätzen: Zwischen 1994 und 2005 stieg die Anzahl an belegten Plätzen von 158.000 auf 256.000, d. h. um über 60 Prozent (vgl. BAG WfbM 2008; Hartmann/Hammerschick 2003). Aktuell sind etwa 312.000 Plätze in Werkstätten belegt, davon befinden sich 29.000 Personen im Berufsbildungsbereich, 265.000 im Arbeitsbereich und 18.000 im nicht sozialversicherten Förder- und Betreuungsbereich (vgl. BAG WfbM 2018).

Werkstätten wurden ursprünglich für Menschen mit Lernschwierigkeiten gegründet (vgl. Bösl 2009, S. 243 ff.). Seit zwei Jahrzehnten nehmen sie verstärkt weitere Personen(gruppen) auf:

Immer mehr Menschen mit Lernbehinderungen aus Förderschulen und berufsvorbereitenden Maßnahmen, Menschen mit körperlichen Beeinträchtigungen sowie Menschen mit psychischen Belastungen aus der Arbeitslosigkeit gelangen in die Werkstätten (vgl. Detmar et al. 2008, S. 74 ff.).

Werkstätten scheinen zunehmend eine Lösung für das Problem von Arbeitslosigkeit bereitzustellen und eine Art Sammelbecken für immer mehr Personen(-gruppen) zu sein und zu werden, für die der erste Arbeitsmarkt nicht offensteht (vgl. Kardorff 2010; Kowitz 2016).

5. Digitalisierung und ihre Auswirkung auf Professionalisierungsprozesse in den Werkstätten

Aus meiner ethnografischen Forschung geht zudem hervor, dass Werkstätten ihre Arbeitsweisen zunehmend an allgemeine arbeitsmarktpolitische Entwicklungen anpassen und deutliche Professionalisierungstendenzen aufweisen. Werkstätten übernehmen als Zulieferer für Unternehmen auf dem ersten Arbeitsmarkt neben der klassischen Industrie- und Elektromontage vermehrt (digitale) Dienstleistungen. Der Wechsel von der Industrie- zur Dienstleistungsgesellschaft geht laut einer Bereichsleitung mit steigenden Leistungsanforderungen in den Werkstätten einher. Als Folge der Umstellung auf Dienstleistungen arbeiten Werkstätten verstärkt mit anderen Dienstleistern wie Online-Händlern für gemeinsame Auftraggeber zusammen.

Die Werkstätten des in der Studie untersuchten Trägers kooperieren seit einigen Jahren mit globalen Online-Händlern und stellen ihre gesamten Arbeitsabläufe auf die digitale Technologie der Online-Händler um. Die Ergebnisse der Studie zeigen Veränderungen in der gesamten Arbeitsorganisation: Die Lagerlogistik wurde umstrukturiert, die Kommissionierung digitalisiert und ein ‚Support Team‘ ausgebaut bzw. neu eingerichtet. Laut den Expert*innen im Feld sollen mit Hilfe von Softwareprogrammen kundenbasierte Daten gesammelt werden, die den Werkstätten mehr Gestaltungsräume in Verhandlungen mit Auftraggebern einräumen sollen. Die Software soll den Online-Handel in den Werkstätten schneller und fehlerfreier gestalten und höhere Auftragszahlen ermöglichen und so die Quantität und Qualität der Werkstattarbeit erhöhen. Seit einigen Jahren nehmen Werkstätten zudem verstärkt termingebundene Aufträge an.

Die Werkstätten sind damit Teil eines Transformationsprozesses, der auf dem ersten Arbeitsmarkt seit längerem zu beobachten ist und unter dem Stichwort „Lean Production" (Boltanski/Chiapello 2006, S. 108 ff.) verhandelt wird. Bereits Mitte der 1990er Jahre fanden maßgebliche Unternehmensumstrukturierungen unter dem Fokus einer verstärkten Kundenorientierung statt. Bereiche, die wenig wettbewerbsversprechend erscheinen, werden von Unternehmen an Zulieferer und andere Dienstleister ausgelagert (vgl. ebd.). Diese übernehmen in dem komplexen Produktions- und Dienstleistungsnetz immer mehr Aufgaben und Verantwortung (vgl. Bhagwati 2016). Die untersuchten Werkstätten wenden mit der Einführung einer Fullfilment Software, eines Kompetenzzentrums und der Einhaltung einer verstärkten Just in Time-Production Unternehmenskonzepte des „Supply Chain Management" (Butollo/Ehrlich/Engel 2017, S. 53 f.) an. Diese wurden als Teil des Lean Production Paradigmas in Unternehmen umgesetzt, um die Lieferung und Produktion möglichst kosteneffizient und kundenorientiert zu gestalten (vgl. Göpfert 2013). In dieser Entwicklung zeigt sich eine deutliche Professionalisierung in den Arbeitsweisen von Werkstätten, die ihre Arbeitsprozesse vereinheitlichen und an logistische Abläufe auf dem ersten Arbeitsmarkt anpassen. Online-Händler gestalten hier Arbeitsweisen von Werkstätten maßgeblich mit. Die Werkstätten wiederum folgen als Zulieferer verstärkt den Anforderungen von Auftraggebern und Dienstleistern auf dem ersten Arbeitsmarkt. Damit fügen sich Werkstätten den regulären Marktbedingungen und gestalten ihre Arbeitsweisen wettbewerbsversprechend um. Die den Werkstätten in der Sozialgesetzgebung zugewiesene ambivalente Rolle als Wirtschaftsbetriebe und Rehabilitationseinrichtungen führt hier in der Praxis zu einer Anpassung an logistische Handelswege und Technologien globaler Online-Händler.

6. Diskussion

Ein Arbeitsmarktsegment, das sich durch die Zuschreibung zu einer verminderten Erwerbs- und Leistungsfähigkeit auszeichnet, wird hier seit einigen Jahren verstärkt professionalisiert und quantitativ ausgebaut. Die rechtliche Grundlage der Segmentierung wird damit zunehmend unspezifisch. Personen, die den Leistungsansprüchen auf dem ersten Arbeitsmarkt nicht (mehr) gerecht werden, finden verstärkt den Weg in die Werkstätten. Gleichzeitig finden in dem Segment des zweiten Arbeitsmarktes Leistungsoptimierungen statt. Die Rechtsgrundlage für eine Zuweisung zum zweiten Arbeitsmarkt steht somit unmittelbar in Abhängigkeit zu den Anforderungen auf dem ersten Arbeitsmarkt und arbeitsmarktpolitischen Maßnahmen. Der zweite Arbeitsmarkt reagiert damit auf Arbeitsmarktlagen, Unternehmensstrategien und Arbeitsmarktpolitiken (vgl. Czedik/Pfahl 2020).

Während die Digitalisierung in den Werkstätten zu einer Professionalisierung beiträgt, führt sie auf dem ersten Arbeitsmarkt insbesondere in der Logistik und der Industrie zum Teil zu einem Ausbau von Einfacharbeit und prekärer Beschäftigung (vgl. Butollo/Ehrlich/Engel 2017). Der zweite Arbeitsmarkt und das untere Segment des ersten Arbeitsmarktes nähern sich hier einander an.

Ob die Digitalisierung in diesen Bereichen auf dem ersten Arbeitsmarkt zu höheren beruflichen Teilhabechancen von Menschen mit Behinderungen führen kann, wie bereits in Teilen der Arbeitsmarktsoziologie diskutiert wird (vgl. Butollo/Ehrlich/Engel 2017; Dörre 2015; Hirsch-Kreinsen 2017), bleibt fraglich. Vielmehr deuten die steigenden psychischen Belastungen insbesondere in den Bereichen der Einfacharbeit durch die Digitalisierung (vgl. Butollo/Ehrlich/ Engel 2017) auf einen wachsenden Ausschluss aus dem ersten Arbeitsmarkt hin. Werkstätten reagieren bereits auf die Veränderungen des ersten Arbeitsmarktes und nehmen immer mehr Menschen mit psychischen Belastungen auf. Gleichzeitig sind sie durch eine Professionalisierung ihrer Arbeitsweisen auf immer ‚leistungsstärkere' Personen angewiesen.

Ihre sozial- und arbeitsmarktpolitische Bedeutung wächst so seit Jahren und sie werden zu einem immer wichtigeren Arbeitsmarktsegment. Werkstätten für behinderte Menschen müssen als Teil kapitalistischer Produktionsverhältnisse verstanden werden und übernehmen als solche gesellschaftlich organisierte Produktionen und Dienstleistungen. Ihre Aufgabe als Rehabilitationseinrichtungen steht dadurch zunehmend in Frage. Gleichzeitig widerspricht die verstärkte Zuweisung zu Werkstätten den Forderungen der UN-BRK, zu deren Umsetzung sich die Bundesrepublik seit dem Jahr 2009 verpflichtet hat.

Literatur

BAG WfbM (2008): „Platzbedarf 1994 bis 2005 und Prognose con_sens". www.bagwfbm.de/ category/34 (Abfrage: 09.03.2019).

BAG WfbM (2017): „Durchschnittliche monatliche Arbeitsentgelte 2013–2016". www. bagwfbm.de/category/34 (Abfrage: 30.01.2019).

BAG WfbM (2018): „Belegte Plätze nach Bundesländern von 2009 bis 2018". www.bagwfbm. de/category/34 (Abfrage: 11.04.2019).

BA (Bundesagentur für Arbeit) (2017): „Situation schwerbehinderter Menschen. Berichte: Arbeitsmarkt kompakt, 11/2017". statistik.arbeitsagentur.de/Statischer-Content/ Arbeitsmarktberichte/Personengruppen/generische-Publikationen/AM-kompakt-Situation-schwerbehinderter-Menschen.pdf (Abfrage: 30.01.2019).

BA (Bundesagentur für Arbeit) (2018): „Eckwerte zu Arbeitssuchende und Arbeitslose. Deutschland. Arbeitslose nach Rechtskreisen – Jahreszahlen –, 02/2018". www.rehadat-statistik.de/de/berufliche-teilhabe/Arbeitslosigkeit/Arbeitslosigkeit/index.html (Abfrage: 30.01.2019).

Bhagwati, Miriam (2016): „Zulieferer-Abnehmer-Beziehungen". www.daswirtschaftslexikon. com/d/zulieferer-abnehmer-beziehungen/zulieferer-abnehmer-beziehungen.htm (Abfrage: 12.03.2019).

Bösl, Elsbeth (2009): Politiken der Normalisierung. Zur Geschichte der Behindertenpolitik in der Bundesrepublik Deutschland. Bielefeld: transcript.

Boltanski, Luc/Chiapello, Ève (2006): Der neue Geist des Kapitalismus. 2. Auflage. Konstanz: UVK Verlagsgesellschaft mbH.

Butollo, Florian/Ehrlich, Martin/Engel, Thomas (2017): Amazonisierung der Industriearbeit? Industrie 4.0, Intralogistik und die Veränderung der Arbeitsverhältnisse in einem Montageunternehmen der Automobilindustrie. In: ARBEIT 26, H. 1, S. 33–59.

Czedik, Stephanie/Pfahl, Lisa (2020): Aktivierende Arbeitsmarktpolitiken und berufliche Rehabilitation. Gouvernementalitätskritische Überlegungen zu Organisation, Funktion und Beschäftigungsbedingungen von Werkstätten für behinderte Menschen. In: Vierteljahresschrift für Heilpädagogik und ihre Nachbargebiete 01/2020 (i. E.).

Detmar, Winfried/Gehrmann, Manfred/König, Ferdinand/Momper, Dirk/Pieda, Bernd/Radatz, Joachim (2008): Entwicklung der Zugangszahlen zu Werkstätten für behinderte Menschen: im Auftrag des Bundesministeriums für Arbeit und Soziales. Berlin: Gesellschaft für Integration, Sozialforschung und Betriebspädagogik gGmbH.

Dörre, Klaus (2015): Digitalisierung – neue Prosperität oder Vertiefung gesellschaftlicher Spaltungen?. In: Hirsch-Kreinsen, Hartmut/Ittermann, Peter/Niehaus, Jonathan (Hrsg.): Digitalisierung industrieller Arbeit. Die Vision Industrie 4.0 und ihre sozialen Herausforderungen. Baden-Baden: Nomos, S. 267–282.

Doose, Stefan (2012): Unterstützte Beschäftigung: Berufliche Integration auf lange Sicht: Theorie, Methodik und Nachhaltigkeit der Unterstützung von Menschen mit Lernschwierigkeiten auf dem allgemeinen Arbeitsmarkt, eine Verbleibs- und Verlaufsstudie. 3. Auflage. Marburg: Bundesvereinigung Lebenshilfe.

Göpfert, Ingrid (2013): Logistik Führungskonzeption und Management von Supply Chains. 3. Auflage. Marburg: Vahlen.

Hartmann, Helmut/Hammerschick, Jochen (2003): „Bestands- und Bedarfserhebung Werkstätten für behinderte Menschen: im Auftrag des Bundesministeriums für Arbeit und Sozialordnung durchgeführt von con_sens". docplayer.org/8928516-Bestands-und-bedarfserhebung-werkstaetten-fuer-behinderte-menschen.html (Abfrage: 09.04.2019).

Hirsch-Kreinsen, Hartmut (2017): Digitalisierung industrieller Einfacharbeit. Entwicklungspfade und arbeitspolitische Konsequenzen. In: ARBEIT 26, H. 1, S. 7–32.

Institut der deutschen Wirtschaft Köln (Hrsg.) (2018): „Leistungen der Eingliederungshilfe. Ausgewählte Ergebnisse 2017". www.rehadat-statistik.de/de/Leistungen/Sozialhilfe_Leistungen/index.html (Abfrage: 30.01.2019).

Kardorff, Ernst von (2010): Gesellschaftliche Teilhabe psychisch kranker Menschen an und jenseits der Erwerbsarbeit. In: Wittig-Koppe, Holger/Bremer, Fritz/Hansen, Hartwig (Hrsg.): Teilhabe in Zeiten verschärfter Ausgrenzung? Kritische Beiträge zur Inklusionsdebatte.2/4 Neumünster: Paranus, S. 129–139.

Kowitz, Dorit (2016): Werkstattbericht. brand eins 03/2016, S. 29–38.

Schreibner, Ulrich (2015): Das Recht der Beschäftigten im Arbeitsbereich der Werkstätten für behinderte Menschen auf den Mindestlohn – Teil 1. Behindertenrecht – Fachzeitschrift für Fragen der Rehabilitation 6, S. 158–163.

Solga, Heike/Powell, Justin/Berger, Peter A. (2009): Soziale Ungleichheit: klassische Texte zur Sozialstrukturanalyse. Frankfurt a.M: Campus-Verlag.

Solga, Heike/Weiß, Reinhold (Hrsg.) (2015): Wirkung von Fördermaßnahmen im Übergangssystem: Forschungsstand, Kritik, Desiderata. Bielefeld: Bertelsmann Verlag.

Vukovic, Sandra/Greskamp, Dagmar (2016): „Inklusionsbarometer Arbeit: Ein Instrument zur Messung von Fortschritten bei der Inklusion von Menschen mit Behinderung auf dem deutschen Arbeitsmarkt". www.aktion-mensch.de/dam/jcr:a560e197-d0ca-4bfd-9034-871e4204a322/Inklusionsbarometer-2016-barrierefrei.pdf (Abfrage: 30.01.2019).

Behinderung und Nähebeziehung

Merkmalsträger*innenschaft und ‚Mitbehinderung‘

Birgit Behrisch

1. Die Frage der Merkmalsträger*innenschaft

Zusammenfassend lassen sich die Disability Studies über den konstruktivistischen Grundgedanken, der Behinderung als ein Produkt gesellschaftlicher Herstellungsprozesse beschreibt, fassen. Behinderung stellt eine wirklichkeitsgenerierende und wirkmächtige Kategorie dar, denn sie wird „konstruiert und produziert in wissenschaftlichen und alltagsweltlichen Diskursen sowie in politischen und bürokratischen Verfahren, habitualisiert als alltägliche Umgangsweisen mit Behinderung und ‚verinnerlicht‘ als subjektive Sichtweisen und Identitäten" (Schneider/Waldschmidt 2012, S. 133). Dabei werden Perspektiven von Behindert-Sein und Behindert-Werden thematisiert und diskutiert, inwieweit ‚Beeinträchtigung‘ als Ausgangspunkt derselben genommen werden kann. Auch geht es um die Frage, was mit diesem Begriff wiederum – zwischen naturalisierender Annahme und historisch-kultureller Konstruktion – gefasst wird. Insofern verstehen sich die Disability Studies weniger als „Behindertenforschung" (Waldschmidt 2009, S. 125), welche ausgehend von einer zweifelsfrei feststehenden Merkmalsträger*innenschaft auf gesellschaftliche und soziale Umgangsweisen mit dieser marginalisierten Randgruppe schaut. Vielmehr gerät unter dem Ansatz einer „Behindertenwissenschaft" (ebd.) auch die vermeintliche Normalität in den Fokus und es werden die Bezugnahmen und Verschränkungen von ‚behindert‘ und ‚normal‘ zum Forschungsgegenstand (vgl. Schneider/Waldschmidt 2012, S. 149). Damit rückt auch die Situation enger Angehöriger behinderter Menschen in den Blick der Disability Studies, welche als Gruppe selbst nicht-beeinträchtigter Menschen dennoch sowohl eine sprachliche als auch eine konzeptionelle Bezugnahme auf Behinderung erfährt oder selbst herstellt, im Sinne einer ‚Mitbehinderung‘ oder ‚Mitbetroffenheit‘.

2. Debatten um Behinderung jenseits der Merkmalsträger*innenschaft

Die Situation enger Angehöriger (Eltern, Geschwister, Kinder, Lebenspartner*innen) oder die geteilte Lebenslage von Partnerschaften und Familien wird vorrangig in den Disziplinen der Rehabilitations-, Gesundheits- oder Pflegewissenschaften besprochen (vgl. Amirpur 2016; Behrisch 2014). Schwerpunktmäßig erfolgt die Thematisierung dort unter den Konzepten von Bewältigung, Belastung und Coping. Im Gegensatz dazu werden im Folgenden drei Konzepte exemplarisch für weitere mögliche Theoriefolien skizziert, welche eher auf Aspekte von Diskriminierung und Teilhabe fokussieren und soziale Strukturen und Dynamiken im Zusammenhang von Behinderung und Nähebeziehungen in den Blick nehmen. Zunächst wird die juristische Diskussion um die sogenannte assoziierte Behinderung (1) erläutert, weiterhin das Konzept von third-party disability im Zusammenhang mit der ICF (2) sowie der paarsoziologische Ansatz, Behinderung als kollektive Lebenslage (3) zu fassen. Anschließend werden die Ansätze verglichen und es wird diskutiert, welche Anfragen sich aus diesen Thematisierungen für die Disability Studies ergeben.

2.1 Assoziierte Behinderung

Bereits Goffman[1] (1963/1975) hat darauf hingewiesen, dass Personen, welche durch die Sozialstruktur mit einem stigmatisierten Individuum verbunden sind, ebenfalls einen Grad von Stigma erwerben – ein „Ehrenstigma" (ebd., S. 43). Auch die juristische Debatte um assoziierte Behinderung thematisiert die Frage einer möglichen transferierten Diskriminierung. Auf der Grundlage des englischen Gerichtsfalls ‚Coleman' entschied der Europäische Gerichtshof (EuGH) 2008 in der Gleichbehandlungsrahmenrichtlinie 2000/78/EG, dass das Verbot der Diskriminierung wegen einer Behinderung auf EU-Ebene auch die Benachteiligungen von Menschen umfasst, die selbst keine Beeinträchtigung aufweisen, jedoch mit einem Menschen mit Behinderung in Verbindung gebracht werden (vgl. Rosendahl 2011). Im genannten Fall wurde Ms. Coleman, die Mutter eines pflegebedürftigen Kindes, von ihrem Arbeitgeber im Vergleich zu anderen Eltern benachteiligend behandelt und war herabwürdigenden Bemerkungen ausgesetzt. Sie sah sich zur Kündigung gezwungen, weshalb sie wegen erzwungener sozialwidriger Kündigung sowie Diskriminierung und Belästigung klagte.

---

1 Die Autorin dankt Rebecca Maskos und Swantje Köbsell sehr für die Erinnerung an Goffmans Stigma-Theorie.

Das Gerichtsverfahren erhielt viel Aufmerksamkeit, da das Konzept der assoziierten Diskriminierung für andere Merkmale, welche unter das Diskriminierungsverbot fallen (z. B. ethnische Herkunft, sexuelle Ausrichtung), bereits angewendet wurde, für den Fall der Behinderung jedoch erstmalig ausbuchstabiert werden musste. Der Fall Coleman veränderte sowohl die englische als auch die europäische Gesetzgebung in Richtung eines drittbezogenen Schutzes vor Diskriminierungen, der alle geschützten Merkmale umfasst (vgl. Rosendahl 2011), wobei die genauere Bestimmung, welche Personen vom Tatbestand der assoziierten Behinderung betroffen sein können, unterschiedlich ausgelegt wird. Während in Österreich der Kreis der möglichen „diskriminierten Nicht-Merkmalsträger*innen" eine zwingende Nähebeziehung (z. B. Verwandtschaftsverhältnisse) voraussetzt (§ 4 im Bundes-Behindertengleichstellungsgesetz), verzichtete England im Equality Act von 2010 auf eine genauere Beziehungsbeschreibung in der Definition, was eine weite Auslegung und damit einen umfassenden Schutz vor Diskriminierung ermöglicht (z. B. bei ehrenamtlicher Arbeit mit diskriminierten Personengruppen) (vgl. Rosendahl 2011). Erst damit wird deutlich, dass die juristische Einschätzung einer Diskriminierung weniger aufgrund der Zugehörigkeit zu bestimmten Personengruppen als aufgrund verbotener Diskriminierungsgründe erfolgt.

2.2 Third-party disability/Behinderung Dritter

Durch die Weltgesundheitsorganisation wird Behinderung in der International Classification of Functioning, Disability and Health (ICF) seit 2001 als bio-psycho-soziales Modell gefasst. Behinderung wird hier als Teilhabeproblematik aufgrund einer Wechselwirkung zwischen Person und Kontexten definiert. Die Modellierung erfolgt in Bezug auf die Konzepte von Leistung und Leistungsfähigkeit einer Person (Aktivität) sowie mit Blick auf das Einbezogensein einer Person in eine Lebenssituation (Partizipation). In den Anhängen der ICF unter dem Punkt ‚zukünftige Entwicklungen' findet sich als Aufgabenstellung „das Studium von Behinderung und Funktionsfähigkeit von Familienmitgliedern (z. B. die Untersuchung von Behinderung Dritter aufgrund eines Gesundheitsproblems einer engen Bezugsperson)" (DIMDI 2005, S. 179), in der englischen Version als third-party disability bezeichnet und als „study of disability and functioning of family members due to the health condition of significant others" (WHO 2001, S. 263) definiert. Bereits in der Vorgängerversion der ICF, der ICIDH, wurde der Aspekt ‚handicap experienced by significant others' ebenfalls für unterschiedliche Symptomatiken beschrieben.

Mittlerweile erfolgte eine konzeptionelle Erarbeitung der Konzepte third-party disability und third-party functioning im Zusammenhang mit Hörbeeinträchtigung (vgl. Scarini/Worall/Hickson 2009) und Aphasie (vgl. Grawburg et al. 2013). Hierbei wird die Situation von Familienmitgliedern ohne eigene Beeinträchtigung mittels des standardisierten Begriffsgerüsts der ICF als Erfahrung mit Beeinträchtigung, Limitierung von Aktivitäten und Restriktionen von Teilhabe gefasst. Der Befund von Beeinträchtigung, Einschränkung der Aktivitäten und Partizipation des behinderten Familienmitglieds wird dabei als Umweltfaktor für das nicht-beeinträchtigte Familienmitglied konzipiert. Sich daraus ergebende negative Auswirkungen für dieses Familienmitglied werden im Konzept funktionaler Gesundheit als Behinderung (third-party disability) benannt, jenseits einer Diagnose einer eigenen Beeinträchtigung im Körperstatus (vgl. Scarini/Worall/Hickson 2009). Mit dem Begriff ‚third-party functioning‘ werden hingegen positive oder neutrale Einschätzungen durch die veränderte Funktionsfähigkeit abgebildet (vgl. Grawburg et al. 2013).

2.3   Behinderung als kollektive Lebenslage

Die Situation behinderter Menschen und enger Angehöriger wird in der Regel aus einer Individualperspektive heraus thematisiert. Soziologisch lassen sich Zweierbeziehungen in Ehe und Partnerschaft als spezifischer dyadischer Strukturtypus sozialer Ordnung fassen. Zweierbeziehungen als organisationales Gebilde bilden eine „eigene segregierte Teilwelt" (Berger/Kellner 1965, S. 225). Diese erhält ihre – der Reproduktion und auch Modifikation unterliegende – Gestalt(ung) über gemeinsame und individuelle Vorstellungen der Partner*innen über z. B. Ehe, Beziehung, Frauen-/Männerrollen, über geronnene Materialitäten der Anschaffungen und sozialen Positionierung (z. B. Haus, Auto, Status, Kinder) und über gewohnheitsmäßige Handlungen in Ritualen und Routinen mit einer abgestimmten Arbeitsteilung und bestimmten Arbeitsrollen. Der Eintritt einer Beeinträchtigung bei einer*m Partner*in stellt ähnlich grundlegende Anforderungen an das Paar wie in der Konstitutionsphase der Zweierbeziehung, da über eine veränderte Körperlichkeit die abgestimmte Reproduktion der partnerschaftlichen Teilwelt nicht mehr ohne Weiteres gegeben ist und transformiert werden muss (vgl. Behrisch 2014). Zweierbeziehungen mit ihrer geringen Mitgliederzahl zeichnen sich durch eine „numerische Armut" (Berger/Kellner 1965, S. 225) aus, was die höchstmögliche Nähe zwischen zwei Individuen ermöglicht, aber gleichzeitig die geringste Möglichkeit der Abwälzung von Pflichten erlaubt (vgl. Simmel 1908/1992). Für die partnerschaftliche Arbeitsorganisation kann der Eintritt einer Beeinträchtigung zum einen den potentiellen Arbeitsausfall des*r Partner*in mit körperlicher Beeinträchtigung und gleichzeitig einen Mehraufwand an Arbeit bzw. Entstehen neuer Arbeitsaufgaben für beide Partner*innen bedeuten.

In den zentralen Bereichen der Zweierbeziehung von Individualität, Intimität und Privatheit werden verschiedene Themen virulent: die mögliche Vorrangstellung der Individualitätssphäre des*r Partners*in mit körperlicher Beeinträchtigung, die Gefahr der Rollendiffusion bei Liebes- und Pflegebeziehung sowie der „fremde Blick" in die Privatsphäre, wenn Arbeitsaufgaben an Dritte delegiert werden. Die Umwälzung der partnerschaftlichen Handlungsbasis im Alltag erfolgt auf der gemeinsamen und individuellen Interpretation des Paares über die Selbsttätigkeit des*r Partners*in mit Beeinträchtigung und im Gegenzug der Verfügbarkeit des*r anderen Partners*in. Diese Interpretationen sind stark von sozialen (negativen oder positiven) Kommentierungen und Komponenten des Umfeldes sowie vom medizinisch-therapeutischen oder sozial-politischen Wissenssystem beeinflusst (vgl. Behrisch 2014).

3. Thematisierung in den Disability Studies

Die drei dargestellten Ansätze thematisieren, wenn auch in unterschiedlicher konzeptioneller Herangehensweise, die Verwobenheit von Nähebeziehungen im Zusammenhang mit Beeinträchtigung und Behinderung. Die Debatte um assoziierte Behinderung fokussiert dabei auf Stigmatisierung und Diskriminierung jenseits einer eigenen Merkmalsträger*innenschaft, aber nicht unabhängig von der einer nahestehenden Person. Behinderung als soziales Geschehen ereignet sich über die Zuordnung zu einer Nähebeziehung, deren Protagonist*innen zusammen in ein Gegenüber zu diskriminierender Gesellschaft, Verwaltung und/oder Öffentlichkeit geraten.

Darüber hinaus befassen sich die zwei weiteren hier vorgestellten Ansätze mit dem sozialen Geschehen zwischen den Partner*innen im Binnenraum einer Nähebeziehung auf der Mikroebene. Das Konzept der third-party disability beruht auf dem Instrumentarium der ICF, welche in den Disability Studies als die individuelle Dimension von Behinderung hervorhebend kritisiert wird, wohingegen die gesellschaftliche im Begriff der Partizipation/Teilhabe weniger Bedeutung erhalte (vgl. Hirschberg 2009). Da die sozialen Komponenten in der Operationalisierung schwach benannt sind, kommt auch in der dyadischen Betrachtung der Beeinträchtigung der*s behinderten Partners*in der entscheidende Erklärungsgehalt zu. Im Ansatz Behinderung als kollektive Lebenslage werden Nähebeziehungen weniger über die Komponente Behinderung analysiert als über die relationale Struktur sozialer Ordnung von Zweierbeziehungen. Hier erhält der Aspekt der Beeinträchtigung einen deutlichen Erklärungswert, wobei erkennbar wird, dass auch Beeinträchtigung als soziales Interpretations- und Aushandlungsgeschehen gefasst werden sollte.

In Binnenbeschreibungen von Nähebeziehungen wird die Rolle und Dynamik von Körpern für und in sozialen Geschehen fortlaufend aktualisiert, womit neben der Ebene der Behinderung auch die Ebene der Beeinträchtigung thematisiert wird. Die Analyse von Nähebeziehungen in den Disability Studies steht damit vor zwei konzeptionellen Schwierigkeiten. Einerseits wird bereits länger eine körpertheoretische Verortung der Disability Studies mittels einer „Theoretisierung des Körpers – und zwar in all seinen Facetten" (Schneider/Waldschmidt 2012, S. 150) gefordert. Eine verstärkte Analyse der Perspektive von Körper als Produkt und Produzent von Gesellschaft (vgl. Gugutzer/Schneider 2007) steht derzeit (immer) noch aus. Gleichzeitig weist die Modellierung und Theoretisierung von Beeinträchtigung in den Disability Studies weitestgehend eine Leerstelle auf (vgl. Behrisch 2018).

Dies mögen mit Gründe dafür sein, warum die Betrachtung der Mikroebene von Nähebeziehungen von Menschen mit und ohne Beeinträchtigung derzeit noch oftmals den intervenierenden Disziplinen überlassen wird und damit aber auch deren Bewertung. Dabei ist es umgekehrt möglich, gerade auch über die Analyse von Binnengefügen von (dyadischen oder familiären) Nähebeziehungen die ausstehende Theoriearbeit zu leisten. Behinderung dabei weniger individualisiert unter Fokussierung auf die Merkmalsträger*innenschaft zu konzeptionieren und analytisch stärker Strukturen und Dynamiken sozialer Ordnung als erkenntnisleitende Kategorien zu nutzen, wird hierbei als potenziell ertragreich angesehen.

Literatur

Amirpur, Donja (2016): Migrationsbedingt behindert? Familien im Hilfesystem. Eine intersektionale Perspektive. Bielefeld: transcript.

Behrisch, Birgit (2014): „Ein Stück normale Beziehung". Zum Alltag mit Körperbehinderung in Paarbeziehungen. Bielefeld: transcript.

Behrisch, Birgit (2018): Was genau gilt es zu bewältigen? Bewältigungsforschung, Rehabilitationspsychologie und Disability Studies. In: Journal für Psychologie 26, H. 2, S. 10–28.

Berger, Peter L./Kellner, Hansfried (1965): Die Ehe und die Konstruktion der Wirklichkeit. Eine Abhandlung zur Mikrosoziologie des Wissens. In: Soziale Welt 16, S. 220–235.

Deutsches Institut für Medizinische Dokumentation und Information (DIMDI) (Hrsg.) (2005): „Internationale Klassifikation der Funktionsfähigkeit, Behinderung und Gesundheit". www.dimdi.de/dynamic/de/klassifikationen/downloads/?dir=icf (Abfrage: 29.05. 2019).

Goffman, Erving (1967/1973): Stigma. Über Techniken der Bewältigung beschädigter Identität. Frankfurt a. M.: Suhrkamp.

Grawburg, Meghann/Howe, Tami/Worral, Lind/Scarinci, Nerina (2013): A qualitative investigation into third-party functioning and third-party disability in aphasia. Positive and negative experiences of family members of people with aphasia. In: Aphasiology 27, H. 7, S. 828–848.

Gugutzer, Robert/Schneider, Werner (2007): Der „behinderte" Körper in den Disability Studies. Eine körpersoziologische Grundlegung. In: Waldschmidt, Anne/Schneider, Werner. (Hrsg.): Disability Studies, Kultursoziologie und Soziologie der Behinderung. Bielefeld: transcript, S. 31–53.

Hirschberg, Marianne (2009): Behinderung im internationalen Diskurs. Die flexible Klassifizierung der Weltgesundheitsorganisation. Frankfurt a. M., New York: Campus.

Rosendahl, Cathleen (2011): Der Fall Coleman und seine Auswirkungen auf das britische Gleichbehandlungsrecht. In: Forum Rehabilitations- und Teilhaberecht, Forum B, Beitrag 12/11 (auch online unter www.reha-recht.de/fileadmin/download/foren/b/2011/B12-2011_Fall_Coleman.pdf, Abfrage: 04.07.2019).

Scarini, Nerina/Worall, Linda/Hickson, Louise (2009): The ICF and third-party disability. Its application to spouses of older people with hearing impairment. In: Disability and Rehabilitation 31, H. 25, S. 2088–2100.

Schneider, Werner/Waldschmidt, Anne (2012): Disability Studies. (Nicht-)Behinderung anders denken. In: Moebius, Stephan (Hrsg.): Kultur. Von den Cultural Studies bis zu den Visual Studies. Eine Einführung. Bielefeld: transcript, S. 128–150.

Simmel, Georg (1908/1992): Soziologie. Untersuchungen über die Formen der Vergesellschaftung. Frankfurt a. M.: Suhrkamp.

Waldschmidt, Anne (2009): Disability Studies. In: Dederich, Markus/Jantzen, Wolfgang (Hrsg.): Behinderung und Anerkennung. Stuttgart: Kohlhammer, S. 125–133.

WHO (Hrsg.) (2001): International Classification of Functioning, Disability and Health. apps.who.int/iris/bitstream/handle/10665/42407/9241545429.pdf (Abfrage: 29.05.2019).

Disability Studies und Sozialpädagogik

Kritische Überlegungen zur Normalisierungsfunktion Sozialer Arbeit am Beispiel Elternschaft mit Lernschwierigkeiten

Rahel More

1. Einleitung

„Soziale und gesellschaftliche Praxis ist für die Formation von Behinderung von großer Bedeutung und steht somit im Mittelpunkt des Forschungsinteresses von Behinderungsforschung[1]" (DiStA 2018, S. 4). Die empirische, sozialpädagogische Forschung hingegen untersucht die Praxis Sozialer Arbeit (vgl. Heimgartner/Sting 2012, S. 12), die in der soziogesellschaftlichen Analyse von Behinderung relevant für die Disability Studies (DS) ist.

Eltern mit Lernschwierigkeiten sind, anteilig zur Gesamtbevölkerung, im Kinder- und Jugendhilfesystem überrepräsentiert und daher Zielgruppe sozialpädagogischer Interventionen. Studien aus diversen Ländern (vgl. z. B. LaLiberte et al. 2017; McConnell et al. 2017; Tøssebro et al. 2017) zeigen, dass Kinder von Müttern und Vätern mit Lernschwierigkeiten häufig fremd untergebracht werden, und führen dies auf strukturelle Diskriminierung zurück.

(Diskursive) Praktiken Sozialer Arbeit verfolgen eine aktive Herstellung von Normalität ausgehend von der Deutung bestimmter Ereigniskonstellationen als Probleme – auch im Sinne einer „kontrollierenden Anpassung der Individuen an die Normen der Gesellschaft" (Oelkers/Feldhaus 2011, S. 74). Meine Dissertations-Studie über die Bedeutung von Lernschwierigkeiten für Elternschaft verdeutlicht die Normalisierungsfunktion Sozialer Arbeit, unter anderem aus der Perspektive von Praktikerinnen in diesem Bereich. Eine kritische Betrachtung dieser zeigt die Relevanz der Disability Studies (DS) für die Sozialpädagogik bei der Analyse von Normalitäts-Konstruktionen und Behinderungen auf.

---

[1] Mit „emanzipatorischer Behinderungsforschung" wird eine begriffliche Erweiterung der Disability Studies debattiert (vgl. DiStA 2018, S. 1).

2. Normalisierungsfunktion der Sozialpädagogik/Sozialen Arbeit[2]

Trotz einer Pluralisierung familialer Lebensformen hält Soziale Arbeit mit Eltern in paradoxer Weise fest an einer gesellschaftlichen Mittelschicht-Orientierung. Zwar ist nicht mehr die äußere familiäre Konstellation ausschlaggebend für Problematisierungen, sondern ,nicht-normale Familien' von Eltern, denen aufgrund negativer Zuschreibungen eine geringere Erziehungsfähigkeit unterstellt wird (vgl. Oelkers/Gaßmöller/Feldhaus 2010, S. 27). Dies betrifft auch Eltern mit Lernschwierigkeiten, denn die Naturalisierung von Lernschwierigkeiten hat sich durch disziplinäre Wissensordnungen verfestigt (vgl. Goodley/Rapley 2001, S. 229) und zu einer Individualisierung von vermeintlichen Defiziten von Müttern und Vätern mit Lernschwierigkeiten geführt, die in Widerspruch zu einem Leitbild der selbstständigen und leistungsfähigen Familie stehen.

„Legitime Muster individueller Lebensführung" (Oelkers/Feldhaus 2011, S. 71) fungieren oft unhinterfragt als Grundlage sozialpädagogischen Handelns. Soziale Arbeit hat, unter anderem aufgrund ihrer Entwicklung aus der wohlfahrtsstaatlichen Fürsorge (vgl. Niemeyer 2011), einen normativen und normalisierenden Charakter. Otto und Seelmeyer (2004, S. 50) definieren Normativität als kennzeichnend für „leitlinienprägende Sachverhalte, denen ,Normen' zugrunde liegen" (ebd., Hervorhebung i.O.) und deren Durchsetzung sozialer Kontrolle gleicht. Normalität hat eine geringere Verbindlichkeit und dient eher zur Orientierung kollektiven Handelns. Link (1997, S. 16) hebt hervor, dass Normalität eine „gesellschaftlich operative Kategorie" (ebd.) sei. Normalisierungsarbeit impliziert eine Vorstellung davon, was normativ erwünscht ist und als normal gilt. Grenzziehungen zwischen Normalem und Abweichung sind dabei immer ein diskursiver Prozess.

Soziale Arbeit ist eine Normvermittlung zwischen erwartetem Handeln und Normabweichung, sie fokussiert vorrangig „die Probleme der Menschen, die diese mit sich selbst haben, erst nachrangig diejenigen Probleme, welche die Gesellschaft mit ihnen hat" (Schmidt 2014, S. 20). Soziale Normen können dabei in der sozialpädagogischen Praxis sowohl für Adressat*innen als auch für Professionelle einschränkend sein, wobei letztere gegenüber den Adressat*innen eine „höhere Statusposition" (ebd.) einnehmen. Perspektiven der DS können zu einer kritischen Analyse sozialpädagogischen Handelns beitragen, denn

---

2   Im deutschsprachigen Raum gibt es länderspezifische Unterschiede bei der Definition von Sozialpädagogik und Sozialer Arbeit bzw. Sozialarbeit. An dieser Stelle dient Sozialpädagogik als Überbegriff „für ein breites, unscharf umrissenes Feld sozialer Berufe" (Sting 2014, S. 32), wie es im österreichischen Kontext vorzufinden ist. Soziale Arbeit umfasst begrifflich sowohl Sozialpädagogik als auch Sozialarbeit.

in Abgrenzung zu einer Individualisierung zugeschriebener Defizite und Problematiken fokussieren die DS gesellschaftliche (Macht-)Strukturen (vgl. Waldschmidt 2005). Einzelfallbezogene Problematisierungsprozesse in der Sozialen Arbeit sind auch durch Kategorisierungen im leistungsrechtlichen System bedingt, welches an einer nicht hinterfragten Normalität ausgerichtet ist. Die DS beschäftigten sich u. a. mit solchen Normalitätskonstruktionen, anhand derer Behinderung als Abweichung überhaupt erst hergestellt werden kann (vgl. Waldschmidt 2014).

3. Konstrukt ‚normale' Elternschaft

Laut Artikel 23 der UN-Konvention über die Rechte von Menschen mit Behinderungen haben behinderte Eltern Anspruch auf staatliche Unterstützung bei der Kindererziehung. Entgegen einer postindustriellen Utopie der Selbstständigkeit (vgl. Kittay 2015, S. 56) ist niemand gänzlich selbstständig oder unabhängig, insbesondere nicht in der Elternrolle. Alle Eltern erhalten in der einen oder anderen Form Unterstützung bei der Erziehung ihrer Kinder, sei es durch soziale Netzwerke, Institutionen oder (z. B. technische) Hilfsmittel. Dennoch finden sich im Kontext Elternschaft diverse Konstruktionen von Normalität und Abweichung. Booth und Booth (1994, zitiert in Goodley 2014, S. 159) zeigen: Zum einen würde der Wunsch nach gelebter Elternschaft von Menschen mit Lernschwierigkeiten als normal gesehen, zum anderen aber würden bestimmte Formen familialer Unterstützung als abweichend wahrgenommen.

Konstruktionen ‚normaler' Elternschaft sind eng verwoben mit gesellschaftlichen Erwartungen an Eltern, wie Funktionsfähigkeit, Verantwortung und Selbstständigkeit in der Erziehung ihrer Kinder. Eltern sind „Produzenten von Wohlfahrt und Humankapital" (Oelkers/Feldhaus/Gaßmöller 2010, S. 26) und Familie ein Ort, an dem „zukünftige Leistungsträger der Gesellschaft heranwachsen" (ebd.). Familien sollen einer Bildungs- und Erziehungsfunktion gerecht werden, während gleichzeitig ein stetiger Um- und Abbau von Unterstützungsleistungen stattfindet.

4. Methodologische Herangehensweise

Die Leitfadeninterviews, welche diesem Beitrag zugrunde liegen, wurden mit sechs Praktikerinnen aus verschiedenen Bereichen der Sozialen Arbeit geführt, u. a. mit Fachkräften vom Jugendamt, aus der Kinder- und Jugendhilfe und aus dem Bereich Dienstleistungen für behinderte Menschen. Kernkriterium für das Sample war, bereits Mütter und/oder Väter mit Lernschwierigkeiten in der Elternrolle begleitet zu haben. Im Fokus der empirischen Erhebungen stand die

Frage danach, wie Praktikerinnen der Sozialen Arbeit die Unterstützung von Eltern mit Lernschwierigkeiten erfahren, unter anderem auch, wie die Fachkräfte Zielsetzungen und Funktionen ihrer Arbeit erläutern. Die hermeneutische Studie orientiert sich methodisch an den Verfahren der sogenannten Interpretativen Phänomenologischen Analyse (vgl. Smith/Flowers/Larkin 2009). Ziel dieses Beitrages ist, anhand des analysierten Interviewmaterials Konstruktionen von Normalität in der Sozialen Arbeit mit Eltern mit Lernschwierigkeiten aufzuzeigen.

5. Normalität als Ziel – Unterstützung als Abweichung?

Die von den Praktikerinnen definierten Ziele ihrer Tätigkeiten verwiesen auf eine gewünschte Verselbstständigung von Eltern mit Lernschwierigkeiten als Adressat*innen. So beschrieben etwa Frau F und Frau G aus der Kinder- und Jugendhilfe die Funktion ihrer Arbeit folgendermaßen:

> G: Dass die Eltern, Familien möglichst selbstständig und im Sinne des Kindeswohls quasi zusammenleben können.
>
> F: Hilfe zur Selbsthilfe, na?
>
> G: Genau. Also das Ziel ist immer, dass sie das irgendwie selbstständig lösen können. Ob dann zusätzlich Personen oder Ressourcen notwendig sind, das kann möglich sein. Aber, dass es halt möglichst keine professionellen Helfer braucht (FFG, 50–58).

Das übergeordnete Ziel, dass es irgendwann keine professionelle Unterstützung mehr braucht, hat eine normalisierende Funktion – dauerhafte Unterstützung ist als Abweichung von der Norm meist nicht vorgesehen. Frau G drückte dies auch explizit aus:

> Es fehlt so ein bisschen an der Möglichkeit, dass sie halt Normalität leben können. Es müssen immer ganz viele professionelle Personen da sein, es gibt nicht also eine Unterstützung im Alltag, dass halt jemand da ist, aber nicht ständig (FFG, 530–535).

Ziel ihrer Arbeit ist somit die Herstellung ‚normalen Familienlebens', ohne ständige Präsenz Professioneller. Bei der Dekonstruktion von Normalitätsvorstellungen werden auf der Professionsebene die Intentionen der Fachkräfte sichtbar, die sich am ‚Normalisierungsprinzip' orientieren. Dies zeigt sich auch an folgender Äußerung von Frau X, einer Fachkraft aus dem Bereich Dienstleistungen für behinderte Menschen:

> [...] dieser eigene Wohnraum ist für mich ganz wesentlich, auch, dass ich sage, da ist ein Wohnen und ein Leben so normal wie möglich, aber die lose ambulante Betreuung ist einfach oft zu wenig (FX, 126–128).

Das Zitat zeigt, dass ein Leben mit Unterstützungsbedarf nie gänzlich als normal gilt, es wird bestenfalls „so normal wie möglich" gestaltet. Als normativer Bezugspunkt für dieses Konstrukt der Normalität dient dabei ein „selbstständiges" Leben, mit minimaler Unterstützung, wie das Zitat einer weiteren Fachkraft verdeutlicht:

> Also das war ein wichtiger Schritt, dass sie nicht die ganze Zeit in diesem engen Betreuungskontext sind, sondern, dass sie weniger Begleitung brauchen. Ebenso selbstständig wie möglich wohnen und so normal wie möglich auch als Familie wohnen, das war einmal das oberste Ziel (FM, 318–321).

Frau M sieht das Reduzieren personeller Unterstützung für diese Familien als Meilenstein des Normalisierungsprinzips, mit dem Ziel des selbstständigen Wohnens. Hier wird Normalität postuliert, gleichzeitig jedoch Abweichung hergestellt indem Normalisierungsprozesse beschrieben werden, die ein Erreichen vollständiger Normalität ausschließen („so normal wie möglich"). Demnach sind die Fachkräfte hier in einem unauflösbaren Paradox verhaftet.

Auch Frau Y berichtete von einer gewünschten Verselbstständigung von Adressat*innen und sieht in ihrer Arbeit einen ‚Erziehungsauftrag':

> Aber dann versuchen wir auch wieder sie loszulassen in einer gewissen Weise, weil unser Ziel ist es ja auch die Familie selbstständig also zu, zu erziehen, dass sie das alleine können. [...] Also das Ziel ist schon, von uns die Familie an die Hand zu nehmen, aber auch dann loszulassen (FY, 353–358).

Das Zitat verdeutlicht einen Arbeitsauftrag zwischen Anleiten und Loslassen, dessen Problematik zum Teil in den zeitlichen Limitationen des Angebots liegt.

Ausdrücke wie ‚Hilfe zur Selbsthilfe' und ‚zur Selbständigkeit erziehen' illustrieren ein Selbstverständnis der Sozialpädagogik als temporär unterstützende Praxis, die ein Ziel der Verselbstständigung und Normalisierung verfolgt, dem nicht alle Adressat*innen gerecht werden können oder wollen. Ein Mangel an flexibleren Normalitätsverständnissen (und damit an flexiblerer Unterstützung) verweist darauf, dass Behinderung fortlaufend als Abweichung wahrgenommen wird und implizite Fähigkeitserwartungen sowie Folgen sozialer Marginalisierung unreflektiert bleiben. Die gleichzeitige Absenz und Omnipräsenz des Phänomens Behinderung nährt somit die Stabilität des Ableism[3] (vgl. Campbell 2009, S. 13).

6. Die Relevanz der Disability Studies für die Sozialpädagogik

Goodley and Rapley (2001, S. 230) erläutern defizitäre Denkweisen Professioneller dahingehend, dass diese im Vornherein von Schwierigkeiten aufgrund von „psychologischen Defiziten" (ebd.) von Eltern mit Lernschwierigkeiten ausgehen. Selbstständigkeit scheint das Hauptkriterium für eine ‚normal' funktionierende Familie zu sein. Diskursive Praktiken der Fachkräfte in der Sozialen Arbeit stellen durch Normalisierungs- und Normierungsprozesse Behinderung immer wieder neu her. Einem rein subjektorientierten Blick gilt es hier ebenso kritisch entgegenzuwirken wie einer defizitorientierten Individualisierung von Elternschaft anhand von, beispielsweise, Lernschwierigkeiten.

Das Potential der DS für die kritische (Selbst-)Reflexion der Sozialpädagogik liegt darin, dass die DS die (Re-)Produktion von Behinderung bzw. von unhinterfragten Normalitätskonstruktionen und Normorientierungen durch sozialpädagogisches Handeln aufzeigen können. Die DS analysieren Wissensordnungen und (Macht-)Praktiken, sie setzen bei der kritischen Untersuchung von Behinderungsprozessen an, wo konventionell Naturalisierung und Nichtmitdenken stattfinden und bereichern somit die Sozialpädagogik durch eine normalitäts- und gesellschaftskritische Perspektive.

Literatur

Campbell, Fiona K. (2001): Inciting legal fictions: Disability's date with ontology and the ableist body of the law. In: Griffith law review 10, H. 1, S. 42–62.

Campbell, Fiona K. (2009): Contours of Ableism: The Production of Disability and Abledness. London: Palgrave MacMillan.

DiStA (2018): „Diskussionspapier: Behinderungsforschung". dista.uniability.org/wp-content/uploads/2018/10/Behinderungsforschung-Diskussionstext-Version-02-10-2018.pdf (Abfrage: 17.04.2019).

Goodley, Dan (2014): Dis/ability studies: Theorising disablism and ableism. New York: Routledge.

Goodley, Dan/Rapley, Mark (2001): How do you understand 'Learning Difficulties'? Towards a social theory of impairment. In: Mental retardation 39, H. 3, S. 229–232.

---

3   Campbell (2001, S. 44) versteht unter Ableism ein Netzwerk aus Vorstellungen, Prozessen und Praktiken, das eine bestimmte Art menschlichen (nichtbehinderten) Standards schafft, der als Präferenz gegenüber Behinderung gilt. Parallel dazu wird Behinderung dann zum minderwertigen menschlichen Zustand.

Heimgartner, Arno/Sting, Stephan (2012): Empirische Forschung zur Sozialen Arbeit in Österreich. In: Heimgartner, Arno/Loch, Ulrike/Sting, Stephan (Hrsg.): Empirische Forschung in der Sozialen Arbeit – Methoden und methodologische Herausforderungen. Wien: LIT, S. 9–24.

Kittay, Eva F. (2015): Dependency. In: Adams, Rachel/Reiss, Benjamin/Serlin, David (Hrsg.): Keywords for disability studies. New York: New York University Press, S. 54–58.

LaLiberte, Tracy/Piescher, Kristine/Mickelson, Nicole/Lee, Mi H. (2012): Child protection services and parents with intellectual and developmental disabilities. In: Journal of applied research in intellectual disabilities 30, S. 521–532.

Link, Jürgen (1997): Versuch über den Normalismus: Wie Normalität produziert wird. Opladen: Westdeutscher Verlag.

McConnell, David/Feldman, Maurice A./Aunos, Marjorie/Pacheco, Laura (2017): Child welfare process and outcomes for children of parents with cognitive impairment [II]: Findings from the CIS_2008. Alberta: Family and Disability Studies Initiative, University of Alberta.

Niemeyer, Christian (2011): Historisch-systematische Begründung der Sozialen Arbeit und Sozialpädagogik. In: Enzyklopädie Erziehungswissenschaft Online. www.content-select. com/de/portal/media/view/5282485a-4af8-4e8b-b5b6-11372efc1343 (Abfrage: 10.01.2019).

Oelkers, Nina/Gaßmöller, Annika/Feldhaus, Nadine (2010): Soziale Arbeit mit Eltern: Normalisierung durch Disziplinierung? In: Sozial Extra 3, H. 4, S. 24–27.

Oelkers, Nina/Feldhaus, Nadine (2011): Das (vernachlässigte) Normativitätsproblem in der Sozialen Arbeit. In: Mührel, Eric/Birgmeier, Bernd (Hrsg.): Theoriebildung in der Sozialen Arbeit. Wiesbaden: Springer, S. 69–83.

Otto, Hans-Uwe/Seelmeyer, Udo (2004): Soziale Arbeit und Gesellschaft – Anstöße zu einer Neuorientierung der Debatte um Normativität und Normalität. In: Hering, Sabine/Urban, Ulrike (Hrsg.): „Liebe allein genügt nicht": Historische und systematische Dimensionen der Sozialpädagogik. Wiesbaden: Springer, S. 45–64.

Schmidt, Holger (2014): ‚Das Gesetz bin ich'. Verhandlungen von Normalität in der Sozialen Arbeit. Wiesbaden: Springer.

Smith, Jonathan A./Flowers, Paul/Larkin, Michael (2009): Interpretative phenomenological analysis: Theory, method and research. London: SAGE.

Sting, Stephan (2014): Historische und aktuelle Entwicklungen der Sozialpädagogik in Österreich. In: Journal of contemporary educational studies 2014, 3, S. 32–43.

Tøssebro, Jan/Midjo, Turid/Paulsen, Veronika/Berg, Berit (2017): Prevalence, trends and custody among children of parents with intellectual disabilities in Norway. In: Journal of applied research in intellectual disabilities 30, S. 533–542.

Waldschmidt, Anne (2005): Disability Studies: Individuelles, soziales und/oder kulturelles Modell von Behinderung? In: Psychologie und Gesellschaftskritik 29, H. 1, S. 9–31.

Waldschmidt, Anne (2014): Macht der Differenz: Perspektiven der Disability Studies auf Diversität, Intersektionalität und soziale Ungleichheit. In: Soziale Probleme 25, H. 2, S. 173–193.

Repräsentationen von Männlichkeit bei Männern mit Lernschwierigkeiten

Sechs Ergebnisdimensionen einer lebensweltorientierten Studie

Kai Heneka

1. Einleitung

Die Praxisrelevanz der Kategorie Geschlecht ist in den Alltag für Menschen mit Lernschwierigkeiten elementar eingelassen. Zum Schnittpunkt der Kategorien Männlichkeit und Lernschwierigkeiten gibt es jedoch erstaunlich wenige Veröffentlichungen (vgl. Exner 1997; Höfs 2007; Zach 2015). Dieser Umstand bildet den Ausgangspunkt für ein Forschungsprojekt im Rahmen einer Masterarbeit an der Universität Tübingen (vgl. Heneka 2019), dessen Ziel es war, Repräsentationen von Männlichkeit bei Männern mit Lernschwierigkeiten zu untersuchen. In diesem Beitrag wird zunächst kurz auf die zugrundeliegenden Annahmen zu Geschlecht und Behinderung im Kontext der Lebensweltorientierung eingegangen. Im Anschluss werden nach einigen forschungsmethodischen Bemerkungen die Ergebnisse der Studie vorgestellt, die sich in sechs Ergebnisdimensionen strukturieren lassen.

2. Geschlecht und Behinderung – Grundlegende Bemerkungen

Das Konzept der Lebensweltorientierung stellt einen wichtigen Referenzpunkt für sozialpädagogische Forschung und Theoriebildung dar (vgl. Böhnisch 2012; Thiersch 1978; Thiersch/Grunwald/Köngeter 2012). Lebenswelten werden hierbei verstanden als Existenzzusammenhänge, die Lebenschancen und -risiken von Individuen strukturieren, Zugänge öffnen oder schließen, Normativität generieren und damit Handlungsweisen und -logiken von Individuen beeinflussen. Mit der Abkehr von rein medizinischen Sichtweisen auf Behinderung im Zuge der Modelldiskussionen der Disability Studies und der zunehmenden Relevanz sozialpädagogischer Ansätze im Feld der Behindertenhilfe (vgl. Loeken/Windisch 2013; Röh 2009) gewinnt das Konzept der Lebensweltorientierung auch hier an Bedeutung (vgl. Grunwald/Thiersch 2006; Weinbach 2016).

Sowohl Geschlecht als auch Behinderung können als wichtige lebensweltliche Dimensionen mit strukturkategoriellem Charakter begriffen werden. Als solche müssen sie in ihrer grundsätzlichen Bedeutung für Subjektivierungsprozesse, Chancen und Herausforderungen in der Alltäglichkeit von Individuen anerkannt werden. Im Sinne von gemeinsam geteilten Erfahrungswelten, Orientierungen und Herausforderungen stellen sie konjunktive Erfahrungsräume dar, in denen kollektive Orientierungsmuster entstehen (vgl. Bohnsack 2014, S. 107 ff.). Die Disability Studies haben diese Tatsache in der Diskussion um Behinderung mit dem Wechsel hin zu sozialen und kulturellen Modellen erkannt und in einem bis heute andauernden Prozess theoretisiert (vgl. Dannenbeck 2007; Hughes/Paterson 1997; Kastl 2017; Waldschmidt 2005; Waldschmidt/Schneider 2007). Es ist davon auszugehen, dass auch Lernschwierigkeiten und die damit verbundenen Lebenswelten als konjunktiver Erfahrungsraum im Hinblick auf Alltagserfahrungen, materielle Lebensbedingungen sowie kulturelle und diskursive Herstellungsprozesse zu sehen sind (vgl. Scior/Werner 2016; Wagner-Willi 2011). Sie scheinen vor allem gekennzeichnet durch Institutionalisierung, Stigmatisierung, Teilhabeeinschränkungen sowie das Risiko materieller Armut und Abhängigkeit von Transferleistungen (vgl. Ditchman et al. 2016; Wansing 2007).

Im Hinblick auf Männlichkeit lässt sich diese strukturkategorielle Dimension mit Perspektiven der kritischen Männlichkeitsforschung fassen. Zum einen ist dafür ein Verständnis von Männlichkeit als durch gesellschaftliche Strukturen, Privilegien und Ontologisierungen beeinflusste Habituskonfiguration sinnvoll (vgl. Bourdieu 2016). Zum anderen weisen Konzepte hegemonialer und marginalisierter Männlichkeiten auf die hierarchisierende Funktion verschiedener Entwürfe hin, die sich sowohl im Verhältnis der Geschlechter als auch im homosozialen Raum von Männlichkeit auswirkt (vgl. Connell 2015). Männlichkeit als einerseits durch gesellschaftliche Strukturen präformiert und andererseits durch eigene Handlungsfähigkeit hergestellt zu begreifen, macht hier den Kern der Konzeptionalisierung von Geschlecht aus. Aus diesem Verständnis ergeben sich spezifisch männliche Lebenswelten (vgl. Bernhard/ Böhnisch 2015; Meuser 2016) im Spannungsfeld von Eigen- und Fremderwartungen, materiellen Zwängen und Möglichkeiten sowie kulturell hergestellten Idealbildern von Männern und Männlichkeit.

3. Forschungsdesign

Das Forschungsdesign der Studie orientiert sich an den folgenden Forschungsfragen:

Wie werden Anforderungen der thematisierten Männlichkeitskonzepte in der vor allem durch Institutionalisierung, Stigmatisierung, Teilhabeeinschränkungen sowie das Risiko materieller Armut und Abhängigkeit von Transferleistungen geprägten Lebenswelten von Menschen mit Lernschwierigkeiten erlebt?

Die Datenerhebung fand hierfür mit einer Gruppe von acht Männern im Alter von 32 bis 63 Jahren statt, die im Ambulant Betreuten Wohnen eines regionalen Trägers der Behindertenhilfe oder in ihrer Herkunftsfamilie wohnten. Mit dieser Gruppe wurden an drei Terminen Gruppendiskussionen durchgeführt, die jeweils vollständig transkribiert wurden. Die Methode der Gruppendiskussion sollte dabei dazu dienen, den beschriebenen kollektiven Erfahrungsraum auszuleuchten, der durch das Zusammenspiel von Lernschwierigkeiten und Männlichkeit aufgespannt wird (vgl. Bohnsack 2014, S. 115 ff.). Ergänzt wurden die Transkripte durch reflektierende Situationsbeschreibungen der Diskussionsleitung, die im Anschluss an die Gruppendiskussionen verfasst wurden.

Das Material wurde zunächst mit Hilfe thematischer Codes strukturiert, um Passagen thematisch zusammenzufassen und damit die Grundlage für eine rekonstruktive Auswertung zu gewinnen. Hieraus ergaben sich sechs Ergebnisdimensionen, welche die Facetten der in der Gruppe diskutierten Repräsentationen von Männlichkeit konzeptionalisieren.

4.   Zusammenfassung der Ergebnisse: Sechs Ergebnisdimensionen

Grunderkenntnis aus dem Forschungsprozess ist, dass Männer mit Lernschwierigkeiten als Experten in eigener Sache selbstverständlich in der Lage sind, über ihre Lebenslagen zu reflektieren und dabei auch abstrakte Konzepte wie Männlichkeit in ihre Überlegungen einzubeziehen. Der Auswertungsprozess hat dabei sechs Ergebnisdimensionen ergeben, mit denen die Repräsentationen von Männlichkeit in der Teilnehmergruppe beschrieben werden können:

1. Zentrale Subjektivierungsmomente des Männlichen
2. Männlichkeiten als relationale Geschlechterprojekte
3. Konfliktfelder von Lernschwierigkeit und Männlichkeit und ihre Lösungsstrategien
4. Männlichkeit und Weiblichkeit
5. Homosoziale Vergesellschaftungsformen des Männlichen
6. Verstetigung durch Sprech- und Argumentationsweisen

In der Folge werde ich jede der Ergebnisdimensionen kurz ausführen. Da Ergebnisdimension 3 dabei eine besondere Bedeutung im Kontext der Forschungsfrage zukommt, werde ich sie gesondert als letzte beschreiben.

In der Auswertung des Datenmaterials zeigt sich, dass die Bereiche von Arbeit, disziplinierter Körperlichkeit und Authentizität zentrale Subjektivierungsmomente ausmachen, die Männer mit Lernschwierigkeiten nutzen, um über Männlichkeit zu reden (1). Die Repräsentationen von Männlichkeit sind demnach vor allem an diese drei prominenten Motive angelehnt, die diese im Kern ausmachen. Diese Subjektivierungsmomente und andere als definierend angesehene Aspekte lassen sich gut mit dem Begriff der hegemonialen Männlichkeit fassen (vgl. Connell 2015, S. 130 f., Meuser 2016, S. 220 f.). Hier spielen Männlichkeitskonzepte, die durch autonome Lebensführung und Handlungsfähigkeit gekennzeichnet sind, sowie partnerschaftlich orientierte und als modern konzipierte Männlichkeiten zusammen und lassen die verschiedenen Repräsentationen als sehr divers und vielschichtig erscheinen. Auch wo hegemoniale Idealvorstellungen als nicht realistisch erreichbar eingeschätzt werden, werden sie von Männern mit Lernschwierigkeiten als Orientierungspunkte beibehalten (2).

In der grundlegenden Definition von Männlichkeit als Nichtweiblichkeit reproduzieren Männer mit Lernschwierigkeiten geschlechtliche Polaritäten und Geschlechtscharaktere. Sie konstruieren diese in Feldern ihrer Alltäglichkeit, indem sie Alltagserfahrungen zur Illustration der Geschlechterpolarität heranziehen. Diese Alltagserfahrungen können im persönlichen Erleben, aber auch in der alltäglich erlebten kulturellen Repräsentation von Männlichkeit begründet sein, beispielsweise in Darstellungen in Medien oder Werbung. Die Konstruktion von Männlichkeit im Spiegel und vor allem in Abgrenzung zu Weiblichkeit stellt eine wesentliche Strategie dar, abstrakte Konzepte wie Geschlecht als alltägliche Kategorie zu aktualisieren (4).

Andererseits wird Männlichkeit aber auch in der Gemeinsamkeit hergestellt. Über gemeinsame Objekte, Praktiken und Beziehungsweisen vollziehen Männer mit Lernschwierigkeiten die Herstellung homosozialer Eindeutigkeit. In dieser Weise werden kollektive Orientierungen in Gemeinschaft aktualisiert und ausgehandelt. Die Herstellung legitimer Beziehungsformen ist hierbei ein fluider Prozess, der in Wechselwirkung mit der eigenen Identität als Mann steht (5).

In der Analyse werden Argumentationsstrategien sichtbar, mit denen die geschlechtliche Subjektivierung sowohl in Differenz zum Weiblichen als auch als gemeinsame Praxis abgesichert wird. Biologisierung und Historisierung werden genutzt, um den jeweiligen Repräsentationen einen übergeschichtlichen und natürlichen Charakter zu verleihen und sie gegen Zweifel und Rechtfertigungsdruck zu schützen (6).

Es wird also deutlich, dass sich Repräsentationen von Männlichkeit bei Männern mit Lernschwierigkeiten nicht grundlegend von als allgemein akzeptierten Prozessen der Herstellung und gesellschaftlichen Hervorbringung von Männlichkeit unterscheiden. Das Sprechen über Männlichkeit erfolgt dabei vor allem über Konkretion. So sprechen die Männer wenig über das abstrakte Konzept der Männlichkeit an sich. Sie definieren und thematisieren Männlichkeit in enger Anlehnung an ihre Alltäglichkeit: Konkrete Objekte, Praktiken oder Bilder und Personen erleichtern das Sprechen über das abstrakte Thema Männlichkeit. Männlichkeit wird auch in Abhängigkeit von Weiblichkeit zum Thema gemacht, und zwar entweder über die Abgrenzung in polaren Geschlechtscharakteren oder in der Einheit als Liebespaar oder Familie. An diesen beiden Strategien macht sich ein großer Teil des Sprechens über Männlichkeit fest: sowohl in der Abgrenzung als auch in der familienförmigen Suche nach Einheit.

Eine entscheidende Besonderheit wird allerdings in Ergebnisdimension 3 deutlich. Diese verweist auf grundlegende Fragen, Anerkennungskonflikte und Krisen, die die Lebenswelt speziell von Männern mit Lernschwierigkeiten kennzeichnen. Hier wird auf spezifische Dilemmata verwiesen, die männliche Subjektivierung unsicher und brüchig machen: Die Stigmatisierbarkeit von Lernschwierigkeiten und die damit einhergehende Gefahr der Nicht-Anerkennung durch Verkindlichung und Nichtakzeptanz stellen spezifische Anforderungen dar, mit denen sich Männer mit Lernschwierigkeiten auseinandersetzen müssen. Bedeutungsvoller werden diese im Angesicht existenzieller Krisen, in die vor allem die in Ergebnisdimension 1 und 2 angesprochenen Orientierungsmomente geraten. Die hegemonialen Idealvorstellungen, mit denen Männer mit Lernschwierigkeiten versuchen, die Frage nach Männlichkeit zu beantworten, geraten in Krisen, wenn beispielsweise Arbeit nicht (mehr) in der Lage ist, die mit ihr grundsätzlich verbundenen Versprechen von Entlohnung, Autonomie und Anerkennung zu erfüllen. Die Teilnehmer der Studie benannten diese Problematik für die Arbeit in Werkstätten für behinderte Menschen. Weiterhin erleben sie Krisen in Feldern der selbstbestimmten Körperlichkeit, der Gestaltung und Anbahnung von Liebesbeziehungen sowie der Orientierung an für sie wichtigen Rollenmodellen. Somit sind elementare Subjektivierungsmomente im Hinblick auf als erfolgreich wahrgenommene Männlichkeit in der Lebenswelt Lernschwierigkeit in hohem Maße gefährdet und prekär. Die Lösungsstrategien, mit denen Männer mit Lernschwierigkeiten diese Prekaritäten bearbeiten, bewegen sich auf einer individuellen Handlungsebene und werden diesen nicht in der notwendigen systemischen Weise gerecht. Der Schluss liegt nahe, dass es sich hier um ein Problem der gesellschaftlichen Teilhabe und politischen Repräsentation handelt. So wird es den Betroffenen schwer gemacht, diesen lebensweltlichen Blockierungen zu begegnen.

Hier muss die Suche nach Möglichkeiten eines gelingenderen Alltags ansetzen. In diesem Sinne lässt sich das Forschungsprojekt als Teil der Disability Studies verorten: Die Ergebnisse können als Beitrag zum Verständnis von Lebenswelten von Männern mit Lernschwierigkeiten gesehen werden, die auf gesellschaftliche Konstruktionsprozesse von Lernschwierigkeiten verweisen. Nur im Bewusstsein dieser Prozesse ist es möglich, emanzipatorische Handlungsansätze zu gewinnen, die diese Lebenswelten bewusst berücksichtigen.

Literatur

Bernhard, Armin/Böhnisch, Lothar (2015): Männliche Lebenswelten. Bozen: Bolzano University Press.

Böhnisch, Lothar (2012): Lebensbewältigung. In: Thole, Werner (Hrsg.): Grundriss Soziale Arbeit. Ein einführendes Handbuch. 4. Auflage. Wiesbaden: Springer VS, S. 219–233.

Bohnsack, Ralf (2014): Rekonstruktive Sozialforschung. Einführung in die Methodologie und Praxis qualitativer Forschung. 9. Auflage. Opladen: Verlag Barbara Budrich.

Bourdieu, Pierre (2016): Die männliche Herrschaft. 3. Auflage. Frankfurt a. M.: Suhrkamp.

Connell, Raewyn (2015): Der gemachte Mann. Konstruktion und Krise von Männlichkeiten. 4. Auflage. Wiesbaden: Springer VS.

Dannenbeck, Clemens (2007): Paradigmenwechsel Disability Studies? Für eine kulturwissenschaftliche Wende im Blick auf die Soziale Arbeit mit Menschen mit besonderen Bedürfnissen. In: Waldschmidt, Anne (Hrsg.): Disability Studies, Kultursoziologie und Soziologie der Behinderung. Erkundungen in einem neuen Forschungsfeld. Bielefeld: transcript, S. 103–125.

Ditchman, Nicole/Kosyluk, Kristin/Lee, Eun-Jeong/Jones, Nev (2016): How stigma effects the lives of people with intellectual disabilities. An overview. In: Scior, Katrina/Werner, Shirli (Hrsg.): Intellectual disability and stigma. Stepping out from the margins. London: Palgrave Macmillan, S. 31–48.

Exner, Karsten (1997): Deformierte Identität behinderter Männer und deren emanzipatorische Überwindung. In: Warzecha, Birgit (Hrsg.): Geschlechterdifferenz in der Sonderpädagogik. Forschung – Praxis – Perspektiven. Hamburg: Literatur-Verlag, S. 67–86.

Grunwald, Klaus/Thiersch, Hans (2006): Lebensweltorientierung in der Behindertenhilfe. In: Vierteljahreszeitschrift für Heilpädagogik und ihre Nachbargebiete 75, H. 2, S. 144–147.

Heneka, Kai (2019): Repräsentation von Männlichkeit bei Männern mit Lernschwierigkeiten. Unveröffentlichte Masterarbeit. Tübingen.

Höfs, Manuel (2007): Kritische Männerforschung und Behinderung. In: Jacob, Jutta/Wollrad, Eske (Hrsg.): Behinderung und Geschlecht – Perspektiven in Theorie und Praxis. Dokumentation einer Tagung. Oldenburg: BIS-Verlag, S. 85–98.

Hughes, Bill/Paterson, Kevin (1997): The Social Model of Disability and the disappearing Body. Towards a Sociology of Impairment. In: Disability & Society 12, H. 3, S. 325–340.

Kastl, Jörg Michael (2017): Einführung in die Soziologie der Behinderung. 2. Auflage. Wiesbaden: Springer VS.

Loeken, Hiltrud/Windisch, Matthias (2013): Behinderung und Soziale Arbeit. Beruflicher Wandel – Arbeitsfelder – Kompetenzen. Stuttgart: Kohlhammer.

Meuser, Michael (2016): Soziologie. In: Horlacher, Stefan/Jansen, Bettina/Schwanebeck, Wieland (Hrsg.): Männlichkeit. Ein interdisziplinäres Handbuch. Stuttgart: J.B. Metzler, S. 218–236.

Röh, Dieter (2009): Soziale Arbeit in der Behindertenhilfe. Stuttgart und München: UTB Reinhardt.

Scior, Katrina/Werner, Shirli (2016): Intellectual Disability and Stigma. Stepping Out from the Margins. London: Palgrave Macmillan.

Thiersch, Hans (1978): Alltagshandeln und Sozialpädagogik. In: Neue Praxis, H. 1, S. 6–25.

Thiersch, Hans/Grunwald, Klaus/Köngeter, Stefan (2012): Lebensweltorientierte Soziale Arbeit. In: Thole, Werner (Hrsg.): Grundriss Soziale Arbeit. Ein einführendes Handbuch. 4. Auflage. Wiesbaden: VS Verlag für Sozialwissenschaften, S. 175–196.

Wagner-Willi, Monika (2011): Standortverbundenheit und Fremdverstehen. Anmerkungen zum Schwerpunktthema „Partizipative Forschung" der Teilhabe 1/11. In: Teilhabe 5, H. 2, S. 66–68.

Waldschmidt, Anne (2005): Disability Studies: individuelles, soziales und/oder kulturelles Modell von Behinderung? In: Psychologie und Gesellschaftskritik 29, H. 1, S. 9–31.

Waldschmidt, Anne/Schneider, Werner (Hrsg.) (2007): Disability Studies, Kultursoziologie und Soziologie der Behinderung. Erkundungen in einem neuen Forschungsfeld. Bielefeld: transcript.

Wansing, Gudrun (2007): Behinderung: Inklusions- oder Exklusionsfrage? Zur Rekonstruktion paradoxer Lebensläufe in der modernen Gesellschaft. In: Waldschmidt, Anne (Hrsg.): Disability Studies, Kultursoziologie und Soziologie der Behinderung. Erkundungen in einem neuen Forschungsfeld. Bielefeld: transcript, S. 275–297.

Weinbach, Hanna (2016): Soziale Arbeit mit Menschen mit Behinderungen. Das Konzept der Lebensweltorientierung in der Behindertenhilfe. Weinheim und Basel: Beltz Juventa.

Zach, Michael (2015): Behindertwerden als Mann. Männlichkeitskonstruktionen bei geistiger Behinderung. Frankfurt a. M.: Goethe-Universität (Frankfurter Beiträge zur Erziehungswissenschaft: Reihe Monographien 15).

Disability Studies als kritische Instanz der Schulpädagogik

Überlegungen zu Chancen und Spannungsfeldern am Beispiel pädagogischer Diagnostik

Catrin Reisenauer & Sabine Gerhartz-Reiter

1. Einleitung

Dieser Beitrag erweitert den schulpädagogischen Diskurs über pädagogische Diagnostik um eine kritische Disability-Studies- (DS-)Perspektive. Wenn Schulpädagogik als eine Pädagogik für alle (vgl. Hinz 2009) gedacht wird, wie sie im Verständnis von inklusiver Pädagogik als „allgemeine[r] Pädagogik" (u. a. Feuser 2009, o.S.) verstanden werden muss, besteht die Gefahr, dass „angesichts der Heterogenität sozialer Exklusionspraktiken […] die gesellschaftliche Realität von Behinderung" (Hoffmann 2018, S. 19) aus dem Blick gerät. In diesem Zusammenhang zeigt sich die Wichtigkeit, Erkenntnisse der DS in schulpädagogische Diskurse einzubringen und im Interesse von Schüler*innen mit Beeinträchtigung einzusetzen. So können die DS der Schulpädagogik als ‚Instanz radikaler Kritik' dabei helfen, „das Bewusstsein dafür wachzuhalten und zu schärfen, dass Behinderte aufgrund von […] Marginalisierungs- und Abwertungsprozessen zu einer Minderheit gemacht werden" (Dederich 2007, S. 4).

Das Potential eines engen Verhältnisses von Schulpädagogik und DS für alle Kinder im schulischen Kontext wird folgend diskutiert. Ausgehend von einem in einem inklusiven Schulsetting durchgeführten Projekt zu partizipativer pädagogischer Diagnostik werden inkludierende und exkludierende Praktiken und Barrieren sowie wirkende Normen und Normalitätsvorstellungen skizziert.

2. Disability Studies und Schulpädagogik – Der Begriff der Behinderung

Das in der UN-Behindertenrechtskonvention (UN-BRK) verbriefte Recht aller Menschen auf Nicht-Diskriminierung, Teilhabe und Barrierefreiheit sowie das in der UN-Kinderrechtskonventionen verankerte Recht aller Kinder auf Bildung (Art. 28) und auf ein Leben, das „seine Selbständigkeit fördert und seine aktive Teilnahme am öffentlichen Leben erleichtert" (Art. 23), betreffen auch die Schulpädagogik. Sowohl die inklusive Pädagogik als auch die DS unterstützen diese Forderungen und haben das Ziel, an der Realisierung dieser Rechte mitzuwirken.

Behinderung wird dabei im Gegensatz zum medizinischen Modell von Behinderung nicht als im Individuum verankert, sondern als soziale Konstruktion verstanden, die von historischen, kulturellen und gesellschaftlichen Faktoren bestimmt wird (vgl. Köbsell 2015). Damit wird die vermeintliche ‚biologische Natürlichkeit' von Behinderung in Frage gestellt und die Verantwortung für Behinderung bzw. deren ‚Heilung' – wie sie häufig mit einer Ansammlung von Therapien bzw. medizinischen Interventionen versucht wird – nicht bei der einzelnen Person, sondern im System gesucht. Es stellt sich damit für die Schulpädagogik die grundlegende Frage, wie sich das System Schule und auch Unterricht verändern muss, um allen Kindern dieselben Chancen auf Teilhabe zu sichern. Die im System verankerten Praktiken der Exklusion müssen intensiv(er) analysiert werden, um Kontexte des Behindert-Werdens von Schüler*innen erkennen zu können. So können Strategien entwickelt werden, die eine bessere Förderung von Partizipations- und Bildungschancen aller Kinder ermöglichen und so Exklusion reduzieren (vgl. Powell 2007). In diesem Zusammenhang setzen die DS wichtige Impulse für die Weiterentwicklung der Schulpädagogik im Allgemeinen und im Besonderen für die pädagogische Diagnostik, durch die häufig eine Klassifizierung von Kindern erfolgt, die exkludierende Praktiken erst ermöglicht.

3. Pädagogische Diagnostik in Theorie und Praxis im Überblick

Das tägliche pädagogische Handeln von Lehrer*innen ist von der Aufgabe durchzogen, die Fähigkeiten und Bedürfnisse ihrer Schüler*innen einzuordnen und das eigene pädagogische Handeln daran anzupassen. Dies erfolgt sowohl intuitiv und unbewusst als auch gesteuert und bewusst, sowohl informell als auch gezielt mit systematischen Methoden (vgl. Ingenkamp/Lissmann 2008). Pädagogische Diagnostik hat die Aufgabe, durch die Analyse von Lernvoraussetzungen und Lehr-Lernprozessen die „Zuweisung zu Lerngruppen oder zu individuellen Förderungsprogrammen" (ebd., S. 13) zu ermöglichen. Diagnostische Prozeduren konstruieren so Normalität, Abweichung und Behinderung von Schüler*innen (vgl. Prengel 2006, S. 15), wie dies beispielsweise in Österreich, aber auch in Deutschland mittels der Feststellung eines sonderpädagogischen Förderbedarfs (SPF) erfolgt. Dabei werden auch außerschulische Gutachter*innen eingesetzt, die mit ihrer Diagnose der Schule vor allem den Erhalt zusätzlicher finanzieller und personeller Ressourcen ermöglichen, aber auch wertvolle Hinweise an Lehrer*innen geben können. Konkret bedeutet die Feststellung eines SPF in Österreich, dass ein Kind „infolge physischer oder psychischer Behinderung dem Unterricht der Volksschule, Neuen Mittelschule oder Polytechnischen Schule ohne sonderpädagogische Förderung nicht zu folgen vermag" (Schulpflichtgesetz 1985, § 8 Abs. 1). Diese Kategorisierung beeinflusst, in welcher Art und Weise Lehrende ihre Schüler*innen ansprechen, welche Lernangebote und -unterstützungen gesetzt und welche Bildungswegempfehlungen gegeben werden. Dabei kann die Feststellung eines sonderpädagogischen Förderbedarfs auch zu nicht intendierten Folgen wie Diskriminierungen und Stigmatisierungen führen, da durch solche Klassifizierungen „symbolische und soziale Grenzen gezogen [werden], die sichtbare Auswirkungen auf die individuelle Entwicklung von Schulkindern haben." (Powell 2007, S. 323) Dieses Beispiel zeigt das Potential, aber auch das Risiko, das für das einzelne Kind mit pädagogischer Diagnostik verbunden ist.

Im Schuljahr 2018/19 wurde in der 5. und 7. Schulstufe einer integrativen Schule in Tirol ein Projekt zu pädagogischer Diagnostik durchgeführt, das die Frage verfolgte, wie alle Schüler*innen dieser Schule ihre Bedürfnisse erkennen und so verdeutlichen können, dass sie nicht durch das Zuschreiben oder Absprechen von Fähigkeiten beschränkt werden (für eine ausführliche Projektbeschreibung siehe Gerhartz-Reiter/Reisenauer 2018). Dabei war das Ziel zentral, „Kinder und Jugendliche nicht zum Objekt von Forschung, Erziehung und Bildung zu machen, sondern sie als Subjekte, dialogische Partner und auch als gleichberechtigte Gesellschaftsmitglieder zu verstehen" (Hafeneger 2005, S. 11). Mithilfe von selbst erzählten Lerngeschichten wurden Schüler*innen in geleiteten Interpretationsgruppen dabei unterstützt, ihre Fähigkeiten und Bedürfnisse in Bezug auf ihr Lernen zu erkennen und zu formulieren, um dieses Wissen im Anschluss in vorbereitete Diagnosegespräche mit ihren Lehrer*innen einbringen zu können. Diese Diagnosegespräche legten den Schwerpunkt auf die gleichberechtigte Nutzung durch Schüler*innen und Lehrer*innen sowie die Anerkennung der Schüler*innen als kompetent im Erkennen ihrer eigenen Bedürfnisse. Im Rahmen dieses partizipativ angelegten Projektes wurden sowohl inkludierende als auch exkludierende schulische Praktiken sichtbar, die dazu geeignet sind, die Teilhabe von Schüler*innen zu stärken oder diese zu behindern. Als besonders wertvoll für das Projekt zeigte sich die Einbindung der Perspektive der DS, wodurch der Fokus stärker auf die Partizipation und die Emanzipation aller Schüler*innen als zentrale Elemente schulischer Bildungsprozesse gelegt wird.

4. Inklusion und Exklusion im Bereich pädagogischer Diagnostik

Dass Schule ein Ort ist, in dem ein zunehmender Anteil der Kinder „behindert wird" (Powell 2007, S. 322), wird nicht nur in unterschiedlichen Praktiken des täglichen Lernens sichtbar, sondern oft, wie bereits ausgeführt, gleich zu Beginn einer Schullaufbahn mit dem Erstellen eines sonderpädagogischen Gutachtens.

Innerhalb unseres Projektes konnten wir die Konstruktion einer sozialen Randgruppe zeigen, die sich in der Zusammenfassung der betroffenen Schüler*innen als ‚I-Kinder' (Integrationskinder) zeigte: Diese Bezeichnung fand sich häufig im schulalltäglichen Sprachgebrauch und mit ihr war oftmals eine (unter Umständen auch räumliche) Separierung der Kinder mit eigenem Unterricht in Kleingruppen verbunden. So ist die Koppelung von Fördergeldern an die Feststellung eines SPF als grundlegend exkludierende Praktik zu sehen, die den Blick per se auf individuelle Defizite und Normabweichung und damit auf ein (Ab-)Urteilen und (Ab-)Sprechen von individuellen Fähigkeiten lenkt. Diese Praktik, die bereits vielfach (vgl. u. a. Ziemen 2014) kritisiert wurde, muss auch an dieser Stelle als zentral für die Bildungswege von Schüler*innen angesehen werden.

Sichtbar wurden innerhalb des Projektes Normierungsversuche auf Seiten der Lehrer*innen. Dabei wurde als wichtigste Norm für Schüler*innen gesehen, schulische Normen erfüllen zu wollen, beispielsweise Zeit bestmöglich zu nützen, sich anzustrengen, Hilfe anzunehmen oder möglichst dauerhaft anwesend zu sein. Auf unverschuldete Nicht-Erfüllung von Normen erfolgten Unterstützung durch Lehrende und deren Einschätzung von Vielfalt als positiv. Die Entscheidung von Schüler*innen, Normen nicht erfüllen zu wollen bzw. andere Zielsetzungen zu verfolgen, war für die Lehrperson hingegen schwierig. Die Verhaltensnormfokussierung wurde zur Barriere, wenn fachliche Zielsetzungen besonders bei Kindern mit SPF demgegenüber in den Hintergrund rückten.

Im Projekt zeigte sich, dass die scheinbar schützende Sichtweise auf Kinder mit einer Beeinträchtigung als Fürsorgeobjekte und der daraus folgende Umgang mit ihnen die Begründung von Exklusionspraktiken, Zementierung von Machtverhältnissen und Aufrechterhaltung der Fremdbestimmung von Schüler*innen stärkt. Es stellt sich die Frage, wie viel Fürsorge als grundsätzliche Sorge um das Wohl der anderen notwendig ist – und wo sie Schüler*innen beim Verfolgen ihrer eigenen Ziele und ihrem Selbsttätig- und Selbständig-Sein, beim Erreichen von Unabhängigkeit und Autonomie auf ihren Bildungswegen, behindert. Die Wahrnehmung dieser Gefahr ist oft gering, weil die Abhängigkeit der Schüler*innen häufig zentrales Element der funktionierenden Lehrer*in-Schüler*in-Beziehung ist. Die Sicht auf Kinder (besonders auf jene mit SPF) als stark schutz- und förderungsbedürftig erschwert zugleich Kooperation auf Augenhöhe, Partizipation und Selbständig-Werden. Im Rahmen des Projektes zeigte sich deutlich, dass häufig Ziele von Lehrenden bzw. Eltern gesetzt werden und nach bestmöglichen Hilfestellungen durch ebendiese für das Erreichen gesucht wird. Schüler*innen erscheinen dabei oftmals als Objekte, die zu fremdbestimmten Zielen gelotst werden.

Der im Projekt verfolgte Ansatz zeigte sich dagegen als hilfreich, da die Schüler*innen in Bezug auf ihr Bewusstsein über die eigenen Ziele und ihr explizites Wissen über ihre Ressourcen und Bedürfnisse deutlich gestärkt wurden, wodurch die Basis für tatsächlich kooperative Diagnosegespräche gegeben war.

5. Warum braucht pädagogische Diagnostik die Disability Studies als kritische Instanz?

Die Ergebnisse des Projektes zeigen, dass mit der Perspektive der DS sichergestellt werden kann, dass mit einem inklusionspädagogischen Blick auf *alle* Schüler*innen marginalisierte Gruppen, wie sie beispielsweise Kinder mit Beeinträchtigungen in der Schule darstellen, nicht aus dem Fokus der Lehrer*innen geraten und eine Bewusstseinsbildung in Richtung Normierungsversuche, Ausgrenzungs- und Diskriminierungsmechanismen sowie unterschiedliche Barrieren erfolgt.

Der Blick durch die Brille der DS hilft auch, Limitationen wie Chancen des durchgeführten Pilotprojektes zu pädagogischer Diagnostik zu erkennen und diese in der Weiterentwicklung zu berücksichtigen. Schüler*innen konnten darin unterstützt werden, sich weg von Objekten hin zu Subjekten ihrer Lern- und Bildungswege zu entwickeln und den Blick von Lehrer*innen auf Partizipation und Empowerment von Schüler*innen zu lenken. Als größtes Defizit des Projektes zeigte sich, dass dessen gleichberechtigte Nutzung zwar für alle Schüler*innen dieser Schule theoretisch möglich war, jedoch das Methodenrepertoire erweitert werden muss, um die Partizipation von Schüler*innen mit unterschiedlichsten Beeinträchtigungen gewährleisten zu können.

Besonders für die Aus- und Weiterbildung von Lehrer*innen und Gutachter*innen im Feld Schule ist es essentiell, die Erkenntnisse der DS zu berücksichtigen. Sie liefern einen wichtigen Ansatzpunkt für die Professionalisierung und das professionelle Selbstverständnis von Lehrenden. Zentral für die Umsetzung von Inklusion in der Schule zeigten sich im Projekt die subjektiven Theorien der Lehrenden mit ihren Vorstellungen von ‚gutem Unterricht‘, ‚guter Lehrperson‘ oder ihren Bildern von Behinderung (vgl. auch Prengel 2006). Unhinterfragte Ideale und Grundüberzeugungen, Normen und Orientierungen bestimmen neben den formalen Vorgaben wesentlich das Handeln der Akteur*innen im schulischen Feld (vgl. auch Powell 2007, S. 328 f.). So muss im Sinne eines passenden Umgangs mit Differenz das Augenmerk auf „eine Bewusstseinsbildung für menschenrechtliche Fragen, die Thematisierung von

Diskriminierungserfahrungen und ein demokratisches Miteinander" (Biermann/Pfahl 2016, S. 204) gelegt werden.

Im Sinne der Partizipation aller Kinder an Bildung ist es wichtig, dass sich Lehrende als Verbündete von Kindern mit Beeinträchtigung sehen, als Mitkämpfer*innen für die immer wieder neu zu erringende Teilhabe. So kann Schule nicht nur einen Ort, der behindert macht, darstellen, sondern sich zu einem Ort der Ermächtigung der ihr anvertrauten Kinder und Jugendlichen, im Besonderen von Kindern und Jugendlichen mit Beeinträchtigung, entwickeln. Im Fokus steht dabei Empowerment und weniger Therapie, Heilung und Kompensation.

Literatur

Biermann, Julia/Pfahl, Lisa (2016): Menschenrechtliche Zugänge und inklusive Bildung. In: Hedderich, Ingeborg/Biewer, Gottfried/Hollenweger, Judith/Markowetz, Reinhard (Hrsg.): Handbuch Inklusion und Sonderpädagogik. Bad Heilbrunn: Klinkhardt, S. 199–207.

Dederich, Markus (2007): Disability Studies und Integration. In: Behinderte Menschen, Zeitschrift für gemeinsames Leben, Lernen und Arbeiten 2007, H. 3–4.

Feuser, Georg (2009): Momente entwicklungslogischer Didaktik einer Allgemeinen (integrativen) Pädagogik. In: Eberwein, Hans/Knauer, Sabine (Hrsg.): Handbuch Integrationspädagogik. Weinheim und Basel: Beltz, S. 280–294.

Gerhartz-Reiter, Sabine/Reisenauer, Cathrin (2018): Partizipatorische pädagogische Diagnostik. In: Journal für Psychologie 26, H. 2, S. 114–132.

Hafeneger, Benno (2005): Beteiligung, Partizipation und bürgerschaftliches Engagement. In: Hafeneger, Benno/Jansen, Mechthild M./Niebling, Torsten (Hrsg.): Kinder- und Jugendpartizipation: Im Spannungsfeld von Interessen und Akteuren. Opladen: Verlag Barbara Budrich, S. 11–40.

Hinz, Andreas (2009): Inclusive Education. Inklusive Modelle in der Schnittstelle Schule und Beruf. In: VBS (Hrsg.): Teilhabe gestalten. XXXIV. Kongress des VBS, 14.–18. Juli 2008 in Hannover. Würzburg: Edition Bentheim, S. 241.

Hoffmann, Thomas (2018): Inklusive Pädagogik als Pädagogik der Befreiung: Fünf Thesen. In: Hoffmann, Thomas/Jantzen, Wolfgang/Stinkes, Ursula (Hrsg.): Empowerment und Exklusion. Zur Kritik gesellschaftlicher Ausgrenzung. Gießen: Psychosozial-Verlag, S. 19–48.

Ingenkamp, Karl-Heinz/Lissmann, Urban (2008): Lehrbuch der Pädagogischen Diagnostik. Weinheim und Basel: Beltz.

Köbsell, Swantje (2015): Disability Studies in Education. In: Zeitschrift für Inklusion 2015, H. 2. www.inklusion-online.net/index.php/inklusion-online/article/view/275/258 (Abfrage: 17.01.2018).

Powell, Justin (2007): Behinderung in der Schule, behindert durch die Schule? Die Institutionalisierung der „schulischen Behinderung". In: Waldschmidt, Anne/Schneider, Werner (Hrsg.): Disability Studies, Kultursoziologie und Soziologie der Behinderung. Erkundungen in einem neuen Forschungsfeld. Bielefeld: transcript, S. 321–343.

Prengel, Annedore (2006): Diagnostik muss machtsensibel sein. In: Sozial Extra 200, H. 30, S. 15–17.

Ziemen, Kerstin (2014): „Das Verhältnis von Inklusiver Pädagogik und Disability Studies – Herausforderungen und Perspektiven". www.inklusion-lexikon.de/DisabilityStudies_ Ziemen.pdf (Abfrage: 14.01.2019).

Kategorisierungsmanie und Wissenshysterie in der Lehrer*innenbildung

Gertraud Kremsner, Raphael Zahnd, Michelle Proyer,
Andreas Paukner, Barbara Nemestothy, Susanne Prummer &
Alexander Klement

1. Zur Einführung

Ausgehend von einem menschenrechtsbasierten Zugang lehnt die inklusive Pädagogik Etikettierungen und Klassifizierungen aufgrund ihrer wertenden und entmenschlichenden Implikationen explizit ab (vgl. Biewer 2017). Damit geht auch einher, dass reguläre Institutionen und in besonderem Maße das Schul- und Bildungssystem grundlegend (!) verändert werden müssen. Entgegen dieser Logik werden Auseinandersetzungen mit dem Thema Behinderung innerhalb akademischer Institutionen für Lehrer*innenbildung in der Regel aber der Sonderpädagogik zugeordnet – auch wenn mancherorts Umetikettierungen vorgenommen werden und das Wort Sonderpädagogik durch ‚Inklusion' ersetzt wird. Vor allem in Deutschland werden dabei gleichzeitig die sogenannten Förderschwerpunkte beibehalten (vgl. Grunert et al. 2016); andernorts folgen Modulbenennungen (und -inhalte) in Curricula dieser Logik (ebd.). Zuordnungen als Kategorien (re-)produzierende Praktiken werden spätestens im Feld der pädagogischen Diagnostik deutlich (vgl. Gerhartz-Reiter/Reisenauer 2018).

Obwohl die Inklusionsdebatte in Bezug auf Schule historisch eng mit der Behindertenbewegung verbunden ist (vgl. Reynolds Whyte/Ingstad 2007; Zahnd 2015), werden die für inklusive Bildung höchst relevanten Disability Studies (DS) in einer solchen Modulstruktur nicht einmal angedacht oder nur durch einzelne Lehrende vertreten. Dem in die Hände spielt auch, dass Studierende oft klare Definitionen von und die Auseinandersetzung mit einzelnen Behinderungsdiagnosen wünschen, um daraus konkrete Maßnahmen generieren zu können bzw. Vorschläge für eine solche rezepthaft abgeleitet zu bekommen. Die nachfolgenden Ausführungen skizzieren die Herausforderung einer auf den DS basierenden inklusiven Lehrer*innenbildung, die sich von einer klassisch sonderpädagogischen Ausrichtung abwendet, an Beispielen aus Österreich und der Schweiz.

2. Bildungspolitische Rahmungen – Integration per Gesetz in der Schweiz

2018 (!) wurde das Volksschulgesetz des Kantons Solothurn in der Schweiz angepasst: Der Kanton hatte entschieden, die ‚integrative Schulung‘ gesetzlich einzuführen. Mit diesem erst jüngst geänderten Gesetz wird eine traditionelle kategoriale Sonderpädagogik auch für die Zukunft legitimiert. So unterscheidet § 36 des Volksschulgesetztes etwa zwischen Schüler*innen mit „a) einer besonderen Begabung; b) einer Lernbeeinträchtigung oder einem Lernrückstand; c) einer Verhaltensauffälligkeit".

Wie diese Kategorien und insbesondere der Begriff ‚Verhaltensauffälligkeit‘ tatsächlich verhandelt werden, zeigt ein Radiobeitrag zum Beschluss der Gesetzesänderung im Kantonsparlament:

> Die SVP hingegen fand, man solle im Gesetz nicht ‚Verhaltensauffälligkeit‘ schreiben, sondern von ‚Kindern mit einer Störung‘, dies sei ehrlicher. Beat Künzli meinte dazu: „Seid ihr wirklich der Meinung, dass es weniger ‚Gestörte‘ gibt, wenn man sie nicht mehr als solche bezeichnet?". Franziska Roth von der SP konnte fast nicht glauben, dass Künzli dies so formulierte, und konterte: „Nur weil jemand stört, heißt es noch lange nicht, dass diese Person gestört ist. Das sieht man auch in den politischen Debatten. Hier stört oft jemand und dieser jemand muss deshalb selber nicht gestört sein." (Radio SRF 1 2018)

Diese Aussagen verweisen auf die Problematik, dass auch neueste Schulreformen im Kontext inklusiver Bildung kaum einen guten Umgang mit Kategorienbildungen und damit einhergehender Etikettierung der Betroffenen gefunden haben. Es handelt sich dabei um ein Beispiel für die Persistenz kategorialer Logiken im Bildungssystem, die im gesamten deutschen Sprachraum (bzw. auch darüber hinaus) empirisch erfasst ist (vgl. Powell 2010; Weisser 2017). Dazu kommt auch, dass die Zuteilung zu Kategorien wie bspw. ‚Lernbehinderung‘ in einem gewollt selektiven Bildungssystem problematisch ist, da die Selektion nicht entlang derjenigen Kriterien erfolgt, die sie vorgibt und gleichzeitig einen systematischen Bias aufweist. Bspw. sind Kinder mit sogenanntem Migrationshintergrund – bei gleichen Leistungen – einem deutlich höheren Risiko der negativen Selektion ausgesetzt (vgl. bspw. Kronig 2003, 2007; Gomolla/Radtke 2007).

3. Zur Situation von Lehramtsstudierenden der Spezialisierung Inklusive Pädagogik

Auch dort, wo eine grundsätzliche Umstrukturierung der Lehrer*innenbildung umgesetzt wurde (wie dies für gewisse Bereiche in Österreich der Fall ist, z. B. im Verbund Nord-Ost – vertreten durch die Uni Wien, die PH Wien, die PH Niederösterreich und die Kirchlich-Pädagogische Hochschule), bleiben die oben skizzierten Problematiken bestehen. Während die Ausbildung für Sonderschullehrer*innen der Sekundarstufe österreichweit ersatzlos gestrichen wurde, kann in Wien seit dem Wintersemester 2016 der Studiengang „Inklusive Pädagogik (Fokus: Beeinträchtigungen)" als Alternative anstelle eines zweiten Unterrichtsfaches im Verbund zwischen der Universität Wien und den umliegenden Pädagogischen Hochschulen studiert werden (vgl. Biewer/Proyer 2018). Spannungsfelder und Herausforderungen sind diesem Studiengang jedoch inhärent: So ist (1) die Lehrendenschaft innerhalb dieses Studienganges zumindest inhaltlich als durchwegs heterogen zu bezeichnen; in ihr bildet sich das gesamte Spektrum an Zugängen von Sonderpädagogik bis hin zu DS ab. Ebenfalls ist (2) zu betonen, dass trotz der Namensgebung und (zumindest teilweisen) inhaltlichen Ausrichtung auf *inklusive* Pädagogik Unterrichtspraktika nicht ausschließlich in ‚Regel'schulen, sondern v. a. in integrativen Settings und in Sonderschulen erfolgen. Dies entspricht auch den derzeit absehbaren zukünftigen Arbeitsfeldern der Absolvent*innen des Studienganges, denn ‚echte inklusive Schulen' sind in Österreich kaum vorhanden: Zwar wurden 2015 im Rahmen des ‚Nationalen Aktionsplans Behinderung 2012–2020' (BMASK 2012) so genannte ‚inklusive Modellregionen' entlang eines gemeinsamen Konzeptes in Kärnten, der Steiermark und Tirol eingerichtet, „um eine Reihe von Maßnahmen zur Inklusion von Kindern und Jugendlichen mit Behinderung im Schulwesen zu erproben und im Hinblick auf die Ausweitung auf das gesamte Bundesgebiet zu beurteilen" (Petrovic/Svecnik 2018, S. 5). Im Kontrast zu den Zielsetzungen des Studienganges an der Universität Wien rückt jenes Konzept allerdings von der Auflösung spezialisierter sonderpädagogischer Zentren sowie der diagnostischen (und damit klassifizierenden) Festschreibung des sonderpädagogischen Förderbedarfs (SPF) nicht ab, sondern zielt auf dessen Neuorganisation bzw. Qualitätssicherung ab (ebd.). Zudem sieht das noch aktuelle Programm der österreichischen Bundesregierung vor, die Sonderbeschulung zu erhalten und zu stärken sowie die sonderpädagogische Ausbildung wiedereinzuführen (vgl. Bundeskanzleramt 2017, S. 62).

Wie sehr die eingangs mit Verweis auf Biewer skizzierte Logik inklusiver Bildung mit dem Regierungsprogramm, aber eben auch mit dem Konzept der inklusiven Modellregionen auseinanderklafft, ist an folgendem Beispiel deutlich erkennbar: In der Evaluation der Modellregionen (vgl. Petrovic/Svecnik 2018) werden so genannte Timeout-Gruppen „als Form der inklusiven Beschulung von Kindern und Jugendlichen mit einer Störung des Sozialverhaltens" (Herndler/Thomas/Frank 2018, S. 9) vorgestellt. Die Timeout-Gruppen (TOGn) „sind Kleingruppen an Schulstandorten, in denen Kinder und Jugendliche mit einer Störung des Sozialverhaltens vorübergehend in einer Kleingruppe unterrichtet und multiprofessionell betreut werden" (ebd.). Die Verweildauer in diesen Gruppen ist nicht bekannt, jedoch haben im Schuljahr 2016/17 „24 von 147 Kindern und Jugendlichen, die in TOGn unterrichtet wurden, ihre Schulpflicht ohne vollständige Reintegration in ihre Stammklasse beendet" (ebd.). Hier zeigt sich deutlich, wie sehr kategoriale, defizitorientierte Zuordnungen und damit Etikettierungen und Klassifizierungen nach wie vor vermeintlich innovative Veränderungsprozesse leiten, die letztlich – obwohl als Form der inklusiven Beschulung gerahmt – in räumlicher Trennung bei entsprechend ‚störendem Sozialverhalten' münden. Diese Studie ist mehr als ernst zu nehmen – weil aus ihr weiterführende schulbezogene Policies generiert werden vor dem Hintergrund einer ohnehin bereits inklusionsfeindlich ausgerichteten Bildungspolitik, siehe Regierungsprogramm.

Diese Beispiele dienen dazu, das Spannungsfeld, in dem der noch junge Studiengang „Inklusive Pädagogik (Fokus: Beeinträchtigungen)" angesiedelt ist, zu illustrieren. Kurz zusammengefasst lässt sich aber festhalten, dass universitäre Diskurse in Konkurrenz und mitunter massivem Kontrast zu realen Gegebenheiten im schulischen Alltag und aktuellen bildungspolitischen Policies stehen, die innerhalb der Studierendenschaft zu nachvollziehbaren Verunsicherungen führen.

4. Praxisluft in der Inklusiven Schule schnuppern – Versuche einer seminaristischen Annäherung an inklusive Didaktik

Vor den bisher skizzierten Spannungsfeldern sind die Herausforderungen an eine inklusive Lehrer*innenbildung immens, ein Ausweg aber möglich. Als Lehrende in einem völlig neu eingeführten und deshalb kaum auf Erfahrungswerte aufbauenden Studiengang beobachten wir, dass Studierende insbesondere an mit schulischer Praxis verwobene Lehrveranstaltungen besonders hohe Erwartungen stellen. Gleichzeitig bilden gerade solche Formate für viele Studierende auch eine Projektionsfläche für (mögliche) Unsicherheiten in Bezug auf inklusive Bildung, die sich nicht selten im bereits genannten Wunsch nach konkreten, möglichst rezepthaften Handlungsanweisen ausdrücken und damit der Vision inklusiver Bildung entgegenstehen. Das ‚Schachtelseminar' an der Universität Wien kann als Beispiel angeführt werden, wie mit solcherlei Herausforderungen umgegangen werden kann.

Danforth (2017) fragt danach, welche Eigenschaften eine gute inklusive Lehrperson haben müsse – von dieser Frage ausgehend wurde gemeinsam mit

Praktiker*innen eines weitgehend inklusiven Schulstandortes ein Seminarkonzept entwickelt, das theoretische, auf Inklusion als Vision abzielende Inhalte mit Aspekten aus der Praxis des schulischen Alltags verbindet:

Im Verlauf eines Seminars erarbeiten etwa 25 Studierende bei freier Themenwahl inklusiv-didaktisches Material in Form einer ‚Lernschachtel', welche an einem Schulstandort – der ‚Lernwerkstatt Donaustadt' – von Schüler*innen in Anwesenheit der Studierenden getestet wird und nach Überarbeitung in den Besitz der Schule übergeht. Wesentlich dabei ist, dass die Studierenden nicht wissen, wer ‚ihre' Lernschachtel bearbeiten wird – d. h. sie muss mit Aufgaben bestückt sein, die alle Schüler*innen unabhängig vermeintlicher kategorialer Zuschreibungen bearbeiten können. Die Studierenden sollen durch die konkrete Umsetzung in der Schule und die Beschäftigung mit der dahinterliegenden Theorie erkennen, dass die Entwicklung inklusiver Didaktik noch lange nicht abgeschlossen ist, da einige Methoden der klassischen sonderpädagogischen Didaktik einfach umbenannt wurden und unverändert eingesetzt werden (vgl. Luder/Kunz/Müller Bösch 2017).

Der Arbeitsaufwand des Seminars, in dem die Erstellung des Materials auch theoretisch eingebettet wird, wird von den Studierenden als hoch eingestuft. Positiv wird dagegen angemerkt, dass im Studium erarbeitetes Material tatsächlich in der Schule verwendet wird und nicht in einer Schublade verschwindet: Die ‚Schachtelstunden' sind im Lehrplan der 5. und 6. Klassen der teilnehmenden Schulen zweimal pro Woche fest verankert, und auch die 7. und 8. Klassen können darauf zurückgreifen.

5. Fazit

In diesem Beitrag wurde versucht, in der inklusiven Lehrer*innenbildung inhärente Spannungsfelder exemplarisch darzustellen. Dabei hat sich gezeigt, dass sich die Dominanz der Kategorien in der Lehrer*innenbildung selbst und im sie umgreifenden Diskursraum abbildet. Die (mitunter immense) Spannung erhöht sich, wenn explizit auf Ansätze aus den DS zurückgegriffen wird, damit Klassifizierungen und Etikettierungen grundlegend abgelehnt und so oftmals geforderte rezepthafte Handlungsanleitungen für (zukünftige) Praktiker*innen (gut begründet!) verunmöglicht werden. Allerdings ist zumindest an wenigen Stellen Spielraum in der inklusiven Lehrer*innenbildung vorhanden, wie wir anhand der ‚Schachtelstunden' zeigen konnten. Um ebenjene Freiräume aber weiter auszudehnen, sind Akteur*innen in der Lehrer*innenbildung – Forschende, Lehrende und Studierende – dazu aufgerufen, nicht nur kreativ individuelle Nischen zu nutzen und zu besetzen, sondern sich auch gemeinsam aktiv an bildungspolitischen Diskussionen zu beteiligen.

Literatur

Biewer, Gottfried (2017): Grundlagen der Heilpädagogik und Inklusiven Pädagogik. 3., überarbeitete und erweiterte Auflage. Bad Heilbrunn: Klinkhardt (UTB).

Biewer, Gottfried/Proyer, Michelle (2018): Lehrer/innenbildung ohne Sonderschullehramt: Chancen und Herausforderungen des Systemwechsels in Österreich. In: Sonderpädagogische Förderung heute 63, H. 2, S. 307–315.

BMASK – Bundesministerium für Arbeit, Soziales und Konsumentenschutz (2012): Nationaler Aktionsplan Behinderung 2012–2020. Strategie der österreichischen Bundesregierung zur Umsetzung der UN-Behindertenrechtskonvention. Inklusion als Menschenrecht und Auftrag. Wien: Eigenverlag.

Bundeskanzleramt (2017): „Zusammen. Für unser Österreich. Regierungsprogramm 2017–2022." www.bundeskanzleramt.gv.at/dam/jcr:6caaf637-7b21-4b1e-927d-731d8e7ed549/Regierungsprogramm_2017%E2%80%932022.pdf (Abfrage: 24.07.2019).

Danforth, Scot (Hrsg.) (2017): Becoming a great inclusive educator. 2. Ausgabe. New York und Berlin: Peter Lang.

Gerhartz-Reiter, Sabine/Reisenauer, Cathrin (2018): Partizipatorische pädagogische Diagnostik. Journal für Psychologie 26, H. 2, S. 114–132.

Gomolla, Mechtild/Radtke, Frank-Olaf (2007): Institutionelle Diskriminierung. Die Herstellung ethnischer Differenz in der Schule. 2. Auflage. Wiesbaden: VS Verlag für Sozialwissenschaften.

Grunert, Cathleen/Ludwig, Katja/Radhoff, Melanie/Ruberg, Christiane (2016): Studiengänge und Standorte. In: Kohler, Hans-Christoph/Ludwig, Katja/Radhoff, Melanie/Ruberg, Christiane (Hrsg.): Datenreport Erziehungswissenschaft. Schriften der Deutschen Gesellschaft für Erziehungswissenschaft (DGfE). Opladen und Berlin und Toronto: Barbara Budrich, S. 19–69.

Herndler, Karin/Thomas, Almut/Frank, Erik (2018): Das Konzept der Timeout-Gruppen (TOGn) als Form der inklusiven Beschulung von Kindern und Jugendlichen mit einer Störung des Sozialverhaltens und dessen Umsetzung in Kärnten. In: Petrovic, Angelika/Svecnik, Erich (Hrsg.): Die Implementation Inklusiver Modellregionen in Österreich. Fallstudien zu Timeout-Gruppen, Kindern mit erhöhtem Förderbedarf und förderdiagnostischem Handeln. Wien: Bundesinstitut bifie, S. 9–24.

Kronig, Winfried (2003): Das Konstrukt des leistungsschwachen Immigrantenkindes. In: Zeitschrift für Erziehungswissenschaft 6, H. 1, S. 126–141.

Kronig, Winfried (2007): Die systematische Zufälligkeit des Bildungserfolgs. Theoretische Erklärungen und empirische Untersuchungen zur Lernentwicklung und Leistungsbewertung in unterschiedlichen Schulklassen. Bern und Stuttgart und Wien: Haupt.

Luder, Reto/Kunz, André/Müller Bösch, Cornelia (2017): Das Besondere der Pädagogik in der inklusiven Schule. In: Luder, Reto/Kunz, André/Müller Bösch, Cornelia (Hrsg.): Inklusive Pädagogik und Didaktik. Zürich: Publikationsstelle der PH Zürich, S. 9–21.

Petrovic, Angelika/Svecnik, Erich (2018): Die Implementation Inklusiver Modellregionen in Österreich. Fallstudien zu Timeout-Gruppen, Kindern mit erhöhtem Förderbedarf und förderdiagnostischem Handeln. Wien: Bundesinstitut bifie.

Powell, Justin J. W. (2010): Change in Disability Classification: Redrawing Categorical Boundaries in Special Education in the United States and Germany, 1920–2005. In: Comparative Sociology 9, H. 2, S. 241–267.

Radio SRF 1 (2018) „Integrative Schule im Kanton Solothurn definitiv verankert", Regional-journal Aargau Solothurn. Eigenes Transkript aus dem Radiobeitrag.

Reynolds Whyte, Susan/Ingstad, Benedicte (2007): Introduction: Disability Connections. In: Reynolds Whyte, Susan/Ingstad, Benedicte (Hrsg.): Disability in Local and Global Worlds. Berkeley und Los Angeles und London: University of California Press, S. 1–29.

Weisser, Jan (2017): Konfliktfelder schulischer Inklusion und Exklusion im 20. Jahrhundert. Eine Diskursgeschichte. Weinheim und Basel: Beltz Juventa.

Zahnd, Raphael (2015): Was hat Solidarität mit Behinderung zu tun? In: Graf, Erich Otto (Hrsg.): Behinderung im globalen Kontext. Über die Grenzen der Sonderpädagogik. acta empirica – nomade zwei. Berlin: epubli, S. 84–104.

Hochschule inklusiv – Biografische Erfahrungen behinderter Studierender

Von individuellen Handlungsmöglichkeiten und strukturellen Bedingungen im universitären Raum

Theresa M. Straub

Behinderte Menschen sind in Bezug auf Bildung und ihre persönlichen Möglichkeiten, sich in einem segregierenden Bildungssystem zu positionieren, benachteiligt. Deutlich wird dies zunächst an den Bildungsabschlüssen. Nur 19 Prozent aller behinderten Menschen in Deutschland haben Abitur (vgl. BMAS 2016, S. 94). In Österreich liegt die Zahl sogar noch niedriger (vgl. BMASK 2017, S. 83). Diese Entwicklung ist als kritisch zu bewerten und stellt die Frage nach der Umsetzung des Rechtes auf inklusive Bildung (vgl. Art. 24 UN-BRK). Vor diesem Hintergrund stellt sich die weitere Frage, welcher Strukturen es im universitären Raum bedarf, damit behinderte Menschen erfolgreich studieren können.

Aus der Studie ‚Persönliche Assistenz: Biografische Erfahrungen', in der die Lebensgeschichten von behinderten Frauen rekonstruiert wurden (vgl. Straub 2019), entwickelte sich das Dissertationsprojekt zu Inklusions- und Exklusionsmechanismen in Bildungsbiografien behinderter Menschen – eine länderübergreifende Studie, welche die Möglichkeiten und Grenzen der Teilhabe behinderter Studierender im universitären Raum untersucht. Dieses Vorhaben will individuelle Bildungswege in bestehenden Strukturen der Bildungsinstitutionen rekonstruieren und in ihrer biografischen Komplexität verstehen, mit dem Ziel, den menschenrechtlichen Ansatz der Disability Studies im universitären Raum zu implementieren. Dabei wird Behinderung – im Gegensatz zum medizinischen Modell – als „sozial-politisches vorwiegend sozial konstruiertes Phänomen" (Degener 2015, S. 63) verstanden. Auszüge aus biografischen Interviews mit behinderten Studierenden sollen verdeutlichen, wie Teilhabe durch strukturelle Exklusion behindert wird. Dazu werden zunächst die (rechtlichen) Rahmenbedingungen für einen Weg behinderter Menschen in die Institution Hochschule sowie deren gegenwärtige Situation im Studium skizziert.

1. Wege behinderter Menschen an die Hochschule

Sowohl in Deutschland als auch in Österreich ist die UN-BRK seit mehr als 10 Jahren die verbindlich geltende Rechtsgrundlage, um einerseits Diskriminierung und Stigmatisierung behinderter Menschen entgegenzuwirken, andererseits ihr Menschenrecht auf wirksame Teilhabe an Bildung und lebenslangem Lernen zu fördern und zu verwirklichen (vgl. Art. 24, UN-BRK).

In der Tat gab es schon vor Inkrafttreten der UN-BRK Bemühungen einzelner Universitäten und Hochschulen in Deutschland, die Bedingungen für behinderte Studierende zu verbessern und ihnen einen gleichberechtigten Zugang zu universitärer Bildung zu gewährleisten. Es dauerte bis weit in die 1990er Jahre, bis ein Studium etwa für körperlich behinderte Menschen in Deutschland nicht mehr als unmöglich oder deutlich erschwert galt. Die Universitäten u. a. Bremen, Bochum und Regensburg boten durch bauliche Barrierefreiheit eine Möglichkeit für mobilitätseingeschränkte Studierende in Bezug auf Zugänglichkeit (vgl. Dannenbeck et al. 2016, S. 9). Die TU Dortmund erscheint als weitere Vorreiteruniversität für die Teilhabe behinderter Studierender. Der dort entwickelte und evaluierte Arbeitsansatz zielt auf die Ermöglichung des Studiums durch individuelle Beratung, aber auch strukturelle Beseitigung von Barrieren, die am Studium hindern (vgl. Rothenberg 2015, S. 164 f.).

2. Zur Situation behinderter Studierender

Laut den Ergebnissen der Studie „beeinträchtigt studieren 2" des Deutschen Studentenwerks aus 2018 sind in Deutschland 11 Prozent von insgesamt 2,8 Millionen Studierenden im Studium beeinträchtigt. Von diesen Personen geben 96 Prozent an, dass ihre Einschränkung für Dritte nicht auf Anhieb erkennbar sei. Beinahe 90 Prozent der Studierenden nennen Schwierigkeiten bei der Durchführung des Studiums. 44 Prozent machen Probleme im sozialen Miteinander an der Universität deutlich. Gleichzeitig werden Nachteilsausgleiche nur von nahezu 30 Prozent der betroffenen Studierenden genutzt. Die Hälfte aller Befragten greift bei der Organisation von Studium und Alltag auf Familienmitglieder zurück (vgl. DSW 2018, S. 2 f.).

In Österreich kommt die Studierendensozialerhebung aus 2015 zu ähnlichen Ergebnissen (vgl. BWFW 2016a, S. 15). Auch hier sind Nachteilsausgleiche häufig unbekannt oder werden selten genutzt. Mehr als die Hälfte der Studierenden finden individuelle Lösungen im Studium, ohne mögliche Nachteilsausgleiche zu beanspruchen (vgl. BWFW 2016b, S. 43).

Wie sehen hierzu die konkreten Erfahrungen der befragten Studierenden Robert (25, taub) und Lisa (30, Rollstuhlnutzerin, mit Persönlicher Assistenz lebend) aus, welche Art Exklusionsprozesse erleben sie?

3. Roberts Erfahrungen als tauber Student

Robert kommt 1994 als taubes Kind gehörloser Eltern in Deutschland zur Welt. Seine Muttersprache ist die Gebärdensprache. 2001 fällt der Entschluss der Familie, ihm ein Cochlear Implantat (CI) einsetzen zu lassen. Das Hören mit einem CI ermöglicht zwar das Wahrnehmen auditiver Signale, aber nicht automatisch Sprachverstehen, sodass Rehabilitation und teils lebenslanges Hörtraining essentielle Bestandteile solch einer Versorgung sind. Robert kommt in eine integrative Grundschulklasse zusammen mit hörenden und anderen hörgeschädigten Kindern. Der Unterricht erfolgt in der Lautsprache, die mit ihrer anderen Grammatikstruktur als der Gebärdensprache für ihn eine Fremdsprache darstellt. Anschließend besucht Robert das Gymnasium, das er mit dem Abitur abschließt. Nach einem Freiwilligen Sozialen Jahr entschließt er sich, den Aufnahmetest zum Medizinstudium zu absolvieren. Dafür möchte er, so wie er es aus der Schule kennt, eine Zeitverlängerung zum Schreiben der Prüfung beantragen.

> „[...]¹ es kam denn zu einem Gespräch mit dem Vizerektor und meiner Behindertenbeauftragten und fünf sechs anderen Leuten die mich dann regelrecht überrumpelt haben mit Anwalt allem Möglichem und mir wurde als Erstes direkt vom Vizerektorat gefragt warum ich überhaupt Medizin studiere mit meiner Behinderung warum ich nicht irgendwas anderes studiere als schwerbehinderter hörgeschädigter Arzt was ich damit anfangen will" (Interview 2: 2/59–2/63).

Indem Robert geraten wird, mit seinen individuellen Bedingungen das Studium zu wechseln, wird sein Menschenrecht auf selbstgewählte inklusive Bildung negiert. Dieses Recht beinhaltet und bedeutet, dass Hochschulen in der Verantwortung sind, ihrer gesetzlichen Verpflichtung nachzukommen, Umweltanpassungen für einen barrierefreien Zugang zum Studium vorzunehmen. Die von Robert vorgeschlagene Form des Nachteilsausgleichs wurde von der Universität nach einem Gespräch mit den Entscheidungsträgern abgelehnt. Hier zeigt sich von Seiten der Institution zum einen Audismus, also eine abwertende Haltung gegenüber tauben Menschen, zum anderen das medizinische Verständnis von Behinderung, welches das Gespräch dominiert. Robert werden persönliche Defizite zugeschrieben und die Hochschule steht mit dieser Entscheidung für Diskriminierung und für die soziale Konstruktion von Behinderung.

---

1 Die Transkription erfolgte für eine Fallrekonstruktion nach Rosenthal. Dabei wird der Text wörtlich und ohne Satzzeichen von Band übernommen, um ein Interpretieren der Aussagen an dieser Stelle zu vermeiden. Betonungen der Personen werden in Großbuchstaben signalisiert.

Dennoch nimmt Robert am Aufnahmetest teil und schreibt diesen in einem gesonderten Raum, jedoch ohne Arbeitszeitverlängerung. Er besteht den Test und beginnt sein Studium. Robert stellt in seinen Ausführungen Schwierigkeiten am Anfang des Studiums dar, die sich darin zeigten, dass er sich und seine Situation rechtfertigen musste. Er führt im nächsten Zitat aus, wie er den Vorlesungen folgt.

> „[…] es gibt so ein Mikrofon das [ich] dem Vortragenden anklippen kann das dann die Stimme direkt auf mein Implantat ohne Umwege über Lautsprecher oder über die schlechte Akustik in den Hörsälen […] das habe ich jetzt erst seit diesem Semester benutzt läuft super […] davor habe ich es nicht benutzt weil es ist sehr anstrengend für die Konzentration wo ich dann auch mir immer gedacht habe ‚nee ich geh nicht mehr in die Vorlesung ich lerne alles alleine daheim' (Interview 3: 2/87–3/93)

Erst mit Benutzen des Mikrofons sagt er, dass die Vorlesungen nun „super" laufen, denn damit hört er die Stimme des/der Dozent*in wie in einem Stereokopfhörer, nicht aber bzw. nur sehr erschwert die möglichen Beiträge seiner Mitstudierenden. Das könnte erklären, weshalb wir über Kontakte zu ihnen aus diesem Zitat nichts erfahren, auch im gesamten Interview gibt es dazu nur wenige Ausführungen, was auf eine mögliche kommunikative Exklusion im Studium mit hörenden Kommiliton*innen hindeutet. Seine Erfahrung zeigt, dass er zu Beginn des Studiums vom prototypischen Ort des Geschehens, dem Hörsaal, ausgeschlossen war und vermutlich bleibt – trotz Implantat und Hilfsmitteln.

Auch Lisa beschreibt Erfahrungen im Studium, bei denen sie Exklusion, jedoch in einer anderen Weise, erlebt.

4. Lisas Erfahrungen als Persönliche Assistenz nutzende Studentin

Lisa wird 1988 zu früh geboren und nutzt seit ihrer Kindheit im Alltag einen elektrischen Rollstuhl. Ihr Bildungsweg beginnt in einer Regel-Grundschule. Pflegerische Bedarfe werden durch Lehrkräfte gedeckt. Das wohnortnahe Gymnasium lehnt sie jedoch als Schülerin ab. Im Alter von 12 Jahren zieht sie daher in ein Internat, um ihr Abitur erlangen zu können. Hier können Unterstützungen im pflegerischen Bereich, aber auch bei organisatorischen oder schulischen Bedarfen, wie dem Mitschreiben im Unterricht, gegeben werden. 2009 besteht Lisa das Abitur. An ihrem Studienort sucht sie sich eine eigene Wohnung in einem Studierendenwohnheim und beantragt Persönliche Assistenz. Zu Beginn des Theologie-Studiums stehen ihr zehn Stunden Assistenz täglich zu. Sie baut sich ein Team zum selbstbestimmten Leben auf. Ein Studium und ein Leben in der eigenen Wohnung sind ihr dadurch erst möglich. Im Verlauf ihres Studiums zieht sie um und beantragt nun 24-Stunden-Assistenz. Sie verweist darauf, dass sie durch die höhere Stundenzahl ein Mehr an Selbstbestimmung erlebt. Dennoch spricht Lisa von erschwerten Bedingungen im Studium, vor allem in der Kommunikation mit Kommiliton*innen, und sie bringt diese mit der Persönlichen Assistenz in Verbindung.

> „das ist nämlich auch EINE Herausforderung von der Assistenz die ich am Anfang nicht so auf dem Schirm hatte dass die Leute immer denken du bist sozialisiert wenn du mit ner Begleitperson durch die Gegend rennst das erhöht zum Beispiel Berührungsängste von Kommilitonen noch mal stärker denen musste ich erst mal erklären ‚ja ok ich bin auf Unterstützung angewiesen aber die Assistenz brauch trotzdem nicht die ganze Zeit an mir kleben die ist auch durchaus mal nicht da' " (Interview 3: 9/28–10/1)

Sie spricht an, dass durch die Person der assistierenden Begleitung im Studium für andere Menschen der Eindruck entstehe, dass sie „sozialisiert", also mit Freund*innen unterwegs sei und kein weiterer Kontakt notwendig oder erwünscht wäre. Gegen diesen Eindruck anzugehen, bedeute, dass sie mit vielen Erklärungen zu ihrem Alltag zunächst die Berührungsängste ihrer Kommiliton*innen abbauen müsse, bevor Kontakt und Austausch entstehen könne. In diesem Zitat wird deutlich, dass Leben und Studieren mit Persönlicher Assistenz noch keine Selbstverständlichkeit im universitären Raum darstellt. In einem weiteren Zitat führt Lisa aus, wie fehlende Barrierefreiheit sehr oft ihre Selbstbestimmung einschränkt:

> „Ja das Ding ist halt immer gewesen ich musste mich entscheiden gehe ich auf die WG Party [...] weil kann ich in einem Schieberollstuhl sitzen aber ich kann keinen Schieberollstuhl bedienen weil ich den rechten Arm nicht zum Rollstuhlfahren nutzen kann das heißt wenn ich dann auf [...] [der] Party bin dann kann ich den ganzen Abend nicht selber [.] bestimmen wo ich hin fahren möchte [...]" (Interview 3: 10/13–10/20).

Lisa beschreibt, dass sie für sich selbst die Entscheidung zwischen Teilhabe an Zusammenkünften wie Partys und ihrer selbstbestimmten Bewegung im Elektro-Rollstuhl treffen muss. Denn nur mit leichterem, wendigeren Schieberollstuhl kann sie an Orte gelangen, die mit Treppen zugänglich sind, da sie mit diesem – im Gegensatz zum viel schwereren E-Rollstuhl – getragen werden kann. Diesen leichteren Schieberollstuhl kann sie aber nicht selber lenken. Es gibt also nur entweder ‚dabei sein', oder die Möglichkeit, einen Ort zu wählen, an dem sie sich selbstbestimmt bewegen kann. In ihrem Fall führt die fehlende Barrierefreiheit zur Behinderung ihrer Selbstbestimmung.

Die beiden vorgestellten Biografien beschreiben sehr unterschiedliche Erfahrungen. Gemein ist ihnen dennoch vor allem die Herausforderung, als behinderte Menschen im universitären Raum ihre spezifischen Bedürfnisse kommunizieren zu müssen – auf der einen Seite, um ihre individuellen Nachteilsausgleiche durchzusetzen, und andererseits, um im Kontakt mit anderen nichtbehinderten Studierenden zu verdeutlichen, wie sie im Alltag leben. Der studentische Alltag überlässt ihnen selbst die Aufgabe, teilhaben zu können, indem sie sich erklären. Veränderungen in der Umwelt, um Inklusion zu ermöglichen, bleiben weitgehend aus. Erst wenn Behinderung auch von Universitäten als soziales Phänomen verstanden wird, kann durch Kommunikation und Barrierenabbau ein inklusiverer Raum entstehen.

5. Individuelle Handlungsmöglichkeiten in exklusiven Bedingungen: Studentischer Raum für Inklusion

Hochschulen bieten einen materiellen Raum zur Wissensgewinnung. Gleichzeitig sind sie als studentischer Raum, als ein Lebensort der Interaktion und Gestaltung zu verstehen, der einem Wandel unterliegt (vgl. Ruppelt/Schuh/Sierig 2016, S. 217). „Der materiell-architektonische Raum sowie Gestaltungs-, Kommunikations- und Diskussionsräume [...], die durch Kommunikation entstehen, ermöglichen Inklusion und sind zugleich Ausdruck eben dieser." (ebd.) Das bedeutet konkret, „dass die bestehende Vielfalt an Bedürfnissen berücksichtigt, Heterogenität anerkannt und verschiedene Interessen gleichberechtigt wahrgenommen werden" (ebd., S. 215) müssen. Dies verstehe ich als die Voraussetzung dafür, individuelle Lösungen, Wege und Zugänge zum Studium zu finden und aufrechtzuerhalten, um so in – wie gezeigt wurde – eher exklusiven Strukturen kommunikative Räume zu eröffnen. Die Einbeziehung bzw. Beteiligung behinderter Studierender (und Lehrender) als Expert*innen ihrer Lebenssituation ist der einzige Weg, universitäre Strukturen inklusiver zu gestalten.

Literatur

Bundesministerium für Arbeit und Soziales (BMAS) (Hrsg.) (2016): Zweiter Teilhabebericht der Bundesregierung über die Lebenslagen von Menschen mit Beeinträchtigungen. Teilhabe – Beeinträchtigung – Behinderung. Bonn.
Bundesministerium für Arbeit, Soziales und Konsumentenschutz (BMASK) (Hrsg.) (2017): Bericht der Bundesregierung über die Lage der Menschen mit Behinderungen in Österreich 2016. Eigenverlag: Wien. broschuerenservice.sozialministerium.at/Home/Download?publicationId=428 (Abfrage: 12.08.2019).

Bundesministerium für Wissenschaft, Forschung und Wirtschaft (BWFW) (Hrsg.) (2016a): Studierenden-Sozialerhebung 2015. Bericht zur sozialen Lage der Studierenden. Wien: Bundesministerium für Wissenschaft, Forschung und Wirtschaft.

Bundesministerium für Wissenschaft, Forschung und Wirtschaft (BWFW) (Hrsg.) (2016b): Zur Situation behinderter, chronisch kranker und gesundheitlich beeinträchtigter Studierender. Wien: Bundesministerium für Wissenschaft, Forschung und Wirtschaft.

Dannenbeck, Clemens/Dorrance, Carmen/Moldenhauer, Anna/Oehme, Andreas/Platte, Andrea (2016): Inklusionssensible Hochschule. Zur Einführung in diesen Band. In: Dannenbeck, Clemens/Dorrance, Carmen/Moldenhauer, Anna/Oehme, Andreas/Platte, Andrea (Hrsg.): Inklusionssensible Hochschule. Grundlagen, Ansätze und Konzepte für Hochschuldidaktik und Organisationsentwicklung. Bad Heilbrunn: Klinkhardt, S. 9–21.

Degener, Theresia (2015): Die UN-Behindertenrechtskonvention – Ein neues Verständnis von Behinderung. In: Degener, Theresia/Diehl, Elke (Hrsg.): Handbuch Behindertenrechtskonvention. Teilhabe als Menschenrecht – Inklusion als gesellschaftliche Aufgabe. Bonn: Bundeszentrale für politische Bildung, S. 55–74.

Deutsches Studentenwerk (DSW) (Hrsg.) (2018): beeinträchtigt studieren. Daten zur Situation von Studierenden mit Behinderung und chronischer Erkrankung. Berlin: Eigenverlag. (auch online unter www.studentenwerke.de/sites/default/files/dsw-best2_barrierefrei_neu.pdf, Abfrage: 03.08.2019).

Rothenberg, Birgit (2015): Der Arbeitsansatz des Dortmunder Zentrums Behinderung und Studium als übertragbarer Weg zu einer „Hochschule für alle". In: Degener, Theresia/Diehl, Elke (Hrsg.): Handbuch Behindertenrechtskonvention. Teilhabe als Menschenrecht – Inklusion als gesellschaftliche Aufgabe. Bonn: Bundeszentrale für politische Bildung, S. 162–169.

Ruppelt, Ronja/Schuch, Tabea/Sierig, Anne (2016): Universität inklusionssensibel denken – Eine Annäherung anhand der Frage nach Studentischem Raum. In: Dannenbeck, Clemens/Dorrance, Carmen/Moldenhauer, Anna/Oehme, Andreas/Platte, Andrea (Hrsg.): Inklusionssensible Hochschule. Grundlagen, Ansätze und Konzepte für Hochschuldidaktik und Organisationsentwicklung. Bad Heilbrunn: Klinkhardt, S. 215–226.

Straub, Theresa M. (2019): Persönliche Assistenz: Biografische Erfahrungen. Ein Beitrag zum rekonstruktiven Verständnis unterstützender Arbeit mit behinderten Menschen. Opladen und Berlin und Toronto: Barbara Budrich.

Hörbehinderung im Werden

Eine biographiezentrierte und zugehörigkeitstheoretische Perspektive

Fabian Rombach

1. Einleitung

Das Phänomen Hörbehinderung wird vor allem unter den Begriffen ‚Schwerhörigkeit‘, ‚Taubheit‘, ‚Resthörigkeit‘ und sogenannter Hörschädigung oder Gehörlosigkeit thematisiert. Hierbei handelt es sich um kategoriale Etikette, die Menschen mit spezifisch verkörperter Differenz anhaften und auf ein Spektrum akustischer Wahrnehmung verweisen. Häufig stehen die genannten Bezeichnungen in einem medizinischen Kontext und werden als die Kehrseite der Medaille des Hörens verstanden. Wissenschaftliche Diskurse und öffentliche Debatten um unterschiedliche Hörstatus sind reich an kollektiven Verallgemeinerungen; oftmals ist die Rede von einer vermeintlichen ‚Welt der Gehörlosen‘ und einer ‚Welt der Hörenden‘ oder einer einheitlichen Figur des ‚Menschen mit Hörbehinderung‘. Solche kollektiven Konstellationen gewinnen auch an Selbstverständlichkeit trotz oder gerade wegen der Neukonstruktion von Hörbehinderung als Ergebnis sozialer Behinderung (disability) statt individueller Sinnesbeeinträchtigung (impairment). Nah am sozialen Behinderungsmodell (vgl. Oliver 1990) orientiert wurde in den letzten Dekaden das Selbstverständnis vieler hörbehinderter Menschen als eine sprachliche Minderheit (vgl. Ladd 2019) evoziert. Häufige Essenzialisierungen und Verdinglichungen haben dazu beigetragen, dass diese ‚Sprachgemeinschaft‘ oft als eine natürliche Gruppe gesehen wird.

Anstatt von homogenisierten Identitäten auszugehen und kollektive Grenzen zu konstituieren, kehrt der vorliegende Beitrag mit dem Konzept der Zugehörigkeit (vgl. Anthias 2006) die Betrachtungsperspektive um. Den kollektiven Formationen steht perspektivisch der Weg des Einzelnen gegenüber. Damit werden diejenigen in das Zentrum des Interesses gerückt, deren verkörperte Differenz als ‚hörbehindert‘ etikettiert wird. Ich beginne mit dem Vorschlag, ‚Hörstatus ohne Gruppen‘ zu denken und erkläre dann, was ich unter dem Begriff des ‚Belonging‘ verstehe. Im zweiten Teil des Beitrags möchte ich aufzeigen, wie der Ansatz der „biographischen Navigation“ (vgl. Pfaff-Czarnecka

2012) zum Verständnis komplexer, individueller Lebenslagen beitragen kann. Die hier als empirische Grundlage meiner Argumentation gewählten Interviewausschnitte veranschaulichen die Heterogenität von Lebenserfahrungen und persönlichen Perspektiven.

2. Hörstatus ohne Gruppen

In einer Vielzahl akademischer Beiträge, die u. a. dem Forschungszweig Deaf Studies zuzurechnen sind, lässt sich eine stark gruppenorientierte Analyseperspektive feststellen. Der kollektivierende Aktivismus lässt sich an zwei Beispielen veranschaulichen: So findet sich eine verbreitete Kollektivierung in der englischsprachigen Unterscheidung zwischen klein- (deaf) und großgeschriebenem Deaf. Die auf James Woodward (1975) zurückgehende Schreibung mit einem großen „D" wurde eingeführt, um auf eine sprachlich-kulturelle Gruppenidentität zu verweisen. Diese versinnbildlichte Identitätskonstruktion distanzierte sich von der kleingeschriebenen Variante und der ihr zugerechneten medizinisch-pathologischen Auffassung von Taubheit resp. Hörbehinderung. Die dichotome Schreibweise wurde vielfach rezipiert (vgl. Baumann/Murray 2014; Eckert 2010) und z. T. abgewandelt, etwa in DEAF (vgl. Gulliver 2009). Diesbezüglich konstatieren Woodward und Horejes (2016, S. 287), dass „the notion of d/D has become an ideological battlefield that further creates rigid and static notions of what being deaf means."

Die kollektivierende Wahrnehmung und Beschreibung wirkt sich darüber hinaus auf die akademische Analyse aus und prägt neben Begrifflichkeiten auch Untersuchungspositionierungen. So wird etwa die soziale Formation ‚Gebärdensprachgemeinschaft' zunehmend als analytischer Ausgangspunkt gewählt – und als ethnische Gruppe diskutiert. Harlan Lane (2005) etwa begründet mit dem Konzept Deaf Ethnicity die Gemeinschaft der sogenannten ‚visual people' als eigene Ethnie, welche auf einem kollektiven Fundament aus Sprache, Identität, Kultur sowie Geschichte stehe. Die Auseinandersetzung mit Ethnizität hat wiederum bspw. Anne Uhlig (2012) beim Wort genommen und greift in ihrer „Ethnographie der Gehörlosen" umfassend auf ethnisierende und kollektivierende Formeln wie „Gehörlosengemeinschaft" oder „die Gehörlosen" und „die Hörenden" zurück, um ihre zentralen Analyseeinheiten zu beschreiben.

Die allgegenwärtige Tendenz zum Gruppendenken ist Gegenstand einer Kritik, die seit einiger Zeit innerhalb der sozialwissenschaftlichen Forschung kollektive Annahmen in Frage stellt (vgl. Wimmer/Glick-Schiller 2002). Im Sinne eines methodologischen Kollektivismus, dem „Gruppismus" (Brubaker 2002, S. 164), werden Gruppen – meist wie selbstverständlich – als abgegrenztes Ganzes und sogar als kollektiv agierende Akteur*innen mit gemeinsamem Ziel dargestellt. Die Verdinglichung von Kollektiven, so Rogers Brubaker, stütze sich oftmals auf landläufige Kategorien der gesellschaftlichen und politischen Praxis. Diese Praxiskategorien seien darauf angelegt, „aufzurütteln, zu beschwören, zu rechtfertigen, zu mobilisieren, anzustacheln und anzuspornen" (Brubaker 2007, S. 20). Derartige Kategorien der sozialpolitischen Praxis sollten allerdings Bestandteile der wissenschaftlichen Analyse sein, statt sie zur Klärung anderer Phänomene heranzuziehen. Anstelle ‚Gruppen' als wirkliche Dinge-in-der-Welt zu verstärken, so die Kritik, sei die Aufmerksamkeit auf die entsprechenden sozialen Prozesse und Beziehungen mit ihrem relationalen, dynamischen und wechselvollen Charakter zu richten.

‚Hörstatus ohne Gruppen' zu denken bedeutet, die kollektiven Formationen nicht als gegeben zu betrachten, sondern stattdessen die Vielfalt sozialer Wahrnehmung von Gemeinsamkeit zu analysieren. Die Denkgewohnheit, von so etwas wie einer ‚Gehörlosengemeinschaft' oder einer vermeintlich homogenen Gruppe ‚der Hörenden' auszugehen, wird damit gewendet, ohne deren soziale Bedeutung abzusprechen. Der analytische Fokus wird hierdurch auf die machtvolle Kristallisation des mehr oder weniger vorhandenen Gruppengefühls verschoben. Es wird also danach gefragt, wie Menschen, denen das Merkmal ‚Hörbehinderung' anhaftet, sich als Gemeinschaft erleben. Hierfür erweisen sich biographische Ansätze als fruchtbar, die den Fokus auf die „Politiken des Selbst" (Bauman 2011, o. S.) richten. Um Missverständnisse zu vermeiden: Solche biografischen Ansätze sind dabei nicht einem methodologischen Individualismus verpflichtet. Menschen bewegen sich stets in einem vielfältigen Beziehungsgeflecht und sind damit niemals unabhängig von ihren sozialen Determinanten (vgl. Calhoun 2003). Zugleich gibt es aber Möglichkeiten, auf soziale Realitäten einzuwirken und sich einen Ort auf der Welt zu erschaffen, um die persönliche Geschichte für sich zu kreieren (vgl. Pfaff-Czarnecka 2013).

3. Konstellationen der Zugehörigkeit

Durch die häufige Wahrnehmung hörbehinderter Menschen als Kollektiv wird der Fokus nur selten auf einzelne Lebensgeschichten gerichtet. Durch biographische Ansätze lassen sich jedoch Menschen mit ihren persönlichen Werdegängen in den Mittelpunkt stellen. Der Lebensweg des Einzelnen – in dessen Verlauf soziale Bande gelockert und neue Kontakte geknüpft werden, auf dem auch unterschiedliche Zugehörigkeiten kombiniert werden – ist das, was Joanna Pfaff-Czarnecka (2013) als „biographische Navigation" zwischen verschiedenen Konstellationen der Zugehörigkeit konzeptualisiert. Es handelt sich um einen Prozess, den jeder Mensch mit mehr oder weniger Mühe und mehr oder weniger dramatisch in seinem Leben durchlebt und der sich aus andauernden bewussten wie unbewussten Neu-Orientierungen, Ich-Konstruktionen, Aushandlungen und Positionierungen zusammensetzt (vgl. Pfaff-Czarnecka

2012, S. 8). Folgt man dem individuellen Weg eines*einer jeden, lässt sich so das Zusammenspiel von individuellen Entscheidungen, Verpflichtungen, Sehnsüchten, Hoffnungen, Wünschen einerseits und kollektiven Einbettungen sowie Prozessen andererseits beobachten.

Was macht Zugehörigkeit aus? Geborgenheit und der hohe Stellenwert des Eingebettetseins in ein soziales Gefüge werden in den alltagsnahen Begriffen des Zugehörens und des Zusammengehörens versinnbildlicht. Während der englische Ausdruck ‚belonging' diese Unterscheidung zwischen dem individuellen Verhältnis zu einem Kollektiv und die Verbindung von Gruppenmitgliedern untereinander zwar nicht trifft, bedeute er, so Floya Anthias (2006, S. 21), das Teilen von Werten, Netzwerken und Praktiken. Pfaff-Czarnecka (2012, S. 12) definiert Zugehörigkeit hingegen umfassender als „eine emotionsgeladene soziale Verortung, die durch das Wechselspiel (1) der Wahrnehmung und der Performanz der Gemeinsamkeit, (2) der sozialen Beziehungen der Gegenseitigkeit und (3) der materiellen und immateriellen Anbindungen oder auch Anhaftungen entsteht." Als zentrale Parameter von Zugehörigkeit begreift sie in diesem Sinne soziale Relationen, die sich sowohl durch Gemeinsamkeit und Gegenseitigkeit auszeichnen als auch durch die Ein- oder Anbindung von Menschen an (im-)materielle Objekte und Orte. Die dreigliedrige Perspektive erlaubt es, verschiedene Komponenten und Konstellationen der Zugehörigkeit näher zu betrachten. Dies möchte ich nachfolgend an den Erzählungen von Helena und Johannes veranschaulichen. Die Ausführungen beruhen auf biografisch-narrativen Interviews, die im Rahmen meiner Masterthesis (vgl. Rombach 2018) an der Universität Bielefeld geführt wurden.

3.1 Sehnsucht nach Zugehörigkeit

Die 22-jährige Helena wohnt in einer mitteleuropäischen Großstadt. Sie steht am Anfang ihres Studiums und möchte nach ihrem Universitätsabschluss wieder in ein Dorf ziehen. Das dortige Leben ist ihr vertraut, da sie – im Kreis ihrer älteren Schwester und ihrer Eltern – auf dem Land aufgewachsen ist. Alle Familienmitglieder gebärden seit jeher miteinander und nutzen mehr oder weniger – bis auf ihren tauben Vater – Hörgeräte. Während ihre Eltern einst den Hauptschulabschluss gemacht haben, gehört Helena zur ersten Generation mit Abitur in der Familie. Es handelt sich hier um den Ausschnitt eines persönlichen Werdegangs und um den Weg eines sozialen Aufstiegs, den ich nicht nur als eine Form der Migration zwischen Stadt und Land, sondern auch als Bewegung zwischen sozialen Schichten verstehe. Nachdem Helena ihren Realschulabschluss an einer lautsprach-orientierten Schule abschließt, wechselt sie anschließend an ein Gymnasium mit dem Förderschwerpunkt ‚Hören' und zieht dafür in das zugehörige Schulinternat. Dieses Umfeld, so erzählt sie, „war [...]

der Ort, an dem sich sozusagen ‚Gebärdensprache für mich gefestigt' hat" (S. 3, Z. 72 f.).

Helena beschreibt mit ihrem Schulwechsel mindestens drei Zugehörigkeiten: Ein Wohlfühlen im Zusammensein mit Menschen, die ihre Erfahrungen und ihr Wissen darüber teilen, wie es ist, sich in einer lautsprachlich strukturierten sozialen Welt zurechtzufinden. Die zweite Bedeutung zeigt sich in der Selbstverständlichkeit, ihren Hörstatus gegenüber Peers nicht erklären zu müssen. In der Realschule habe sie hingegen stets auf ihre Hörbehinderung hinweisen müssen, damit andere Personen langsam mit ihr sprechen. Als drittes thematisiert Helena die Anbindung, sich über eine gemeinsam geteilte Sprache zu identifizieren. Das Eingebundensein in ein gebärdensprachliches Umfeld und in ein soziales Gefüge, das ihr vertraut ist und in dem sie sich zu Hause fühlt, verleiht Helena eine sinnliche Faktizität. Sie thematisiert ihren Schulwechsel somit nicht nur in einem geografischen Sinn. Es ist offensichtlich, dass sie gebärdensprachliche Anbindung braucht, um sich geborgen zu fühlen. Im Zusammensein mit Peers hat sie für sich eine wichtige Konstante entdeckt, um ihren Ort auf der Welt zu finden. Es ist das Zusammenspiel von Gemeinsamkeit, Gegenseitigkeit und Anbindung, das Zugehörigkeit schafft. Alle drei Dimensionen werden individuell gefühlt und kollektiv ausgehandelt.

3.2 Im Kosmos multipler Zugehörigkeiten

Verschiedenartige Konstellationen der Zugehörigkeit entstehen in Sowohl-als-auch-Situationen – sie bedingen Mehrfachzugehörigkeiten. Je nach Kontext sowie räumlichen Dehnungen und Verschachtelungen ergeben sich unterschiedliche Horizonte der Zusammengehörigkeit. Aus der Perspektive der belonging-Theorie lässt sich verstehen, welche Herausforderungen und auch mögliche Chancen mit der Heterogenität sozialer Welten verbunden sein können. Gewiss ist, dass der Aufbau und die Aufrechterhaltung multipler Zugehörigkeiten besonders schwierig sind und großer Anstrengungen bedürfen, wenn es sich um soziale Räume handelt, in welchen sich plurale Differenzmerkmale verschränken.

Für Johannes bietet das Leben in einer mitteleuropäischen Großstadt die Chance, seine Homosexualität nicht länger verstecken zu müssen. Denn der 33-Jährige weiß nicht nur aus Erfahrung, wie es ist, mit der Zeit ein Netz aus Verheimlichungen zu spinnen, sondern er hat auch erlebt, wie herausfordernd es ist, als schwerhöriger junger Mann auf dem Land Kontakt zu anderen homosexuellen Männern aufzubauen. Welche Schwierigkeit ein ‚Leben in der Intersektionalität' mit sich bringen kann, erfährt Johannes schon während seiner Schulzeit. Dort erlebt er, wie hörbehinderte Schulkameraden einen Mitschüler aufgrund seiner sexuellen Orientierung drangsalieren. Da er im Dorf kaum Freunde hat und den Besuch einer weiterführenden Schwerpunktschule gegenüber den hörenden Eltern massiv eingefordert hat, erlebt Johannes seine Homosexualität und Hörbehinderung mit dem ‚Wir' der Jugendclique als unvereinbar. Aus Angst davor, plötzlich alleine zu sein, stellt er seine Bedürfnisse unter einem enormen emotionalen Druck zurück. Denn er wollte einer gebärdensprachorientierten Jugendgruppe angehören, die ihm allerdings keinen Raum für sein Coming-out bot.

Die Erzählung von Johannes veranschaulicht die persönliche Navigation zwischen Konstellationen der Zugehörigkeit, die das Abwägen von Optionen notwendig machen. Zurückblickend schildert Johannes auch seine persönliche Herausforderung:

„[…] was mein schwules Leben angeht: Die Gehörlosen-Welt und das Schwulsein, da gibt es nur so weniges. Wo finde ich darin, was meinen Wünschen entspricht: Jemanden um sich zu treffen oder so? […] In der Hörenden-Welt hingegen gibt es eine größere Auswahl und es gibt dort viele Möglichkeiten" (S. 17, Z. 494–501).

Johannes thematisiert hier seine multiplen Zugehörigkeiten, die für ihn sowohl durch seine sexuelle Orientierung als auch durch die Hörbehinderung sowie städtische und dörfliche Lebensmittelpunkte entstehen und bringt zum Ausdruck, dass es keineswegs einfach ist, zwischen unterschiedlichen Räumen der Zugehörigkeit zu navigieren.

Im weiteren Verlauf von Johannes' Biographie zeigt sich, wie er sich infolge eines Fremd-Outings von seinem vertrauten Umfeld abgrenzt und mit dem Umzug in eine Großstadt beginnt, die eigenen Identifikationskontexte in zunehmend harmonische Übereinstimmung zu bringen:

„Dort an der Schule […] musste ich mein Privatleben geheim halten und nun an der Uni kann ich offen sein. Man braucht es nicht zu verheimlichen. Meine Kommilitonen sind auch schwul und lesbisch. Mit vielen tausche ich mich aus und das ist schön" (S. 22, Z. 643–646).

Nachdem das Teilen von Erfahrungen in gewisser Weise unmöglich war, ist es der neue Bezugshorizont an einer städtischen Universität, der es Johannes ermöglicht, sein Leben in unterschiedlichen Kontexten zu verbinden und eigene Zugehörigkeitsräume zu finden.

4. Schlussbetrachtung

In der Betrachtung des vorliegenden Ansatzes fokussiert eine zugehörigkeitstheoretische und biographische Perspektive auf die prozessualen Momente und multiplen Konstellationen des Selbst. Wie einleitend bereits angemerkt, vermag eine solche Blickrichtung das Kollektivsingular einer sogenannten Gehörlosengemeinschaft aufzubrechen und eine Vielschichtigkeit an möglichen Pfaden der Zugehörigkeit aufzuzeigen. Hörstatus ohne Gruppen zu denken, kann dabei helfen, die interne Differenziertheit der sozialen Formation der ‚Menschen mit Hörbehinderung' offenzulegen und vielschichtige Persönlichkeiten wie auch eine breite Palette sozialer Positionierungen herauszuarbeiten. Indem der Ansatz der biographischen Navigation egozentriert ist und den Blick auf die Konstellationen der Zu- und Zusammengehörigkeit richtet, wird der kreative Akt des Sich-Zugehörigkeit-Schaffens in das Zentrum gerückt. Es geht damit um eine Sicht auf die Momente des individuellen Werdens.

Literatur

Anthias, Floya (2006): Belongings in a Globalising and Unequal World. Rethinking Translocations. In: Yuval-Davis, Nira/Kannabirān, Kalpana/Vieten, Ulrike (Hrsg.): The situated politics of belonging. SAGE studies in international sociology. Thousand Oaks: SAGE, S. 17–31.

Bauman, H./Dirksen, L./Murray, Josef J. (Hrsg.) (2014): Deaf gain. Raising the stakes for human diversity. Minneapolis: University of Minnesota Press.

Bauman, Zygmunt (2011): Migration and identities in the globalized world. In: Philosophy and social criticism 37, H. 4, S. 425–435.

Brubaker, Rogers (2002): Ethnicity without groups. In: European Journal of Sociology 43, H. 2, S. 163–189.

Brubaker, Rogers (2007): Ethnizität ohne Gruppen. Hamburg: Hamburger Ed.

Calhoun, Craig (2003): Belonging in the cosmopolitan imaginary. In: Ethnicities 3, H. 4, S. 531–568.

Eckert, Richard C. (2010): Toward a Theory of Deaf Ethnos. Deafnicity – D/deaf (Hómaemon – Homóglosson – Homóthreskon). In: Journal of deaf studies and deaf education 15, H. 4, S. 317–333.

Gulliver, Michael Stuart (2009): DEAF space, a history: The production of DEAF spaces – Emergent, Autonomous, Located and Disabled in 18th and 19th century France. University of Bristol [Diss., unveröff.].

Lane, Harlan L. (2005): Ethnicity, Ethics, and the Deaf-World. In: Journal of deaf studies and deaf education 10, H. 3, S. 291–310.

Ladd, Paddy (2019): Die politische Situation von Gebärdensprachgemeinschaften. In: Aus Politik und Zeitgeschichte 6–7, S. 37–41.

Oliver, Michael (1990): The Politics of Disablement. Basingstoke: Palgrave Macmillan.

Pfaff-Czarnecka, Joanna (2012): Zugehörigkeit in der mobilen Welt. Politiken der Verortung. Göttingen: Wallstein.

Pfaff-Czarnecka, Joanna (2013): Multiple belonging and the challenges to biographic navigation (MMG Working Paper 13-05). Göttingen: Max-Planck-Institut zur Erforschung multireligiöser und multiethnischer Gesellschaften.

Rombach, Fabian (2018): Hörbehinderung im Werden: Eine biografische und zugehörig-keitstheoretische Perspektive. Universität Bielefeld: Fakultät für Soziologie [Masterarbeit, unveröff.].

Uhlig, Anne C. (2012): Ethnographie der Gehörlosen. Kultur – Kommunikation – Gemein-schaft. Bielefeld: transcript.

Wimmer, Andreas/Glick Schiller, Nina (2002): Methodological Nationalism and Beyond: nationstate-building, migration and the social sciences. In: Global Networks 2, H. 4, S. 301–334.

Woodward, James (1975): How you gonna get to Heaven if you can't talk with Jesus: The educational establishment vs. the Deaf community. Vorgestellt auf dem Jahrestreffen der Society for Applied Anthropology, Amsterdam.

Woodward, James/Horejes, Thomas P. (2016): deaf/Deaf: Origins and Usage. In: Gertz, Ge-nie/Boudreault, Patrick (Hrsg.): The SAGE Deaf Studies Encyclopedia. Thousand Oaks (Ca.): SAGE, S. 284–287.

Deaf Studies neu denken

Tomas Vollhaber

Vor einigen Jahren rief ein Vortrag von Horst Ebbinghaus, Leiter des Studiengangs Deaf Studies an der Humboldt Universität, unter den anwesenden Tauben große Entrüstung hervor, als er den Deaf Studies die Charakteristika einer Ideologie zuwies und damit die Wissenschaftlichkeit seines eigenen Studiengangs in Frage stellte:

> „Im Gehörlosendiskurs werden Deaf Studies nicht als akademische Disziplin betrachtet, die ihre eigenen wissenschaftlichen Interessen verfolgt, sondern Deaf Studies erscheinen als aus der Lebensperspektive Gehörloser gewonnene Summe von Anschauungen, Vorstellungen und Werturteilen, die bestimmte Zielvorstellungen klären und politisch umzusetzen helfen sollen. Deaf Studies erfüllen damit die wesentlichen Charakteristika einer Ideologie" (Ebbinghaus 2013, S. 393).

Damit reagierte Ebbinghaus auf den Text einer aus Tauben bestehenden Arbeitsgruppe, die in ihrem ‚Leitbild' Deaf Studies als den Ort begreifen, der „die Grundlage zur Stärkung des Empowerments" (Fischer et al. 2009, S. 393) darstelle.

Mit dem Ideologievorwurf waren bspw. auch Gender-, Black-, Women-, Queer- oder Disability Studies konfrontiert. Der Vorwurf bezieht sich auf eine Koinzidenz, die im traditionellen Verständnis akademischer Arbeit nichts zu suchen hat, um den normativen Merkmalen von Wissenschaftlichkeit gerecht zu werden. Die Koinzidenz besteht darin, dass Gegenstand *und* forschendes Subjekt Teil des Reflexionsprozesses darstellen. Sie referiert auf die Tatsache, dass sich in den sozialen Bewegungen, die den Studies vorausgegangen sind und die es nach wie vor gibt, jene engagieren, die auch in den Studies anzutreffen sind. Für die Deaf Studies weisen Annelies Kusters und ihre Co-Autoren explizit auf diesen Umstand hin:

> „Den Lesern wird vielleicht eine Spannung in unserer Arbeit auffallen: Wir schreiben sowohl als Wissenschaftler, die sich für die Erforschung der existierenden Literatur zu Diversität und Inklusion in Bezug auf taube Menschen interessieren, wie auch als Aktivisten, die sich insbesondere aufgrund des Erscheinens neuer genetischer und medizinischer Eingriffe im Bereich der Taubheit um die Zukunft tauber Menschen in der Welt sorgen" (Kusters et al. 2015, S. 210 f.).

Die Frage muss also lauten: Erfüllen die Studies per se nicht die normativen Anforderungen, die an Wissenschaftlichkeit gestellt werden und müssen deswegen mit dem Ideologievorwurf leben, oder ist dieser unter anderem auch von Ebbinghaus formulierte Begriff von Wissenschaftlichkeit selbst in hohem Maß ideologisch?

Der Konflikt um den Ideologievorwurf zeigt deutlich, dass Studies jene Wissenschaftsformationen sind, die den Zusammenhang von forschendem Subjekt und beforschtem Gegenstand nicht nur expliziert haben, sondern ihre erkenntnistheoretischen Interessen darin entfalten, und zwar auf drei Ebenen: ihrem praxisorientierten Denken, ihrer sozial- und kulturkritischen Sicht auf gesellschaftliche Bedingungen und ihrer Kritik an binären Konstruktionen. Forschendes Subjekt und beforschter Gegenstand sind dabei diskursiv miteinander verbunden, allerdings nicht im Sinne normativer Forderungen, wie sie von sozialen Bewegungen gestellt werden, vielmehr als Denk- und Diskurspraxis der kritischen Infragestellung normativer Vorstellungen. Insofern sind im Gegensatz zu sozialen Bewegungen Studies ein Ort, an dem alle teilnehmen können, die über die notwendigen Voraussetzungen verfügen. Forschende müssen keine Frau sein, um mit den Denkmodellen der Gender Studies zu arbeiten, nicht schwul oder lesbisch für die Queer Studies, nicht behindert für die Disability Studies, nicht schwarz für die Black Studies und kein Migrant für die Postcolonial Studies.

Zwar ist es möglich, an manchen Universitäten einen akademischen Abschluss in einer der Studies zu erwerben; das Besondere an Studies jedoch besteht darin, dass sie ihr innovatives und produktives Potenzial *innerhalb* der Gegenstände von Fächern entwickeln. Darin liegt ihr subversives – also politisches – Potenzial, wonach kein Gebiet jenseits der Studies zu denken wäre. Aber wie verhält es sich im akademischen Feld der Deaf Studies? Müssen Studierende und Forschende taub sein, um sich in den Deaf Studies zu engagieren?

1. Deaf Studies exkludiert nicht-taube Akademiker

In Studiengängen, deren Gegenstand die Deutsche Gebärdensprache (DGS) ist, hat es den Anschein, als ob Deaf Studies eine Funktion erfüllen, die in Form von ‚Landeskunde‘ Bestandteil fremdphilologischer Studiengänge ist und Informationen über Land und Leute vermitteln will. Deaf Studies-Studierenden werden Einblicke in die Kultur und in unterschiedliche Lebensbereiche tauber Menschen gewährt. Ihnen, von denen die meisten bisher keinen Kontakt zu tauben Menschen hatten, wird das Bild einer Gemeinschaft vermittelt, die sich ihrer Traditionen, Geschichte(n) und Kultur bewusst ist und vom Band der gemeinsam geteilten Gebärdensprache zusammengehalten wird.

Zweifellos hat das Erlernen der DGS viele Ähnlichkeiten mit dem Erlernen einer anderen Fremdsprache. Und doch wird gerade am Thema ‚Landeskunde' ein zentraler Unterschied deutlich: Eigentlich bedürfte es keiner landeskundlichen Unterweisung, denn DGS ist eine Sprache, die in Deutschland gesprochen wird, einem Land also, das den Studierenden vertraut ist. Aber – und das unterscheidet den DGS-Unterricht vom Erwerb anderer Fremdsprachen – sie wird von Menschen gesprochen und gelehrt, die nicht hören. Es ist also kein anderes Land, sondern die grundlegend andere Lebenserfahrung des Nicht-Hörens, die es in Gebärdensprach-Studiengängen zu denken gilt. Allerdings wird diese andere Lebenserfahrung nicht als Erfahrung des Nicht-Hörens, sondern als Erfahrung eines Lebens in einer anderen Welt vermittelt, als ob Taubheit erst unter Zuhilfenahme dieser Metapher denkbar werde.

Nun kann (Nicht-)Hören auf zweierlei Weise verstanden werden: Zum einen in einer Gesellschaft zu leben, in der (Nicht-)Hören Lebenserfahrungen auslöst, die sich fundamental unterscheiden – also eine Sichtweise, die die ‚Normalität' des Hörens kritisch befragt. Fragen, die sich in Bezug auf diese Sichtweise stellten, wären: Was gelingt und misslingt den einen anders als den anderen; worin unterscheiden sich die Lebenserfahrungen von Hörenden und Tauben; mit welchen akademischen Disziplinen lassen sich diese differenten Erfahrungen beschreiben? Es sind Fragen, die Alterität und gleichzeitige Verwobenheit sowie das Miteinander-Sein hörender und tauber Menschen und ihre körperliche Verfasstheit reflektierten.

Die andere Lesart von (Nicht-)Hören bestünde darin, in einer ‚Welt tauber Menschen' zu leben, die in einem Kosmos hörender Menschen verortet ist, ohne den Kontakt mit diesem Kosmos zu denken und sich auf das Leben in der ‚Welt der Gehörlosen' beschränkt – im Sinne einer normativen Sichtweise, bei der Taubheit selbst ein Tabu bleibt. Fragen in Bezug auf diese Sichtweise entsprechen jenen, die im Fach ‚Landeskunde' gestellt werden und die von einer substanziellen Trennung der Lebensbereiche hörender und tauber Menschen ausgehen im Sinne eines ‚Zwei-Welten-Konstrukts'.

Die Ideologie von einer ‚Welt der Gehörlosen' basiert unter anderem auf ethnisierenden Konzepten wie Deaf Ethnicity und Deafhood. Deaf Ethnicity begreift die Taubengemeinschaft als eigene Ethnie, die über eine „kollektive Sprache, kollektive Identität, kollektive Kultur, kollektive Geschichte, kollektive Kunst, kollektive Epistemologien und Ontologien" (Ladd/Lane 2014, S. 51) verfügt. Das Deafhood-Konzept hingegen richtet den Blick auf die tauben Kulturgemeinschaften und versteht sich darin, „traditionelles gehörlosenkulturelles Wissen, Weisheit und Erfahrungen zu respektieren und gleichzeitig die Tatsache anzuerkennen, dass Gehörlosenkulturen über einen Zeitraum von etwa 130 Jahren durch Audismus und Kolonialismus negativ beeinflusst und sogar aktiv geformt worden sind" (ebd., S. 48). Beide Konzepte prägt ein gemeinsames Merkmal: Ihr ethnisierendes Konzept leugnet die Existenz eines tauben *Kör-*

pers. So ist es nicht verwunderlich, dass Deaf Studies keinen Anschluss an Disability Studies suchen.

Durch die Rückbesinnung auf traditionelles gehörlosenkulturelles Wissen gewährleiste Deafhood die Stabilisierung der Taubengemeinschaft und würde es ermöglichen, „Brücken zu anderen Fachdisziplinen aufzubauen", zu denen „Soziologie und Anthropologie, Philosophie, die Künste, Humangeographie, Minority Studies und Cultural Studies" (ebd., S. 49) gehören. Disability Studies gehören nicht dazu, obwohl das von den Disability Studies formulierte soziale Modell mit dem kulturellen Modell der Deaf Studies große Ähnlichkeiten aufweist, wie ich im Folgenden darstelle.

2. Eine körperorientierte Perspektive ermöglicht die Öffnung der Deaf Studies

Es ist bei den Deaf Studies eine Körperablehnung bzw. -vergessenheit zu erkennen, die Anne Waldschmidt (2005) sowohl für das in den Disability Studies als „medizinisches Modell" bekannt gewordene Vorstellung der Reparaturbedürftigkeit des behinderten Körpers als auch für das soziale Modell bei seiner Unterscheidung von Beschädigung (impairment) und Behinderung (disability) beobachtet. Zum sozialen Modell schreibt sie: „Vor allem in körpertheoretischer Hinsicht verdient das soziale Modell tatsächlich Kritik, denn es basiert ganz offensichtlich auf einer kruden Dichotomie von ‚Natur' und ‚Kultur', von ‚impairment' und ‚disability' " (Waldschmidt 2005, S. 20, Hervorhebung i.O.) mit seinem Fokus auf die kulturelle Bedingtheit von Behinderung und seinem Verschweigen der körperlichen Differenz. Es seien vor allem politische Gründe, die diese Dichotomie motivierten: „Von den Vertretern des sozialen Modells wird heftig bestritten, dass es eine kausale Beziehung zwischen ‚impairment' und ‚disability' gibt. Man befürchtet offenbar, dass das Zugeständnis einer Verbindung die Politikfähigkeit der Behindertenbewegung schwächen könnte" (ebd., S. 21).

Sowohl das medizinische als auch das soziale Modell der Disability Studies und damit analog sowohl das medizinische (deaf) als auch das kulturelle Modell (Deaf) der Deaf Studies teilen eine gemeinsame Sicht auf Behinderung. Für die Disability Studies schreibt Waldschmidt: „Beide Ansätze nehmen Behinderung primär als ein ‚Problem' wahr, das in irgendeiner Weise der ‚Lösung' bedarf" (ebd., S. 23), wobei sich die ‚Lösungsansätze' der beiden Studies nicht wesentlich unterscheiden: Die Anhänger des sozialen Modells der Disability Studies und des kulturellen Modells der Deaf Studies sehen die Verantwortung bei der Gesellschaft und fordern Barrierefreiheit, Deaf Studies zudem die Anerkennung als sprachliche Minderheit.

Das soziale Modell der Disability Studies versucht Waldschmidt durch ein kulturelles Modell zu ergänzen, welches die Körpervergessenheit des sozialen Modells kritisiert, und den Körper in den Mittelpunkt seines Denkens positioniert. Für Deaf Studies hieße das: Wenn mit Taubheit „weniger ein zu bewältigendes Problem als vielmehr eine spezifische Form der Problematisierung körperlicher Differenz" (ebd., S. 24) dargestellt wird ließe sich fragen: Was wäre, wenn sich ein Nachdenken auf eine *Kritik des Hörens* richtet und damit den Körper (nicht-)hörender Menschen in den Mittelpunkt seiner Überlegungen rückt?

Wenn es um eine körperorientierte Wende geht, wird Deaf Studies als Raum dieser Wende differente körperliche Erfahrungen in den Mittelpunkt seines Nachdenkens stellen, die sich in der Kritik an der dichotomen Ordnung des ‚Zwei-Welten-Konstrukts' zum Ausdruck bringt. Wie ist ein solcher Raum vorstellbar, der die Differenz nicht nur zeigt, sondern sie auch gestaltet? Während Alltagssituationen in der Regel daraufhin ausgerichtet sind, diese Differenz zu überwinden, eröffnen Literatur, Film, darstellende und bildende Kunst Räume, die ihren Reichtum aus dieser Differenz schöpfen. Viele interkulturelle Theater-, Tanz-, Film- und Literaturprojekte sind dafür beispielhaft. An drei Beispielen möchte ich dies exemplarisch skizzieren.

3. Drei Beispiele aus den Bereichen Theater, Literatur und Film, Deaf Studies neu zu denken

3.1 Gebärdensprachtheater

In den vergangenen 30 Jahren haben gebärdensprachliche Kunstformen eine besondere Beachtung durch die Veränderungen des Verständnisses von Gebärdensprache erfahren, die nicht nur die traditionellen Formen des Gehörlosentheaters beeinflusst haben, sondern auch neue Möglichkeiten einer Zusammenarbeit von Tauben und Hörenden schufen.

Mein Interesse richtet sich auf Produktionen, die in den vergangenen Jahren gemeinsam von Hörenden und Tauben erarbeitet worden sind und dabei Ausdrucksformen des bürgerlichen Repräsentationstheaters kritisch reflektieren. Ihre sprachkritischen Inszenierungen wollen einen Raum schaffen, in dem sich taube und hörende Menschen begegnen, in dem die Konflikte, die in der Zusammenarbeit entstehen, das Material produzieren, aus dem heraus eine künstlerische Form entwickelt wird.

3.2 Pathosformeln und Gebärdenbilder

Gebärdensprache begreife ich als eine Sprache des gemeinsamen kulturellen Erbes – also dem von Tauben und Hörenden gleichermaßen.

Die Frage nach dem gemeinsamen Erbe der Gebärdensprache befindet sich in einer Tradition, die, ohne das Sprachsystem der Gehörlosen im Blick gehabt zu haben, die Sprache des Körpers, seiner Gesten und Gebärden zu fassen versucht und dabei sein Wissen aus vielerlei Quellen speist, seien es Untersuchungen zur Logik der Gesten oder zu Gebets- und Geschlechtsgebärden oder zu den Pathosformeln des Mnemosyne-Projekts von Aby Warburg.

Gemeinsam ist Gesten, Gebärden und Pathosformeln eine Bildhaftigkeit, die jeden Betrachter in ihren Bann zieht, und die jeder Gebärdensprachdolmetscherin in einer öffentlichen Veranstaltung ein hohes Maß an Aufmerksamkeit – gerade auch des hörenden Publikums – verschafft. Denn sie erbringt nicht nur eine Übersetzung für die anwesenden Tauben, sie spielt auch mit dem Bildgedächtnis der anwesenden Hörenden. Jeder Betrachter erkennt in dem, was die Dolmetscherin vor ihm entfaltet, eine Fülle an Bildern, die zu dem – mithin trügerischen – Rückschluss eines Verständnisses führen, wonach dieser oder jener lautsprachlich vorgetragene Sachverhalt notwendigerweise genau dieses eben erkannte Gebärdenbild motiviert hat. Auf diese Form des Bildgedächtnisses hat bereits Warburg hingewiesen, als er in Werbeabbildungen der 1920er Jahre Gesten aus Darstellungen der Antike und Renaissance erkannte. Gebärdensprache eröffnet der Beschäftigung mit Bildhaftigkeit von Gesten und Gebärden eine völlig neue Dimension. Vor allem aber macht die Bildhaftigkeit von Gesten und Gebärden Gebärdensprache zu einem zentralen Gegenstand einer kulturwissenschaftlichen Reflexion in den Bildwissenschaften und den Visual Culture Studies.

3.3 Stummfilmgebärden

„Die Gebärdensprache ist die eigentliche Muttersprache der Menschheit" (Balázs 1924/2001, S. 18). Mit diesen Worten feiert Béla Balázs in seinem Essay zum Stummfilm das neue Medium und begrüßt damit eine „visuelle Kultur", die das Ende der Schriftkultur einläute.

Diese mit dem Stummfilm verbundene Vorstellung von Gebärdensprache verweist auf einen Zwischenraum, der davon ausgeht, dass dem Körper immer ein Überschuss eingeschrieben ist, der über die Semiotik der Sprache hinausweist: „Denn auf der Leinwand der Kinos aller Länder entwickelt sich jetzt die erste internationale Sprache: die der Mienen und Gebärden" (ebd., S. 22).

Die Auswahl der Beispiele ist durchaus kontingent und es sind beileibe nicht die einzigen, die das Hören einer kritischen Reflexion unterziehen. Kritik des Hörens findet dort statt, wo Taube und Hörende zusammen sind. Sie sagt etwas über das Miteinander-Sein, das zwischen beiden besteht, und dem Voneinander-Lernen, das möglich ist. Deaf Studies wird dabei niemals ein friedlicher Ort sein. Er ist erfüllt von Isolations- und Unterdrückungserfahrungen, von Frustrationen und Einsamkeit, von Erfahrungen des Nicht-Verstehens und des Nicht-Verstanden-Werdens, aber auch von Freude, Lust und Glück. Er ist ein Raum, der Mittel zur Verfügung stellt, diesen Erfahrungen körperlichen und sprachlichen Ausdruck zu verleihen und anderen mitzuteilen. Dadurch kann sich Veränderung für jeden, der sich in dem Raum befindet, ereignen. Homi Bhabha nennt ihn den „Dritten Raum" und schreibt dazu: „Indem wir diesen Dritten Raum erkunden, können wir der Politik der Polarität entkommen und zu den anderen unserer selbst werden" (Bhabha 2000, S. 58). In diesem Sinne versuche ich Deaf Studies zu denken.

Literatur

Balázs, Béla (1924/2001): Der sichtbare Mensch oder die Kultur des Films. Frankfurt a. M.: Suhrkamp.

Bhabha, Homi K. (2000): Das theoretische Engagement. In: Bhabha, Homi K.: Die Verortung der Kultur. Tübingen: Stauffenberg, S. 29–58.

Ebbinghaus, Horst (2013): Deaf Studies zwischen Ideologie und Wissenschaft. In: Das Zeichen 95, S. 392–400.

Fischer, Katja/Vogel, Helmut/Fries, Sabine/Geißler, Thomas/Rathmann, Christian/Peters, Christian/Goldschmidt, Stefan/Kollien, Simon/Meyenn, Alexander von (2009): Leitbild: Deaf Studies in Deutschland. In: Das Zeichen 83, S. 438–439.

Humphries, Tom (2017): Talking Culture und Culture Talking. In: Das Zeichen 107, S. 398–405.

Kusters, Annelies/De Meulder, Maartje/Friedner, Michele/Emery, Steve (2015): Zu „Diversität" und „Inklusion". Unterschiedliche Paradigmen für die Umsetzung der Rechte von Sign Language Peoples. In: Das Zeichen 100, S. 210–225.

Ladd, Paddy/Lane, Harlan (2014): „Deaf Ethnicity" und „Deafhood". Klärung zweier Konzepte und ihrer Beziehung zueinander. In: Das Zeichen 96, S. 42–53.

Waldschmidt, Anne (2005): Disability Studies: individuelles, soziales und/oder kulturelles Modell von Behinderung? In: Psychologie und Gesellschaftskritik 29, H. 1, S. 9–31.

Verzeichnis der Autor*innen

Boger, Mai-Anh, Dr. (Behinderten-)Pädagogin
Vertr.-Professorin für Inklusive Bildung, Univ. Leipzig. Arbeitet zu Philosophie der Differenz und Alterität, politische Philosophie.

Brehme, David, M.Sc.
Wiss. Mitarbeiter am Institut für Rehabilitationswissenschaften, HU-Berlin. Arbeitet zu Normalitätskonstruktionen, Disability Studies (in Education), Inklusive Bildung, Ethnografie.

Bruhn, Lars
Zentrum für Disability Studies und Teilhabeforschung (ZeDiSplus), Ev. Hochschule Hamburg. Arbeits- und Forschungsschwerpunkte: Behinderung in Schulbüchern, Disability Theology.

Butschkau, Malin
Wiss. Mitarbeiterin am Bochumer Zentrum für Disability Studies (BODYS), Ev. Hochschule Rheinland Westfalen Lippe (RWL), Bochum.

Czedik, Stephanie, M.A.
Doktorandin der Disability Studies, LFU Innsbruck, Stipendiatin der Hans-Böckler-Stiftung.

Degener, Theresia, Prof. Dr.
Professorin für Recht und Disability Studies an der Ev. Hochschule Rheinland Westfalen Lippe (RWL), Bochum, Leiterin des Bochumer Zentrums für Disability Studies (BODYS).

Fuchs, Petra, Prof. Dr.
Professorin für Heilpädagogik/Inclusion Studies an der Hochschule Zittau/Görlitz. Arbeitsschwerpunkte: medizinhistorische Forschung zu NS-Zwangssterilisation und „Euthanasie", Biographieforschung, Disability History.

Geese, Natalie
Doktorandin am Lehrstuhl Soziologie und Politik der Rehabilitation, Disability Studies, Univ. zu Köln, Wiss. Mitarbeiterin am Zentrum für Planung und Evaluation Sozialer Dienste, Univ. Siegen. Arbeitet zu Handlungs- und Praxistheorien, Disability Studies, Mensch-Tier-Beziehungen aus soziologischer Perspektive.

Gerhartz-Reiter, Sabine, MMag.
Doktorandin an der LFU Innsbruck. Forschungsschwerpunkte: Bildungsungleichheit, Bildungskarrieren, Lehrer*innenbildung.

Heneka, Kai, Dipl.-Päd., Sozialpädagoge M.A.
Arbeitet zu Repräsentationen von Menschen mit Lernschwierigkeiten und Geschlechterverhältnissen.

Hirschberg, Marianne, Prof. Dr.
Hochschule Bremen. Arbeiten aus der Perspektive der Menschenrechte und der Disability Studies.

Homann, Jürgen
Zentrum für Disability Studies und Teilhabeforschung (ZeDiSplus), Ev. Hochschule Hamburg. Arbeits- und Forschungsschwerpunkte: Einstellungsforschung zu Behinderung in religiösen Kontexten, Disability Theology.

Jelinek-Menke, Ramona, M.A.
Doktorandin der Religionswissenschaft an der Univ. Marburg. Arbeitsschwerpunkte: Sozialwissenschaftliche Religionswissenschaft, Religiöse Gegenwartskulturen.

Kaiser, Mareice
Journalistin, (Buch-)Autorin und Kolumnistin. Veröffentlichungen zu Inklusion, Bildung, Vereinbarkeit von Familie und Beruf.

Karim, Sarah
Wiss. Mitarbeiterin am Lehrstuhl für Soziologie und Politik der Rehabilitation, Disability Studies, Univ. zu Köln.

Klement, Alexander, Mag.
Studierender der Inklusiven Pädagogik, Univ. Wien, Jugendberater und CaseManager bei ÖSB Consulting.

Köbsell, Swantje, Prof. Dr.
Professorin für Disability Studies an der Alice Salomon Hochschule in Berlin. Arbeitsschwerpunkte: Disability Studies/Disability Studies in Education, intersektionale Aspekte von Behinderung.

Kremsner, Gertraud, Dr.
Arbeitet zu Disability Studies (in education), Inklusiver Forschung, Life History Research, Kommunikation und Artikulation.

Ledder, Simon, Dipl.-Sozw.
Wiss. Mitarbeiter am Lehrstuhl für Soziologie und Politik der Rehabilitation, Disability Studies, Univ. zu Köln. Arbeitet zu Disability Studies, Gender Studies, Soziologie, Medienwissenschaft, Diskurs- und Dispositivforschung, Biopolitik, Technik.

Luserke-Jaqui, Matthias, Prof. Dr.
Professor für Sprach- und Literaturwissenschaft von der Frühen Neuzeit bis in die Gegenwart, TU Darmstadt.

Lüthi, Eliah, Dipl.-Päd.
Doktorand der Disability/Mad Studies, LFU Innsbruck. Forschung, Lehre und Dichtung zu Psych-Zusammenhängen und Widerständen.

More, Rahel, M.A.
Univ.-Assistentin an der Alpen-Adria-Universität Klagenfurt (AAU). Forschungsschwerpunkte: Disability Studies, Inklusionsforschung, Sozialpädagogik.

Nemestothy, Barbara, Mag.
Lehrerin für Mathematik und Englisch an einer AHS (Oberstufe), Studierende der Inklusiven Pädagogik, Univ. Wien.

Neukirchinger, Barbara
Doktorandin der Soziologie, Schwerpunkt Sozialtheorie, Wiss. Mitarbeiterin an der Bangor University/Wales.

Otten, Matthias, Prof. Dr.
Professor für Politikwissenschaft und Interkulturelle Bildung, TH Köln. Forschungsschwerpunkte: Internationale Soziale Arbeit, Migration, Disability Studies, Qualitative Sozialforschung.

Paukner, Andreas
Selbst- und Interessensvertreter, inklusiver Forscher und Empowermentberater, Wien.

Pfahl, Lisa, Prof. Dr.
Professorin für Disability Studies und Inklusive Bildung, LFU Innsbruck. Arbeitsschwerpunkte: Wissen, Ungleichheits- und Subjektivierungsforschung.

Proyer, Michelle, Ass.-Prof., Dr., Mag.
Arbeitet zur Intersektion Kultur und Behinderung, Inklusiver Pädagogik, Refugee Studies.

Prummer, Susanne
Studierende der Inklusiven Pädagogik, Univ. Wien.

Schönwiese, Volker, Prof. i.R. Dr.
Arbeitsschwerpunkte: Inklusion und Disability Studies, Disability History, digitale Bibliothek bidok.at.

Straub, Theresa M., Mag.
Wiss. Mitarbeiterin an der LFU Innsbruck. Arbeitsschwerpunkte: Inklusive Pädagogik, Disability Studies, Biografieforschung.

Reisenauer, Cathrin, Dr., MMag.
Forschung und Lehre im Bereich Lehrer*innenbildung und Schulforschung mit dem Schwerpunkt Inklusion, LFU Innsbruck.

Rombach, Fabian, M.A.
Politologie und Soziologie an den Univ. Hamburg und Bielefeld. Arbeitet zu Konstellationen von Zugehörigkeit, Soziologie der Behinderung, Deaf Studies.

Schulz, Miklas, Dr.
Vertr.-Prof. für Inklusive Pädagogik und Diversität, Univ. Duisburg-Essen, Arbeitsschwerpunkte: Disability Studies, Dispositivanalyse, Körper, Sinne und Medien in der Inklusion.

Valentin, Gesche, B.A.
Soziologie, Schwerpunkt Geschlechtersoziologie, Univ. Bremen. Wiss. Hilfskraft, Hochschule Bremen.

Vollhaber, Tomas, Dr.
Institut für Deutsche Gebärdensprache und Kommunikation Gehörloser (IDGS), Univ. Hamburg. Arbeitet zu Performativität und Bildhaftigkeit von Gebärdensprachen, Fragen des Übersetzens, Deaf Studies.

Waldschmidt, Anne, Prof. Dr.
Lehrstuhl für Soziologie und Politik der Rehabilitation, Disability Studies, Univ. zu Köln, Leiterin der Internationalen Forschungsstelle Disability Studies (iDiS).

Wegner, Gesine, M.A.
TU-Dresden. Arbeitsschwerpunkte: Literary & Cultural Disability Studies, Nordamerikanische Literatur des 20. und 21. Jahrhunderts, US-Popkultur.

Wegscheider, Angela, Dr. rer. soc. oec.
Arbeitsschwerpunkte: Disability Studies, Disability History, Public Health, Sozialpolitik, Verbündete der Selbstbestimmt-Leben-Bewegung.

Wesselmann, Carla, Prof. Dr.
Professorin für Soziale Arbeit und Wissenschaften zu Behinderung, HS Emden-Leer. Arbeitet zu Disability Studies und Menschenrechten.

Zahnd, Raphael, Prof. Dr.
Professor für Inklusive Didaktik und Heterogenität, Fachhochschule Nordwestschweiz (FHNW). Arbeitsschwerpunkte: Inklusive Pädagogik, Disability Studies, gesellschaftliche und schulische Ein- und Ausschlussprozesse.

Jessica Lilli Köpcke (Hrsg.)
Zwischen inspiration porn und Mitleid
Mediale Darstellung und Wahrnehmung
von Menschen mit Behinderung
2019, 236 Seiten, broschiert
ISBN: 978-3-7799-3925-2
Auch als E-BOOK erhältlich

Das gesellschaftliche Bild von Menschen mit Behinderung ist geprägt von besonderen Rollenzuschreibungen und wird medial (re-)konstruiert. Häufig bewegen sich Menschen mit Beeinträchtigung dabei zwischen den Polen des Superhelden, der trotz seiner Beeinträchtigung zu außergewöhnlichen Leistungen fähig ist, und des leidenden Menschen, dem Mitleid entgegengebracht werden soll.

Der vorliegende Band partizipativer Sozialforschung belegt, wie das Bild von Menschen mit Beeinträchtigung in einzelnen medialen Feldern wie Fernsehen, Werbung, Modebranche oder Sport gezeichnet wird. Prominente Menschen mit Beeinträchtigung wie u. a. Samuel Koch, Joana Zimmer und Raul Krauthausen schildern, ob sie sich medial authentisch präsentiert fühlen und wie sie die mediale Darstellung von Menschen mit Beeinträchtigung insgesamt einschätzen.

www.beltz.de
Beltz Juventa · Werderstraße 10 · 69469 Weinheim

Ingo Bosse | Jan-René Schluchter |
Isabel Zorn (Hrsg.)
**Handbuch Inklusion und
Medienbildung**
2019, 386 Seiten, Hardcover
ISBN: 978-3-7799-3892-7
Auch als E-BOOK erhältlich

In mediatisierten Gesellschaften ist der Zugang zu und die Nutzung von Medien
eine bedeutsame Voraussetzung für gesellschaftliche Zugehörigkeit und Teilhabe.
Der Zugang zu und die Nutzung von Medien ist oft durch soziale Barrieren und
Mechanismen des sozialen Ausschlusses geprägt, welche sich an Merkmalen wie soziale
und/oder kulturelle Herkunft, Geschlecht, Behinderung etc. anhaften. Vor diesem
Hintergrund umreißt und begründet das Handbuch Potentiale und Rahmenbedingungen von Medienbildung für inklusive Settings und die Zusammenhänge
von Medien, Bildung und sozialen Differenzlinien.

www.beltz.de
Beltz Juventa · Werderstraße 10 · 69469 Weinheim